权威·前沿·原创

皮书系列为

“十二五”“十三五”国家重点图书出版规划项目

U0832490

BLUE BOOK

中国社会科学院创新工程学术出版资助项目

金融蓝皮书

BLUE BOOK OF FINANCE

中国金融发展报告（2018）

ANNUAL REPORT ON CHINA'S FINANCIAL DEVELOPMENT (2018)

主　编／王立民

社会科学文献出版社
SOCIAL SCIENCES ACADEMIC PRESS (CHINA)

图书在版编目（CIP）数据

中国金融发展报告. 2018 / 王立民主编. --北京:
社会科学文献出版社, 2018.4
（金融蓝皮书）
ISBN 978-7-5201-2558-1

Ⅰ.①中… Ⅱ.①王… Ⅲ.①金融事业-经济发展-
研究报告-中国-2018 Ⅳ.①F832

中国版本图书馆 CIP 数据核字（2018）第 073900 号

金融蓝皮书
中国金融发展报告（2018）

主　　编 / 王立民

出 版 人 / 谢寿光
项目统筹 / 周　丽　冯咏梅
责任编辑 / 冯咏梅

出　　版 / 社会科学文献出版社 · 经济与管理分社（010）59367226
　　　　　地址：北京市北三环中路甲 29 号院华龙大厦　邮编：100029
　　　　　网址：www.ssap.com.cn
发　　行 / 市场营销中心（010）59367081　59367018
印　　装 / 三河市龙林印务有限公司

规　　格 / 开 本：787mm × 1092mm　1/16
　　　　　印 张：23　字 数：347 千字
版　　次 / 2018 年 4 月第 1 版　2018 年 4 月第 1 次印刷
书　　号 / ISBN 978-7-5201-2558-1
定　　价 / 89.00 元

皮书序列号 / PSN B-2004-031-1/7

本书如有印装质量问题，请与读者服务中心（010-59367028）联系

版权所有 翻印必究

主编简介

王立民 1966年生，现任中国社会科学院金融研究所党委书记。曾长期在中央纪委监察部工作，后转任直辖市区委书记、中国保险报业股份有限公司董事长等职。学术专著《效能论》入选中青年经济学家文库并多次再版，是国内首部系统阐述效能与监管的开创性书籍。在《人民日报》《哲学研究》《世界哲学》《紫光阁》等国家级报刊上发表学术论文数十篇，多篇文章被《新华文摘》《人大复印报刊资料》《中国社会科学文摘》《经济管理文摘》收录。主编《艾思奇哲学思想研究》《中国金融发展报告(2018)》等。荣获中国社会科学院优秀对策信息奖、优秀党务工作者荣誉称号。

摘　要

《中国金融发展报告（2018）》是中国社会科学院金融研究所组织编写的年度性研究报告，旨在对2016年第四季度至2017年第三季度中国货币政策运作、金融运行和金融发展的主要情况进行概括和分析，对此期间发生的一些主要金融事件展开研讨和评论，以期弄清中国货币金融运行的内在机理和操作机制。本报告由三部分构成，分别对2017年的“中国宏观金融形势”“中国金融业发展”“中国金融市场运行”进行了全面系统的回顾和梳理，并对2018年的货币政策、金融运行等进行了简要展望。本报告可为金融监管部门、高校、科研机构、各类金融机构等开展相关研究提供参考，也有助于国际机构和学界了解中国金融改革与发展的最新进展。

关键词： 宏观金融形势　金融业发展　金融市场运行

Abstract

Annual Report on China's Financial Development (*2018*), as the annual report of Institute of Finance and Banking, Chinese Academy of Social Sciences, aims to summarize and analyze the various aspects of China's financial developments and practices during the period from October 2016 to September 2017, while making discussion and review on major financial events. The report consists of three parts, which cover China's macro financial situation, development of financial industries, and operation of financial markets in 2017, as well as providing a concise outlook of China's monetary policy and financial operations in 2018. The report can be a useful reference for scholars, financial professionals, and policy makers. It also contributes to foreign academic understanding of China's financial development.

Keywords: Macro Financial Situation; Development of Financial Industries; Operation of Financial Markets

目　录

Ⅰ　总报告

B.1　2017年的中国宏观金融形势 …………………… 费兆奇　杨晓龙 / 001
一　2017年的宏观经济形势 ………………………………… / 002
二　2017年的中国金融运行态势 ……………………………… / 003
三　2017年的中国货币政策操作 ……………………………… / 013
四　2018年总体趋势及对策建议 ……………………………… / 018

Ⅱ　上篇　中国金融业发展

B.2　2017年的中国银行业 ………………………………… 曾　刚 / 021
B.3　2017年的中国证券基金业 ……………………………… 张跃文 / 039
B.4　2017年的中国保险业 …………………………… 郭金龙　王桂虎 / 055
B.5　2017年的中国金融基础设施 ………………………… 尹振涛　夏诗园 / 072

Ⅲ　下篇　中国金融市场运行

B.6　2017年的中国股票市场 …………… 尹中立　洪正华　梅子豪 / 083
B.7　2017年的中国债券市场 ……………………… 彭兴韵　张运才 / 097

B.8　2017 年的中国信托市场 …………………………………… 袁增霆 / 126
B.9　2017 年的中国衍生品市场 ………………………… 万泰雷　邹伟迪 / 141
B.10　2017 年的中国财富管理市场 …………………………… 王增武 / 162
B.11　2017 年的中国金融租赁市场 ………………… 何海峰　邱楠宇 / 176
B.12　2017 年的中国新三板市场 ……………………………… 姚　云 / 192
B.13　2017 年的中国外汇市场 ………………………………… 宣晓影 / 209
B.14　2017 年的中国国际收支 ………………………………… 林　楠 / 222
B.15　2017 年的中国互联网金融 ………………… 董　昀　李　鑫 / 247
B.16　2017 年的中国上市公司
——兼论供给侧结构性改革微观评估 …… 徐　枫　郭　楠 / 268
B.17　2017 年的中国房地产市场及房地产金融 ……………… 蔡　真 / 284
B.18　2017 年的中国绿色金融
………………………………… 安国俊　王　文　郭沛源 等 / 307
B.19　2017 年的中国供应链金融 ……………………………… 宣晓影 / 329

皮书数据库阅读**使用指南**

CONTENTS

I General Report

B.1 China's Macro Financial Situation in 2017

Fei Zhaoqi, Yang Xiaolong / 001

1. Macro Economic Situation in 2017 / 002

2. Monetary Policy and Financial Operation Situation in 2017 / 003

3. Monetary Policy Operation in 2017 / 013

4. Outlook and Suggestions for 2018 / 018

II The First Part: Development of China's Financial Industries

B.2 Banking Industry in 2017 *Zeng Gang* / 021

B.3 Securities and Funds Industry in 2017 *Zhang Yuewen* / 039

B.4 Insurance Industry in 2017 *Guo Jinlong, Wang Guihu* / 055

B.5 Financial Infrastructure in 2017 *Yin Zhentao, Xia Shiyuan* / 072

III The Second Part: Operation of China's Financial Markets

B.6 Stock Market in 2017 *Yin Zhongli, Hong Zhenghua and Mei Zihao* / 083

B.7 Debt Marker in 2017 *Peng Xingyun, Zhang Yuncai* / 097

B.8 Trust Market in 2017 *Yuan Zengting* / 126

B.9 Derivative Product Market in 2017 *Wan Tailei, Zou Weidi* / 141

B.10 Wealth Management Market in 2017 *Wang Zengwu* / 162

B.11 Financial Lease Market in 2017 *He Haifeng, Qiu Nanyu* / 176

B.12 National Equities Exchange and Quotations in 2017 *Yao Yun* / 192

B.13 Foreign Exchange Market in 2017 *Xuan Xiaoying* / 209

B.14 Balance of Payments in 2017 *Lin Nan* / 222

B.15 Internet Finance in 2017 *Dong Yun, Li Xin* / 247

B.16 Listed Companies in 2017
—On Supply-side Structural Reform *Xu Feng, Guo Nan* / 268

B.17 Real Estate Product Market and Real Estate Finance in 2017
Cai Zhen / 284

B.18 Green Finance Market in 2017
An Guojun, Wang Wen and Guo Peiyuan et al. / 307

B.19 Supply Chain Finance in 2017 *Xuan Xiaoying* / 329

总 报 告

General Report

B.1 2017年的中国宏观金融形势

费兆奇　杨晓龙*

摘　要： 2017年的中国经济保持了较为强劲的增长势头，主要源于供给端和需求端的合力，但经济运行的下行压力犹存。宏观调控更加注重为加快供给侧结构性改革、引导资金“脱虚向实”、防范金融风险营造良好环境。在“稳健中性”的货币政策和逐步趋紧的监管政策下，去杠杆取得了明显成效，社会融资规模合理增长，贷款结构和资产质量持续改善，金融市场整体运行平稳。我们预判，2018年的中国经济运行将在质量不断提升的基础上，保持平稳回落的态势，宏观金融运行将在整体上继续保持收紧的态势。2018年中国宏观调控需要在“稳增长、供给侧结构性改革与防风险”之间寻求平衡，其

* 费兆奇，经济学博士，中国社会科学院金融研究所货币理论与货币政策研究室副研究员；杨晓龙，经济学博士，中国工商银行城市金融研究所。

中“稳增长”并不是寻求经济增长速度的提升，而是引导经济运行平缓地回归到均衡水平，并在均衡区间小幅波动。

关键词： 宏观经济 金融形势 货币政策

一 2017年的宏观经济形势

国际金融危机以来，全球经济在经历了漫长而艰辛的复苏历程之后，迎来了2016年的企稳和2017年的持续改善。然而，全球经济全面复苏的基础并不牢固：危机对资本流动、投资、就业、生产率等诸多方面造成了较大冲击，再加上当前全球面临的人口老龄化问题，无不制约着全球经济潜在增长率的提高，诸多问题尚未得到根本解决；虽然主要经济体短期的经济增长预期均被上调，但负的产出缺口正在收窄，使周期性改善的余地减少；全球主要经济体的通货膨胀水平普遍低于目标，但资产价格屡创新高，使各国货币当局的调控受到掣肘；美联储“缩表”和“加息”的进程正在提速，但欧元区内部经济复苏的步调不一致使边际收紧的宽松政策恐有延迟，安倍再次当选使日本的量宽政策得以延续，主要经济体货币政策的分化将加剧全球金融市场的动荡，特别是对新兴市场和资源输出国带来较大的冲击。种种迹象表明，全球经济的全面复苏尚需时日，推进结构性改革和财政改革仍是各国政策制定者的首要目标。

2017年的中国经济保持了较为强劲的增长势头，前三季度录得累计增长率6.9%。本轮经济的增长主要源于供给端和需求端的合力：在供给端，供给侧结构性改革取得阶段性成果，特别是去库存、去产能成效显著，企业盈利能力持续改善，利润总额由负转正；在需求端，全球经济复苏带动了中国的外贸增长，进出口贸易总额在前三季度同比增长16.6%，对经济增长的拉动作用进一步提升。此外，最终消费支出的累计增速在前三季度稳步抬升，继续发挥着稳定经济增长的作用。但是，中国经济在运行过程中仍然存在一些不确定性因素，如从 GDP 终值和初始值的缺口分析来看，经济偏离均衡水平的正向缺口过大且波动剧烈；制造业企业的盈利改善在行业之间并不均衡，且企业的盈利并没有带动投资的增长，制造业投资持续低迷；等等。

二 2017年的中国金融运行态势

2017 年，宏观调控更加注重为加快供给侧结构性改革、引导资金“脱虚向实”、防范金融风险营造良好环境。在“稳健中性”的货币政策和逐步趋紧的监管政策下，去杠杆取得了明显成效，社会融资规模合理增长，贷款结构和资产质量持续改善，金融市场整体运行平稳。

（一）货币供给量

2017 年初以来，货币供给呈现以下鲜明特点。

1. 货币供给增速放缓

狭义货币供给量（M1）和广义货币供给量（M2）增速较上年同期均有下降。截至 2017 年第三季度末，M2 同比增长 9.2%，较 2016 年同期下降 2.3 个百分点；M1 同比增长 14.0%，较 2016 年同期下降 10.7 个百分点（见图 1）。货币供给增速放缓的主要原因在于以下两个方面。一是房地产贷款需求下降。北京“3·17”楼市调控以来，全国多地出台限贷政策，对银行贷款的需求明显下降，2017 年前三季度房地产贷款增加 4.4 万亿元，占同期各项贷款增量的比重为 39.6%，较上年全年占比低 5.2 个百分点。二是金融去杠杆减少无效货币供给。金融危机后，由于全球经济增速放缓，实体经济投资回报率下降，金融机构通过加杠杆来放大投资收益。2017 年以来，为配合去杠杆，金融监管持续强化，如银监会两周内连发 7 个文件，针对“三违反”“三套利”“四不当”以及部分领域的市场乱象开展一系列专项整治行动，有效减少了无效货币供给。

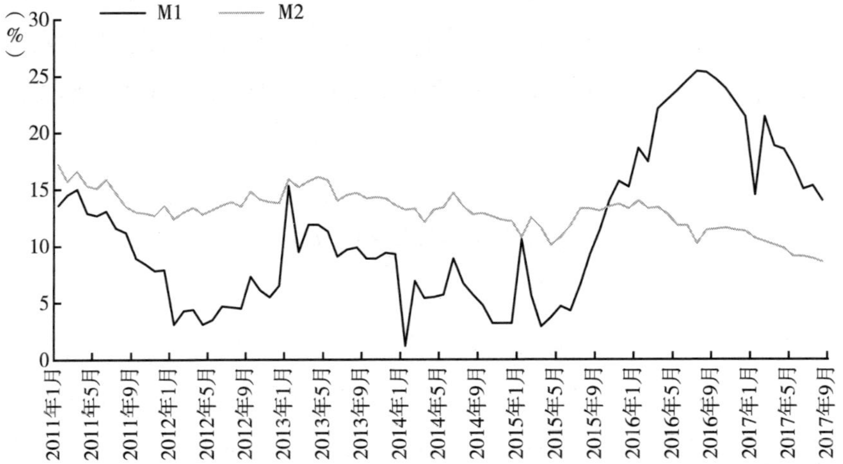

图1　M1、M2 同比增长变化

资料来源：中国人民银行。

2. M1与M2增速剪刀差继续缩窄

截至 2017 年 9 月末，M1、M2 增速分别为 14.0%、9.2%，剪刀差为 4.8 个百分点，较上年同期下降 8.4 个百分点。从数据看，剪刀差收缩的主要原因在于 M1 增速的下降，M1 增速由 2016 年 9 月的 24.7% 下降 10.7 个百分点至 2017 年 9 月的 14.0%。从历史角度看，M1、M2 增速出现剪刀差并不鲜见，从 1996 年到 2016 年，共经历 6 次剪刀差。其中，持续时间较长、影响较为显著的有 3 次。第一次是 1999～2000 年的剪刀差。1997 年爆发金融危机，当年第四季度 GDP 陡然下滑，针对外需低迷、内需不足、产能过剩的情况，央行连续数次降息、降准，以增加货币供给量。同时，针对国企亏损、银行不良贷款率高企等问题，采取了国企改革、银行不良资产剥离等一系列措施，经济最终走出通缩困境。第二次是 2007～2008 年的剪刀差。2007 年我国出现了明显的经济过热现象，随着投资活动的加快，货币供给增速相应变快，2007～2008 年出现了剪刀差，为此央行连续多次加息，直至 2008 年 11 月一直采取适度从紧的货币政策。第三次是 2009～2010 年的剪刀差。2008 年雷曼兄弟公司破产演变为全球性金融危机，为应对危机的负面冲击，我国实施了四万亿元经济刺激计划。这导致 M1 和 M2 双双冲高，由于贷款的先期拉动效应，M1 的增速高于 M2。总的来看，剪刀差往往是一种短期的货币刺激现象，但从长期看，经济能否企稳并不取决于货币供给，而是取决于结构性改革能否取得实效。M1 与 M2 增速之差见图 2。

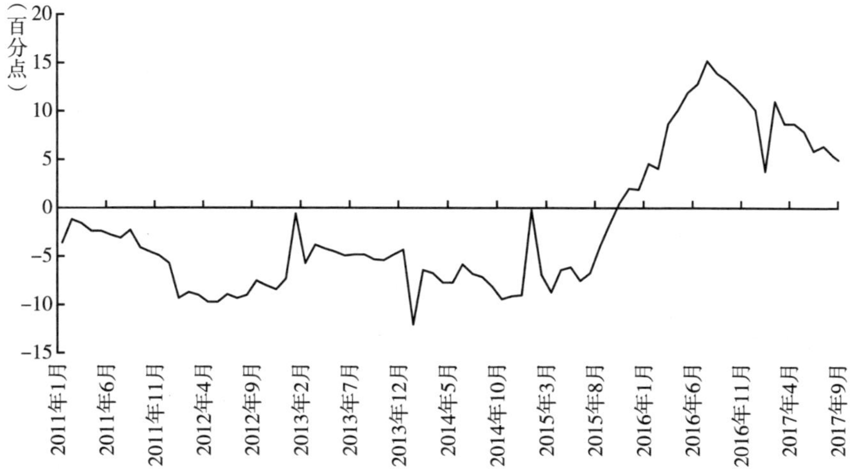

图 2　M1 与 M2 增速之差

资料来源：中国人民银行。

（二）社会融资规模

从增量看，2017 年前三季度社会融资规模呈现以下特点。一是社会融资规模增量继续保持高速增长态势，同比多增 2.21 万亿元。二是人民币贷款增加 11.46 万亿元，同比多增 1.46 万亿元，主要原因在于：一方面，商业银行进一步转变经营观念，加大对实体经济的支持力度；另一方面，商业银行为应对 MPA 考核，采取增加贷款投放的方式以扩大资产基数。三是未贴现银行承兑汇票增量由负转正，较 2016 年同期增加 4659 亿元，同比多增 2.52 亿元，主要原因在于银行贴现的意愿下降：一方面，为缓解信贷规模紧张的局面，通过压缩承兑汇票规模以腾挪贷款额度；另一方面，近年来票据风险事件频发，导致银行持有承兑汇票的意愿下降。四是企业债券净融资

1583 亿元，同比减少 2.44 万亿元，主要原因在于：2017 年债券发行利率上升较快，债券融资成本相对较高，而银行贷款发放速度快，利率上浮幅度小，导致企业发债融资规模锐减。

从存量看，2017 年前三季度社会融资规模呈现以下特点。一是社会融资规模余额为 171.23 万亿元，较 2016 年同期增长 13%。二是对实体经济发放的人民币贷款在社会融资规模余额中占比最大，高达 68.12%，这说明贷款仍然是实体经济最为重要的融资来源，同时我国金融体系仍然属于银行主导型。三是对实体经济发放的外币贷款余额为 2.48 万亿元，同比下降 5.7%。

总体来看，2017 年前三季度社会融资规模有两个鲜明特点。一是人民币贷款、未贴现银行承兑汇票、信托贷款增长较快，同比分别多增 1.46 万亿元、2.52 万亿元、1.31 万亿元，成为推动社会融资规模增长的主要动力。二是直接融资占比明显下降，非金融企业境内股票融资占比为 4.1%，较上年同期低 3 个百分点。另外，企业债券净融资同比减少 2.44 万亿元，债券融资规模下降主要是因为 2017 年初以来债市低迷和利率上行，部分企业减少债券融资，转向银行信贷。

（三）贷款

1. 贷款结构

2017 年前三季度贷款投向呈现以下特点。

（1）企业中长期贷款增长较快。从总量看，截至 2017 年 9 月末，非金融企业及机关团体贷款余额为 80 万亿元，较 2016 年同期增长 8.7%。从期限看，短期贷款及票据融资余额较 2016 年同期下降 0.9%；中长期贷款余额为 45.1 万亿元，较 2016 年同期增长 16.7%，其中前三季度增加 5.4 万亿元，同比多增 2.4 万亿元。

（2）小微企业贷款增速加快。截至 2017 年 9 月末，小微企业贷款余额为 23.5 万亿元，同比增长 17.8%，增速比同期大型和中型企业分别高出 3.9 个和 7.3 个百分点。主要原因在于：国家为加强对小微企业的支持，实施了定向降准政策，以降低企业的融资成本。

（3）房地产贷款保持较快增长，但增速继续回落。从贷款余额看，截至2017年9月末，房地产贷款余额为31.1万亿元，较2016年同期增加5.8亿元，同比增长22.8%，但增速下降2.4个百分点。其中，个人贷款同比增长26.2%，但增速下降8.7个百分点。从新增贷款看，新增房地产贷款占新增各项贷款的比重为42.5%。

我们预计2018年贷款增速将有所放缓，理由如下。一是国家加大了对消费贷款用途的监管力度，房地产调控也压缩了住房按揭贷款规模，预计居民贷款占比将有所下降。二是经济下行压力进一步凸显，实体企业贷款需求可能会走弱。

2. 信贷资产质量变化

近五年来，商业银行资产质量持续恶化，不良贷款率不断攀升，但进入2017年以来，资产质量有所改善，不良贷款率有所企稳。截至2017年9月末，商业银行不良贷款余额虽较上季末增加346亿元，但同比增幅继续回落；不良贷款率为1.74%，较2016年同期下降0.02个百分点，继续延续上半年稳定向好的态势（见图3）。

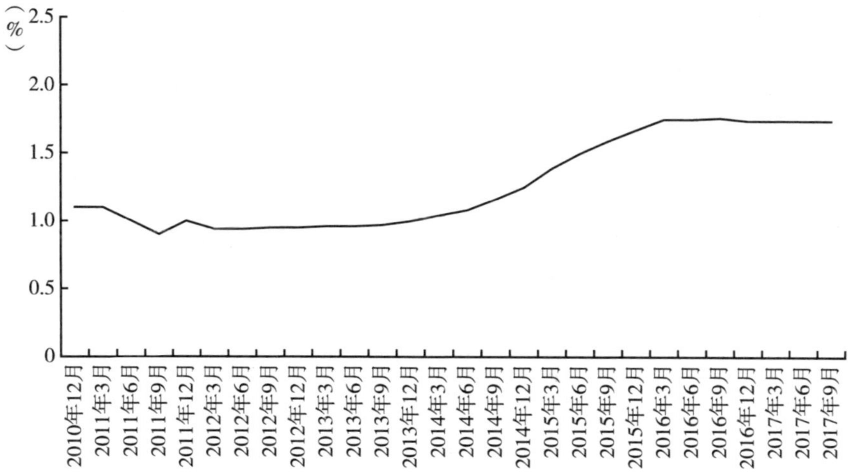

图3　商业银行不良贷款率

资料来源：中国银监会。

我们预计未来商业银行资产质量将进一步改善，理由如下。一是根据党的十九大精神和全国金融工作会议要求，今后金融监管和风险防控会越来越严。二是市场化债转股进程的加快以及不良资产证券化的实施，均有利于商业银行资产质量的继续改善。

（四）货币市场

2017 年前三季度，货币市场呈现以下特点。一是银行间债券回购明显回升，但同业拆借继续下降。银行间债券回购成交 448.7 万亿元，其中第三季度成交 172.9 万亿元，日均成交 2.6 万亿元，比上半年增长 16.9%；同业拆借成交 57.7 万亿元，日均成交 3054 亿元，同比下降 22.9%。二是中资大型银行净融出资金 123.1 万亿元，成为货币市场唯一的资金融出方。三是货币市场利率有所上升，其中拆借月加权利率为 2.92%，较 2016 年同期上升 0.67 个百分点；质押式回购月加权平均利率为 3.07%，较 2016 年同期上升 0.79 个百分点；隔夜、1 周 Shibor 分别较 2016 年同期上升 0.61 个、0.49 个百分点，1 个月、1 年期 Shibor 分别较 2016 年同期上升 1.56 个、1.37 个百分点（见图 4）。

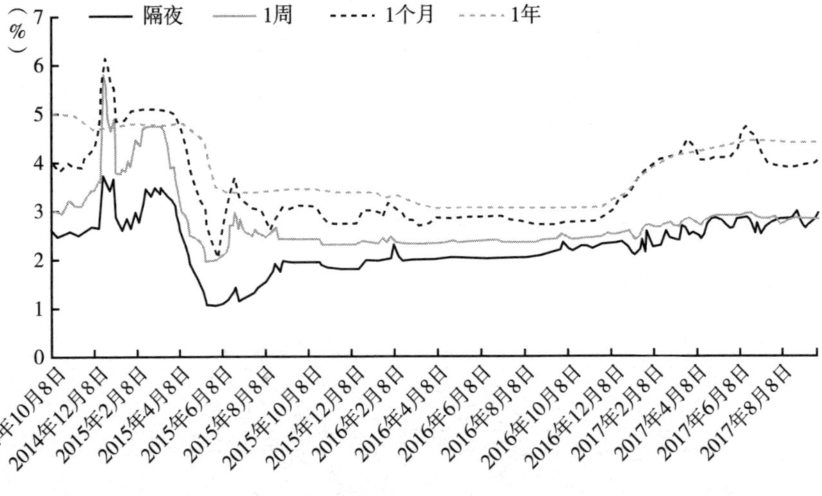

图 4　Shibor 走势

资料来源：Wind 资讯。

（五）资本市场

1. 债券市场

当前债券市场虽出现阶段性修复，但总体不改盘整行情，主要特点如下。一是受经济去杠杆影响，自2016年以来资金面中性偏紧，发行成本上行，债券发行规模有所下降。2017年前三季度，各类机构债券发行期数和发行规模较2016年同期分别减少6%和16.2%。其中，政府债券、政策性银行债券及企业债券规模均有所下降，地方企业债券同比减少41.93%，地方政府债券同比减少30.53%。二是2017年第三季度发行规模反弹回升，月均发行规模为2.17万亿元，较第二季度增加0.72万亿元，增长49.7%。地方政府债券、银行债券、企业债券等的发行期数和发行规模环比与同比均有不同程度的增长，其中企业债券月均发行规模是第二季度的2倍。三是从债券发行的区域分布来看，整体格局没有变化，北京和东部沿海地区仍然是主要发行区域。四是发行利率方面，企业债券、公司债券、中期票据和短期融资券各级别发行利率均有所上行，利差有所扩大，但利率上行速度明显放缓。如2017年9月末，10年期国债到期收益率为3.6%，仅小幅上升了3个基点，与第二季度基本持平。五是"债券通"① 正式上线试运行。2017年7月3日，"北向通"上线试运行。"债券通"是一项深化内地与香港金融合作、扩大我国金融市场对外开放的重要举措，其产生的主要影响包括以下几个方面。一是纳入国际债券指数的概率增大。"北向通"的落地将加快我国债券市场的对外开放，每年将会吸引大量海外资本流入，我国债券市场将逐步被国际主流债券市场所接纳，这无疑将增大中国纳入国际债券指数的概率。二是助力人民币国际化。目前境外人民币的规模不断扩大，"北向通"为境外人民币回流国内提供了新渠道，有力地促进了人民币离岸市场的发展，拓展了人民币国际化的深度和广度。三是商业银行迎来重大机遇。商业银行一直是银行间债券市场的主力军，交易频度大，活跃度高，而"北向通"在

① "债券通"分为"北向通"和"南向通"。

初期采用做市机构的交易模式，这无疑将给商业银行的托管、结算等业务带来利好，增强其市场交易能力，尤其是助推大型银行的全球交易银行建设。

我们预计债券市场最艰难的时期已经过去，未来将会震荡走向“慢牛”，小幅反弹行情可期。一是受房地产政策收紧、环保治理力度加大、季节性因素等的冲击，我国经济仍面临一定的下行压力，债市配置价值上升。二是“债券通”上线后，境外投资者持有境内债券的意愿提升。三是中美债券利差呈扩大趋势。从国内看，货币中性稳健、金融去杠杆、监管趋严等因素带动国债利率持续上升，不断创新高。从国际看，美国经济形势未达预期，美债利率前期有所下行。

2. 股票市场

相较于上年同期，2017 年前三季度股票市场基本平稳，波动幅度明显收窄，总体变化较为平缓，如上证综合指数在 3052 ~ 3386 点之间波动，浮动范围仅为 334 点；深证成份指数在 9712 ~ 11192 点之间波动，浮动范围仅为 1480 点；创业板指数在 1656 ~ 1992 点之间波动，浮动范围仅为 336 点（见图 5）。股票市场波动收窄带来两大积极影响：一方面，投资者持股的风险大幅度下降；另一方面，有利于投资者长期持股进行价值型投资。

（六）外汇市场与外汇储备

2017 年第三季度，受我国宏观经济企稳回升、美元指数下跌、人民币汇率形成机制进一步完善等多因素影响，人民币从贬值预期逐步走向升值预期，特别是在 2017 年 5 月人民币兑美元汇率中间价纳入逆周期因子以后，人民币升值速度加快。2017 年 9 月实际有效汇率指数升至 121. 19，创 22 个月以来的最大单月涨幅（见图 6）。引入逆周期因子的原因主要包括以下几个方面。一是汇率中间价未能反映宏观经济基本面。2017 年初以来，经济整体运行平稳，甚至在第一季度还出现了部分指标的回升，经济基本面是有利于人民币升值的。同时，美元指数总体走弱，尤其是 2017 年 5 月中旬受“特朗普通俄门”事件的影响，美元指数加速下跌，这也是推动人民币升值的有力因素。根据以上因素影响，人民币兑美元汇率应走出一波强势上升态

图5　上证综合指数、深证成份指数、创业板指数

资料来源：Wind资讯。

势。2017年1～5月，人民币兑美元汇率中间价仅上升1.07%，而同期欧元、日元、英镑和澳元兑美元汇率分别上升6.91%、5.58%、4.46%和3.08%，俄罗斯卢布、印度卢比、墨西哥比索和南非兰特等新兴市场货币兑美元汇率也分别上升8.31%、5.29%、11.32%和4.74%。但是自2016年12月末至2017年5月20日，美元指数大幅下跌5.18%，人民币兑美元汇率中间价仅上升0.88%，上升幅度远小于其他新兴市场货币。二是一篮子货币指数下跌。2016年末至2017年5月26日，在人民币兑美元汇率中间价报价模型加入逆周期因子之前，BIS、SDR和CFETS三大货币篮子的人民币汇率指数分别下跌2.9%、2.0%和2.5%，这与央行力求保持人民币三大货币篮子有效汇率总体稳定的初衷是相悖的。2017年5月26日后，人民币兑美元汇率中间价持续走强，并对收盘价起到了一定的拉升作用。总体看，逆周期因子的引入较好地解决了人民币兑美元和兑一篮子货币贬值的问题，使贬值预期主导下脱离经济基本面的人民币汇率得到纠偏，对稳定人民币兑一篮子货币汇率起到了至关重要的作用。

图 6　实际有效汇率指数和名义有效汇率指数（2010 年 =100）

资料来源：Wind 资讯。

我们预计，受政策和市场因素叠加的影响，人民币升值步伐将放缓。一是近期央行调整了外汇风险准备金政策，外汇风险准备金率从 20% 调整为 0，这在一定程度上将对冲人民币升值预期。二是我国经济仍然存在下行压力，缓解了人民币升值压力。三是贸易顺差收窄 17.7%，人民币升值的基础转弱。四是美联储缩表也会增大人民币贬值压力。

截至 2017 年 9 月末，我国外汇储备余额为 3.11 万亿美元，较 2016 年同期增加 980 亿美元，其中 9 月单月增加 170 亿美元，连续 8 个月出现回升，为 2014 年 6 月以来最长连续增长时间（见图 7）。主要原因包括以下两个方面。一是 2017 年初以来，经济结构调整不断深化，质量效益持续提升，经济发展稳中向好，为我国外汇储备连续回升提供了根本保障。二是国际市场上，主要货币汇率及资产价格波动较大，外汇投资价值明显提升，助推外汇储备规模持续增长。我们预计，随着汇兑损益对外汇储备的拉动作用下降以及人民币升值预期，外汇储备将再次承压。

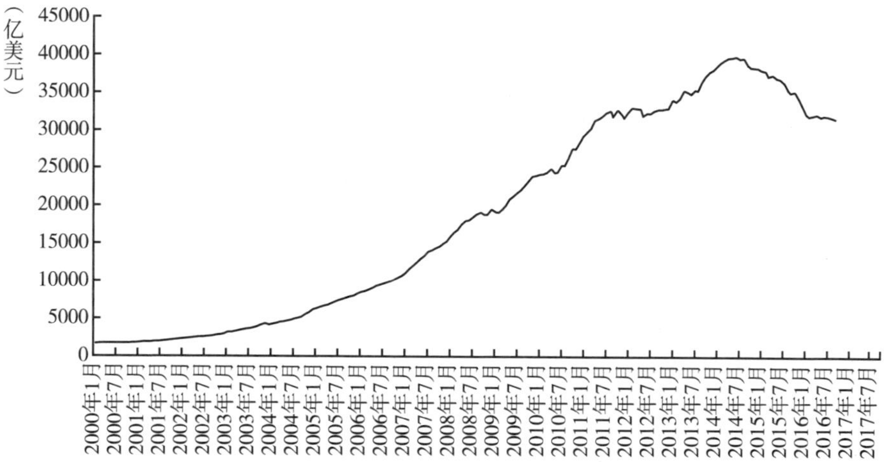

图 7　外汇储备规模

资料来源：国家外汇管理局。

三　2017 年的中国货币政策操作

2017 年以来，我国经济金融运行稳中向好，但面临的形势仍然错综复杂，如产能过剩依然较大、民间投资不振、资金“脱实向虚”、金融风险增大等，中国人民银行按照党中央、国务院的统一部署，在保持货币政策稳健中性的基础上，灵活运用多种货币政策工具，营造了适宜的货币金融环境。

（一）继续完善宏观审慎政策框架

我国目前施行“货币政策 + 宏观审慎政策”双支柱框架搭配，二者都属于宏观调控的工具，但又各司其职。货币政策的主要方向是使宏观经济保持基本平稳，而宏观审慎主要是控制系统性金融风险，确保整个金融体系平稳运作。2017 年以来，中国人民银行根据形势变化和调控需要不断完善 MPA 考核。

第一，表外理财纳入广义信贷指标范围。2017 年第一季度，MPA 评估时对信贷的考核由以往的狭义信贷考核转为广义信贷考核，主要出于以下几个方面的考虑。一是防范金融风险。随着金融监管日趋严格，一些银行为规避监管，将部分表内资产转移至表外，实现“资产出表”，在这种情况下，理财承接了表内资产，脱离了资产管理业务的本质，逐步演变为影子银行业务。其过大的规模和过快的增速蕴含着较大的风险，特别是在经济下行期，风险暴露得更快，涉及面也更广，如通过债券回购、分级基金等方式提升了杠杆率水平，增大了金融体系的潜在风险。表外理财纳入广义信贷考核也是要对表外理财规模进行摸底，防范出现系统性金融风险。二是将表外理财纳入 MPA 考核，可以有效控制广义信贷增速，使其保持在合理区间。三是配合债市去杠杆。随着债市杠杆率的拆解，以债券为主要投资标的的理财产品收益率下降，金融机构为了获取收益，有做大理财规模的冲动，采用广义信贷考核，也是为了约束金融机构的这种行为，进而达到金融去杠杆的目的。

央行将表外理财纳入 MPA 考核后，对银行业产生了深远影响。一是理财规模整体增速将会放缓。2017 年初以来，M2 同比增速持续放缓，已由 1 月的 10.7% 下降至 9 月的 9.0%，创历史新低。随着 MPA 广义信贷增速与 M2 增速偏离考核要求，银行表外理财规模增速将会放缓，逐步进入低速增长的新常态。二是中小银行面临较大调整压力。目前，理财规模增速与银行规模呈反向关系，大型商业银行理财规模同比增速最低，农村金融机构理财规模同比增速最高。可见，根据广义信贷的考核要求，中小银行在 MPA 考核中面临的调整压力较大，其中农村金融机构压力最大。三是理财业务回归资产管理本质。银行理财是表外业务快速扩张的通道之一，近年来，随着表外理财纳入 MPA 考核，银行理财业务扩张的速度将放缓，理财业务将由“规模优先”向“精细化管理优先”转变，回归资产管理的本质，实现理财业务的转型发展。

第二，同业存单将纳入 MPA 考核。在 MPA 考核中，在“资产负债情况”大项下有一子项对同业负债占比情况进行了考核，该指标的设定整体沿袭了银监会发布的《关于规范商业银行同业业务治理的通知》（银发

〔2014〕127号）的设定：如果银行同业负债占比不超过25%，则可获得25分（满分）；如果银行同业负债占比不超过33%，则可获得10～15分；否则为0分。目前的MPA并未将机构发行的同业存单计入同业负债中，从而低估了机构实际对同业负债的依赖度。央行发布的《中国货币政策执行报告》明确提出，自2018年第一季度评估时起，总资产为5000亿元以上的银行发行的一年期以内的同业存单将纳入MPA同业负债占比指标进行考核，这将影响到MPA对应子项的打分。

但我们预计，完善MPA同业负债占比指标对银行体系的影响并不大，主要原因包括以下几个方面。一是大部分银行目前已符合要求。二是给予了充分的时间窗口。央行计划于2018年第一季度实施考核，商业银行将有充分的时间对同业资产、同业负债业务进行调整。三是同业负债考核分值占比较低。在资产负债情况中，广义信贷、委托贷款及同业负债的分值分别为60分、15分和25分，同业负债分值占比仅为25%。

（二）灵活开展公开市场操作

2017年前三季度，央行密切关注流动性变化和市场预期变化，进一步提高公开市场操作的前瞻性和灵活性，加强预调微调，合理摆布操作力度与频度，张弛有度，有效熨平流动性波动，主要特点包括以下几个方面。

第一，与2016年以净投放基础货币为主的公开市场操作形成鲜明对比，2017年前三季度央行以净回笼基础货币为主。此外，投放和回笼的波动幅度明显收窄，总体较2016年同期更为平稳。

第二，央行加强前瞻性估测，充分预判季节性和临时性因素影响，进一步增强通过逆回购操作主动投放和回笼的灵活性。

第三，强化预期管理，通过交易公告及时向市场阐明央行的操作意图，提高政策透明度，充分发挥市场力量的修正作用。

总体看，公开市场操作张弛有度，有效熨平了诸多因素对流动性的影响，公开市场操作中标利率保持稳定，货币市场利率走势平稳，维护了银行体系流动性中性适度与基本稳定。

（三）开展临时流动性便利、常备借贷便利及中期借贷便利操作

2017年初以来，根据流动性状况，央行综合运用临时流动性便利（TLF）、常备借贷便利（SLF）、中期借贷便利（MLF）工具，进一步增强流动性管理的灵活性，主要特点包括以下几个方面。

第一，开展临时流动性便利操作。2017年初，为保障春节前集中性的流动性需求，促进银行体系和货币市场平稳运行，中国人民银行为现金投放量较大的大型商业银行提供了临时流动性支持。临时流动性便利操作也释放出央行将继续创新和完善宏观调控方式、进一步丰富并综合运用货币政策工具的信号，其特点包括：一是操作对象主要是“工农中建交”5家大型银行；二是操作期限为28天，既考虑了春节前资金面紧张的局面，也考虑了春节后的逆回购和中期借贷便利大量到期的状况；三是对流动性覆盖率（LCR）考核无影响；四是收益较高，明显高于临时流动性便利操作成本。

第二，开展常备借贷便利操作。加强对地方金融机构提供短期流动性支持，2017年前三季度累计开展常备借贷便利操作4237.5亿元，其中隔夜、7天和1个月分别为181.6亿元、2325.1亿元、1730.8亿元。另外，2017年第一季度两次上调利率，7天和1个月利率各上调20个基点。

第三，开展中期借贷便利操作。为熨平经济波动和流动性状况，适时开展中期借贷便利操作，保证基础货币供给。2017年前三季度，累计开展中期借贷便利操作1.06万亿元，有效弥补了中长期流动性缺口。

（四）支持金融机构扩大重点领域和薄弱环节的信贷投放

第一，加大对国民经济重点领域和薄弱环节的支持力度。截至2017年9月末，全国支农、支小、扶贫再贷款及再贴现余额分别为2401亿元、823亿元、1465亿元、1504亿元。

第二，定向降准支持“三农”和小微企业。2017年2月，央行根据金融机构支持“三农”和小微企业的具体情况，实施了定向降准例行考核。将达标的银行分为两类：一是对涉农和小微企业贷款增量比重超过15%的

金融机构，实施定向降准0.5个百分点；二是对涉农和小微企业贷款增量比重超过50%，且贷款余额比重超过30%的金融机构，实施定向降准1.5个百分点。

另外，2017年9月，央行对普惠金融领域实施定向降准，部分达标的金融机构可以享受优惠准备金率。相较于2017年2月专门针对“三农”和小微企业的降准，本次降准延伸至脱贫攻坚、“双创”等领域。

总体上，定向降准政策的实施，促进了增加普惠金融领域贷款投放的正向激励机制的建立，有助于促进金融资源向普惠金融领域倾斜，进一步优化信贷结构。

（五）继续深化外汇管理体制改革

第一，完善全口径跨境融资宏观审慎管理政策，提高跨境融资的便利性。2017年初，央行发布跨境融资宏观审慎管理相关办法。一是提高了企业外债额度，原有上限为最近一期报表的净资产规模，现调整为净资产规模的两倍。二是将外资银行的境内分行纳入政策范围，此后各类机构全部纳入外债宏观审慎政策的管理范围。三是扩大了外债额度豁免的范围，包括两个方面：一方面，金融机构和企业的外币被动负债不纳入外债额度；另一方面，金融机构的同业拆借和外部贸易融资也纳入豁免范围。四是调整了表外融资类别风险转换因子，内保外贷按20%计入风险融资加权余额。五是明确了外资企业及金融机构采取宏观审慎政策的时间表。

第二，扩大第三方支付机构外汇支付、跨境电子商务试点。一是扩大跨境电子商务试点，推动跨境电子商务综合试验区先行先试。二是扩大第三方支付机构外汇支付。直至2017年春季，国家外汇管理局才批准了3家平台参与跨境试点。自此，拥有跨境支付资格的支付平台数量达到30家。从城市分布看，北京和上海的平台数量领跑全国，分别有10家和9家；杭州、深圳、重庆为第二梯队，分别有4家、2家、2家；成都、海口和南京各有1家。

第三，促进贸易投资便利化。一是实现贸易报关信息便利化查询，在全国范围内向银行开放报关信息，为银行获取企业贸易相关信息提供查询渠道。二是完善跨国公司外汇资金集中运营管理，提高境内银行通过国际外汇资金账户吸收存款的境内运用比例。三是牢牢把握金融服务实体经济的本质要求，依法支持、保障真实合规的经常项目国际支付与转移。

四　2018年总体趋势及对策建议

党的十九大报告指出，当前我国社会的主要矛盾已经转化为人民日益增长的美好生活需要和不平衡不充分的发展之间的矛盾。这决定了我国在经济方面的施政纲领将更加注重促进公平，注重增长的质量而不仅仅是速度的提升。根据“十三五”规划，要实现2020年收入翻番的目标，“十三五”期间的GDP年均增速至少要保持在6.5%，但考虑到近两年我国经济增长超预期，已为2020年收入翻番的目标提前预留了空间，更为我国政府在2018年继续推进供给侧结构性改革和去杠杆创造了条件。这是党的十九大报告将我国经济的发展问题从速度转向质量的底气所在。但是，较高的经济增速并不等同于稳定的经济运行。图8描述了我国高频宏观经济先行指数及GDP运行趋势，一个显著的特征是在2008年次贷危机之后，经济运行波动幅度明显放大：高频宏观经济先行指数通常用2年左右的时间快速攀升，此后在约1年的时间里呈现“断崖式下跌”的走势。这种短期剧烈的波动对经济自身运行规律的破坏力是显而易见的。根据高频宏观经济先行指数的运行趋势，本轮经济的复苏始于2015年末，并于2017年6月初到达顶点后开始回落。高频宏观经济先行指数从顶点向零值回落，意味着经济运行正在向均衡水平回归，但高频宏观经济先行指数回落的程度和速度是否会重复前几次的“断崖式下跌”，特别值得关注。党的十九大报告指出，我国经济当前正处在转变发展方式、优化经济结构、转换增长动力的攻关期，而平稳的经济运行是实现上述目标的关键所在。

2018年的金融运行，在整体上仍将处于收紧的态势之中。其一，在美联储缩表和加息的国际金融环境下，中国的金融运行不存在持续宽松的基

图8　高频宏观经济先行指数及GDP运行趋势

注：①GDP数据经过去趋势和标准化处理；构建高频宏观经济先行指数的指标包括国债利差、股票指数、货币供应量、消费者预期指数、工业产品产销率、社会货运量、沿海主要港口吞吐量、商品房新开工面积和固定资产投资新开工数。②高频宏观经济先行指数研究团队成员包括费兆奇（中国社会科学院金融研究所）、Wang Jiaguo（University of Manchester，UK）、刘康（中国工商银行金融市场部）、Jacob B. Schumacher（University of Oxford，UK）、Ksenia Gerasimova（University of Cambridge，UK）。

础。其二，“防范化解重大风险”依然是未来几年的重要任务，房地产调控和金融体系的监管仍将趋严，在此背景下，货币供应和房地产价格增速均有下行压力，货币市场短期利率的波动中枢将大概率呈现缓慢上行的趋势。其三，随着供给侧结构性改革的深入推进，政府弱化行政去产能的倾向逐步增强，这将使产能缩减速度放缓，供给收紧对商品价格的影响程度也将趋于下降。此外，我们认为固定资产投资增速在2018年将缓慢下降，这将弱化对大宗商品的需求，为此，大宗商品价格可能呈现震荡下行的走势。其四，随着人民币汇率形成机制的逐步完善（如人民币兑美元汇率中间价纳入逆周期因子，人民币汇率在短期内较难出现单边行情），汇率波动对金融形势的趋势性影响将趋于弱化。

基于以上判断，我们认为2018年中国经济宏观调控应围绕以下几个方面展开。

首先，2018 年中国经济宏观调控仍需要在“稳增长、供给侧结构性改革和防风险”之间寻求平衡。其中，“稳增长”并不是寻求经济增长速度的加快，而是引导经济运行平缓地回归到均衡水平，并在均衡水平附近小幅波动。“供给侧结构性改革”需配合需求侧管理，稳定需求端是供给侧结构性改革的基础。

其次，在货币政策和宏观审慎管理“双支柱”框架下，实现稳增长和金融稳定。在金融稳定和当前宏观经济稳定的目标之间进行权衡时，应当通过更有针对性的宏观审慎政策与货币政策相结合的方式来解决问题，而不是运用传统宏观调控框架下的紧缩性货币政策。

再次，以降低宏观税负为重心，加大积极财政政策的实施力度。

最后，继续深化中国的金融体制改革。一是完善利率传导机制，重点是加快培育市场基准利率体系，构建完整的利率期限结构。二是通过多种制度安排，增强金融服务实体经济的能力，重点有两方面：一方面，促进多层次资本市场健康发展，加大力度提高直接融资的比重；另一方面，通过推动国有大型银行的战略转型和加快中小金融机构的发展，改善目前的间接融资结构。三是健全金融监管体系，重点是推进“机构监管”向“功能监管”和“行为监管”转变。

上篇　中国金融业发展

The First Part: Development of China's Financial Industries

B.2
2017年的中国银行业

曾　刚*

摘　要： 2017年，中国银行业运行整体呈现风险企稳、业绩向好的趋势。而在货币政策转向以及“防风险、去杠杆”的政策高压下，同业去杠杆也逐渐深入，在经历了几次流动性考验之后，金融去杠杆已取得明显成效。党的十九大之后，银行监管制度完善步伐明显加快，短短一个月内，《资管新规》和流动性监管修订等重磅监管规则相继出台，反映了政策当局加强监管制度建设、巩固金融乱象整治成果的决心。预计未来，强监管将成为银行业的常态，但随着银行合规经营意识的增强，强监管对经营的短期冲击将逐渐减弱，并为银行业长期稳健发展创造更好的外部条件。

* 曾刚，国家金融与发展实验室副主任，中国社会科学院金融研究所银行研究室主任。

关键词：“金融治乱象”　防风险　去杠杆　监管补短板

一　银行业运行情况

总体上看，2017 年，中国银行业运行情况稳中向好，“脱实向虚”与“金融乱象”问题得到初步解决，对外开放不断推进，创新与转型步伐也有所加快。银行业主要运行特征包括以下几个方面。

（一）规模增速继续放缓

截至 2017 年底，银行业金融机构本外币资产达 252 万亿元，同比增长 8.7%，增速较上年末下降 7.1 个百分点。各项贷款为 129 万亿元，同比增长 12.4%。分资产类型看，贷款占资产的比重上升。各项贷款同比增长 13.2%，高出同期资产增速 2.6 个百分点。新增贷款 13.98 万亿元，较上年同期增加 1.2 万亿元，占新增资产的比重较上年同期上升 37.8 个百分点。其中，制造业贷款增速连续为正，较上年同期上升 2.6 个百分点。

信贷增长的同时，同业资产和同业负债则出现了净减少。截至 2017 年末，同业资产、同业负债分别较年初减少 2.6 万亿元和 2 万亿元，其中股份制银行同业资产与年初相比降幅达 45%。理财产品余额同比增速降至 4%，较上年同期下降 30 个百分点，已连续 11 个月下降，其中同业理财累计减少 3.4 万亿元；中小银行下降尤为明显，城市商业银行和农村商业银行理财产品余额同比增速分别下降了 40 个和 90 个百分点。

截至 2017 年底，银行业金融机构本外币负债为 232.87 万亿元，同比增长 8.4%，增速较上年末下降 7.6 个百分点。各项存款为 148.97 万亿元，同比增长 8.37%。其中，居民存款为 64.9 万亿元，同比增长 7.6%；单位存款为 79.3 万亿元，同比增长 9.24%。同业负债（银行 + 非银行金融机构）余额为 29.44 万亿元，比上年净减少 7645 亿元，同比增长 -2.5%。债券（含二级资本债、金融债和同业存单）发行余额为 22.58 万亿元，同比增长

12.31%，其中同业存单余额约为8万亿元，比上年末增加17290亿元，同比增长27.55%。这体现了在存款增长乏力的背景下，部分银行对金融市场资金来源的依赖度进一步提升。在去杠杆监管力度日趋加大的背景下，2018年同业业务和金融市场依赖程度高的银行面临较大的调整压力。

分机构看，股份制商业银行的资产规模增速放缓最为明显，2017年增速仅为3.1%，首次低于大型商业银行（7.1%），有3家银行的资产负债规模较上年净减少。城市商业银行和农村金融机构资产增速仍保持在10%左右，但较上年均有大幅回落，尤其是城市商业银行，降幅在11个百分点左右（见图1）。总体上看，股份制商业银行和城市商业银行受强监管的影响最为明显。

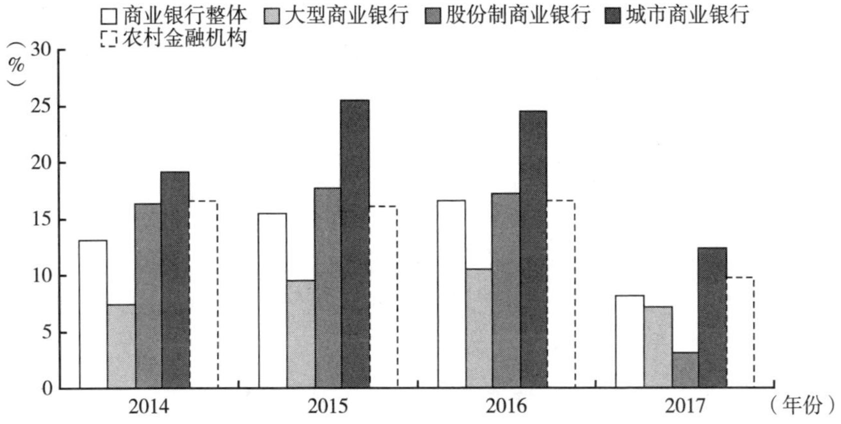

图1　各类银行机构资产规模增速

资料来源：中国银监会。

（二）信用风险趋于平稳

截至2017年底，全部商业银行不良贷款余额约为1.7万亿元，较上年末增加1935亿元，同比增长12.79%。不良贷款率为1.74%，自2016年第四季度以来一直保持稳定。关注类贷款率自2016年第三季度以来持续下降，从4.1%的峰值下降到2017年末的3.49%，意味着潜在不良资产生成压力持续减弱。

分机构看，2017 年末，大型商业银行不良贷款率为 1.53%，较上年末下降0.15 个百分点；股份制商业银行不良贷款率为 1.71%，较上年末下降 0.03 个百分点；外资银行不良贷款率为 0.7%，较上年末下降 0.23 个百分点。城市商业银行和农村商业银行的不良贷款率分别为 1.52% 和 3.16%，较上年末上升 0.04 个和 0.67 个百分点。总体上看，中小银行，尤其是农村商业银行，仍面临较为严峻的信用风险考验。

从上市银行看，2017 年末，有 14 家银行的不良贷款余额较上年末增加，招商银行和常熟银行的不良贷款余额有所下降。在不良贷款率方面，有 13 家银行的不良贷款率较上年末下降，仅浦发银行、平安银行和华夏银行三家银行的不良贷款率有所上升。这意味着在上市银行中，招商银行和常熟银行已率先出现“双降”，仅浦发银行一家银行维持“双升”，其他银行基本处于“一升一降”的状态。2012 年以来不良贷款持续“双升”的势头有望出现拐点。

资产质量趋稳也带动了银行风险抵补能力的回升。2017 年末，商业银行整体拨备覆盖率为 181.42%，高于上年同期水平。其中，大型商业银行的拨备覆盖率为 180.45%，自 2016 年第一季度以来稳步上升。股份制商业银行的拨备覆盖率为 179.98%，较上年末大幅提升近 10 个百分点。城市商业银行和农村商业银行的拨备覆盖率分别为 214.48% 和 164.31%，均较上年同期有所下降。尤其是农村商业银行，较上年同期大幅下降 35 个百分点，并逼近 150% 的监管红线。

（三）净息差逐步企稳

2016 年，净息差水平收窄到 2.09%，对银行业盈利能力产生了明显冲击，也导致了金融创新和金融套利业务的加速。不过，2016 年下半年以来，净息差收窄的幅度有所收敛，呈现企稳的趋势。进入 2017 年之后，受营改增和同业负债成本上升冲击影响，2017 年第一季度银行净息差进一步收窄到 2.03%。进入第二季度后，银行业净息差开始触底回升，2017 年 6 月、9

月和12月末分别上升到2.05%、2.07%和2.10%，呈加速上升趋势。

分机构看，2017年末，大型商业银行和农村商业银行由于资金来源相对稳定，净息差回升相对明显，尤其是农村商业银行，净息差较第一季度上升了27个基点；股份制商业银行和城市商业银行受调控影响较大，息差管理的压力犹存，均较年初小幅下降2个基点（见图2）。预计受2018年贷款需求旺盛的影响，中小银行会呈现量价齐升，息差将继续回升。

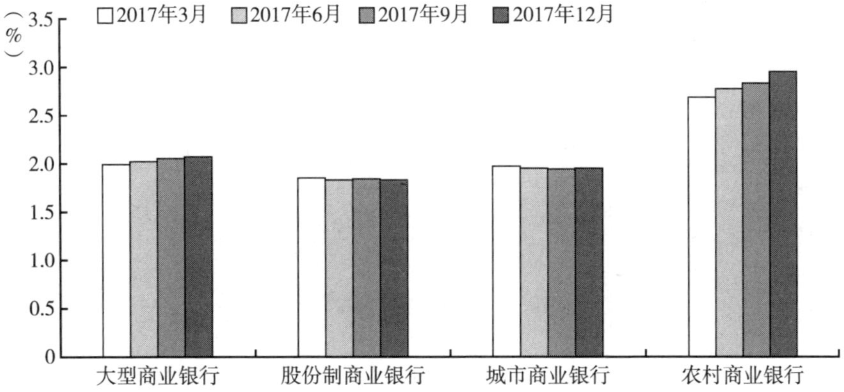

图2　各类银行净息差变化

资料来源：中国银监会。

（四）净利润增速有所回升

截至2017年末，商业银行累计实现净利润1.7万亿元，同比增长5.98%，较上季度末上升3.31个百分点。在主营业务收入负增长和拨备前利润增速下降的情况下，实现净利润增速的上升，主要得益于资产质量企稳导致的拨备成本下降。从收入结构看，2017年，商业银行非利息收入占比为22.65%，较2016年同期下降1.16个百分点。这主要与监管治理金融同业乱象，资金同业业务受到一定抑制有关。

尽管2017年净利润增速较2016年有小幅上升，但利润增速低于资产规模增长速度，银行单位资产的盈利能力继续下行。2017年末，银行业资产收益率（ROA）为0.92%，较上年同期下降0.07个百分点，自2011年（1.3%）以来一直维持缓慢下行趋势，银行盈利能力仍面临挑战。分机构看，大型商业银行、股份制商业银行和城市商业银行资产收益率均较上年同期下降0.05个百分点，农村商业银行下降0.11个百分点，外资银行则上升0.02个百分点（见图3）。在所有类型银行中，大型商业银行的盈利能力最为突出。

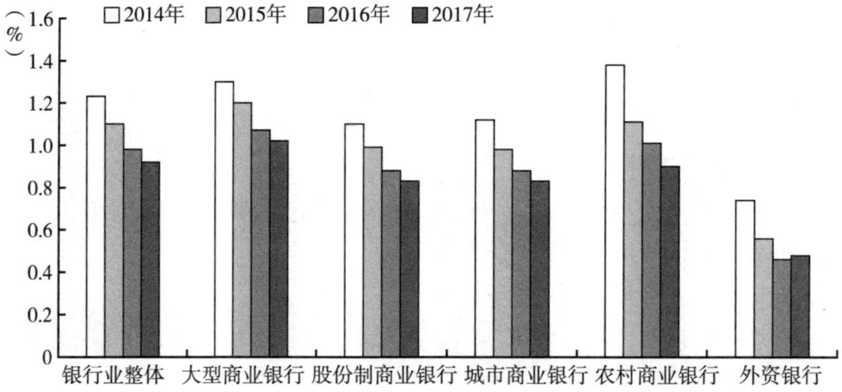

图3　各类银行资产收益率

资料来源：中国银监会。

（五）银行业双向开放持续推进

在“走出去”方面，截至2017年6月末，约有22家中资银行在全球63个国家和地区开设了1353家海外分支机构，其中5家大型商业银行的海外分支机构约为1279家。大型商业银行的海外分支已经基本覆盖了全球主要的国际金融中心和经济体；股份制商业银行的境外机构数量较少，主要分布在中国的港澳台及东南亚地区。

在对外开放方面，党的十九大报告提出，要推动形成全面开放新格局，全面实行准入前国民待遇加负面清单管理制度，大幅度放宽市场准入，扩大服务业对外开放。具体到银行业，2017年12月，银监会对《中国银监会外资银行行政许可事项实施办法》进行修订，形成了《中国银监会关于修改〈中国银监会外资银行行政许可事项实施办法〉的决定（征求意见稿）》，进一步扩大对外开放，持续推进行政审批制度改革。该决定对《中国银监会外资银行行政许可事项实施办法》修改的主要内容包括以下三个方面。

一是增加了关于外资法人银行投资设立以及入股境内银行业金融机构的许可条件、程序和申请材料等规定，为外资法人银行开展对银行业金融机构的股权投资提供了明确的法律依据。

二是取消了外资银行开办代客境外理财、代客境外理财托管、证券投资基金托管、被清算的外资金融机构提取生息资产四项业务的审批，实行报告制。

三是进一步统一了中外资银行的市场准入标准：合并支行筹建和开业审批程序，仅保留支行开业审批；优化外资银行募集发行债务、资本补充工具的条件；简化高管资格审核程序，对于同质同类外资银行机构间的平级调动或改任较低职务的情形，由事前核准改为备案制。

（六）银行业转型与创新的步伐加快

2017 年，银行业转型与创新的重点主要集中在两个方面。

一是适应经济结构变化，大力拓展零售银行业务，将个人、小微企业作为战略发展的重点。从 20 家上市银行公布的个人贷款数据来看，个人贷款在贷款总额中的比重平均由 2016 年末的 30.7% 上升至 2017 年上半年的 32%，其中有 17 家银行的个人贷款占比有所上升。个人贷款占比上升幅度最大的是平安银行（上升 4.6 个百分点），是 2017 年转型零售的先锋（见图 4）。从收入情况来看，几乎所有银行的零售业务收入占比都有所上升，占比最大的是招商银行，其零售业务的贡献度在 2017 年上半年甚至超过了 60%。

二是商业银行在互联网金融与金融科技领域的创新继续深入。近年来，商业模式和用户习惯急剧变化。商业活动的重心加速向互联网转移，网络交易和第三方支付规模快速扩张，带动了用户习惯的深刻变化。商业银行的平均离柜率（电子替代率）在过去几年中大幅攀升，从 2010 年的 45.02% 上升到 2016 年的 84.31%（见图 5），上市银行整体平均离柜率则接近 95%，

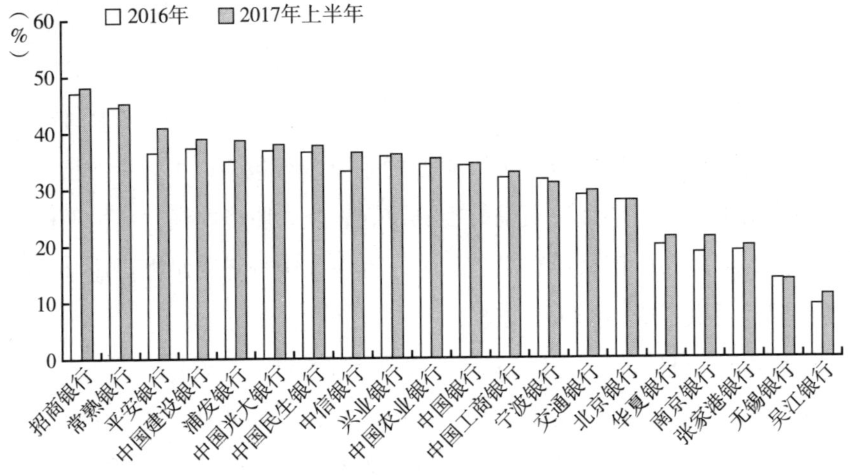

图 4　20 家上市银行个人贷款占比

资料来源：Wind 资讯。

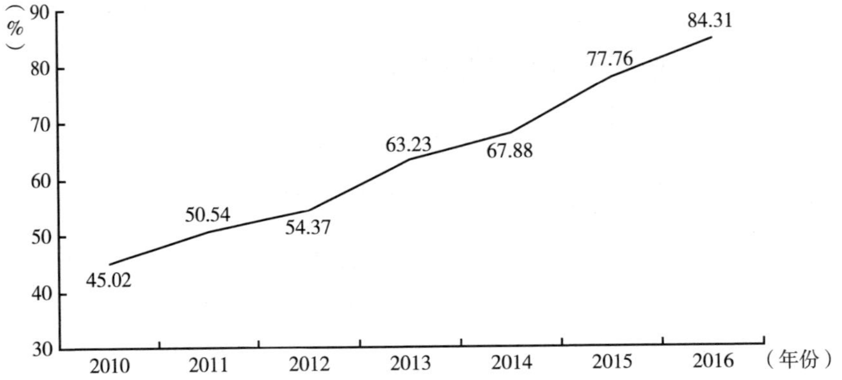

图 5　银行业平均离柜率

资料来源：中国银行业协会。

其中平均离柜率最高的民生银行已经达到 99.27%。客户习惯迅速变化导致的“用户脱媒”（转向用户体验更好的互联网企业），给传统的金融业务模式和流程带来了严峻的挑战。

面对客户的变化，商业银行加快了转型和创新的步伐。2017 年，中国银行业开始以更为开放的思维和创新的视野，纷纷制定互联网金融或金融科技发展战略，在更高起点上推动银行智能化转型的进程。在具体的发展路径上，一是依靠庞大的客户基础和强大的资金实力，积极探索新技术的开发和应用；二是积极学习借鉴，利用现有金融科技完善和改造自身业务流程，手机银行、直销银行以及各种基于互联网和金融科技的产品创新，都是其中的代表；三是加强与金融科技公司和互联网企业的合作，或是共同推进新技术的开发和应用，或是联合构建基于互联网经济、金融生态的互联网金融生态图，将金融服务更好地嵌入经济活动之中，在提高金融支持实体经济效率的同时，有效降低融资成本。2017 年商业银行与互联网企业的战略合作情况见表 1。

表 1　2017 年商业银行与互联网企业的战略合作

时间	银行	合作对象	合作内容
3 月 28 日	中国建设银行	阿里巴巴	蚂蚁金服将协助中国建设银行推动信用卡线上开卡业务，还将推动线下线上渠道业务合作、电子支付业务合作、征信合作
6 月 20 日	中国农业银行	百度	建立金融科技联合实验室，处理信贷事务及理财事务，在资产证券化、虚拟钱银及工业互联网金融等方面进行探究
6 月 22 日	中国银行	腾讯	成立中国银行－腾讯金融科技联合实验室，在云计算、大数据、区块链和人工智能等方面开展深度协作，共建普惠金融、云上金融、智能金融和科技金融
8 月 22 日	交通银行	苏宁	在智慧金融、全融资业务、现金管理及账户服务、国际化方面联合探索互联网金融业务创新，以更好地提升双方的客户服务体验，从而共同创建新的行业竞争优势。共同设立交行－苏宁智慧金融研究院，重点开展云计算、数据处理技术、人工智能、VR/AR 等前沿基础性科技以及智能商务、智能交互等跨界合作研究，加速金融科技与金融业务的全面深度融合
10 月 26 日	中信银行	苏宁	双方将在智慧零售、金融业务、IT 科技等方面展开全方位合作
11 月 9 日	大连银行	京东金融	涵盖大数据风控、人工智能、用户运营等维度的全方位战略合作，将共建金融科技实验室，共建大数据平台与线上信贷平台。双方战略合作首期成果——大连银行直销银行 APP“壹伴客”正式上线
11 月 27 日	中国工商银行	京东	中国工商银行宣布与京东金融共同推出“工银小白”数字银行，专注服务于年轻客群，通过与京东金融的合作，运用大数据、人工智能等科技手段，在传统银行业态之外搭建一个“享用碎片生活时间，满足重点金融需求”的零售金融新场景

资料来源：中国社会科学院金融研究所。

二 “金融治乱象”，纠偏“脱实向虚”

第五次全国金融工作会议提出，“要以强化金融监管为重点，以防范系统性金融风险为底线，加快相关法律法规建设，完善金融机构法人治理结构，加强宏观审慎管理制度建设，加强功能监管，更加重视行为监管”。这为弥补监管短板、完善金融监管体制确立了基本的方向。实践中，2017 年以来，银行监管部门强化政策执行，通过“三三四十”等专项整治，对金融乱象比较集中的领域进行了重点清理。同时，对违规行为采取了机构和个人“双罚”，显著加大了处罚力度，2017 年 1～10 月做出行政处罚 2617 件，罚没共计 6.67 亿元，12 月更是针对“侨兴债”事件暴露出的各种违规行为，对广发银行做出了 7.2 亿元的巨额处罚。从全行业运行看，针对治理金融乱象和去杠杆采取的强监管措施取得了明显的效果，具体表现在以下几个方面。

一是银行表外业务萎缩，资产结构有所优化。在监管强化的背景下，银行业主动压缩表外规模，部分表外资金主动回表，贷款占资产的比重上升。截至 2017 年 10 月末，银行业新增贷款 12.2 万亿元，占新增资产的比重较上年同期大幅上升 35.3 个百分点。制造业贷款连续保持正增长，增速较上年同期上升 1.6 个百分点。金融薄弱领域服务得到增强，小微企业贷款、保障性安居工程贷款、涉农贷款和基础设施行业贷款同比分别增长 15.4%、44.2%、10.8%和 15.8%。银行信贷对实体经济的支持力度持续加大。

二是资金链条缩短，对实体经济的支持力度加大。随着监管穿透力度的加大，2017 年，SPV 投资和委托贷款增速明显放缓，意味着投向实体经济的资金链条缩短，多层嵌套加杠杆加链条的现象得到明显遏制。SPV 投资同比少增 4 万多亿元，增速较上年同期大幅下降 47 个百分点。委托贷款余额自 2017 年 4 月以来一直保持减少态势，同比少增 6100 多亿元。

总体上看，2017 年“金融治乱象”工作取得了明显的进展，金融杠杆得到了有序的去除，2017 年 5 月之后广义货币供应量（M2）增速明显回落到10%以下，已接近实体经济（名义GDP）的增长水平，而且金融部门持有的M2增速大幅下降，意味着由同业往来引发的货币创造受到了明显抑制。

在金融乱象得到逐步整治的同时，银行信贷结构进一步优化。2017年全年境内新增贷款13.98万亿元，比上年同期多增1.2万亿元。其中，房地产贷款增速有所下降，房地产开发贷款增速依然为负（2017年第三季度为-12.8%），投向工业、服务业、基础设施的中长期贷款余额增速持续上升，小微企业贷款、保障性安居工程贷款、涉农贷款和基础设施行业贷款同比分别增长15.1%、42.3%、9.6%和15.7%，有力地支持了国家重大战略的实施，切实增强了对国民经济重点领域和薄弱环节的金融服务意识。

在信贷结构优化的带动下，2017年投资结构持续优化，高技术附加值领域、国民经济薄弱环节等相关投资保持增长。其中，基础设施投资（不含电力、热力、燃气及水生产和供应业）140005亿元，比上年增长19%，增速比上年上升1.6个百分点；制造业投资193616亿元，比上年增长4.8%，增速比上年上升0.7个百分点；高技术制造业、装备制造业投资分别比上年增长17.0%和8.6%，增速比上年上升2.8个和4.2个百分点；高耗能制造业投资比上年下降1.8%。从固定资产投资到位资金和新开工项目计划总投资看，2017年偏紧的货币金融环境对实体经济并没有造成负面影响，固定资产投资到位资金629815亿元，比上年增长4.8%。新开工项目计划总投资519093亿元，比上年增长6.2%。

三 监管“补短板”，夯实制度基础

金融乱象丛生，除监管执行力度不足外，监管制度滞后于实践也是一个重要的原因。正因如此，第五次全国金融工作会议提出，要“加强金融监管协调，补齐监管短板”；2017年末召开的中央经济工作会议提出，“坚决打击违法违规金融活动，加强薄弱环节监管制度建设”。从长远看，要巩固

“金融治乱象”工作所取得的成果，重点领域的监管制度完善是必不可少的环节。从2017年下半年开始，在“三三四十”等治乱象的专项整顿取得阶段性成果后，监管部门密集发布各种重要的制度规范，对银行业的长远发展有着深远的影响。在目前正式颁布和征求意见的规章中，《资管新规》和流动性监管对银行业潜在的影响最大。

（一）《资管新规》

2017年11月17日，“一行三会一局”联合发布了《关于规范金融机构资产管理业务的指导意见（征求意见稿）》（以下简称《资管新规》）。《资管新规》是横跨不同监管部门的统一规范，在某种意义上算是“金融稳定发展委员会”的首秀。新规涵盖了资产管理业务的方方面面，与以往分散、分割的部门监管规定相比，有以下几个方面的要点。

一是明确资管产品的定位。明确资产管理业务是金融机构的表外业务，不得承诺保本保收益，不得开展表内资产管理业务。《资管新规》仅将银行非保本理财作为资管产品纳入监管，明确了保本理财作为结构化存款未来不再是资管产品，非保本理财与所有其他资管产品一样将执行统一监管标准。《资管新规》明确规定，资管产品包括但不限于银行非保本理财产品、资金信托计划，以及证券公司、证券公司子公司、基金管理公司、基金管理公司子公司、期货公司、期货公司子公司和保险资产管理机构发行的资管产品等。

二是推动产品向净值管理转型，对刚性兑付有相应的惩戒和监督措施。长久以来，监管规定一直在强调打破刚性兑付，但在实践中并未得到很好的执行。《资管新规》对刚性兑付进行了更为明确的定义，基本囊括目前金融机构实现刚性兑付的主要手段，如发行时承诺保本保收益、滚动发行实现保本保收益、自筹资金或委托其他金融机构代付以保本保收益。除此之外，还有中国人民银行和金融监管部门共同认定的刚性兑付情形。在此基础上，《资管新规》明确了打破刚性兑付的具体措施，对于违规存款类机构要求回表补缴存款准备金和存款保险基金并处罚，对于违规非存款类金融机构则会受到处罚及罚款，这大大提高了打破刚性兑付的可操作性。

三是消除多层嵌套。“去通道”是治理影子银行问题的核心，也是2017年以来强监管治理的主要对象之一。《资管新规》明确提出要“消除多层嵌套和通道”，对于委外只能嵌套一层的约束直接砍掉了通道的中间环节。此外，《资管新规》明确指出委托机构不得因委托其他机构投资而免除自身应当承担的责任，这也就意味着机构充当通道的责任意识在增强，盛行一时的通道业务将受到明显的抑制。

四是对非标（非标准化债权）资产的限制。非标资产也是影子银行治理的难题之一。《资管新规》禁止非标和未上市股权类资产期限错配，非标资产面临较大的清退压力，预计将通过回表、转标来逐步缓解。以往银行理财将短期资金配套给长期融资需求，通过承担流动性风险增加了对实体经济的资金供给，但禁止期限错配后，实体经济通过非标进行融资的难度将增大。此外，《资管新规》还更新了对非标产品的界定。《中国银监会关于规范商业银行理财业务投资运作有关问题的通知》（银监发2013年8号文）的定义是“未在银行间市场及证券交易所市场交易的债权性资产”，《资管新规》则更新为，“标准化债权类资产是指在银行间市场、证券交易所市场等国务院和金融监督管理部门批准的交易市场交易的具有合理公允价值和较高流动性的债权性资产，具体认定规则由中国人民银行会同金融监督管理部门另行制定。其他债权类资产均为非标准化债权类资产”。其具体范围，还需监管部门进一步明确。

五是鼓励资管产品投向国家战略或宏观调控引导的方向。在限制期限错配和非标投资的同时，《资管新规》鼓励金融机构通过发行资管产品募集资金支持国家重点领域和重大工程建设、科技创新和战略性新兴产业、“一带一路”建设、京津冀协同发展等，鼓励金融机构通过发行资管产品募集资金支持经济结构转型和降低企业杠杆率。预计银行通过资产管理类子公司投向上述领域的专项资管产品（如用于降低企业杠杆率的债转股专项产品、用于支持京津冀协同发展的产品等）会有一定的发展空间。

六是建立和完善监管协调机制。在统计制度上，采取事后报备的方式，并且要同时向中国人民银行和金融监督管理部门报备。在监管分工上，明确中国人民银行对资产管理业务实施宏观审慎管理，金融监督管理部门负责资产管理业务的市场准入和日常监管。监管原则主要有四点：其一，机构监管与功能监管相结合，根据产品类型而不是机构类型来进行监管；其二，穿透式监管，向上识别最终投资者，向下识别底层资产；其三，强化宏观审慎管理，建立并完善资产管理业务的宏观审慎管理框架；其四，建立综合统计制度，及时获取资管产品相关信息，为全面动态监管奠定基础。

七是智能投顾的监管探索。智能投顾是新兴起的资产管理业务，尚未形成规模。但考虑到金融科技的发展潜力，《资管新规》对智能投顾也进行了定义和规范，要求开展智能投顾需要获得金融监管部门的许可，并符合投资者适当性、投资范围、信息披露、风险隔离等一般性规定。不过，由于相关业务并未广泛开展，实践中的问题也未充分暴露，《资管新规》关于智能投顾的规定还是以框架性条文居多。

总体上看，《资管新规》是一个覆盖全面的纲领性、原则性文件，在大方向明确的前提下，具体还有待出台各领域的实施细则，尤其是非标准化资产、公允价值原则等都有待做出具体的规定，在过渡期安排方面，监管部门与业界也正在讨论。

（二）流动性监管新规

2017 年 12 月 6 日，银监会发布《商业银行流动性风险管理办法（修订征求意见稿）》。2014 年发布（2015 年修订）的试行版以流动性比例和流动性覆盖率为主要监管指标，本次修订征求意见稿进一步完善了商业银行流动性管理框架，新引入三个量化指标——净稳定资金比例、优质流动性资产充足率、流动性匹配率，进一步完善了流动性风险监测体系，细化了流动性风险管理相关要求，扩大了监管覆盖范围，并给予了一定的缓冲期（见表 2）。

表 2　流动性监管指标及其相关规定

指标	计算方法	监管要求	目的
流动性比例	流动性资产/流动性负债×100%	25%	满足短期应对流动性冲击的能力
流动性覆盖率	优质流动性资产/未来30天现金净流出×100%	2017年末为90%，2018年末为100%	确保商业银行具有充足的合格优质流动性资产，能够在规定的流动性压力情景下，通过变现这些资产满足未来至少30天的流动性需求
净稳定资金比例	可用的稳定资金/所需的稳定资金×100%	100%（无过渡期）	确保商业银行具有充足的稳定资金来源，以满足各类资产和表外风险敞口对稳定资金的需求
优质流动性资产充足率	优质流动性资产/短期现金净流出×100%	2018年6月前为70%，2018年底为100%	确保商业银行保持充足的、无变现障碍的优质流动性资产，在压力存在的情况下，银行可通过变现这些资产来满足未来30天内的流动性需求
流动性匹配率	加权资金来源/加权资金运用×100%	2018年底为90%，2019年底为100%	衡量商业银行主要资产与负债的期限配置结构，旨在引导商业银行合理配置长期稳定负债、高流动性或短期资产，避免过度依赖短期资金支持长期业务发展，提高流动性风险抵御能力

注：适用范围：对于资产规模大于等于2000亿元的商业银行，应当持续达到流动性覆盖率、净稳定资金比例、流动性比例和流动性匹配率的最低监管标准；对于资产规模小于2000亿元的商业银行，应当持续达到优质流动性资产充足率、流动性比例和流动性匹配率的最低监管标准。

优质流动性资产充足率是简化版的流动性覆盖率，只适用于规模在2000亿元以下的小型银行，是对流动性覆盖率的补充。该指标用优质流动性资产/短期现金净流出×100%计算得出，100%以上为达标。在指标计算上，优质流动性资产充足率的核心内涵与流动性覆盖率是一致的，但较流动性覆盖率在二级资产范围、折算率等方面均有所简化。优质流动性资产充足率的设置将弥补流动性覆盖率只考核资产规模在2000亿元及以上的商业银行的监管空白。中小银行通过提高评级债券持有和稳定负债的占比，可提升该指标值。

流动性匹配率目标直指期限错配，短期同业负债的折算率极低。该指标按加权资金来源/加权资金运用×100%计算得出，100%以上为达标。从各项负债和资产折算率设置可以明显看出监管对银行回归传统业务的引导，分子加权资金来源中1年期以下各项存款的折算率较高，1年期以下的同业存款、同业拆入及卖出回购、发行债券及发行同业存单的折算率均较低，且这三项如果期限在3个月以内，则其折算率为0。分母加权资金运用中1年期以上存放同业及投资同业存单、拆放同业及买入返售的折算率为100%，3个月以内其他投资（主要包括委外、资管计划、同业理财、货币基金等，银行直接投资债券不在其中）的折算率为100%，1年期以上各项贷款的折算率为80%（见表3）。

表3 流动性匹配率中各项资产负债折算率

单位：%

项目	折算率（按剩余期限）		
	<3个月	3～12个月	>1年
加权资金来源			
1. 各项存款	70	70	100
2. 同业存款	0	30	100
3. 同业拆入及卖出回购	0	40	100
4. 发行债券及发行同业存单	0	50	100
加权资金运用			
1. 各项贷款	30	50	80
2. 存放同业及投资同业存单	40	60	100
3. 拆放同业及买入返售	50	70	100
4. 其他投资	100		
5. 由银行业监督管理机构视情形确定的项目	由银行业监督管理机构视情形确定		

根据2017年三季报的数据估算，个别股份制银行存在达标压力。如果银行要提高流动性匹配率，在期限上要拉长负债久期，改善期限错配；在资产负债配置上要增加稳定的存款负债来源，降低短期同业负债占比，提高贷款占比，降低同业资产和其他投资占比。

净稳定资金比例强调银行负债来源的稳定性，没有过渡期，长期稳定负债、零售负债越高，净稳定资金比例就越高。其计算公式为：净稳定资金比例=可用的稳定资金/所需的稳定资金×100%，监管要求为不低于100%。其中，可用的稳定资金主要衡量银行负债来源的稳定性，用银行各类资产与负债项目的账面价值与其对应的可用稳定资金系数的乘积之和进行衡量；长期负债的系数较短期负债更高，零售客户存款和小企业客户融资的系数较相同期限的来自其他交易对手的批发融资更高。所需的稳定资金主要衡量银行资产端对稳定资金的需求，用银行各类资产项目的账面价值以及表外风险敞口与其对应的所需稳定资金系数的乘积之和进行衡量；资产质量越好、流动性越强、期限越短，所需稳定资金系数就越低，反之则越高。该指标没有过渡期，与巴塞尔委员会要求 2018 年达标的期限相一致。目前仅适用于规模在 2000 亿元及以上的商业银行。该指标的实行或将引导银行进一步强化对长期稳定负债、零售负债的争夺，同时要求银行资产端更加注重资产质量和流动性。

总体来看，此次流动性管理新版修订旨在抑制同业、优化期限错配、引导银行业回归本源、支持实体经济，与此前的《资管新规》等监管文件一脉相承，体现了当前监管的核心思路。其中多项指标在此前的流动性管理和 MPA 中均有涉及，且设定了充足的缓冲期。此外，考虑到 2017 年的“三三四十”整治，对同业业务的过度发展进行了大范围清理，并取得了明显成效，期限错配风险已显著降低，这意味着流动性匹配率指标可能已经在合理范围之内。当然，少数前期扩张激进、过度利用同业和金融市场资金来源的银行，仍面临较大的调整压力。

四　2018年展望

2017 年，“金融治乱象”和“金融去杠杆”取得了初步成效，但政策意图尚未完全实现，预计 2018 年将继续。理财规模依然较大，非标资产久期较长，规模下降和调整都需要时间；表外资产规模庞大，结构复杂，调整需要较长时间；同业存单发行量过大，潜在的流动性风险不可忽视。在这种背景下，我们预计 2018 年在“降杠杆、防风险”政策方针的指引下，银行业作为金融行业的主体和重要组成部分，行业监管的广度和深度还会继续拓展。一是作为“双支柱”监管体系的重要一级，MPA 评估体系将更加完善。

如该体系从总量扩展到结构，以引导商业银行调整积极信贷结构；将同业存单纳入 MPA 同业负债占比指标进行考核；等等。二是资产管理、流动性等监管规则相继出台。监管制度日趋完善，然而也要看到，经过 2017 年的“金融治乱象”工作，潜在风险已在很大程度上得到了控制，2018 年监管强化对银行业的边际冲击相对于 2017 年应该要小得多。

净息差方面，预计 2018 年将继续维持小幅上升态势，不排除央行调整存贷款利率的可能。一方面，2018 年，在整体经济结构性改善延续以及货币政策稳健中性的背景下，银行信贷需求仍然有支撑，资金供不应求是大概率事件，银行议价能力将继续提升；另一方面，由于通货膨胀压力增大以及受美联储加息的牵引，不排除央行调高存贷款基准利率的可能。如果央行真的上调存贷款基准利率，将有助于银行净息差的扩大。

资产质量方面，预计银行信用风险将进一步降低。2018 年，在宏观经济走稳以及银行强化风险管理的驱动下，资产质量改善趋势明确，存量风险压力将得到有效缓解。一是部分工业企业利润提升明显，产能过剩行业升级转型，不良生成率延续下降态势；二是 2016 ~ 2017 年上市银行加大对不良资产的处置力度，存量风险释放力度大。

规模方面，受存款增长乏力的制约，存款规模增长空间有限。从目前看，2018 年银行存款压力仍然比较大。一是受 MPA 的限制，银行以贷款创造存款的空间急剧缩减；二是同业资金价格较高且同业存单监管趋严，银行资金来源受限，银行对存款的竞争将更加激烈；三是货币市场基金的发展，提高了居民存款的利率敏感程度，直接分流了银行的活期存款，进一步拉高了资金成本。资金来源受限，直接影响了银行的资产规模扩张空间，预计 2018 年银行业资产规模增速将与 2017 年基本持平，低于 10%。

B.3 2017年的中国证券基金业

张跃文*

摘　要： 2017年，我国证券基金业在经济、金融去杠杆和国家加强金融监管的大背景下继续保持稳定运行态势。行业经营效益总体稳定，各项证券经营业务有序展开，为证券市场平稳运行提供了有力的保障。面对中央赋予的提高直接融资比重和促进多层次资本市场健康发展的光荣使命，2018年，我国证券基金业需要全面配合金融监管改革，处理好业务拓展与风险防控的关系，不断提高行业运营效率，增强为实体经济服务的能力。

关键词： 证券基金业　证券承销　融资融券

一　2017年证券业运行分析

2017年我国的供给侧结构性改革继续深化，"三去一降一补"五大任务取得进展，其中去杠杆效果已经初步显现：实体经济部门债务率快速上升的势头得到控制；金融部门杠杆操作更趋审慎，证券业杠杆率有所下降。鉴于宏观经济短期企稳迹象明显，保持去杠杆压力需要适当抬高资金成本，央行

---

* 张跃文，经济学博士，中国社会科学院金融研究所公司金融研究室主任，研究员。长期从事资本市场与公司金融方面的研究与教学工作，累计发表论文30余篇，参与各类研究项目20余项。

继续执行稳健中性的货币政策，金融体系流动性趋紧。受此影响，债券市场和股票市场走势总体疲弱。

历史数据表明，资本市场特别是 A 股市场运行状况向来与证券业经营状况有直接关系，A 股市场交易量而非涨跌幅决定了证券业的主营业务收入。以 2015 年为例，尽管股市发生巨幅波动，但由于交易量巨大，因此当年的证券业主营业务净收入接近 6000 亿元，创造了历史纪录，至今仍无法超越（见图 1）。2017 年初以来，股市交易活跃度有所下降，证券公司业务收入受到一定影响。2017 年前三季度，29 家上市券商获得业务收入近 2000 亿元，净利润为 690 亿元，同比均略有减少。

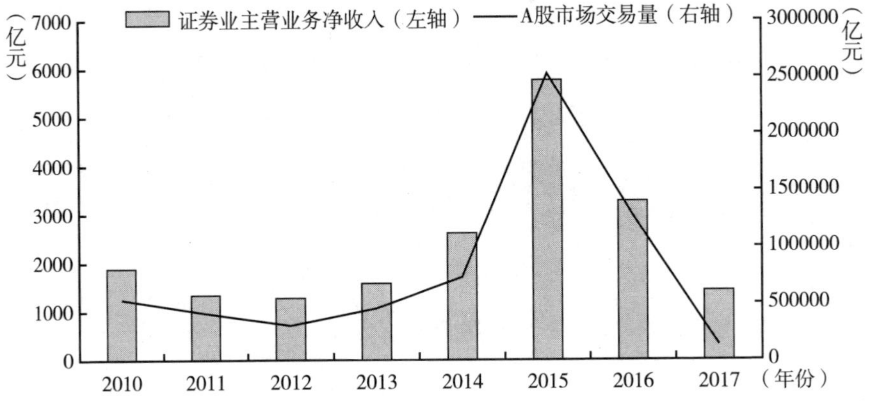

图 1　证券业主营业务净收入与 A 股市场交易量的关系

注：2017 年数据截至 6 月末。
资料来源：Wind 资讯。

证券业的经营业绩同 A 股市场的密切联系有其历史渊源。首先，二者本就是共生关系，证券业诞生之初的历史使命就是为股票市场服务的，近年来证券业经营规模迅速扩大，与股票市场规模增速基本保持协调；其次，我国多层次资本市场建设已经取得长足进步，但主要的证券交易仍然集中在 A 股市场和银行间债券市场，鉴于证券公司在银行间债券市场所占份额较小，因此其首要业务收入来源只能是 A 股市场；最后，由于多方面的原因，证券业现有核心业务结构仍然是围绕 A 股市场设计的，债券类业务、新三板业务和海外业务等新业务门类对证券公司的利润贡献比较有限，导致证券承销、证券经纪和自营投资等传统业务对证券业的利润贡献居高不下，而此类业务受A股市场运行状况的影响最大。2016年及2017年上半年证券业主营业务结构见图2、图3。

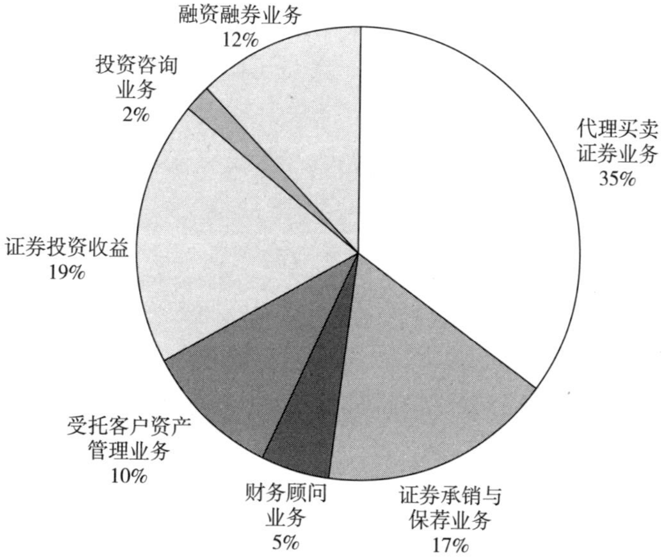

图2　2016年证券业主营业务结构

资料来源：Wind资讯。

（一）证券承销与保荐业务

证券承销与保荐业务是证券业的传统业务，也是与实体经济联系最紧密的证券业务之一。以往此类业务收入以承销保荐收费为主，但近年来随着证券公司直投业务和资产管理业务的发展，承销保荐业务同其他业务的协同效应日益明显，以承销保荐业务带动多业务创收的盈利模式日益成熟。当然，由此引发的利益冲突问题也开始受到市场重视。2017年A股市场IPO速度明显加快，截至12月初已有422家公司发股上市，比2016年增长近1倍；募集资金2169亿元，同比增长45%。受并购重

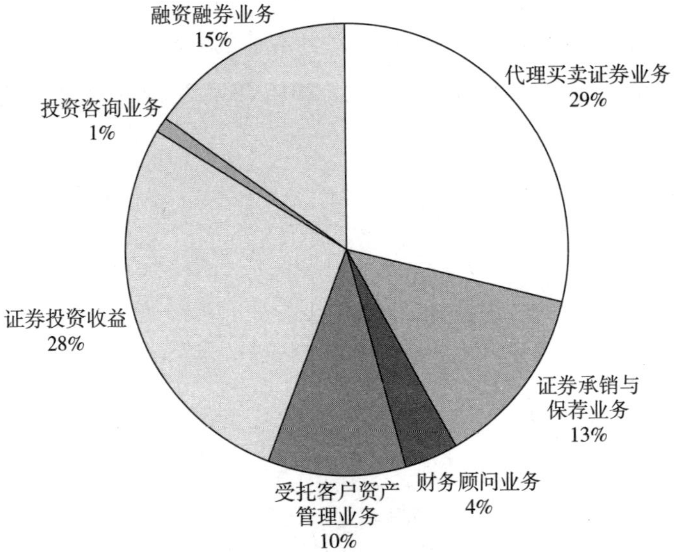

图3　2017 年上半年证券业主营业务结构

资料来源：Wind 资讯。

组与减持新规影响，上市公司再融资同比大幅减少至 1.1 万亿元，同期债券市场信用债发行也明显减少，共同拉低了证券公司的承销保荐收入。尽管企业资产支持证券的发行额从上年同期的 4200 亿元增长至 7000 亿元，也无法改变承销保荐收入总体减少的趋势。根据证券业协会的数据，2017 年上半年证券业承销保荐业务净收入为 169 亿元，同比减少 30%，预计这一趋势会延至全年。不过 IPO 和资产支持证券发行增加，为增加直投业务的投资收益和资产管理业务收入创造了条件。A 股市场融资历史变化见图 4。

（二）证券经纪业务

证券经纪业务是证券业的核心业务，承担着保证市场交易和提高流动性的关键职能。证券经纪业务也是证券业最主要的收入来源。在行业发展初期，证券经纪业务收入一度占据行业收入的一半以上。尽管近年来其他证券

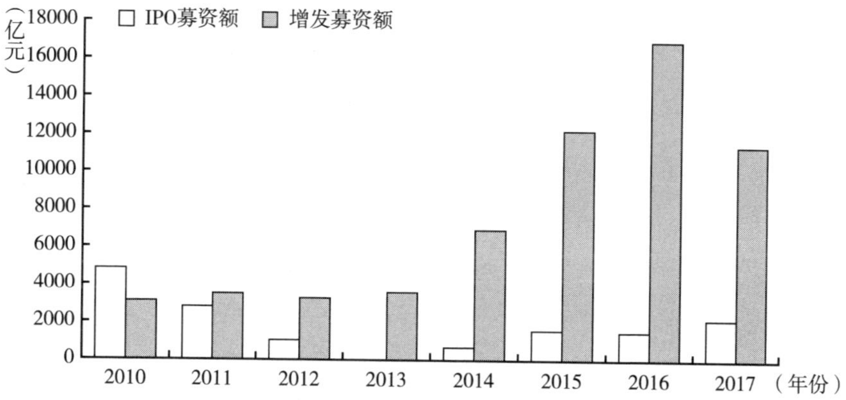

图4　A股市场融资历史变化

资料来源：Wind资讯。

业务的出现和拓展导致证券经纪业务收入占比有所下降，但其在业务结构和收入结构中的基础性地位依然稳固。2017 年股票市场交易量同比略有减少，证券经纪业务收入明显减少，上半年仅实现 388.5 亿元，同比下降 30%，预计全年情况不会有大的变化。证券经纪业务中占据主体地位的依然是 A 股市场股票交易，这也是证券经纪业务与股市行情密切联系的原因。由于 A 股市场以自动撮合系统为主要交易机制，因此证券经纪人发挥作用的空间不大。近年来，随着私募证券市场和理财市场的发展，衍生出大量私募经纪业务。同时，机构投资者队伍的不断壮大，促进了证券公司主经纪商业务和托管外包业务的发展，这些新业务进一步丰富了证券经纪业务的内容。此类业务的逐步增长，将有助于弥补经纪业务过分依赖股市行情的缺陷。

（三）资产管理业务

资产管理业务发源于证券公司的经纪业务和自营业务。证券公司拥有丰富的客户资源、市场资源和投资经验，其资产管理业务发展相对顺利。在“大资管时代”和银行资金的积极推动下，近年来证券行业的资产管理业务规模迅速扩大。据中国证券投资基金业协会统计，截至 2017 年 9 月末，证券公司资产管理业务规模已达 17.4 万亿元，其中定向资管计划有 1.9 万个，资金规模达 14.7 万亿元；集合计划有 3600 个，资金规模达 2.2 万亿元；直投基金有 708 只，资金规模达 3600 亿元；专项资管计划有 12 个，资金规模达 930 亿元。由于定项资管计划多数属于银行资金的通道类产品，证券公司仅进行被动管理，因此由此产生的资产管理业务收入有限。2017 年上半年证券业资产管理业务收入仅为 139 亿元，这与其巨大的资产管理规模不太相称。随着银行业监管趋严和资产管理跨行业监管规则的出台，通道类产品的数量和金额都将得到控制。如果证券公司能够顺应形势变化，及时调整策略，将部分通道类产品转变为主动管理产品，则有望增加资产管理业务收入。

（四）融资融券业务

融资融券业务（以下简称“两融”业务）是证券公司向客户融出资金和证券业务的简称。该类业务能够满足市场投资者进行杠杆操作的需求，自 2010 年以来，“两融”业务规模迅速扩大，2015 年股灾期间“两融”业务交易额达到创纪录的 35 万亿元，其中融资交易额为 32 万亿元。当时，部分市场人士认为“两融”业务背后的投资者杠杆操作和证券公司强制平仓是导致股灾的原因之一，因此监管当局一度暂停了“两融”业务。此后鉴于股市趋于平稳，“两融”业务特别是融资业务市场需求旺盛，且能够增加证券公司利息收入，监管当局在完善有关监管规则以后，允许证券公司逐步恢复“两融”业务。截至 2017 年 12 月初，证券业当年“两融”业务交易额达到 10 万亿元，余额为 1 万亿元。目前“两融”业务所产生的利息和手续费收入已占到行业净收入的 10% 左右。除“两融”业务外，股票质押式回购和约定购回业务增速也很快，这些业务强化了证券公司的资金中介职能，同时也提出了新的监管挑战。

（五）顾问业务

我们将证券公司的投资咨询、财务顾问和研究业务合称为顾问业务。尽管顾问业务对证券业的收入贡献度不大，合计占比仅约为5%，而且许多证券公司的研究部门仍然是成本中心，但顾问业务对证券公司拓展承销、经纪、资产管理和投资等主营业务具有重要支撑作用，传统上一直受到重视。2017年，受并购重组新规影响，证券公司的财务顾问业务规模普遍收缩；股市波动减弱，成交量下降也同步减少了投资咨询业务需求。但总体而言，在实体经济转型和多层次资本市场不断完善的大背景下，证券行业的顾问业务将持续迎来大规模、多元化的潜在市场需求。

（六）自营业务

证券公司利用自有资金进行投资获取回报是其主要利润来源之一。作为证券经营机构，证券公司有独特的资金优势、人力资本优势、技术优势和市场优势从事自营投资。目前除传统的股票和债券市场投资以外，相当一部分证券公司还引入了量化对冲、高频交易等新型交易技术，并涉足基金做市、股票期权做市和场外衍生品交易，交易结构趋于复杂，在承担更多风险的同时也获取了更高回报。2017年上半年，证券业投资收益（含公允价值变动）为366亿元，大幅超过上年同期水平，在行业收入中的占比达到28%。自营业务重要性的提升，也增加了证券公司自身投资活动与客户利益的潜在冲突，这可能是未来制约自营业务发展的重要因素。

多元化的业务结构为证券公司形成更加稳定的盈利模式和更好地发挥服务资本市场的功能奠定了基础。但总体而言，面对复杂多变的市场形势，证券业的运行效率还不够高，抗风险能力还不强，为资本市场保驾护航的功能尚未充分发挥。证券业总资产从2008年的1.2万亿元增加到2016年末的5.8万亿元，增长了3.8倍，承担了更多的敞口风险，而收入却仅增长1.6倍，主要经营指标波动较大。另外，每年仍有约10%的证券公司亏损。证券业要更好地发挥职能，提高经营效率是其首要任务。证券业主要盈利指标变动趋势见图5。

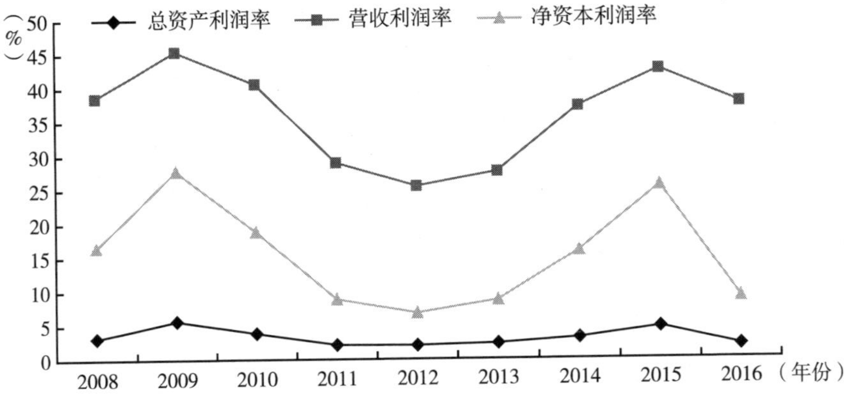

图 5　证券业主要盈利指标变动趋势

资料来源：Wind 资讯。

二　2017年证券投资基金业运行分析

证券投资基金业承担着提高我国资本市场投资者机构化水平的重任。近年来，行业协会的成立及对私募基金的登记备案管理，客观上整合了行业资源，规范了自律管理，庞大的私募基金群体开始浮出水面，公募和私募基金管理人首次作为一个整体展现在资本市场舞台上。据中国证券投资基金业协会统计，截至 2017 年 9 月，基金业已备案的基金产品和专户产品达 8. 4 万个，管理资产规模为 35. 9 万亿元，接近上年 GDP 的 50%（见图 6）。基金业管理资产规模的迅速扩张在很大程度上归功于私募基金行业透明度的提高和银行通道业务的快速增长。尽管 2017 年以来私募基金的透明度效应有所减弱，银行业对通道业务的清理速度加快，基金业管理资产规模增长速度有所放缓，但从中长期看，公募基金和私募基金在当前资本市场条件下仍然具有旺盛的生命力，银行业资金的外部管理需求仍然存在，基金业发展具有坚实的市场基础。

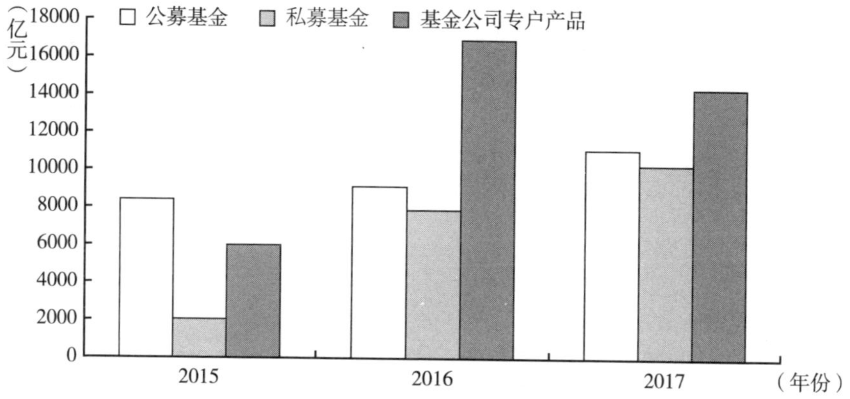

图 6　证券投资基金业管理资产规模

注：2017 年数据截至 9 月末。
资料来源：中国证券投资基金业协会。

（一）公募基金的发展

2003 年《证券投资基金法》发布以后，我国证券投资基金业进行了规范整顿，基金产品数量和资产规模稳步增长。截至 2017 年 12 月初，公募基金总数达到 4600 余只，规模为 11 万亿元。契约型开放式基金成为公募基金的主流，对投资者而言，开放式基金便于申购和赎回，能够自主控制投资风险。目前市场上 99% 的公募基金都是开放式基金。当然，开放式基金管理需要平衡投资者的申赎需求和投资期限制，这在一定程度上增加了管理人的操作难度。鉴于此，近年来具有一定封闭期限制的开放式基金再次出现，此类基金在合约设计上为基金管理人锁定资金和进行长线投资提供了便利，更有利于实现投资目标。

如果按照投资标的划分，目前货币市场基金管理资产在公募基金中的占比最高，达到 59%，而基金数量只有不到 400 只，平均每只基金的资产规模为 166 亿元。国际上，货币基金是企业和个人进行现金管理的标准工具。但一段时间以来，部分货币基金为博取更高收益，开始参与中长期资产投资，造成一定程度的期限错配和流动性风险隐患，由于单只货币基金规模较大，一旦出现风险可能会产生较大影响。目前监管机构已经认识到这一问题，正在逐步进行排查和规范。2017 年股票市场走势平稳，交易量同比有所减少，股票型基金并未出现发行高潮。虽然基金数量有所增长，但由于多数新发基金均为小型基金，因此管理资产总规模基本保持在 7000 亿元以下。2010 年以来，股票型基金出现了小型化趋势，当年基金平均资产规模约为 50 亿元，而到 2017 年末这一数据已经降至 9.3 亿元。小型股票基金能够更好地适应当前 A 股市场的交易特征，操作上更加灵活，投资收益能够得到更好的保障。与此同时，这也说明公募股票基金对投资者的吸引力在减弱，部分投资者转向了规范化和阳光化的私募基金。债券型基金占公募基金的比重为 25% 左右，此类基金的投资标的明确，风险相对较低，单只基金规模适中（15 亿元左右），颇受机构投资者欢迎。2017 年债券市场流动性偏紧，行情走低，这在一定程度上抑制了投资者对债券基金的投资积极性。混合型基金是公募基金中数量最多的基金，目前有 2100 余只，管理资产总规模约为 2.2 万亿元。此类在股票、债券等多市场灵活配置的基金，能够较好地利用各个市场的投资机会，但其管理难度更大，管理费用也更高。除上述类型基金以外，以海外资产配置见长的 QDII 基金和策略多样的另类基金近年来也有所发展，只是规模还不是很大，在此不再赘述。公募基金的产品结构见图 7。

2017 年公募基金业绩总体稳定。虽然收益率并非衡量基金表现的唯一标准，但它似乎仍是目前国内投资者选择基金首先要考察的指标。在可收集信息的 3600 余只基金中，有 2300 多只基金跑赢业绩基准。当前公募基金管理人的收费模式仍然是按资产规模征收管理费，这在一定程度上抑制了管理人为谋求高额回报而进行高风险投资的冲动。在以开放式基金为主的格局下，投资者倾向赎回回报率低的基金，这对基金管理人构成了业绩压力，但基金管理人又无法以高薪留住优秀基金经理，基金经理离任潮几乎年年发生。2017 年又有 1500 多只公募基金的基金经理离任，这显然不利于公募基金的健康和可持续发展。

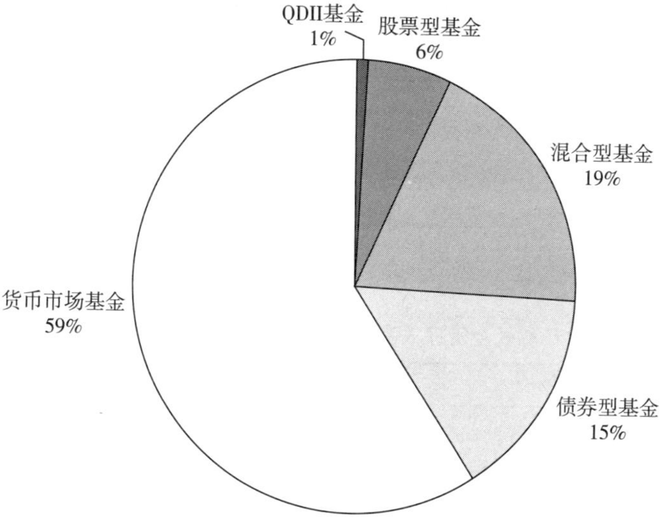

图7　公募基金的产品结构

资料来源：根据 Wind 资讯数据绘制。

（二）私募基金的发展

私募基金在我国长期存在，但直到近年才逐步明确对其的监管责任。私募基金根据投资者与基金管理人事先商定的模式由基金管理人进行管理，不过最近也出现了一些基金将部分或者全部管理工作外包给第三方的案例。通常基金管理人会参与投资收益分成，这有利于调动基金管理人的积极性，提高基金业绩。据中国证券投资基金业协会统计，截至 2017 年 9 月末，有 21216 家基金管理人管理着 61522 只私募基金，资产规模总计达到 103223.56 亿元，同公募基金规模相当（见表 1、表 2）。

在现有已登记的私募基金中，大约 46% 是证券投资基金，平均每只基金规模仅为 6000 万元，多数此类基金主要投资股票市场，延续了股票型基金小型化的趋势。股权投资基金和创业投资基金的规模略大，一般也不超过 3 亿元。私募基金业这种小而散的局面除与市场需求相适应之外，还与整个行业尚处在发展的初级阶段有关。行业需要一定的时间来培育优秀基金管理

表1　已在中国证券投资基金业协会登记的私募基金管理人数量（截至2017年9月30日）

管理人类型	已登记数量(家)
私募证券投资基金管理人	8090
私募股权、创业投资基金管理人	12352
其他类型管理人	774
合计	21216

资料来源：中国证券投资基金业协会。

表2　私募基金管理人资产规模（截至2017年9月30日）

基金类型	基金数量(只)	资产规模(亿元)
私募证券投资基金	28248	16708.39
股权投资基金	19810	53475.71
创业投资基金	3708	4968.02
顾问管理基金	4027	9005.81
其他	5729	19065.63
合计	61522	103223.56

资料来源：中国证券投资基金业协会。

人，并在投资者中树立威望。近期出现的“顾问管理基金”便能说明问题。这类基金的资产由投资者实际控制，但主要根据投资顾问（通常是私募基金管理人）的建议开展投资活动。这类基金通常是投资者在基金管理人具有一定的管理能力但信用度又不够高时的一种自我保护式的选择。

除私募机构外，为满足客户的个性化资产管理需求，公募基金管理公司也陆续以母公司或者子公司为管理人创设了1.8万个私募基金性质的一对一和一对多专户产品。其中，一对一专户产品有1万余个，资产规模近11万亿元，相当一部分属于被动管理的通道类产品，预计部分一对一产品可能会到期清算或者转为主动管理产品。

三　证券基金业的风险防范形势

党的十九大和2017年召开的全国金融工作会议都将金融风险防范列为

未来几年我国金融工作面临的最大挑战，凸显了当前我国金融体系风险形势的严峻性。2016年末以来，证券、银行和保险监管机构先后部署风险排查和监管工作，发现和查处了大量有风险隐患的违规违法案件。其中，证监系统仅2017年上半年就查处各类案件300余起，同比增长1倍。这些案件中，不乏证券公司和基金公司参与。当然，查处案件并不是防范和化解金融风险的唯一手段，还需要深入研究证券基金业存在的深层次问题，如体制机制性弊病及监管的灰色地带。目前以下几个方面的问题特别需要关注。

（一）证券基金业在金融体系中的风险枢纽功能日益显现

我国金融业长期遵循“分业经营、分业监管”原则，目的是防止风险的跨行业传递。但近年来兴起的相当一部分银行理财产品、信托产品、证券公司资管计划和基金公司专户产品，是在帮助银行资金和保险资金“搬家”。这些资金通过上述资管产品进入各个金融市场，导致分业经营的界限越来越模糊，分业监管模式受到巨大挑战。证券公司相较于基金管理公司的业务结构更加复杂多样，因此其风险枢纽功能更加强大。如图8所示，各个行业的资金通过资产管理业务通道进入证券公司，再沿着证券公司各个业务条线进入股票市场、债券市场等金融市场和实体经济。这些资金所具有的风险特性随之传入相关市场，而市场风险也可以逆向传导到各个金融子行业。这不仅增强了金融机构风险与金融市场风险的互动反馈机制，而且降低了金融体系中资金和风险流向的透明度，增大了防范系统性风险的难度。目前，证券基金业管理的资产规模合计已经超过53万亿元，远远超过其自有资产规模和净资本。鉴于证券公司风险承受力较弱，因此金融体系中任一市场或者金融机构发生局部风险，都有可能经由证券公司的资产管理渠道放大成为系统性风险。

（二）证券基金类机构过度商业化削弱其风险防控能力

证券公司和基金管理公司在我国起步较晚，由于这类机构设立初期的主要职能是为资本市场服务，因此其自身的市场化程度比较高。尽管身处相对

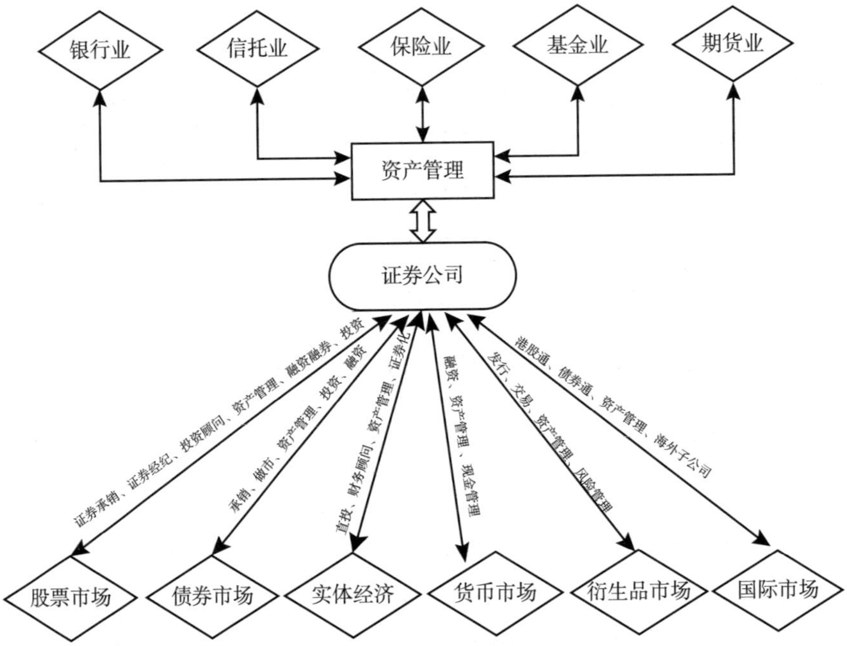

图 8　证券公司风险传递机制

严格的证券监管环境中，但绝大多数证券公司和基金管理公司实现了股权多元化，其中近 30 家证券公司已经成为上市公司。股份制改造和上市客观上帮助证券基金类机构实现了合规经营，同时也大幅度提高了其商业化程度。利用证券经营牌照和市场优势地位谋求更高利润，是多数机构的现实选择。在此进程中，存在某些机构为追求短期利益，有意或无意弱化合规管理和逃避防范风险共同责任的情况。由于金融组织、金融市场和金融产品体系的迅速发育，外部监管不到位，金融安全网扎得不够大、不够牢，一些机构的微观商业活动如推出创新型产品、开展跨市场经营、扩大资产管理业务规模等，客观上增加了局部风险隐患甚至助长局部风险上升为系统性风险。

（三）部分证券基金类机构的治理失败助长其风险偏好

证券基金类机构的商业化并没有很好地弥补其普遍存在的治理失败，这种治理失败目前集中体现在机构与监管当局的关系上。尽管机构内部的议事和决策机制已经相对完善，但由于行业监管体制机制改革不到位，监管当局既要确保从严监管的力度，又要承担促进行业发展的职责。监管当局对行业和机构的行政干预与潜在担保长期存在，这在一定程度上对证券基金类机构的现有治理机制造成了冲击，导致治理失败。由于行政干预并不是行政接管，因此机构的内部治理机制还在间断地发挥作用，二者不能很好地相容，助长了机构为获得商业利益而承担更高风险的倾向。

（四）收入来源不稳定使证券基金业自身成为潜在风险源

证券基金类机构的收入和利润主要依赖 A 股市场，其股东回报、高管薪酬、员工奖金也与市场行情紧密相连。近年来我国股市大幅波动经常超出机构的预测范围和风险控制范围，持续经营难度增大，短期化经营思路逐步成为某些机构的主导思路。一方面，经营的短期化、利润分配的短期化、合规和风险管理的表面化，加快了潜在风险的累积。另一方面，随着证券基金类机构自有资产规模的迅速扩大，机构的市场风险敞口增大，但风险补偿不足，在极端市场环境下，风险资产本身就可能转化为潜在风险。

（五）监管职责不清增大风险处置难度

根据党中央和国务院的统一部署，2017 年以来各金融监管机构分别在各自行业内开展了加强监管和防范风险的专项行动，对各金融子行业内部的风险隐患进行“大扫除”，取得了明显成效。一批违规机构和违规从业人员受到惩罚，全行业合规经营意识明显增强。与此同时，还应当注意到近年来以资产管理业务为代表的跨市场、跨行业证券业务大规模兴起，现有的分业监管格局并没有彻底打破，“各家自扫门前雪”式的监管行动并不能很好地化解跨市场和跨行业风险。目前，国务院金融稳定发展委员会与各监管机构的工作机制尚不明晰，某些跨市场监管措施刚一出台就引起争议。种种迹象表明，要改革以往的监管工作思路和工作机制，还需要一个较长的过程。在此过程中，仍然存在因监管职责不清而贻误风险处置时机、增大风险处置难度的可能性。

四　2018年证券基金业运行展望

2018年是我国改革开放40周年，是党的十九大后的开局之年。目前看国内国际形势总体有利，宏观经济企稳迹象明显，各项改革和调整措施加快落实。国际上，发达经济体的复苏势头基本形成，外需有望实现稳定增长。根据中央政治局2017年12月8日的会议精神，2018年我国经济工作将继续坚持稳中求进总基调，力争使宏观杠杆率得到有效控制，金融服务实体经济能力持续增强，防范风险工作取得积极成效。在策略上，国家将把直接融资放在更加重要的位置上，促进多层次资本市场健康发展。宏观环境和政策环境有利于证券基金业经营保持稳定向好态势。

加强监管和守住不发生系统性风险的底线，仍然是2018年行业发展的主题。短期来看，某些具体监管措施可能会在一定程度上制约证券公司和基金管理公司开展业务创新以及进行市场拓展活动，资产管理、自营投资、融资融券业务收入增速可能有所放缓。但从长期来看，随着综合监管框架的逐步成型，市场逐步回归理性，证券基金业为实体经济服务的能力得到提升，业务扩张潜力持续增强，行业稳定健康发展前景可期。

B.4
2017年的中国保险业

郭金龙　王桂虎*

摘　要： 2017 年，中国保险市场继续保持快速发展态势，保险业风险抵御能力稳步提升，保险服务能力显著提高。“偿二代”正式运行两周年、保监会“1+4”系列重要文件出台、二次商业车险费率改革、保险市场进一步开放、险资举牌、保险科技和互联网保险快速发展等受到广泛关注。2018 年是中国实施“十三五”规划承前启后的重要一年，亦是实现保险强国建设目标的关键之年。在党的十九大报告提出的宏伟目标指引下，未来几年，保险业将继续保持快速发展的态势，中国保险业仍将长期处于黄金发展期。在“监管姓监”“保险姓保”的监管环境下，“重典治乱”将会常态化，防控风险和深化改革仍是监管层未来工作的重点。新时期我国保险产品需求以及保险公司和整个行业的发展将会发生深刻的变化，保险业将不断运用保险科技进行产品创新，继续完善保险服务“三农”的制度，继续创新保险资金运用的方式，以推进改革发展，提升服务实体经济的能力。

关键词： 防控风险　保险科技　深化改革

* 郭金龙，中国社会科学院保险与经济发展研究中心主任，中国社会科学院金融研究所保险与社会保障室主任，研究员、教授、博士生导师；王桂虎，中国社会科学院金融研究所博士后。

一　2017年中国保险业的运行

（一）保费收入继续维持快速增长，人身险保费增速明显下降

2017 年，我国保费收入继续保持快速增长的态势。2016 年 10 ~ 12 月，我国保险业原保险保费收入为 5791 亿元，同比增长 10. 5%；2017 年1 ~ 9 月，原保险保费收入为 30457 亿元（见图 1），同比增长 21%，低于上年同期 32% 的增速。2016 年底，我国已成为世界第三大保险市场，总保费收入达到 4661 亿美元，与总保费收入为 4713 亿美元的第二大保险市场日本已相差无几，但与美国 1. 35 万亿美元的总保费收入相比仍存在较大差距。我国已经成为全球最重要的新兴保险大国之一。2016 年，我国保险密度为 2241 元/人，同比增长 26. 9%，排名世界第 51 位，较 2015 年上升 2 位；保险深度为 4. 16%，较上年同期上升 0. 57 个百分点，排名世界第 38 位，较 2015 年上升 2 位（见表 1）。

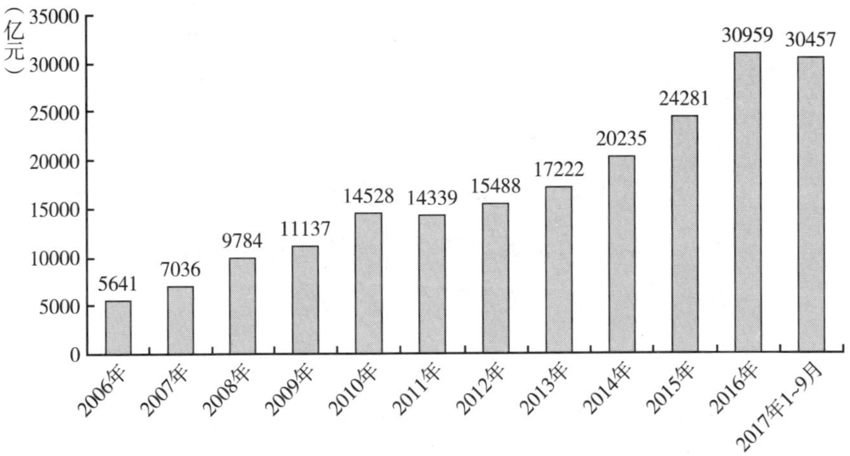

图 1　2006 年至 2017 年 9 月我国保险业保费收入总量

资料来源：中国保监会。

表 1　2009～2016 年我国保险业保费收入、保险密度和保险深度及其排名情况

指标	2009 年	2010 年	2011 年	2012 年	2013 年	2014 年	2015 年	2016 年
保费收入（亿元） （世界排名）	11137 （7）	14528 （6）	14339 （6）	15488 （4）	17222 （4）	20235 （4）	24281 （3）	30959 （3）
保险密度（元/人） （世界排名）	835 （64）	1083 （61）	1064 （61）	1144 （61）	1266 （60）	1479 （57）	1766 （53）	2241 （51）
保险深度（%） （世界排名）	3.22 （44）	3.55 （39）	2.96 （45）	2.90 （46）	2.93 （49）	3.18 （44）	3.59 （40）	4.16 （38）

资料来源：中国保监会、瑞士再保险公司世界保费收入数据库。

人身险保费收入增速出现明显下降。2016 年 10～12 月，人身险保费收入为 3437 亿元，同比增长 8.8%；2017 年 1～9 月，人身险保费收入为 23227 亿元，同比增长 23.56%，与 2016 年 37% 的同比增速相比明显下降。在人身险业务中，2016 年 10～12 月，寿险保费收入为 2658 亿元，同比增长 8.7%；2017 年 1～9 月，寿险保费收入为 18941 亿元，同比增长 28%，低于 2016 年 40% 的同比增速。寿险保费收入的持续较快增长是由于产品费率政策改革提升了产品的吸引力。2016 年 10～12 月，健康险保费收入为 612 亿元，同比增长 6.6%；2017 年 1～9 月，健康险保费收入为 3583 亿元，同比增长 4.4%，低于 2016 年 33% 的同比增速。2016 年 10～12 月，意外伤害险保费收入为 166 亿元，同比增长 20%；2017 年 1～9 月，意外伤害险保费收入为 703 亿元，同比增长 20%，略高于 2016 年 18% 的同比增速（见图 2）。2016 年，我国寿险保费收入排名世界第 4 位，与 2015 年持平。

财产险保费收入继续快速增长。2016 年 10～12 月，财产险保费收入为 2354 亿元，同比增长 13%；2017 年 1～9 月，财产险保费收入为 7230 亿元，同比增长 13.49%，较上年同期上升 5.72 个百分点。在财产险业务中，2016 年 10～12 月，交强险保费收入为 473 亿元，同比增长 9.5%；2017 年 1～9 月，交强险保费收入为 1332 亿元，同比增长 8.56%，略高于 2016 年 7.87% 的同比增速。2016 年 10～12 月，农业保险保费收入为 57.6 亿元，同比增长 10.8%；2017 年 1～9 月，农业保险保费收入为 414 亿元，同比增长

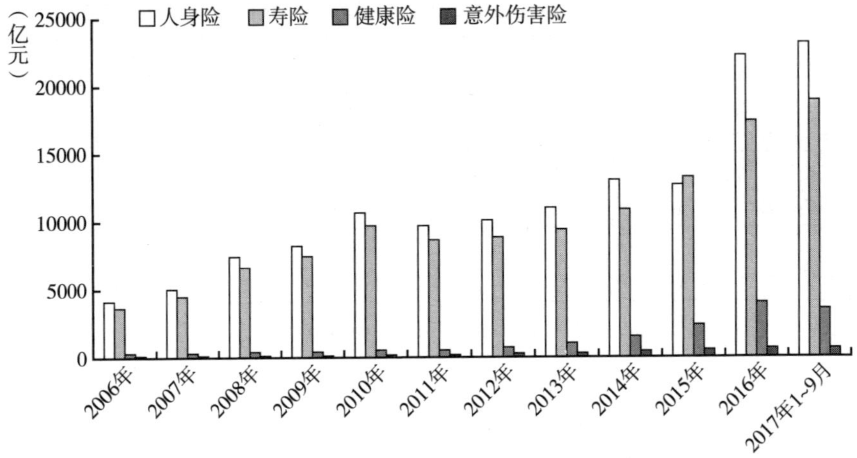

图2　2006年至2017年9月我国人身险、寿险、健康险和意外伤害险的保费收入

资料来源：中国保监会。

15%，高于2016年11.26%的同比增速（见图3）。2016年，我国非寿险保费收入排名世界第2位，与2015年持平。

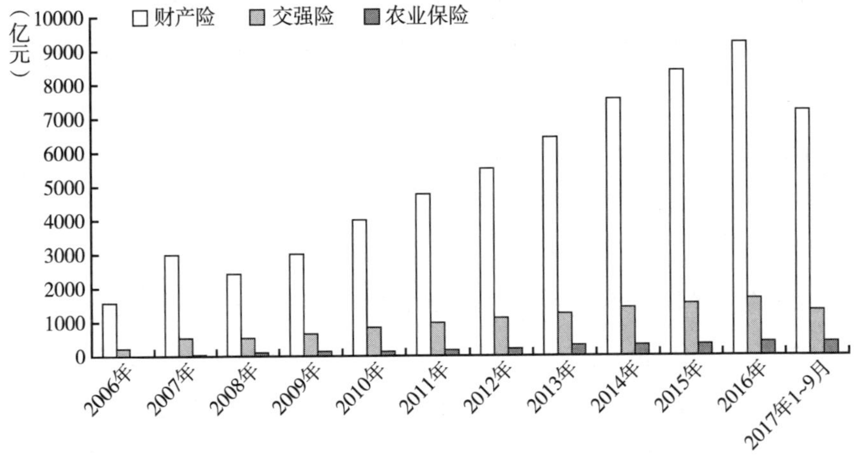

图3　2006年至2017年9月我国财产险、交强险和农业保险的保费收入

资料来源：中国保监会。

（二）财产险行业公司利润出现两极分化

在保费收入继续快速增长的同时，我国财产险和人身险行业都出现了两极分化的状况（见图4）。

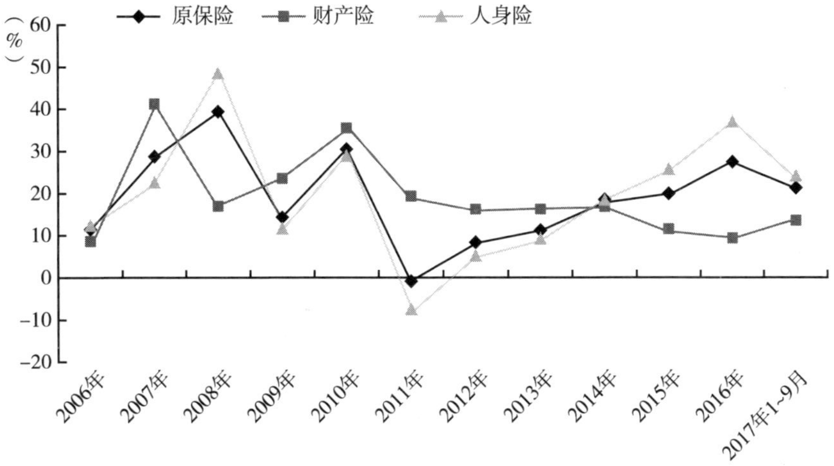

图4　2006年至2017年9月我国保费收入同比增长情况

资料来源：中国保监会网站。

从利润看，根据2017年前三季度的财务报告，人保财险公司在2017年前三季度的利润高居行业首位，而且净利润占整个财产险行业净利润的48%左右；有大约60%的财产险公司出现了亏损或者盈利低于1亿元。2017年前三季度，人保财险公司的保费收入为2616亿元，市场份额为33.47%；平安财险公司的保费收入为1575亿元，市场份额为20.15%；而排在最后两位的汇友互助和劳合社保险公司的保费收入分别仅为0.01亿元和0.07亿元。从以上数据看，目前我国财产险行业两极分化的现象非常明显。

从整个财产险行业的业务看，机动车辆保险牢牢占据了国内财产险行业保费收入的第一位，2016年机动车辆保险的保费收入占整个财产险行业保费收入的比重高达78.34%，而且未来仍有继续上升的趋势。

从保险市场主体看，近年来一些中小财产险公司为了争夺市场，采取了降价或者对购买机动车辆保险的车主实行“返点”等优惠策略，加剧了市场竞争，造成一定的市场乱象。但是大型财产险公司具备品牌优势和成本优势，能够在激烈的市场竞争中进一步提升市场集中度。尤其是“二次商业车险费率改革”启动之后，一些保险公司可能会改变稳健的竞争策略，更加注重对渠道的把控，它们与中介渠道之间的竞争可能会更加激烈。在上述背景下，未来我国机动车辆保险的费率还有较大的下降空间。

（三）寿险行业公司利润两极分化趋势明显

在寿险行业，两极分化也非常严重。从利润看，根据2017年前三季度的财务报告，中国人寿、太保人寿、新华人寿、平安人寿和泰康人寿五家公司的净利润占寿险行业净利润的80%以上，而君康人寿、天安人寿和富德生命人寿三家公司亏损合计达73亿元，占寿险行业总亏损的56%。从保费收入看，2017年前三季度，中国人寿、平安人寿和安邦人寿的保费收入居前三位，其中中国人寿的保费收入为2.73亿元，是建新人寿保费收入（1400万元）的19.5倍。以上数据表明，目前我国寿险行业两极分化的趋势非常明显。

不同寿险公司经营模式的差异和面临的行业背景，是导致寿险行业两极分化的主要原因。

从龙头寿险公司的经营情况看，2017年前三季度这些龙头寿险公司的寿险渠道新单保费均延续了快速增长态势，并且实现了产能和渠道代理人的双提升，体现了品牌溢价；而中小寿险公司以万能险产品为主，当前面临严重的转型压力，在“监管姓监”“保险姓保”的背景下，这些公司资产驱动负债的经营模式面临的风险日益增大。

（四）保险资金运用结构更趋合理，龙头寿险公司投资业绩良好

据中国保监会统计，截至2017年9月末，我国保险业总资产为16.58万亿元，同比增长13%；保险业净资产为18595.59亿元，同比增长7.86%。表2为2013年至2017年9月我国保险公司资金运用结构。从表中

可以看到，近年来保险公司在银行存款的配置比重出现了较大幅度的下降，在债券、股票和证券投资基金的配置比重相对比较稳定，在其他投资（包含股权投资、不动产投资、基础设施投资等）的配置比重则出现了较大幅度的上升。

表2 2013年至2017年9月我国保险公司资金运用结构

单位：%

项目	2013年	2014年	2015年	2016年	2017年9月
银行存款	29	27	22	18	12.13
债券	43	38	34	33	36.60
股票和证券投资基金	10	11	15	14	12.86
其他投资	17	24	29	35	38.41

资料来源：中国保监会。

伴随着利率的上升和2017年股市蓝筹行情的向好，2017年1～9月，受市场环境趋暖的影响，保险资金运用平均收益率为4.05%，较2016年同期上升了0.01个百分点（见图5）。其中，龙头寿险公司投资业绩良好，而且对其利润的贡献也很大。具体来说，平安人寿、新华人寿和中国人寿在2017年前三季度的保险资金运用平均收益率分别为5.4%、5.2%和5.12%，价差收益表现为正增长。而一些中小保险公司满期给付和中短期存续产品退保的压力较大，导致投资端不得不弥补承保端的成本，因而经营业绩出现了亏损，与龙头寿险公司的差距进一步扩大。

（五）保险板块在沪深股市中表现出色

目前沪深股市中共有6家保险公司的股票构成了保险板块：中国人寿、中国平安、中国太保、新华保险、控股国华人寿的天茂股份和控股天安财险的西水股份。2017年9月末，保险板块的境内总市值为16150亿元，同比增长42%。保险板块大幅上涨的主要原因是，长端国债收益率触底反弹后不断上行，上市保险公司的投资收益较为可观，进而促使这些公司的利润大幅提高。

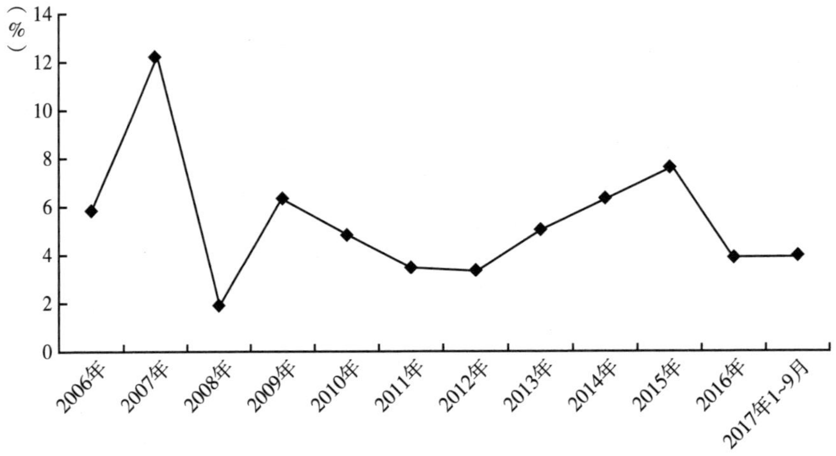

图5　2006 年至 2017 年 9 月我国保险资金运用平均收益率

资料来源：中国保监会。

2017 年9 月末，保险板块的杠杆率（总资产/净资产）为8.91，略低于上年同期的9.66；保险板块的杠杆率较沪深 A 股（非金融）公司的杠杆率高 6.42。2017 年 9 月末，保险板块的市盈率为 24.41，较上年同期高 6.34，此变动主要受上市保险公司估值上升的影响；沪深股市整体的市盈率为 27.35，而上年末为 21.67。2017 年 9 月末，保险板块的市净率为 2.67，比上年大幅提高；沪深股市整体的市净率为 2.08，与上年同期基本持平。

（六）保险业风险抵御能力稳步提升，保险服务能力进一步增强

2017 年第三季度末，167 家保险公司的平均综合偿付能力充足率为 253%，比上季度末下降 1.7 个百分点；平均核心偿付能力充足率为 241%，比上季度末下降 0.7 个百分点。综合偿付能力充足率和核心偿付能力充足率均显著高于 100% 和 50% 的偿付能力达标线。其中，财产险公司、人身险公司、再保险公司的平均综合偿付能力充足率分别为 277%、247% 和 331%。

此外，我国保险服务能力进一步增强。2017 年前三季度，保险业共提供风险保障 2909.81 万亿元，同比增长 46.33%。其中，寿险 28.31 万亿元，

同比增长53.62%。截至2017年9月末，农业保险为1.81亿户农户提供风险保障，金额达1.61万亿元，同比增长13.45%；支付赔款170.65亿元，同比增长26.18%；2193.56万户贫困户和受灾农户受益，同比增长30.92%。从赔付金额看，2016年10~12月，我国保险公司的赔付金额为2762亿元，同比增长14.4%；2017年1~9月，我国保险公司的赔付金额为8327万元，同比增长7.4%，比2016年同期略有增加。

二 中国保险业的重大政策及热点问题分析

（一）“偿二代”正式运行两周年，监管效果明显

《中国第二代偿付能力监管制度体系建设规划》（以下简称“偿二代”）于2016年1月1日起正式实施，至2017年底已正式运行两周年。“偿二代”正式运行两周年以来，取得了一定的成果。根据保监会起草的《保险公司偿付能力管理规定（征求意见稿）》，保险公司偿付能力达标，必须同时满足三个条件：风险综合评级在B类及以上、综合偿付能力充足率不低于100%和核心偿付能力充足率不低于50%。以上三个条件缺一不可，否则就被认定为公司的偿付能力不达标。根据2017年前三季度的财务报告，上市保险公司的偿付能力充足率均表现良好，现金流也比较充沛；开业不久或者新开业保险公司的偿付能力充足率均居于高位，在之后的经营过程中波动幅度并不大。

在“偿二代”的实施过程中，仍然暴露出了一些不足之处，具体表现在以下两个方面。

1. 对一些资产负债不匹配等潜在风险较大的状况仍然不能有效识别和预警

我国资本市场长期以来缺乏高收益、长久期的优质资产，导致保险公司的资金运用经常出现期限错配的现象。例如，一些保险公司的资金存在“长钱短配”的现象，还有一些保险公司将短期限的资金投向期限较长、流动性较差的基础设施和不动产等资产，这又造成了“短钱长配”的现象。

此外，还有一些险资举牌的激进现象，这些都是“偿二代”所不能有效识别和预警的。这表明目前“偿二代”监管制度仍然存在漏洞，在当前金融业逐渐对外开放的大趋势下，监管部门需要有效弥补这些监管漏洞，以守住不引发系统性风险的底线。

2. 万能险快速发展给“偿二代”带来一定挑战

近年来，我国万能险和投连险规模快速增长，2015 年万能险和投连险保费增速达分别为 95.2% 和 134.2%。2016 年，万能险保费达 1.2 万亿元，同比增长 55.1%，占人身险保费的比重达到 33.9%，投连险保费 939 亿元，同比增长 210.4%，占人身险保费的比重为 2.7%。在这一情况下，万能险、投连险的风险也逐渐凸显。一是负债久期低于资产久期的错配风险；二是万能险、投连险营销成本较高，大多在短期内退保，可能会给保险公司带来较大的现金流压力。由于我国规定万能险保费的 80% 可以投资于股票，这就可能引发跨市场的交叉传染风险，也对“偿二代”的监管制度带来了一定的挑战。

（二）保监会出台“1 + 4”系列重要文件，行业风险和市场乱象得到有效管控

为深入贯彻党的十八届六中全会和中央经济工作会议精神，落实党中央、国务院关于做好金融业风险防范工作的有关部署，2017 年 4 月之后中国保监会陆续出台了《关于进一步加强保险监管维护保险业稳定健康发展的通知》《关于弥补监管短板构建严密有效保险监管体系的通知》等系列文件（以下简称“‘1 +4’系列文件”），明确了当前和今后一个时期强监管、治乱象、补短板、防风险、服务实体经济的任务和要求。

“1 +4”系列文件的主要内容是切实防范流动性风险、战略风险、外部传递性风险和资本不实风险等九大风险，重点是整治虚假出资、公司治理乱象、产品不当创新、销售误导、理赔难、违规套取费用、数据造假七大乱象。可以说，“1 +4”系列文件是防范保险业系统性风险的重要举措。

（三）启动“二次商业车险费率改革”，推动车险费率进一步市场化

2015年6月推出商业车险费率改革试点，我国车险消费者受益明显。在总结以往经验的基础上，2017年保险行业又启动了“二次商业车险费率改革”。“二次商业车险费率改革”的内容主要包括建立健全商业车险条款形成机制、加强和改善商业车险条款费率监管以及建立健全商业车险费率形成机制。根据测算，此次费率改革将在多个方面维护消费者权益。

对保险业来说，“二次商业车险费率改革”不仅可以促进行业增长并保持稳定，而且可以基于大数据、保险科技等有效遏制车险销售渠道中不规范和不理性的行为。对消费者来说，此次改革不仅能够增加保险责任、提高消费者剩余，而且可以使人们在“即时生效”和“零时起保”间自由选择，满足人们对车险产品定制的需求。与此同时，“二次商业车险费率改革”还可以促进监管机构与行业协会有效积累数据和提升信息化管理水平，通过保险费率的激励和惩罚机制来改善人们的驾驶习惯，减少机动车事故的发生，推进保险业与互联网加速融合。综合来看，“二次商业车险费率改革”将对车险的发展产生深远的影响。

（四）保险市场将进一步开放

党的十九大报告提出，“推动形成全面开放新格局”，“大幅度放宽市场准入，扩大服务业对外开放，保护外商投资合法权益”。党的十九大报告对全面开放新格局的表述，内涵十分丰富。根据党的十九大精神，未来我国保险市场将会进一步开放，并且鼓励外资保险公司以更加积极的姿态参与中国保险市场发展。2017年11月，财政部副部长朱光耀表示，中国决定未来进一步扩大金融业的对外开放。在保险领域的对外开放政策是：“三年后将单个或多个外国投资者投资设立经营人身保险业务的保险公司的投资比例放宽至51%，五年后投资比例不受限制。”保险市场的进一步开放，必将推动我国保险业持续健康快速发展。

当前，外资保险公司在我国市场仍然存在发展相对缓慢、所占份额较小

等问题。产生这种状况的原因是比较复杂的，一方面，经营机构和经营网点分布较少，对外资保险公司的发展形成了制约；另一方面，外资保险公司的产品研发、管理模式和先进技术等难以与我国的市场需求结合起来，这对其发展也形成了一定的制约。在外资人身险公司股权“松绑”之后，保险业的竞争程度将进一步提升，一些缺乏核心竞争力的中资保险公司有可能会面临困境，而具有竞争实力的龙头中资保险公司可能会被倒逼进一步提升竞争实力，未来整个保险市场格局将会出现显著变化。

（五）险资举牌继续受到关注

2015 年 6 月之后中国股市发生“股灾”，7 月保监会为了稳定股市，发布了《关于提高保险资金投资蓝筹股票监管比例有关事项的通知》，将符合偿付能力充足率的保险公司投资单一蓝筹股票的余额占上季度末总资产的比例上限从 5% 提高到了 10%，导致保险公司掀起了举牌蓝筹股的热潮。尽管到 2017 年，险资举牌的状况已经有所减少，但是阳光保险、生命人寿、华夏人寿、君康人寿、国华人寿、恒大系、宝能系等保险公司仍然在二级市场对上市公司进行举牌。这些保险公司被称为“门口的野蛮人”，它们的有些激进行为也引发了监管层的密切注意。

从客观上讲，险资举牌在股市发生“股灾”后的救市过程中做出了很大的贡献。此外，举牌的保险公司多数为中小型保险公司，在“资产荒”的背景下，它们面临的投资压力较大，而“股灾”后的一些优质蓝筹企业的股票具备了投资价值，正好符合它们的投资需求。通过举牌优质蓝筹企业的股票，保险公司可以获得较高的收益，从而弥补万能险业务可能的利差损。对于这些保险公司来说，举牌应当是一种理性的选择。

但是，有些保险公司在举牌过程中存在一些激进或不当行为，有可能会引发很大的风险。因为这些保险公司的激进行为偏离了初衷，如宝能系与万科 A、格力集团管理层之间的争斗对实体企业的正常运营产生了不利的影响。一些保险公司为了达到快速控制被举牌企业的目的，甚至在股市处于阶段性高点的时候也不惜代价重仓买入，这有可能会对股市的交易环境形成干扰和冲击。此外，部分中小型保险公司依靠万能险业务迅速扩大资产规模，实际上使公司的资金杠杆率增加了数倍，并且存在资产负债不匹配的风险，在“三去一降一补”的政策环境下，监管部门应当对这些潜在风险进行有效管控。同时，在防范金融风险的背景下，也应该对险资举牌的行为进行区别对待，对于以财务投资和长期投资为目的的投资型举牌以及以完善产业链布局为目的的战略型举牌，如中国人寿对广发银行的举牌行为，监管部门应当给予支持和肯定。

（六）保险科技和互联网保险快速发展，影响深远

近年来，伴随着科技进步和不断创新，我国的人工智能产业也得到了快速发展。据统计，截至 2017 年 6 月，我国共拥有 592 家人工智能企业，占全球人工智能企业总量的比重为 23%，排名第二位。在 2017 年 7 月国务院印发的《新一代人工智能发展规划》中，我国明确了人工智能技术实施“三步走”的战略规划，即以 10 年为一个发展阶段，到 2030 年我国人工智能核心产业的规模要突破 1 万亿元，而且要带动相关产业的规模突破 10 万亿元。此外，大数据、云计算、区块链等金融科技也在我国实现了快速发展。

2017 年以来，我国保险业积极布局以云计算、人工智能、区块链等为主的科技型产品，并且力图实现保险业务流程和产品服务的去人工化。从实践效果看，无论是在销售端和产品开发端，还是在用户信息管理端和理赔端，保险科技已经逐渐渗透于整个产品链的各个环节之中。例如，在销售端，云计算和大数据有助于保险公司实现精准营销；在产品开发端，大数据有助于保险公司更加准确地分析和把握客户的风险及需求情况；在用户信息管理端，区块链特有的优点可以有效保障数据的安全性、私有性，并且能够整合更多的客户信息；在理赔端，人工智能可以代替人工实现产品服务和理赔等功能，并且可以提高效率、降低成本。从保险科技的发展规划上看，保险公司应当加强与互联网公司的战略合作，并依靠其强大的科技力量来提升客户体验和服务效果。另外，保险公司也要坚持对保险科技的自主研发，通

过技术创新的方式使公司转变为技术驱动型。

由于目前我国的保险业发展水平仍然偏低，居民对保险的理解和认识仍然不够深入，很多保险公司开始着力开发和销售互联网保险产品以开拓新的市场。从互联网保险产业的发展格局看，我国的互联网保险公司可以分为互联网保险创业公司、持牌互联网保险公司、互联网流量平台和传统保险公司四类。其中，持牌互联网保险公司目前有众安保险、安心保险、泰康在线和易安财险 4 家，它们都以财产保险为主要销售产品。根据 2017 年前三季度的财务报告，这 4 家互联网保险公司的原保险保费收入为 64. 64 亿元，同比增长 133. 77%；保单件数为 44. 56 亿件，同比增长 110. 13%，实现了高速发展。其中，腾讯旗下的众安保险开始借助微信和 QQ 平台来销售互联网保险产品，将会对整个保险市场产生巨大的影响和冲击。

值得注意的是，在保险科技和互联网保险快速发展的背后，可能存在一定的风险。因为当前保险科技仍是新兴事物，管理层对其监管力度不够，对风险的认识可能不足，而且保险科技具有多元性、数据海量化、处理智能化等特点，保险科技的风险形式往往比传统金融风险更加多样化，传播的速度更快、更广，溢出效应也更强。因此，为了有效防范保险科技和互联网保险带来的风险，管理层也有必要采用新技术、新手段来提高监管效率，如使用云计算、大数据等技术进行保险监管等。

三　新时代中国保险业发展趋势展望

2018 年是我国实施“十三五”规划承前启后的重要一年，亦是实现保险强国建设目标的关键一年，我们对未来中国保险市场的发展趋势有如下的判断与思考。

第一，我国保险市场将继续保持快速发展的态势。

2017 年党的第十九次全国代表大会胜利召开，党的十九大报告确立了我国未来发展的阶段性目标：从目前到 2020 年将决胜全面建成小康社会，从 2020 年到 2035 年将基本实现社会主义现代化，从 2035 年到 21 世纪中叶将建成富强民主文明和谐美丽的社会主义现代化强国，这些宏伟目标将为保险业发展提供强大支撑。

根据德国安联集团的预测，2018～2027年中国保险市场的保费增长率将达到平均每年14%左右，在全球居于领先地位，而且大约有1/3的全球新增保费来自中国保险市场。10年以后，中国保险市场有望成为世界上仅次于美国的第二大保险市场，保险规模将远远超过整个欧洲保险市场。伴随着我国经济的平稳较快增长、居民收入的不断增加，以及人口老龄化趋势的逐渐明显，人们对保险保障和风险管理的需求日益增加。从政策角度看，国家将保险行业定位为社会发展的稳定器和压舱石，也在大力支持保险业的发展。

第二，新时代我国保险产品需求和保险行业将发生深刻变化。

在保险科技和“互联网+”的影响下，新时代人们对保险产品的需求将会出现较大变化。具体来说，未来人们对保险产品的需求有可能从供给导向向需求导向转变，从单一需求向多元需求转变，从被动需求向主动需求转变，从静态需求向动态需求转变。与之相对应的是，保险产品的种类和形式也会不断创新，伴随着居民财富的增长、高净值客户数量的增加，产品的形式有可能从标准化逐步转变为定制化，产品的边界将变得逐渐模糊，产品的服务也将变得更加多元化。保险科技和互联网保险高速发展将对传统保险行业产生深远影响和冲击，同时也是推动我国保险业发展的重要力量。

伴随着人们对保险产品需求的转变以及保险科技的快速发展，保险公司将逐渐向轻资产方向转型，有可能转变为大数据平台，多数产品将以数据驱动，并且更多采用智能投顾等人工智能技术进行精准营销，降低了人工成本。传统的保险服务也有可能互联网化，一些现有的保险中介甚至可能会逐渐消失，向保险产品设计或互联网服务转型。

就整个保险业而言，在“监管姓监”“保险姓保”的监管环境下，严控风险成为未来保险行业监管政策的主要方向。在此背景下，一些实力较弱的中小型保险公司面临较大的生存压力，而大型保险公司将会处于更加有利的竞争地位。伴随着监管政策的趋严，龙头保险公司的品牌效应不断增强，预计保险产品的费率结构将进一步优化，机动车辆保险的费率仍有下降空间，而整个行业的集中度将会进一步提升。

第三，在“监管姓监”“保险姓保”的监管环境下，“重典治乱”将会常态化。

2017 年召开的全国金融工作会议和党的十九大明确要求，要促进保险业发挥长期稳健风险管理和保障的功能，并且牢牢守住不发生系统性金融风险的底线。当前，我国保险业仍然存在一些风险隐患，突出表现为资产负债不匹配风险、利差损风险、退保风险、市场风险、流动性风险、信用风险和偿付能力不足风险。而且目前我国保险科技和互联网保险正在快速发展，其风险形式往往比传统金融风险更加多样化，传播的速度更快、更广，而且溢出效应也更强，随之还会衍生出一系列其他风险。客观来说，当前我国的“偿二代”监管体系在保险业系统性风险防范方面仍然存在一些不足，对一些资产负债不匹配风险、流动性风险、保险科技风险的性质和现象仍然不能有效识别和预警。进一步加强保险业系统性风险监管制度建设，建立和完善保险业宏观审慎监管系统性风险评估框架，树立创新监管理念，建立资产负债管理的监管体系，对未来我国保险业的风险防范和促进整个行业健康稳定发展至关重要。

此外，“1 +4”系列文件指出，当前我国保险业存在流动性风险、保险资金运用风险和战略风险等九大风险，以及虚假出资、公司治理乱象和产品不当创新等七大乱象，为了防范发生系统性金融风险，2017 年以来保监会组织了多次整治市场乱象的专项检查，并且对违法违规行为保持高压打击的态势。据统计，2017 年上半年，保监会共处罚了 306 家保险机构，同比增长 31%；对 447 人实施了行政处罚，同比增长 18%；罚款金额达到了 6369 万元，同比增长 21%。

第四，我国保险业将通过多种途径服务实体经济。

根据全国金融工作会议和党的十九大精神，我国保险业未来将更好地服务实体经济，这也是我国保险业改革发展的方向。

国内外的实践证明，保险资金和实体经济之间呈现“天然匹配”的关系，保险资金为基础设施建设等实体经济的很多领域提供了长期资金。从保险资金的投资需求看，保险资金的规模较大，对于投资标的的安全性要求较高，而实体经济则具备需求投资资金多、回收周期长，但投资回报较安全稳定的特点。当前我国保险资金已经通过银行存款、股权、基金、债权等方式为实体经济提供融资服务，但是仍需要为进一步深化改革更好地服务实体经济而“强身健体”。保险业未来发展的方向有如下几个方面。首先，保险业将运用大数据、云计算、区块链等保险科技进行产品创新，以此提升服务于实体经济的能力。当前，保险科技的快速发展，正在与实体经济之间产生深刻的关联。保险科技可以逐步实现保险业务各环节的智能化，打通实体经济的各个产业链，有效提升服务实体经济的效率。其次，保险业将继续完善保险服务“三农”的制度，发挥好风险保障的本职功能，为贫困地区的经济发展做好服务。当前我国的保险保障体系还不能完全满足“三农”的需求，还需要进一步提升“精准扶贫”的能力和水平。最后，保险业将继续创新保险资金运用的方式，并且严守不发生系统性风险的底线。在保险资金运用的方向上，将继续大力支持“一带一路”“绿色金融”“京津冀一体化”等国家重大项目，也将加大对战略性新兴产业、小微企业的扶持力度，并加大向更微观、更精细的实体经济领域的投资。

B.5
2017年的中国金融基础设施

尹振涛　夏诗园*

摘　要： 2017年，我国金融基础设施建设取得新的进展。支付、清算和结算体系不断完善，一系列重要规范性文件发布。金融法律法规不断健全，依法治国得到强化，确保了金融安全，简政放权进一步推进。征信市场进一步发展，社会信用体系建设持续推进，征信系统覆盖面不断扩大。反洗钱工作水平持续提升，反洗钱金融行动特别工作组（FATF）第四轮反洗钱互评估工作稳步推进。金融消费权益保护工作成效显著，金融服务水平全面提升。

关键词： 支付体系　征信和社会信用　反洗钱　金融科技　金融消费

一　支付服务改革创新，支付基础设施不断完善

（一）支付服务改革创新

2017年，中国支付清算市场发生重要变革，制度体系日益完善，支付服务不断改革创新。作为我国重要的金融基础设施之一，非银行支付机构网络支付清算平台（以下简称网联平台）首次运用分布式架构进行开发建设。2017年8

* 尹振涛，经济学博士，副研究员，中国社会科学院金融研究所法与金融研究室副主任，中国社会科学院金融法律与金融监管研究基地秘书长；夏诗园，经济学博士，中国社会科学院金融研究所博士后。

月，中国人民银行下发《关于将非银行支付机构网络支付业务由直连模式迁移至网联平台处理的通知》，要求自 2018 年 6 月 30 日起，支付机构受理的涉及银行账户的网络支付业务全部通过网联平台进行处理。2017 年 7 月 19 日，Visa 向中国人民银行提交了在国内建立银行卡清算机构的资质申请，万事达卡也拟订了建立银行卡清算机构的申请草案，标志着我国人民币银行卡清算市场进一步开放。支付清算市场的这两大变革对金融机构、第三方支付机构、银联和消费者都将产生重要影响，对我国支付行业和金融基础设施建设具有划时代的意义。

2017 年 12 月 12 日，银联联合商业银行上线推出了银行业统一移动支付 APP“云闪付”，消费者可在该平台绑定和管理多个银行账户，同时完成手机 NFC 支付、二维码扫码、收款转账等多家银行的支付。此举可视为传统支付机构及商业银行应对互联网支付机构的举措，第三方支付市场将迎来更加残酷的竞争。“云闪付”充分实现了老百姓衣食住行线上线下主要支付场景的全覆盖，有效提升了Ⅱ、Ⅲ类银行账户开卡和应用的便利性，但由于进入支付领域的时间较晚，与支付宝、微信等应用相比在覆盖面上仍有较大发展空间，需要继续提高消费者对“云闪付”的使用黏性。

2017 年 12 月 21 日，中国人民银行下发《关于规范支付创新业务的通知》（银发〔2017〕281 号），明确了“各银行和支付机构开展支付创新业务应事前报告”等规定，对银行业务金融机构和非银行支付机构的业务创新、竞争秩序、收单管理等八大业务进行规范管理，有利于进一步加强支付业务管理，促进支付创新，推动支付服务市场持续健康发展。新规将成为今后我国第三方支付市场发展的准则，对支付行业产生重大的影响。

（二）支付结算业务稳步增长

截至 2017 年第三季度，全国支付体系运行平稳，社会资金交易规模不断扩大，银行支付系统稳定运行。其中，中国人民银行支付系统共处理支付业务 33.30 亿笔，金额 1041.22 万亿元，同比分别增长 59.99% 和 1.34%。大额实时支付系统业务笔数和金额稳步增长，同比分别增长 14.58% 和 0.70%。小额批量支付系统业务笔数同比增长 0.02%，但交易金额同比下降0.78%。网上支付跨行清算系统业务量快速增长，处理业务笔数和金额同比分别增长104.76%和73.91%。同城票据清算系统业务笔数和金额同比分别下降1.41%和1.25%。境内外币支付系统业务量稳步增长，2017年第三季度，境内外币支付系统处理业务54.53万笔，同比增长7.83%；金额1.65万亿元，同比增长16.77%。银行业金融机构行内支付系统业务量持续增长，截至2017年第三季度，共处理业务82.74亿笔，金额326.55万亿元，同比分别增长22.42%和10.21%。银行卡跨行支付系统业务量保持增长态势，处理业务和金额同比分别增长22.10%和43.54%。城市商业银行汇票处理系统和支付清算系统业务量保持较快增长，处理业务16907.33万笔，金额2507.60亿元。农信银支付清算系统处理业务笔数和金额保持快速增长态势，同比分别增长90.21%和24.04%（见表1）。截至2017年第三季度末，人民币跨境支付系统运行平稳，处理业务36.20万笔，金额3.99万亿元。

人民币银行结算账户数量平稳增长，单位银行结算账户数量小幅增长，截至2017年第三季度末，全国共开立人民币银行结算账户89.76亿户，环比增长3.11%；共开立单位银行结算账户5355.50万户，环比增长2.75%。全国个人银行结算账户数量平稳增长，共开立个人银行结算账户89.22亿户，环比增长3.11%，人均拥有账户数达6.45户。

表1　支付系统业务量统计

单位：万笔，万亿元，%

项目	2017年第三季度			
	笔数	同比增长	金额	同比增长
大额实时支付系统	24200	14.58	980.74	0.70
小额批量支付系统	60900	0.02	7.90	-0.78
网上支付跨行清算系统	238500	104.76	17.01	73.91
同城票据清算系统	9321.65	-1.41	33.86	-1.25
境内外币支付系统	54.53	7.83	1.65	16.77
银行业金融机构行内支付系统	827400	22.42	326.55	10.21
银行卡跨行支付系统	747600	22.10	24.84	43.54
城市商业银行汇票处理系统和支付清算系统	16907.33	—	2507.60	—
农信银支付清算系统	85300	90.21	1.70	24.04

资料来源：中国人民银行。

中央国债登记结算有限责任公司、银行间市场清算所股份有限公司和中国证券登记结算有限公司的债券登记、托管和结算业务继续保持增长。截至2017年10月末，债券市场托管余额为72.4万亿元。其中，金融债券托管余额为16.8万亿元，公司信用类债券托管余额为16.8万亿元，地方政府债券托管余额为14.2万亿元，国债托管余额为12.6万亿元，信贷资产支持证券托管余额为7259亿元，同业存单托管余额为8.1万亿元。银行间债券市场托管余额为64.2万亿元。

（三）支付监管力度加大，支付体系境内外交流不断加强

为消除各类市场乱象和违法违规行为，2016年12月，中国人民银行发布《金融机构大额交易和可疑交易报告管理办法》（中国人民银行令〔2016〕第3号），该办法自2017年7月1日起实施。2017年1月13日，《关于实施支付机构客户备付金集中存管有关事项的通知》的颁布，意味着央行开始监管客户备付金，加大了支付系统的监管力度，有利于提升央行支付服务水平。

在支付体系的境内外交流方面，一方面，通过支付与市场基础设施委员会（CPMI）、东南亚国家联盟（ASEAN）及中欧双边会等平台，不断加强我国支付结算国际业务方面的沟通与合作，鼓励我国支付服务和支付标准“走出去”，提高支付结算的国际竞争力；另一方面，推动实施《金融市场基础设施原则》，完成监管部门有关国内金融市场基础设施的评估，加大支付监管力度。

2017年，我国支付、结算和清算工作取得巨大突破，但是未来支付体系建设依然任重道远。在互联网金融快速发展的背景下，消费者的支付服务需求日益增长，支付市场的急剧扩张造成了点多面广的支付环节风险防范问题，无证经营支付业务仍然是当前支付领域首先要解决的问题。支付市场乱象反弹，非法买卖银行卡信息犯罪、电信网络新型违法犯罪猖獗，给人民造成了巨大的财产损失，支付服务市场秩序需要进一步规范。

二　征信和社会信用体系规范发展，征信覆盖面进一步扩大

2017年，我国加快形成了覆盖全社会的信用惩戒大格局，建立了统一的社会信用代码制度、全国信用信息共享平台和社会信用建设协同推进机制，积极引导社会信用服务机构参与信用建设和信用监督。中国人民银行征信中心与最高人民法院执行局签署了信息共享合作协议，将失信被执行人信息纳入征信系统，并以信用报告的形式为接入机构提供查询服务。截至2017年5月底，个人征信系统共收录353万人的近558万条法院信息，企业征信系统共收录10万户企业的近49万条法院信息，成为银行等金融机构融资授信的重要参考。中国人民银行积极推动证券公司、保险公司、小额贷款公司和融资性担保公司等非银行金融机构接入国家金融信用信息基础数据库，截至2017年5月底，累计收录3000家机构、9.26亿自然人、2371万户企业和其他组织的相关信息，扩大了数据库的覆盖面。

全面开展企业征信机构和信用评级机构备案材料真实性核查工作，净化征信市场环境。截至2017年11月，完成备案的企业征信机构共有138家，存续的备案企业征信机构共有135家。其中，北京、上海的企业征信机构数量最多，广东、山东次之，其余省份的企业征信机构数量则相对较少。另外，甘肃、青海、宁夏、新疆、广西、海南、云南、西藏、安徽、黑龙江、山西11个省份暂无备案的企业征信机构。2017年12月，中国银监会发布《关于规范银信类业务的通知》，分别由商业银行和信托公司双方规范银信类业务，并提出了加强银信类业务监管的要求，有利于促进银信类业务的健康发展。在中小微企业信用体系方面，中国人民银行通过与地方政府合作开展中小企业信用评价，积极推动农村信用体系建设和精准扶贫建设。截至2017年3月末，累计补充完善未与银行发生信贷关系的261.14万户中小企业信息，其中47.89万户中小企业已获得银行贷款，贷款余额为10.86万亿元。

为进一步将散落在市场中的个人信息统一在一个官方平台内，降低社会风险，2017 年 11 月 24 日，中国互联网金融协会（以下简称互金协会）第一届常务理事会审议并通过了互金协会参与发起设立个人征信机构的事项，确定了初步入股协议，完成了“信联”建立程序中的重要一环，有利于解决当前“现金贷”引发的乱象整顿和多头借贷问题，也有利于互联网征信市场的有序发展。

目前，我国信用服务市场规模迅速膨胀。2017 年 11 月发布的《中国信用服务市场专题分析 2017》数据显示，2017 年中国信用服务市场规模有望达到 48 亿元，2019 年中国信用服务市场规模将突破百亿元。虽然“信用福利”在一定程度上为人民的生活提供了便利，提升了消费体验，但是由于我国尚缺乏个人在整个社会中的信用系统和相应的法律法规，因此需要特别警惕潜在的信用风险和法律问题，在协调统一多方征信机构对个人征信数据的采集范围和征信标准以及避免民营征信机构出现信用造假问题等方面还需要加大监管力度。

三 反洗钱制度日益完善，国际合作不断加强

2017 年是中国反洗钱工作的关键一年。其一，颁布了一系列新规。2017 年 2 月 15 日，中国人民银行 2017 年反洗钱工作会议总结了 2016 年中国人民银行的反洗钱工作，分析了当前反洗钱工作形势，并对 2017 年的反洗钱工作进行了全面部署。2017 年 7 月 1 日，国家税务总局发布的《非居民金融账户涉税信息尽职调查管理办法》顺利实施。2017 年 7 月 1 日，反洗钱新规《金融机构大额交易和可疑交易报告管理办法》（中国人民银行令〔2016〕第 3 号）顺利实施，拉开了跨境大额现金转账交易反洗钱监管的序幕。2017 年 9 月 13 日，国务院办公厅批准印发了《关于完善反洗钱、反恐怖融资、反逃税监管体制机制的意见》，指出反洗钱、反恐怖融资、反逃税监管体制机制的重要性，并在六个方面提出 20 余项具体措施以建立职责清晰、权责对等、配合有力的“三反”监管协调合作机

制，是《反洗钱法》颁布 10 周年以来对国家反洗钱体系最全面的顶层设计，对下一步做好反洗钱、反恐怖融资、反逃税工作，防范和打击违法犯罪活动，有效防控金融风险，保护人民群众合法权益具有重要的指导意义。其二，大力开展反洗钱知识普及宣传，各行积极开展“反洗钱宣传活动”，有组织地开展业务培训，增强反洗钱意识，取得了良好成效。其三，不断深化反洗钱国际合作。2017 年 11 月，在第七届中国反洗钱高峰论坛上中俄论坛代表联合签署并发布了《2017 反洗钱上海宣言》，推动了反洗钱国际联盟的成立以及中俄两国反洗钱的民间交流与合作，提升了中国在国际反洗钱、反恐怖融资与反逃税领域的话语权和影响力。

在当前金融风险总体仍有上升压力的背景下，面对日趋复杂的反洗钱国内外形势，我国金融机构反洗钱工作面临海外金融制裁合规风险凸显、反洗钱国际标准趋严、互评估压力增大等一系列严峻挑战。洗钱犯罪和恐怖融资风险依旧猖獗，金融机构主体责任亟待落实，反洗钱监管问责力度仍需加大。

四　金融信息科技改革创新步伐加快

2017 年，金融信息科技改革创新步伐进一步加快。随着“一带一路”倡议的推进，中国金融科技企业正在经历第三波出海大潮，为国内金融科技项目提供了更多机遇，有利于提高我国金融科技企业在国际市场上的竞争力。中国金融科技企业的 IPO 进入了变挡提速期。作为最有前景的数字货币技术，为扫除区块链技术的障碍，2017 年 1 月 29 日，中国人民银行正式成立数字货币研究所，积极检查、探索区块链技术和数字货币。2017 年 6 月，中国人民银行印发《中国金融业信息技术“十三五”发展规划》，强调“十三五”时期金融业要全面支持深化改革，积极对标国际先进，推动创新普惠发展，坚持安全与发展并重。另外，互联网产业与技术的崛起，也让传统汽车金融行业受到巨大挑战，而互联网、金融科技与汽车金融融合的产物——汽车互联网金融的发展前景明朗。未来，随着市场逐渐成熟，企业布局汽车金融业务的热情将会进一步提升。

2017 年，互联网金融行业正式步入合规元年。2017 年 2 月 23 日，银监会正式对外公布《网络借贷资金存管业务指引》，通过建立资金存管机制，加强对网贷资金交易流转环节的监督管理，防范网贷资金挪用风险，这意味着网贷行业迎来了继备案登记之后又一合规细则的最终落地。2017 年 4 月，银监会印发《关于银行业风险防控工作的指导意见》，要求持续推进网络借贷平台（P2P）风险专项整治，做好校园网贷、现金贷业务的清理整顿工作。2017 年 6 月，银监会等三部门联合出台《关于进一步加强校园贷规范管理工作的通知》，明确提出“现阶段一律暂停网贷机构开展在校大学生网贷业务，逐步消化存量业务”，银行开始成为校园贷的主力军。2017 年 7 月 7 日，北京市金融工作局出台《北京市网络借贷信息中介机构备案登记管理办法（试行）（征求意见稿）》。同月，互联网金融风险专项整治工作领导小组办公室下发《关于对互联网平台与各类交易场所合作从事违法违规业务开展清理整顿的通知》，要求 2017 年 7 月 15 日前，各互联网平台应停止与各类交易场所合作开展违规业务，同时妥善处理存量违法违规业务。2017 年 9 月 4 日，中国人民银行等七部门联合发布《关于防范代币发行融资风险的公告》，标志着 ICO 退出中国舞台，也表明了监管机构对虚拟货币市场乱象的严厉态度。2017 年 11 月 21 日，互联网金融风险专项整治工作领导小组办公室发布《关于立即暂停批设网络小额贷款公司的通知》，禁止小额贷款公司跨区域经营，拉开了围绕现金贷的系统性监管和整顿大幕。

随着监管的不断深入，互联网金融平台的合法合规成为金融科技市场生存和发展的关键。金融科技行业目前发展迅速，市场上一方面看好互联网金融行业的发展前景，但另一方面监管层对部分创新过度或违规的互联网金融产品有所担忧，如何平衡好当前金融科技创新、金融安全稳定及金融监管合规之间的关系仍是未来需要关注的焦点。

五　金融消费权益保护基础工作成效显著

2017 年，金融消费权益保护基础工作成效显著。其一，《推进普惠金融发展规划（2016～2020年）》和《G20数字普惠金融高级原则》的落实，进一步健全了金融消费权益保护监管机制和保障机制，建立了具有中国特色的普惠金融指标体系，为地方普惠金融发展提供了科学指引。其二，金融消费者教育工作成效显著。组织开展了以“权利、责任、风险”为主题的“金融消费者权益日”活动和“金融知识普及月”活动，大力宣传金融知识。2017年2月，央行召开金融消费权益保护工作会议。另外，央行对全国全面开展的消费者金融素养问卷调查结果显示，全国消费者金融素养指数属中等偏上水平，中东部地区消费者金融素养指数略高于西部和东北部地区。总体来说，消费者对消费、储蓄和信用的态度趋于理性，但对风险责任的意识仍需增强，城乡、区域、职业、收入及文化是影响消费者对金融知识需求产生差异的重要原因。其三，金融消费者投诉受理、处理工作更加规范。“12363金融消费权益保护咨询投诉电话”平台运行平稳，金融消费者信息获取渠道、纠纷投诉渠道更加畅通，投诉办结率水平不断提高。

在推进普惠金融的过程中，我国已走在世界前列，但同时也出现了很多问题。金融消费者教育是目前突破普惠金融发展瓶颈的重要手段，是金融消费权益保护框架的重要组成部分。应通过各种金融知识普及活动，努力提升消费者的金融素养，引导金融消费者改变固有的认知和行为特点。另外，金融机构要注重保障消费者的财产安全权、信息安全权、知情权、选择权和纠纷及时解决权。

六　2018年中国金融基础设施发展展望

在支付结算体系方面，网联平台的建设将从根本上改变现有的银行与支付机构的合作模式，对传统银联清算体系既有冲击也有机遇。一方面，网联平台的出现将与目前的银联清算业务形成互补，但也存在相互竞争的关系；另一方面，网联平台的出现也将规范当前的第三方支付市场，第三方支付机构对银行的议价能力会大幅度下降。从未来支付监管角度看，要进一步加强中央银行对重要支付系统、中央证券保管、证券结算系统等建设的指导和监管作用，发挥其宏观审慎管理功能，促进监管协调。

在征信市场建设方面，首先，要继续加强征信市场监管，建立信用评级机构的评级和退出机制，规范评级机构的行为准则和内控标准，加快征信法律法规的建设。其次，要完善信息的协调、整合和共享机制。尽快推进以中国互联网金融协会为主导的个人信用信息平台的建立，制定统一的数据共享标准。另外，针对全球评级行业采取的向证券发行人收费的商业模式，可通过创新技术手段的方式改变向证券发行人收费的机制，从而提升评级机构的独立性和客观性。

2018 年，中国将迎来 FATF 第四轮互评估，受国际政治经济等多重因素的影响，未来中国反洗钱工作形势依然严峻。贸易融资、互联网金融、代理行业务仍是反洗钱的重要战场，海外监管、贸易反洗钱和区块链反洗钱仍需大胆突破和试验。建立国家级的金融情报中心、贸易透明中心并加强税务和反腐败的跨境合作是今后反洗钱工作的一个重要趋势。此外，未来还应加强房地产、律师、会计师、贵金属等领域的风险监测，探索建立特定非金融行业的反洗钱监管制度，提升反洗钱监管的有效性。切实履行反洗钱法定义务，充分利用大数据打击贸易反洗钱。加强国际合作，借鉴国际先进经验，提升防范洗钱风险的意识和能力，防范和打击洗钱及上游犯罪。

金融科技的迅猛发展，在一定程度上提升了金融服务的可获得性和便捷性，为普惠金融发展提供了行之有效的路径，但不能忽视的是，金融科技有可能加剧风险外溢，推动风险叠加，成为当前系统性金融风险隐患，也成为当前金融监管的薄弱环节。以区块链技术为例，当前区块链技术发展仍不成熟，为更好地服务于金融行业和技术创新，应重点关注区块链技术的标准化、监管和安全性问题。同时，应进一步鼓励金融机构积极拓展互联网金融领域，加强与金融科技公司的深度合作，提升金融科技水平和能力。长期来看，要营造适合金融科技发展的监管土壤必须大力发展监管科技，运用大数据分析、人工智能技术及区块链技术，实现对金融科技领域的全覆盖，建立早预警、重防范的防控和监管系统。

守住不发生系统性金融风险的底线将是2018年中国金融监管的首要任务，也是指导2018年监管工作的准绳。围绕全面深化金融业改革开放、加快完善金融市场体系和增强服务实体经济能力的目标，中国金融监管改革将从法治化建设入手，加快《商业银行法》和《证券法》的修订工作，积极推动《非存款类放贷组织条例》和《金融统计管理条例》等重要的金融基础制度出台，并着力解决当前监管真空与监管重叠等现实问题。

从金融消费权益保护角度，应加快制定金融消费权益保护领域的法律法规，继续开展大规模、集中性的金融消费者教育活动，提高消费者的金融素养。积极开展金融消费权益保护监督检查工作，推进金融消费权益保护监管信息披露制度的建立，不断提升金融消费权益保护工作的服务水平和运行效率。

下篇　中国金融市场运行

The Second Part: Operation of China's Financial Markets

B.6
2017年的中国股票市场

尹中立　洪正华　梅子豪*

摘　要： 2017年股市运行的结果与我们上年的分析预测基本一致，在新股发行节奏加快以及其他因素的共同影响下，蓝筹股持续活跃，而中小市值的股票表现低迷，大市值的股票和中小市值的股票走势严重分化，究其原因主要有三方面：新股发行节奏加快导致壳价值贬值；供给侧结构性改革导致资源类价格的上涨助推了蓝筹股的上涨；A股被纳入MSCI的新兴市场指数加剧了市场的分化。展望2018年，我们认为中小市值股票处于熊市末端，而蓝筹股有修正估值之需要，市场仍然难以出现整体走强的可能。

关键词： 股市　结构分化　风格转换

* 尹中立，中国社会科学院金融研究所金融市场研究室副主任，副研究员；洪正华，中航基金管理公司董事长；梅子豪，中航证券公司研究所助理研究员。

一 股票二级市场运行状况

在2016年的股市分析报告中，关于2017年的股市展望部分，我们认为“维持稳定、窄幅波动”将是2017年股市的主基调，在注册制不断推进的前提下，借壳重组行为将难以大行其道。2017年股市运行的结果与我们上年的分析预测基本一致，但市场分化的程度超出我们的估计。2017年股票二级市场的总体特征是蓝筹股持续上涨，而中小市值的股票表现低迷。

（一）股价走势分化，估值中枢快速下降

2015年前后，股市出现了三次大幅度波动。第一次波动发生在2015年7月前后，市场出现十分极端的走势，动辄出现千股跌停的现象。第二次波动发生在2015年8月，在股灾阴影还没有消除、市场仍然惊魂未定的背景下，“8·11”重启了人民币汇率改革，人民币兑美元的一次性大幅贬值导致市场再次出现下泻，上证综指仅7个交易日就从4000点下跌到2900点左右。第三次股市波动发生在2016年初，熔断机制的实施导致股市继续出现熔断，仅一个月时间股指下跌就超过20%。

在半年左右的时间里，股市出现三次股灾，这在我国股市运行的历史上是少见的。2016年3月监管部门的主要领导被更换，在此之后，股市的波动一直处在较低的水平上。上证综指在2016年3月之后的波动一直处在300点以内。最大的一次调整发生在2017年4月底至5月初，上证指数从3300点下跌到3000点，最大下跌幅度仅10%，从指数的月度波动幅度看，主要指数的波动范围都没有超过10%，是最近10年来股市波动最小的时期。

在指数运行相对平稳的同时，股价却出现了严重分化。虽然股价分化是我们预料之中的，但蓝筹股与非蓝筹股之间剧烈分化在一定程度上超出了我们的估计。同涨共跌是国内股票市场长期存在的现象，但过去的一年里蓝筹股出现普涨行情，而数量众多的非蓝筹股则呈现下跌的走势，二者反差巨大。

表1为沪深两市2017年不同市值股票收益率比较。由表1可以看出，2017年初市值越大的股票年度上涨幅度越大；反之，小市值的股票遭到了市场抛售。2017年初市值超过1000亿元的股票有68只，它们在2017年前11个月的加权平均收益率超过25%，而市值小于50亿元的股票有518只，它们在此期间的收益率为负，二者相差近40个百分点，这在我国股市的历史上是十分罕见的。分化的走势从不同指数上也可以清晰地反映出来，上证50指数和沪深300指数的指标股都以蓝筹股为主，二者走势基本一致，中证500指数的指标股以中小市值的股票为主，其走势与上证50指数及沪深300指数存在分化。指数的分化始于2016年第四季度，2017年6月之后分化进一步加剧。需要重点关注的是，在2016年第四季度之前，代表蓝筹股的上证50指数及沪深300指数与代表中小市值股票的中证500指数走势之间并无明显差异（见图1）。

表1　沪深两市2017年不同市值股票收益率比较

单位：只，%

总市值分类（按照2017年1月1日计算市值）	标的数量	2017年以来收益率（市值加权）	2017年以来收益率（算术平均）
大于2000亿元	24	26.58	30.02
1000亿~2000亿元	44	27.93	27.21
500亿~1000亿元	70	16.97	16.28
300亿~500亿元	133	12.87	12.11
200亿~300亿元	223	6.41	6.07
100亿~200亿元	753	-0.30	-3.67
50亿~100亿元	1262	-3.26	-11.68
小于50亿元	518	-11.56	-13.93
次新	398	—	151.97
上证综指	10.60		
全A股(剔除次新)	11.38		

资料来源：中国社会科学院金融研究所。

一般而言，股市的趋势无非是牛市或熊市，判断市场属于什么状态，只要看指数运行的形态即可。但2017年股价出现剧烈分化，很难用牛市或熊

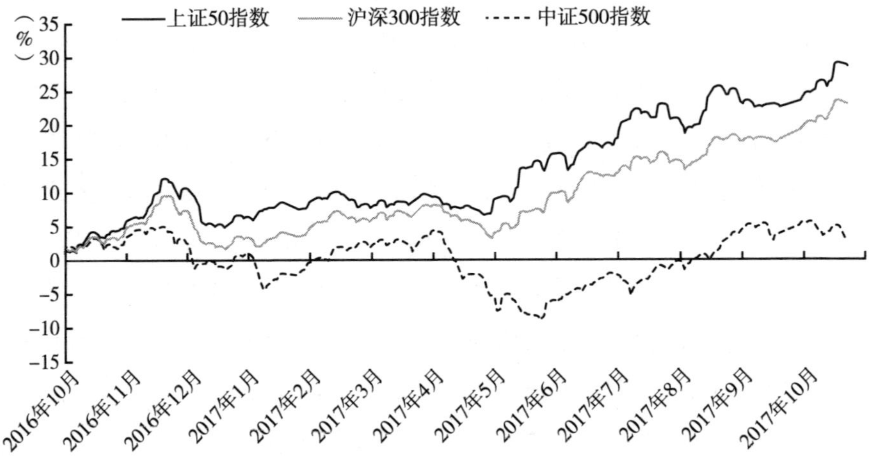

图1　沪深股市主要指数涨幅比较

资料来源：中国社会科学院金融研究所。

市来准确描述市场。

为了更加客观地描述市场运行的状态，我们用市场估值中位数的走势（见图2）替代指数来对市场真实的趋势进行判断。从图2可以清晰地看出，估值的中位数在2015年6月曾经达到80倍市盈率的高位，股灾后快速下跌到45倍市盈率，救市之后反弹至65倍市盈率，2016年初又跌至45倍市盈率附近，随后逐渐企稳并反弹，至2016年11月回升到接近60倍市盈率的水平。但从2016年底开始就一路下跌，估值水平到2017年10月底已经跌至40倍市盈率，是股灾后的新低。从市场估值中位数看，2017年堪称第三次股灾，呈现典型的大熊市特征，与主要指数（如上证50指数、沪深300指数、上海综合指数等）反映的市场趋势有较大差异，甚至是完全相反的结论，但与大多数投资者的市场感受是一致的。

（二）市场出现剧烈分化的原因分析

蓝筹股与中小市值股票的走势为什么会出现剧烈分化？市场人士大多以价值投资理念逐步得到市场认同来解释，认为蓝筹股代表着各行业的龙头企

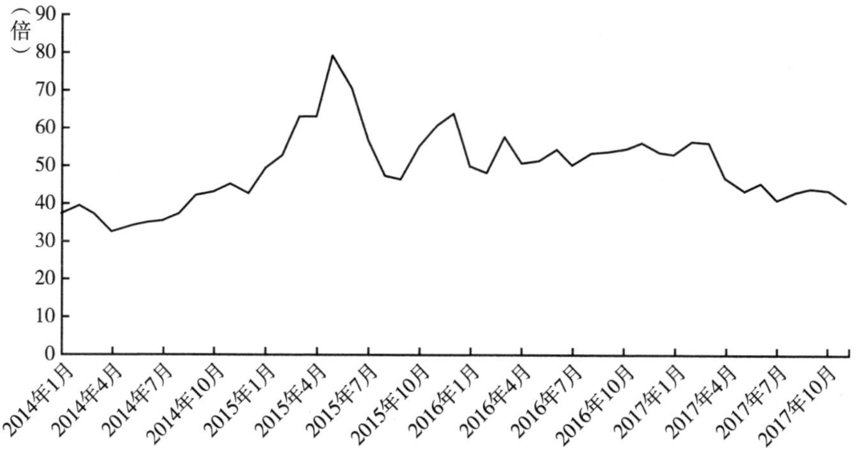

图2　沪深两市市盈率的中位数变动（月度数据）

资料来源：中国社会科学院金融研究所。

业，这些公司在市场中已经处于相对垄断地位，盈利增长有保证，平均估值水平比较低，因此有长线投资价值。该观点用于网络科技巨头或许是成立的，但国内股票市场中所谓的蓝筹股以金融、地产、能源、交通、家电、酿酒等传统产业为主，经营效率与收益水平并不突出，业绩增长难以持续保持较快的速度。以银行业为例，该行业的股票在蓝筹股中权重最高，即使忽略可能存在的坏账率上升因素，商业银行的业绩增长已经处于微弱增长状态。

我们以相对指标 PEG［PEG = 市盈率/（盈利增长率 ×100）］来衡量股票的投资价值，蓝筹股并不比中小市值股票具有明显的优势（见图 3）。从该指标的走势看，2016 年 11 月之前，蓝筹股与中小市值股票的 PEG 并没有太大差异，二者波动趋势基本一致。在经过 2017 年蓝筹股价的大幅度上涨之后，蓝筹股的 PEG 指标迅速上升，而中小市值股票的 PEG 指标却在不断走低，蓝筹股的 PEG 指标已经远远超过了中小市值股票的 PEG 指标，这说明蓝筹股相对于中小市值股票的估值已经偏高，并无估值优势可言。

从时间看，股价分化现象出现在 2016 年第四季度之后，在 2016 年 9 月之前的大多数时间里，蓝筹股的走势都弱于中小市值的股票。例如，2012

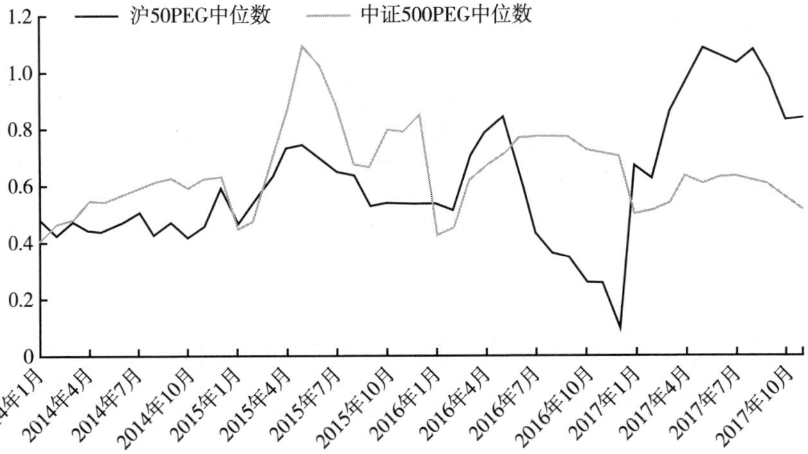

图 3　蓝筹股与非蓝筹股 PEG 指标比较

资料来源：中国社会科学院金融研究所。

年底到 2014 年蓝筹股指数一路下行，而中小板和创业板指数在这一年多时间内上涨了 80% 左右。

在最近 10 年的时间里，蓝筹股只是在两个时间段内的表现曾经领先于中小市值股票。第一次发生在 2007 年第三季度前后，正值大牛市的高潮时期，大量资金涌入市场，中小市值的股票已经难以满足大批量资金入市的需要，此时的蓝筹股获得了“流动性溢价”，当时有中国神华、中国石油、中国远洋等一批大盘股上市，而且它们当时的盈利状况都处在巅峰，受到了市场的热烈追捧，市场上掀起了投资蓝筹股的热潮。

蓝筹股的表现第二次强于中小市值股票发生在 2014 年底。2014 年 11 月底至 12 月底，上证 50 指数上涨了 50% 多，而此期间中小板和创业板的指数是下跌的。2014 年 11 月 21 日降息降准消息出台之后，上证指数突破 2400 点，牛市趋势形成开始得到市场投资者的确认，所有的机构预期高度一致，大家都急于在最短的时间内完成建仓，买入银行、保险、证券等行业大盘蓝筹股成为首选，所以蓝筹股在这段时间内出现了较大涨幅。有些持有中小市值股票的投资者选择抛售手中股票来追涨蓝筹股，导致蓝筹股上涨而中小市值股票下跌的分化走势，但持续时间很短。

因此，用价值投资理念来解释市场股价分化的原因在逻辑上难以成立，也不符合股市的历史表现。我们认为，2017 年股价出现分化的主要原因在于以下几个方面。

1. 新股发行常态化导致了股价的分化

市场股价的分化从 2016 年第四季度开始，与新股发行开始常态化的时间一致。

为什么 IPO 导致了中小市值股票的下跌，而没有影响到蓝筹股？其背后的逻辑是什么？

要理解其中的逻辑需要从股票市场的定价理论说起。从股票市场的定价理论来看，股价是上市公司未来现金流的折现，股价取决于三个变量：第一个变量是现金流的预期，第二个变量是无风险收益率，第三个变量是风险溢价。股价与第一个变量成正比，与第二个、第三个变量成反比。除了这三个变量之外，从理论上来说，其他因素与股票市场定价都没有关系。

但 A 股市场的股价，不仅仅取决于现金流的折现，所有的股票都包含壳价值，这是 A 股之特色。股票存在壳价值与我国的 IPO 制度受到行政管制有关。IPO 的发行数量和节奏，甚至发行的价格都受到严格的行政控制。而成熟市场，包括中国的香港市场，实行的则是注册制，公司只要符合条件，随时可以发行。在这种随时可以发行的情况下，股票的壳是没有价值的。

壳价值的变动主要取决于 IPO 的成本（IPO 的成本包括时间成本、财务成本及灰色成本）。当 IPO 处于暂停状态，或 IPO 排队的公司很多而新股发行的速度比较慢时，IPO 的成本预期会上升。准备进行 IPO 的公司都会聘请中介机构入场，每年都要向这些中介机构支付费用，这些费用支出就是 IPO 的财务成本。另外，IPO 过程中还要支付各项灰色的费用。IPO 准备的时间越长，支付的各项成本就越高。IPO 在 2013 年前后曾经暂停了两年左右，IPO 排队的公司数量有 600 多家，上市过程变成了漫长的等待，壳价值在此期间必然上升。

壳价值除了受 IPO 成本的影响之外，还与借壳重组的政策及二级市场行情有关。向一个壳公司注入优质资产时，在二级市场会实现超额的收益，该收益的高低与二级市场情况直接相关，当行情处在牛市时，向壳公司注入资产会获得比熊市高得多的收益，所以壳价值 = IPO 的成本 + 借壳收益。

我们可以把沪市市值最小的 50 家公司视作壳公司的样本代表，把这些公司的市值进行简单算术平均得出一个指数，从而得到我国壳价值指数走势图（见图 4）。我们在 2016 年的股市报告里曾经展示过壳价值指数走势图，在此继续发布该走势图。从图 4 可见，在 2014 年初到 2016 年第四季度的近两年时间里，壳价值指数总体呈快速上涨趋势，尽管经历了 2015 年 7 月股灾的冲击，但壳价值指数在股灾之后迅速创了新高，可见壳公司的二级市场股票活跃程度远远超过其他股票。其间壳价值指数上涨了 200% 多，主要原因是 IPO 暂停，2015 年曾经有数起中概股回归的案例，进一步刺激了壳价值的上升。

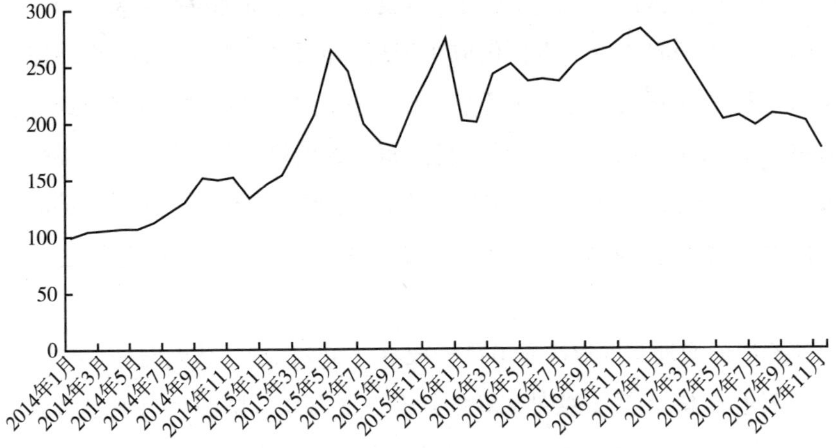

图 4　壳价值指数走势

资料来源：中国社会科学院金融研究所。

壳价值在 2016 年第三季度达到最高，每个壳的价值达到 30 亿 ~ 40 亿元。2016 年第四季度开始，IPO 开始常态化，新股发行速度加快，新股排队的时间成本降低，所有准备借壳的资产都准备报 IPO，所以壳价值迅速下降，从30亿～40亿元下降到15亿～20亿元，下降了50%。

对于绩差股而言，其主要组成部分就是壳价值，因此，壳价值的波动对绩差股的影响远比大盘蓝筹股敏感。

在壳价值下降的背景下，“抓大放小，买入蓝筹股、卖出中小板”这种对冲操作策略已经越来越成为一种潮流。当这种对冲操作策略被市场越来越多的投资者（尤其是机构投资者）效仿时，股价的分化趋势就逐渐得到强化。这就解释了中小市值股票下跌而蓝筹股创新高的原因。

2. 供给侧结构性改革助推了股价的分化

我们在2016年的股市报告里已经提及经济的供给侧结构性改革在股市中的表现，2017年的股市表现对供给侧结构性改革反应更加强烈。随着钢铁、建材、煤炭等行业去产能进程的加快，钢铁价格和煤炭价格大幅上涨，这些行业中上市公司的业绩明显得到改善，行业指数涨幅居前列。从统计数据看，2017年1～11月行业指数涨幅居前列的行业有12个，按照行业指数涨幅由高到低依次是食品饮料（47.96%）、钢铁（43.02%）、家用电器（39.46%）、非银金融（23.35%）、建筑材料（17.75%）、银行（15.98%）、有色金属（14.95%）、电子（11.37%）、建筑装饰（10.76%）、交通运输（8.72%）、采掘（3.80%）、化工（0.52%）。

其他16个行业指数涨幅为负，跌幅比较大的行业有传媒、纺织服装、国防军工、综合、计算机等。这些行业曾经是牛股的集中营，2017年的行业表现都不尽如人意。

3. A股被纳入MSCI的新兴市场指数加剧了市场的分化

2017年6月21日，MSCI宣布A股被纳入MSCI的新兴市场指数，这是我国股市在此时点之后走势分化进一步加剧的主要原因。

MSCI是Morgan Stanley Capital International的简称，中文翻译为明晟公司。MSCI指数是全球投资组合经理采用最多的基准指数。MSCI在全球不同市场都编制有当地市场指数以及全球综合指数，该类指数是绝大多数投资于全球市场基金选用的基准指数，也就是说，基金公司会根据MSCI指数中的公司权重来配置股票。

MSCI 将于 2018 年 6 月正式将 A 股纳入其指数体系。A 股被纳入 MSCI 指数以后，将有越来越多的全球投资基金配置 A 股。当然，这次 A 股被纳入的只是 MSCI 的新兴市场指数，只有 222 只股票被纳入其中。以往其他新兴市场被纳入 MSCI 指数或权重提高后，被纳入的指标股便会有明显上涨。

从短期看，A 股被纳入 MSCI 指数体系的消息不会直接给国内市场带来大量资金，但该消息会对市场预期产生较大冲击，尤其对纳入其中的指标股构成利好预期，对市场交易行为产生深远的影响。据 MSCI 估计，全球目前大约有 10.5 万亿美元资金在跟踪 MSCI 指数，其中约有 2.8 万亿美元资金在跟踪全球市场指数，1.5 万亿美元资金在跟踪新兴市场指数，0.2 万亿美元资金在跟踪亚洲市场指数，A 股在这三大指数中的初始权重分别为 0.1%、0.5% 和 0.6%，将这些资金与纳入后 A 股在各指数中的初始权重相乘，即可粗略估算出跟踪这三类指数所带来的短期潜在资金流入量分别为 28 亿美元、75 亿美元和 12 亿美元，三者合计为 115 亿美元。这些资金的数量相对于股票市值而言可以忽略不计，但它们是增量资金，对股价的边际影响不可忽视。

二　股票一级市场状况

2017 年股票融资、再融资及借壳重组市场出现了与上年不同的特点：IPO 数量与融资规模快速增长，但上市公司再融资的数量和规模快速下降，借壳重组行为逐渐式微。

（一）IPO 数量增长迅速，但次新股出现跌破发行价现象

1. 新股发行速度加快

2016 年第四季度开启 IPO 常态化的进程，在过去的一年多时间里，IPO 以每月 45 家左右的速度推进。2017 年的 IPO 数量是上年同期的 2 倍多，融资规模也同样是上年同期的 2 倍多。各板块市场 IPO 数量及融资规模见表 2。

表2　各板块市场IPO数量及融资规模

单位：家，亿元

类别	2015年前三季度		2016年前三季度		2017年1～10月	
	IPO数量	融资规模	IPO数量	融资规模	IPO数量	融资规模
主板(沪市)	77	966	72	598.09	235	1675.49
中小板	38	144	35	157.35	91	420.80
创业板	78	249	61	198.46	152	546.92
合　计	193	1359	168	953.90	478	2643.21

资料来源：Wind资讯。

从表2数据可以看出，2017年1～10月有近500家A股公司实现上市，初步缓解了新股发行的"堰塞湖"现象，拟上市公司存量数据有较大幅度下降，从证监会受理首发企业的数量来看，与2017年初相比，减少的数量约为200家。

2. 次新股跌破发行价

自2016年第三季度开启新股发行工作之后，新股发行价格基本上按照23倍市盈率执行，新股上市之后都有一定的溢价。但至2017年第四季度，已经出现了次新股跌破发行价格的现象，如三角轮胎、天能重工、上海银行、步长制药等，它们都是2016年第三季度以后上市的次新股。

在香港股市或美国股市里，跌破发行价是常见的，但在我国内地股市里跌破发行价的现象是少见的。历史上，次新股跌破发行价一般是在二级市场十分低迷的时期。

跌破发行价的直接原因是这些上市公司的业绩在上市后出现较大幅度下滑，或者是解禁的大小非数量较大，有些股票可能同时存在这两种情形。以步长制药为例，该股票于2016年11月18日上市，上市当年净利润锐减49.97%，2017年前三季度净利润下滑10.20%。2017年11月20日解禁上市流通股票25803.51万股，而上市之初的流通股只有6980万股，解禁的股票数量是初始流通股票数量的3倍多，致使股票解禁前后股价出现大幅度下跌（2017年11月下跌近30%）。

次新股破发的间接原因与新股发行速度加快有关。在有关市场出现分化的原因分析中，我们着重分析了新股发行速度加快导致壳价值快速下降，这也是次新股跌破发行价的重要原因。因为新股发行定价基本以 23 倍市盈率为基准，如果不考虑壳价值因素，对有些行业来说 23 倍市盈率的定价是过高的。最典型的如银行类上市公司，二级市场的平均估值为 10 倍市盈率左右，而新股按照 23 倍市盈率定价发行，新股估值是二级市场平均估值的 2 倍多，这样的估值是难以持续的。因此，我们看到每当这些新股的解禁股期满的时候，股价就会出现大幅度下跌。

（二）上市公司再融资规模出现较大幅度减少

在 IPO 数量迅速增长的同时，监管层有意放缓了上市公司再融资的速度，从统计数据看，2017 年前三季度再融资规模同比减少了近四成（见表 3）。

表 3　上市公司再融资规模

单位：亿元，%

类别	2015 年前三季度	2016 年前三季度	2017 年前三季度	2017 年前三季度较 2016 年前三季度增幅
主板(沪、深)	5654	11168	6390. 21	-42. 78
中小板	1310	5019	3648. 33	-27. 31
创业板	639	2076	1148. 80	-44. 66
合　计	7603	18263	11187. 34	-38. 74

资料来源：Wind 资讯。

（三）借壳重组日渐式微

借壳重组的本质是通过“后门”上市，借壳重组的行为备受市场各方诟病，因为它很容易与内幕交易和操纵市场等违法犯罪行为联系在一起。借壳重组行为曾经在 2016 年十分活跃，一方面与因 IPO 速度放缓而等待 IPO 的排队数量越来越多有关，另一方面与监管制度的放任有关，甚至导致了一些恶意收购的案例出现。

2017 年初，监管层对类似保险资金恶意收购的行为进行限制，再加上 IPO 速度的加快，借壳重组的行为大幅度减少，但壳价值从 2017 年初的 30 亿~40 亿元下降到 2017 年 10 月底的 15 亿~20 亿元，降幅为 50%。

从年度活跃股的表现情况看，2016 年涨幅位居前列的大多是被借壳重组的股票，而 2017 年的活跃股以蓝筹股为主，壳股大幅度贬值，这些股票排在跌幅榜的前列。

三 股市未来展望

从市场估值的水平看，估值中位数已经创股灾之后的新低，接近国内股市估值的历史低位，中小市值股票的 PEG 指标同样处在低位，意味着市场已经接近底部区域。

鉴于上一年度市场严重分化的事实，我们不仅要分析市场的总体走势，而且必须分析市场的结构特征。导致 2017 年股市出现结构分化的因素将在 2018 年趋于弱化或逆转：①新股发行的“堰塞湖”问题基本得到解决，IPO 标准趋严，新股快速发行对中小市值股票的估值冲击接近尾声；②供给侧结构性改革导致的价格上涨趋势在边际上趋于弱化，蓝筹公司业绩增长动能减弱；③2018 年 A 股将正式纳入 MSCI 指数，但其影响已经在 2017 年得到体现。蓝筹股的 PEG 指标已经处于高位，估值水平已经偏高，蓝筹股的股价难以继续呈现强势。

因此，从市场操作策略上看，采取卖出蓝筹指数、买入中小市值指数将是正确的选择。2018 年的市场机会应该属于中小市值股票。但随着大量新股解禁股的上市流通，次新股将出现分化，一些优秀的次新股将脱颖而出，而没有业绩支撑的壳公司的股价将继续下跌。

从宏观政策看，2018 年是改革开放 40 周年，也是新一届中央领导集体实施十九大宏伟蓝图之年，将会有比较多的主题投资机会。我们在 2016 年的股市报告里预测的 2017 年楼市降温没有成为现实，但随着 2018 年推进住房制度改革和房地产长效机制取得进展，楼市降温将成为大概率事件。将楼市降温控制在适度的范围内有利于股市走强，但如果楼市降温幅度过大，对股市同样会产生负面影响。

防范和化解金融风险将是2018年的重点工作，金融监管由鼓励创新转向强调规范，市场的利率中枢将上移，进而抑制股市估值的快速上升。

总之，中小市值股票处于熊市末端，而蓝筹股有修正估值之需要，市场仍然难以获得整体走强的可能。

B.7

2017年的中国债券市场

彭兴韵　张运才*

摘　要：　在供给侧结构性改革的驱使下，中国债券发行市场出现了明显的变化：发行总量放缓，结构再次“折叠”。政府债券和非金融企业债券发行规模经历了前两年的大幅增长之后，在2017年出现了大幅收缩；以同业存单为代表的金融机构债券的发行则仍大步扩张。在牢牢守住不发生系统性金融风险底线以及金融回归本源以更好地服务实体经济的背景下，降杠杆开始从实体经济延展到了债券市场，各种雷厉风行的监管举措让中国债券市场收益率在2017年两度大幅上升，各类债券产品价格应声而落，债券收益率翻转。正在重塑的监管体系和监管方式将继续对债券市场的运行产生深远的影响，打破刚性兑付，使得与资管产品相关的债券不得不重新进行信用风险的定价；金融市场降杠杆的监管举措，将使债券收益率更密切地受到负债端的成本约束。

展望2018年，我们认为，中国债券市场仍将受国内外多重因素的交织影响。发达经济体的复苏和增长，不仅为大宗商品价格的上涨提供了支撑，而且将逐步改变全球流动性和利率环境，但任何发达经济体货币政策姿态的转变，都会以不损害投资者的信心为前提。因此，即便是美联储坚持加息和缩表，也将遵循谨慎有序的原则；欧洲央行与日本极有可

* 彭兴韵，中国社会科学院金融研究所研究员，国家金融与发展实验室债券论坛秘书长；张运才，上海证券交易所博士后。秦龙对本报告亦有贡献。

能会保持其现有的货币政策立场。中国经济政策目标中增添了两个新的具有重要权重的因素：绿色和稳健。流动性驱动的资产价格上涨和债券收益率下行，与政府新的金融发展理念、宏观经济政策目标是不协调的。同时，央行公开市场操作对美联储利率政策的亦步亦趋策略，向市场传达了收益率仍将上升的预期。但需求端将重新成为主导大宗商品价格的因素，PPI 及由此带来的 GDP 平减指数将在 2018 年趋于收敛，债券收益率所要求的通胀补偿会相应地下降。同时，央行跟随美联储利率政策而调整公开市场操作利率的政策手段，依然会受到国内经济和金融稳定的约束。因此，2018 年的债券市场利率可能会出现一定程度的上行，但相对于 2016 年下半年和 2017 年的债券市场而言，可以用“波澜不惊”来概括。

关键词： 债券一级市场　期限利差　信用利差

2017 年是我国供给侧结构性改革的深化之年，国内经济在重重压力之下企稳回升。党的十九大绘制了中国新时代的宏伟蓝图，中央金融工作会议为中国金融发展确定了新的基调和方向。在降杠杆、监管空前强化和整饬种种“乱象”之中，中国债券市场有动荡，但也有新的发展，债券发行市场、收益率的结构特征呈现新的变化。本报告旨在对 2017 年的中国债券市场做一个较全面的总结，并对 2018 年做出展望。

一　扩容放缓，结构折叠

近年来，在政府提高直接融资比重、扩大债券发行规模、应对地方政府债务风险和加快利率市场化改革等诸多举措的推动下，中国债券市场已经进入了新时代，债券发行量年年攀升，直接带动未清偿债券余额不断跃上新台阶，极大地改变了中国金融市场结构，债券市场得到有效深化。在供给侧结构性改革的驱使下，中国债券市场在总量增长的同时，结构也发生了较大变化。

发行债券是政府、企业和金融机构筹资的重要渠道。在股票发行依然实行核准制、银行信贷仍存在严重的信用配给之时，相对自由的债券发行给众多工商企业提供了融资便利。再加上中国债券市场承担着深入调整中国金融结构、化解金融风险等诸多使命，因此 2014 ~ 2016 年中国债券发行量节节攀升。2014 ~ 2016 年，中国债券发行规模分别为 121904 亿元、231974 亿元和 363685 亿元，占 GDP 的比重为 19%、33. 7% 和 48. 9%。债券净融资额也逐年增加，2014 ~ 2016 年的净融资额分别为 61532. 24 亿元、128397. 41 亿元和 161811. 19 亿元。在这三年中，债券发行量的大幅扩张，既得益于政府“扩大债券发行规模”的政策取向，也得益于债券收益率于 2014 年开始大幅下行，使债券发行利益随之大幅下降，极大地降低了债券发行的利息成本。

但是，全球经济日渐复苏以及国内去库存、去产能的政策取向，使周期性行业供给能力大幅收缩，在经历时滞后，为稳增长而采取的刺激货币政策开始推升价格水平。所有这些因素，使通胀预期在 2016 年下半年后有所升温，而在转入 2017 年后，监管当局开始整饬金融市场“乱象”，骤然强化的监管使市场流动性紧缩，中国债券收益率大幅上行，发行利率和债券发行的利息成本应声而涨，这直接约束了债券一级市场的扩张。虽然 2017 年 407990. 98 亿元的债券发行量与 2016 年的 363658. 4 亿元相比有明显增加，但 2017 年 109915. 04 亿元的债券净融资额较 2016 年的 161811 亿元出现较大幅度下降（见表 1）。

2017 年债券发行市场最值得关注的不在于发行总量的放缓，而在于发行结构再次“折叠”。政府债券和非金融企业债券发行规模经历了前两年的大幅增长之后，在 2017 年出现了大幅收缩；以同业存单为代表的金融机构债券的发行则仍大步扩张。进一步细究，政府债券发行量的减少，则完全是

表 1　中国债券发行总体状况（2014 ~ 2017 年）

单位：亿元

券　种	发行量				净融资额			
	2017 年	2016 年	2015 年	2014 年	2017 年	2016 年	2015 年	2014 年
政府债券	83622.73	91124.2	59566.8	21745	55900.77	71179.97	47477.1	11873.1
国债	40041.79	30665.80	21216.2	17745	14734.33	13158.29	10840.5	8865.6
地方政府债券	43580.94	60458.40	38350.6	4000	41166.44	58021.68	36636.6	3007.5
金融机构债券	251197.11	176488.3	95827.7	44658.4	39585.36	55994.32	45969.8	23410
同业存单	201675.70	130211.30	53044.6	8985.6	17094.2	32754.7	24341.8	5665
金融债券	49521.41	46277.00	42783.1	35672.8	22491.16	23239.62	21628	17745
非金融企业债券	56315.17	86273.7	68292.5	16797	2440.4	31926.1	30467.3	24743
企业债券	3730.95	5925.70	3421.02	6971.98	-1960.53	2215.9	1252.7	5943.5
公司债券	11024.74	27807.92	10374.7	6908.50	7855.31	26431.74	9426.73	747.32
中期票据	10369.45	11448.10	12779.5	63.48	2411.34	4670.04	7893.29	3869.4
短期融资券	23775.90	33675.85	32806.3	1445.62	-6008.85	-3173.85	6765.97	4466.2
定向工具	4954.13	6016.15	8880.95	759.00	-1646.87	502.27	3828.65	8342
政府支持机构	2460.00	1400	30	648.53	1790	1280	1300	1375
含认股权债券	2119.95	886.81	362.55	352.55	2100.75	735.97	-827.32	-886.1
资产支持债券	14676.01	8763.25	6135.23	3309.83	9824.85	4404.48	3412.79	2669.2
合　计	407990.98	363658.4	231974.	121904	109915.04	161811	128397	61532

注：因央行票据近年来未发行，我们不再列示，故合计数据同政府债券、金融机构债券、非金融企业债券及其他加总会略有偏差。金融债券含政策性银行债券、商业银行债券、商业银行次级债券、保险公司债券、证券公司债券、证券公司短期融资券、其他金融机构债券。含认股权债券包括可转换债券、可交换债券、可分离债券。由于金融机构与非金融企业均可发行含认股权债券与资产支持证券，因此我们将其单列。本表未统计国际机构债券。

资料来源：Wind 资讯。

地方政府债券发行规模下降所致，究其原因，主要有两个方面。其一，债券发行利率大幅上升，使其发债意愿降低。其二，2015 年和 2016 年地方政府债务置换规模分别达到了 3.2 万亿元和 4.9 万亿元，已经完成相当规模的存量债务置换，地方政府债务置换压力减轻。截至 2017 年末，累计置换地方政府债务 10.9 万亿元，至此，已经完成绝大多数地方政府存量债务置换。

非金融企业债券发行规模下降则较为复杂。首先，受益于供给侧结构性改革和补库存带来的周期性产品价格上升，企业盈利显著提高，但“去产能”“去杠杆”以及过去较低的产能利用率，使得它们即便在价格上涨的刺激下有扩张产能的需求，也较少有融资进一步扩张产能的意愿。其次，在利率上行且经济复苏势头尚不强劲的背景下，企业发债融资面临较大的不确定性。最后，也是最重要的，债券二级市场收益率的大幅上升相应带动了债券发行利率的上升，使企业的债券融资利息成本大幅上升。图 1 显示，进入 2017 年，企业债券发行利率高于银行业的一般贷款加权利率，利率结构的翻转，使企业更愿意从银行获得贷款。事实上，央行的数据显示，2017 年以来，社会融资中的银行贷款增长率持续上升。

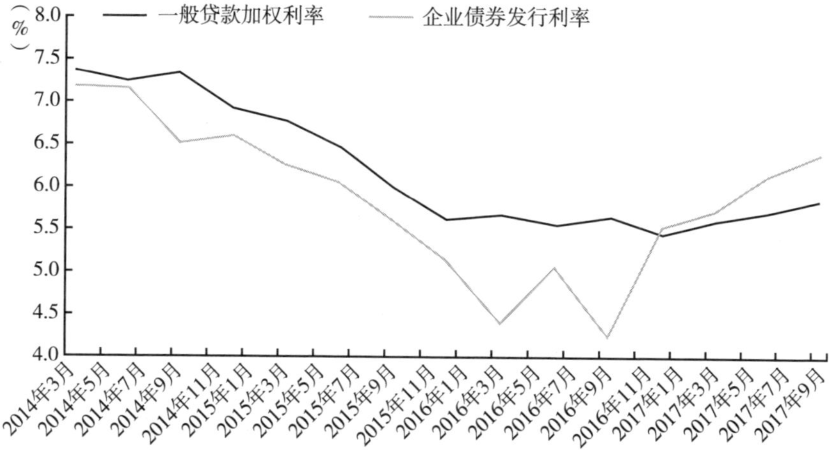

图 1　中国银行业一般贷款加权利率与企业债券发行利率

资料来源：根据 Wind 资讯数据整理。

相反，受同业存单狂飙突进的带动，金融机构债券发行量占比迅速提高（见图 2）。在净融资占比方面，政府债券净融资占比因地方政府债务置换而得到提高，金融机构债券净融资占比也稳中有升，非金融企业债券净融资占比则持续下降（见图 3）。2017 年，这种格局得以强化。同业存单近年来的迅猛扩张，可谓债券发行市场的突出特点。2013 年同业存单发行量还微不足道，但在 2014 年就接近 1 万亿元，占债券发行总量的比重为 7.37%。2015 年，同业存单发行量突破 5 万亿元，占债券发行总量的 22.87%，超过地方政府债券占比（16.53%），成为债券市场发行的第一大品种。2016 年，同业存单发行量再创新高，首次突破10万亿元，高达13万亿元，占债券发行总量的35.81%，遥遥领先于居第二位的地方政府债券（16.63%）。同业存单发行量的高歌猛进，直接带动了其净融资额的大幅增加。2014年同业存单净融资额仅为5665亿元，占债券净融资额的比重为9.21%；2015年突破2万亿元，占债券净融资额的比重大幅提高至18.96%，成为仅次于地方政府债券的债券品种；2016年突破3万亿元大关，占债券净融资额的比重进一步提高至20.24%。在利率上行、金融去杠杆的背景下，尽管2017年绝大部分债券的发行量和净融资额均有所下降，但同业存单的发行量仍然继续增加并稳居榜首，净融资额虽然有所下降但仍然是仅次于地方政府债券的债券品种。

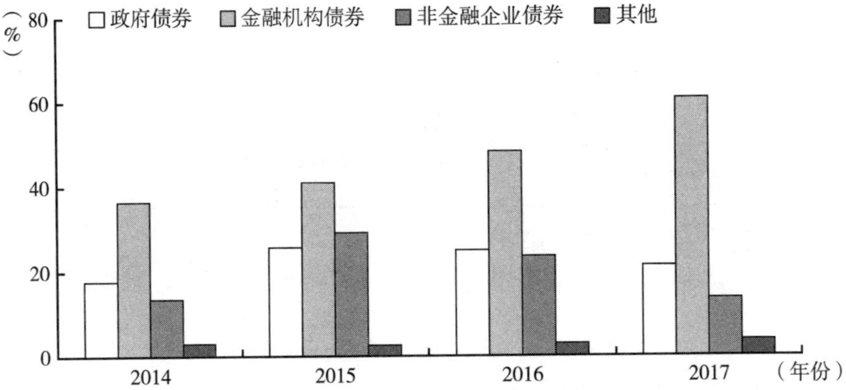

图2　政府债券、金融机构债券、非金融企业债券发行量占比

注：其他为含认股权债券与资产支持债券。

资料来源：Wind资讯。

同业存单的狂飙突进受多种因素的驱使。2013年央行颁布的《同业存单管理暂行办法》确立了同业存单的几个优势。对发行人而言，同业存单发行实行备案制，且“存款类金融机构可以在当年发行备案额度内，自行确定每期同业存单的发行金额、期限”，具有简单灵活的优势。对投资者而言，“公开发行的同业存单可以进行交易流通，并可以作为回购交易的标的物”，具有流动性高、可质押的优点。除此之外，同业存单还存在明显的

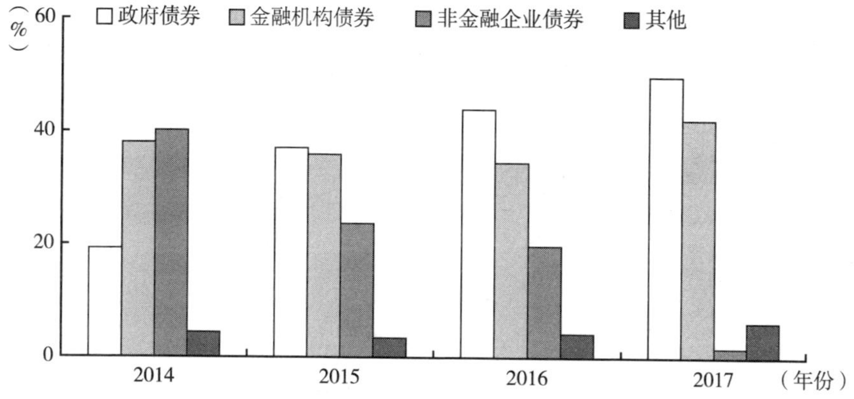

图3　政府债券、金融机构债券、非金融企业债券净融资额占比

注：其他为含认股权债券与资产支持债券。

资料来源：Wind资讯。

“监管套利”动机。它作为债券型融资工具，不需要像存款那样缴纳高昂的法定存款准备金。2014年《关于规范金融机构同业业务的通知》并未将同业存单纳入同业业务，从而使同业存单不在“单家银行同业融入资金不得超过该银行负债总额的三分之一”的限制之内。同业存单在2017年之前均未纳入央行的MPA考核。这些套利因素使同业存单不仅成为银行管理流动性的工具，而且成为通过主动负债扩张资产的利器。

由于存在期限错配及加杠杆的行为，因此在2016年第四季度后债券收益率上行、金融去杠杆的过程中，同业存单发行利率上行幅度也更大。但同业存单发行规模巨大，且表外理财已被纳入MPA广义信贷考核，货币政策转为稳健中性，为偿还之前发行的同业存单，加强流动性管理，股份制商业银行与城市商业银行不得不以较高利率继续发行同业存单，导致同业存单规模继续创出新高。然而，2017年同业存单的净发行量已经出现下降。新的监管规定，自2017年9月1日起，金融机构不得新发行1年期以上的同业存单；2018年第一季度，将规模在5000亿元以上的银行1年期以内的同业存单纳入MPA同业负债占比指标考核。这将限制同业存单的监管套利，随着对同业存单监管力度的加大，预计同业存单发行规模将会下降。

二　债券收益率翻转

（一）债券收益率总水平大幅攀升

2013 年的钱荒对中国债券市场而言，是一段痛苦的记忆。但祸福相依，钱荒中的利率攀升为接下来两年有余的收益率下行和债券牛市创造了极大的空间。鉴于我国经济进入增速换挡、结构调整阵痛期，PPI 数年持续处于负值，自 2014 年下半年开始，央行货币政策以定向调控为起点，很快扩展到了全面宽松。同时，金融创新和监管套利层出不穷，金融机构据此加杠杆、“以短搏长”倾向日益明显，使我国债券市场收益率加速下行。

随着宏观经济小周期企稳，供给侧结构性改革中的去产能与去库存推动周期性大宗商品价格持续上升，价格水平与通胀预期效应开始主导债券市场，同时受日益严重的房地产泡沫的约束，货币政策从之前的扩张转为所谓的“稳健中性”，扩张的流动性有所收缩，所有这些因素促使债券收益在 2016 年下半年开始上行，最终在 2016 年 11 月演变成“债灾”。但那次收益率的上升，似乎只是一次“预演”。在牢牢守住不发生系统性金融风险底线以及金融回归本源以更好地服务实体经济的背景下，降杠杆开始从实体经济延展到了债券市场，各种雷厉风行的监管举措让中国债券市场收益率在 2017 年两度大幅上升，各类债券产品价格应声而落，债券收益率翻转。总结来看，2016 年 10 月以来，债券收益率总体大幅上行，可谓一波三折，其变化大致可以划分为以下几个阶段。

第一阶段，2016 年 10 月至 12 月初，收益率大幅攀升，债市飞流直下，哀鸿一片。2016 年宏观经济逐渐企稳，PPI 结束了 5 年有余的负增长，出现了井喷式上涨。PMI 也站稳荣枯分水线之上。这些现象都表明，宏观经济至少在短周期内企稳回升，通胀预期有所抬头，债券收益率的上升处于孕育之中。同时，人民币兑美元汇率持续下降，并出现了加速下跌，美国总统大选期间，候选人特朗普承诺将实行大规模的减税与财政刺激政策，随着特朗普的胜出，市场预期其政策将会进一步刺激美国的经济增长与通货膨胀率上升，从而推动美国经济乃至全球经济的复苏。国内经济的小周期企稳回升、“特朗普冲击”和愈加确定的美联储加息，正式拉开了债券熊市的序幕，使债券市场收益率总体大幅上行，1 年期国债收益率突破 3%，10 年期国债收益率达到了 3.37%。地方政府债券、金融债券和非金融企业债券收益率均随国债收益率的上行而上升。此阶段的另一个显著特点是，由于短期债券收益率上升得更快，各类债券的期限利差大幅缩小。1 年期与 10 年期国债到期收益率以及 1 年期与 10 年期 AAA 级地方债券到期收益率见图 4、图 5。

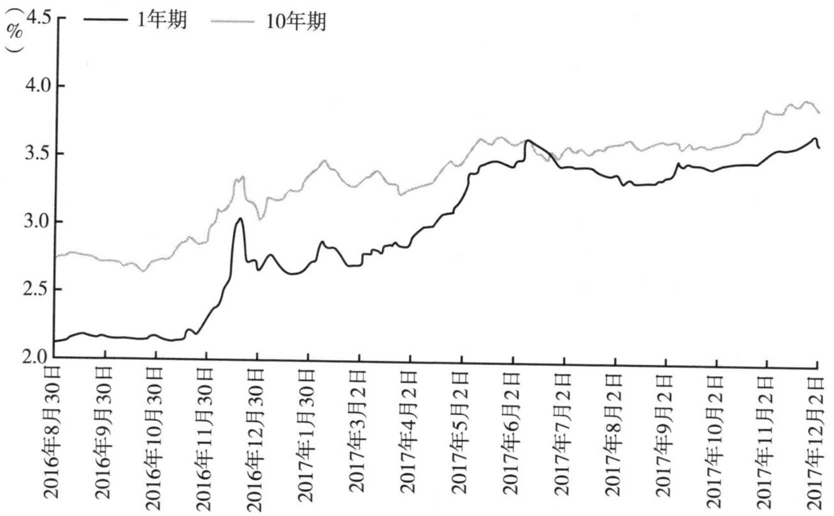

图 4　1 年期与 10 年期国债到期收益率

资料来源：中国债券信息网。

第二阶段，2016 年中央经济工作会议至 2017 年第一季度末，债市下泻后呈现 W 式大幅震荡。在经历前期债券价格大跌、收益率大幅上升之后，债券市场进入了为期 3 个月左右的震荡调整期，收益率曲线出现了反向修正。促进债券市场进行这一修正的，可能是因为人民币在经历 2016 年较大幅度贬值之后出现了逆转，中国资本外流速度放缓，大宗商品价格在 2016 年末开始出现回调，降低了债券收益率的通胀补偿要求。不过，各类债券的

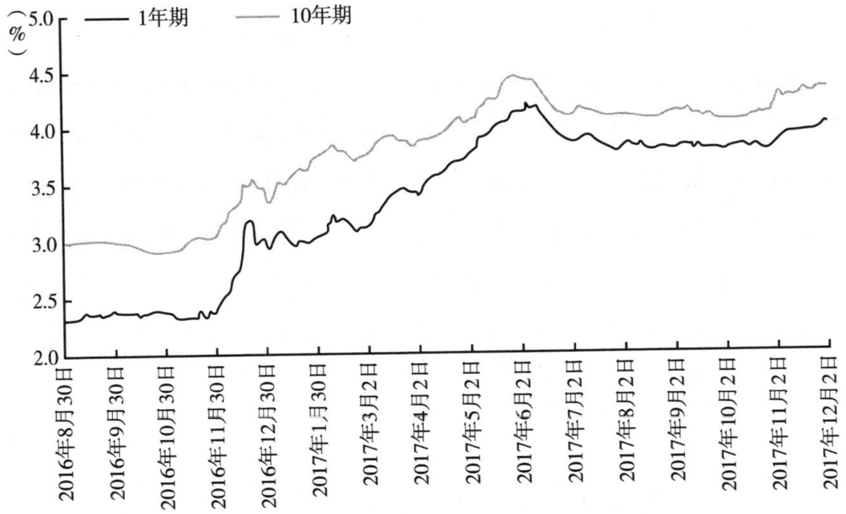

图5　1年期与10年期AAA级地方债券到期收益率

资料来源：中国债券信息网。

表现在此阶段出现了一些明显的分化，国债收益率的波动更为明显，而10年期地方政府债券收益率则继续保持上行之势。因此，长期或短期国债收益率曲线的修正是伴随着1年期国债收益率的下行而实现的，地方政府债券收益率曲线的修正则是通过长端收益率的上行而实现的。2016年12月中旬，中央经济工作会议提出2017年是供给侧结构性改革的深化之年，“货币政策要保持稳健中性”，且明确提出“要把防控金融风险放到更加重要的位置，下决心处置一批风险点，着力防控资产泡沫，提高监管能力，确保不发生系统性金融风险”。这些明显的政策取向，决定了债券收益率的变化只是一个反复过程。

第三阶段，2017年3月末至5月中旬，债市风险再度来袭，债市再次下泻，各类债券收益率突破前期高点。转入2017年之后，央行对“稳健中性”的货币政策表现出前所未有的认真态度，不仅未再降低法定存款准备金率，而且在第一季度减少了约1万亿元对存款性金融机构的债权，使商业银行超额准备金率由2016年末的2.4%下降至2017年3月的1.3%。更有甚者，2017 年3 月16 日，央行再次提高逆回购与中期借贷便利利率10 个基点，向市场传达了公开市场操作引导市场利率上行的预期。与此同时，监管当局对银行业金融机构开展了“三违反”（违反金融法律、违反监管规则、违反内部规章）、“三套利”（监管套利、空转套利、关联套利）和“四不当”（不当创新、不当交易、不当激励、不当收费）专项整治工作，金融监管变得空前严厉。央行阶段性的“缩表”与强力监管政策使债券市场面临的宏观流动性和市场流动性变得格外紧张，那些通过同业存单、理财产品等加杠杆的中小商业银行，在债券价格下跌和收益率上行之时，资产与负债收益率出现了严重的错配，结果流动性螺旋导致各类债券市场收益率再次节节攀升，引发债券市场的抛售。例如，2017 年3 月末至5 月10 日，10 年期国债收益率从3. 3%左右上升约40 个基点，一度达到接近3. 7%的水平，1 年期国债收益率则在2017 年6 月初升至3. 659%，再次出现长端与短端收益率倒挂的现象。

第四阶段，2017 年5 月下旬至9 月末的喘息期。面对债券市场的下跌，货币与监管当局不得不暂时妥协，从强监管转向以维护市场稳定为主，央行开始通过公开市场操作向市场提供流动性，监管当局则为债市降杠杆提供了4 ~6 个月的缓冲期。受此影响，债券市场迎得了一段时间的喘息，2017 年6 ~9 月，债券市场收益还出现了小幅下跌。

第五阶段，进入2017 年10 月后的第三波下跌。随着2017 年6 月后大宗商品价格上行，以及党的十九大召开时间的临近，监管当局承诺的4 ~6 个月缓冲期逐渐结束，暂时喘息的债券市场再度绷紧了神经。重要财经官员表示，中国GDP 在2017 年可能达到7%，这使债券市场普遍认为，原本稳健中性的货币政策可能会趋于一定程度的紧缩。虽然2017 年9 月30 日中国人民银行曾决定自2018 年起对普惠金融领域贷款达到一定标准的金融机构实施定向降准政策，并分两档对达标的金融机构分别在存款准备金率基准档基础上下浮0. 5 个、1. 5 个百分点。但据测算，此次定向降准总共释放3000 亿~4000 亿元的流动性，远非一次普遍降准，打破了市场对央行货币政策转向的预期。而且，部分金融机构要达到二档的要求，首先要增加普惠金融贷款，从而占用流动性。这几个因素导致债券市场在貌似没有明显利空情况下的暴跌，实际上更深刻地反映了一致性预期落空后债券市场的结构性矛盾。同时，国际货币环境也变得对中国债券市场有些不利。2017 年 10 月美联储正式开始“缩表”，特朗普的减税政策也取得重大进展，使美国 10 年期国债收益率大幅上行近 30 个基点。与此同时，IMF 也调高了全球经济增长预期，市场预期随着全球经济逐渐进入复苏格局，发达国家将加快退出非常规货币政策，主要国家的债券收益率均有所上行。诸如此类的种种因素使交易型投资者被迫纷纷调整投资策略，引发市场的连锁反应。2017 年 10 月，我国 10 年期国债收益率更是大幅上行近 40 余个基点，一度突破 4.0% 的水平，其中较高的杠杆率及债券市场的结构性矛盾无疑助推了债券市场的下跌。

（二）期限利差

债券市场的波动不仅伴随着收益率水平的绝对变动，而且伴随着收益率水平的相对变动。收益率水平的相对变动反映在期限利差和信用利差两个方面。一般而言，在货币政策宽松、监管放松、市场流动性充裕的情况下，由于套利交易及金融机构的加杠杆操作，期限利差与信用利差均会收窄。在预期经济好转、通胀压力增大的情况下，期限利差会走阔，信用利差则因公司信用风险的降低而收窄。就期限利差的变动而言，在利率总水平上升的时期，期限利差往往会缩小；而在利率下行的时期，期限利差往往会扩大。

2016 年第四季度债券价格下跌的过程，也伴随着期限利差的逐渐缩小，但在此阶段，期限利差仍然保持了较高的水平。例如，10 年期与 1 年期国债的期限利差平均保持在 0.6 个百分点左右。相较于国债而言，企业债券的期限利差则下降得更多，1 年期 AAA 级企业债券收益率一度与 10 年期 AAA 级企业债券收益率相当，收益率曲线变得格外平坦。不过，这种状况并没有得到较长时间延续，企业债券收益率曲线很快得到了修复，期限利差出现了均值回归。转入 2017 年之后，随着企业债券收益率曲线的逐渐上移，企业债券期限利差又呈缓慢下降之势。随着2016年底至2017年初市场情绪的缓和，短端国债收益率回调，使得国债收益率曲线同样在中央经济工作会议后有所修复，到2017年2月末至3月初，10年期与1年期国债的期限利差回到了0.6个百分点左右的水平。相应的，企业债券的期限利差也略有修复和扩大（见图6）。

图6　1年期与10年期国债收益率及期限利差

资料来源：中国债券信息网。

但转入2017年第一季度末，金融监管强化、央行阶段性缩表和金融去杠杆，使部分金融机构流动性偏紧，中小商业银行同业存单发行“量价齐升”，“负债荒”一度在金融市场中甚嚣尘上，利率中枢大幅上行的同时，以1年期国债为代表的短期利率上行的幅度大于长期利率，期限利差迅速回窄，国债收益率曲线极度平坦化，乃至在2017年中旬出现了短期收益率高于长端收益率的倒挂现象。虽然其持续的时间并不长，但这种非正常的收益率曲线表明，强力的监管举措的确导致了债券市场定价的混乱。不过，此阶段企业债券收益率结构的调整并不像国债那样剧烈，AAA级企业债券的期限利差保持在0.3个百分点以上，但随着长期与短期收益率中枢的逐渐上移，企业债券的期限利差也在逐渐缩小（见图7）。

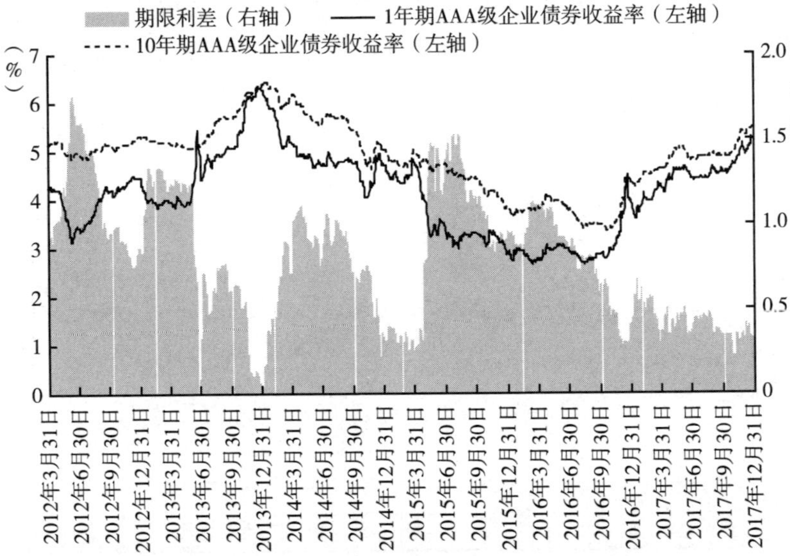

图7　1年期与10年期AAA级企业债券收益率及期限利差

资料来源：中国债券信息网。

转入2017年下半年后，中国人民银行继续实行稳健中性的货币政策，注重根据形势的变化加强预调微调和预期管理，避免出现流动性偏紧与金融监管加强叠加造成债券市场“流动性螺旋”，通过“削峰填谷”加强了对市场流动性的管理，同时监管当局对此前的监管措施明确了一段时间的过渡期。流动性的基本稳定与预期经济增长及通胀率的提高使期限利差再次走阔，债券收益率曲线逐渐陡峭化。值得注意的是，虽然国债收益率水平处于过去6年的均值之上，但期限利差则落在了均值水平之下。这一现象同样适用于AAA级企业债券（见图8）。

进一步比较，我们还会发现中国债券期限利差变动的两个重要现象。首先，不同债券在期限利差上升周期中，国债的期限利差往往上升得更快；而在期限利差下降周期中，国债的期限利差也相对于企业债券的期限利差下降得更快，乃至它落在企业债券的期限利差之下。其次，虽然在过去6年中期

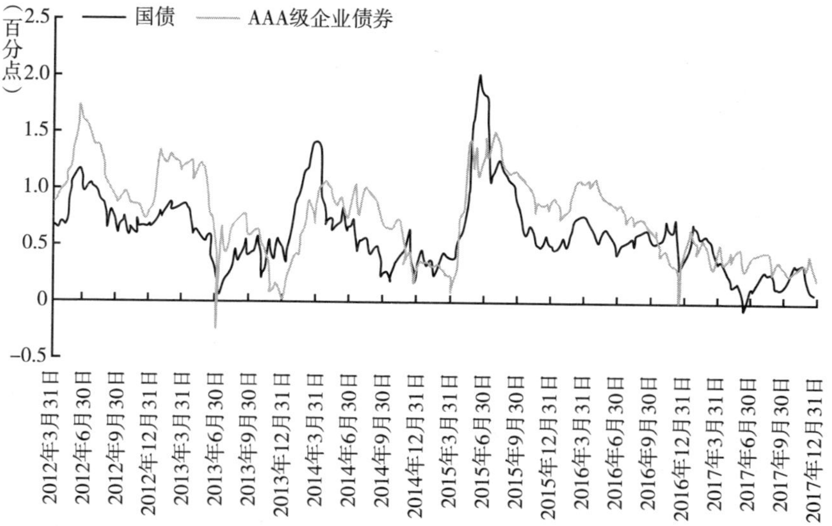

图8　国债与AAA级企业债券期限利差的比较（10年期与1年期利率之差）

资料来源：Wind资讯。

限利差经历了三个上升和下降周期，但自2015年6月中旬（国债的期限利差一度超过2个百分点）以来，债券的期限利差经历了一个两年有余的下降期。

（三）信用利差

信用利差是债券市场利率结构的另一个重要方面，它反映了不同市场环境中，债券市场对信用风险定价的变化。从理论上说，宏观经济环境改善或处于景气周期时，违约风险下降，信用利差会趋于下行；反之，当宏观经济处于衰退周期时，违约风险上升，信用利差会趋于上升。总之，信用利差随着货币政策、监管政策及经济基本面的变化在不同阶段表现出不同的形态。

我们以两个指标来刻画中国债券市场的信用利差：1年期国债与AAA级企业债券之间的信用利差（见图9）；1年期AAA级企业债券与A级企业债券之间的信用利差（见图10）。从图9和图10可以看出以下几个重要现象。

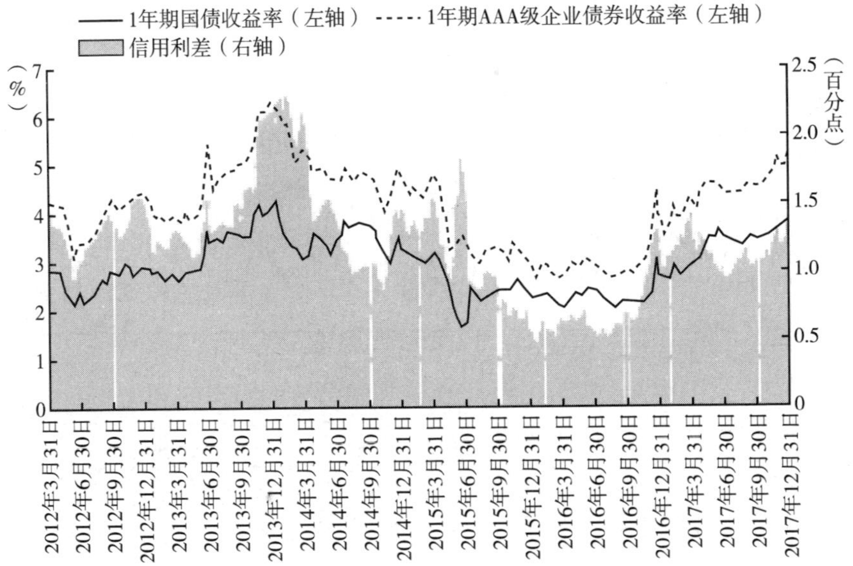

图9　1年期国债与AAA级企业债券收益率及信用利差

资料来源：Wind资讯。

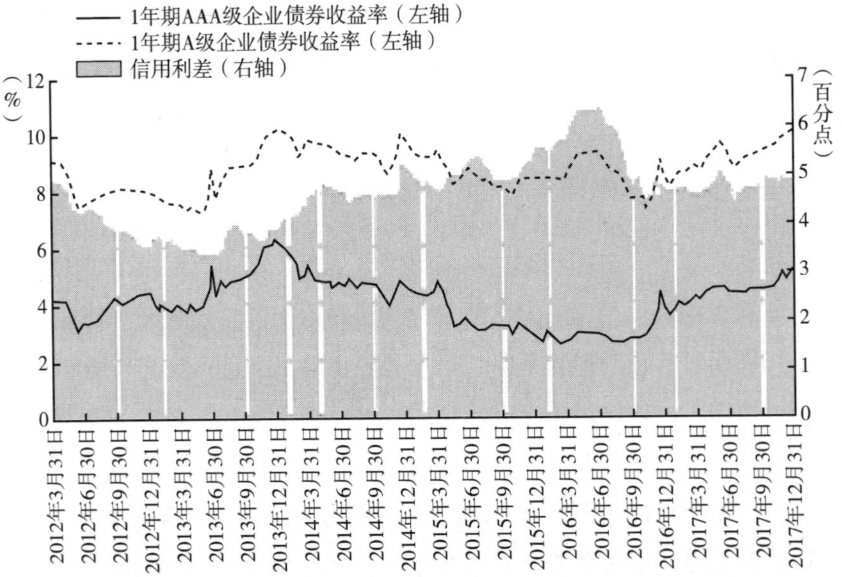

图10　1年期AAA级与A级企业债券收益率及信用利差

资料来源：Wind资讯。

首先，尽管在2016年我国一度出现日渐增多的企业债券违约现象，但国债与AAA级企业债券之间的信用利差在2015年初至2016年第三季度不断收窄，反而在债券市场信用事件减少、周期性行业经营改善的宏观背景下出现了明显的上升，2017年该信用利差就明显高于2016年。

其次，无论是国债与企业债券之间的信用利差，还是AAA级与A级企业债券之间的信用利差，都与收益率水平的总体变动趋势高度相关，即当债券市场收益率水平上升时，信用利差有扩大的趋势；反之，当债券市场收益率水平下降时，信用利差有收窄的趋势。

再次，不同评级企业债券之间的信用利差要远远大于国债与AAA级企业债券之间的信用利差，若考虑不同债券税收待遇的不同，则这一现象就更加突出。

最后，信用利差总体上随着债券期限的延长而扩大。从图11可以看出，10年期国债与AAA级企业债券之间的信用利差总体上明显高于1年期国债与AAA级企业债券之间的信用利差，这一点倒是很符合风险与期限之间的关系。

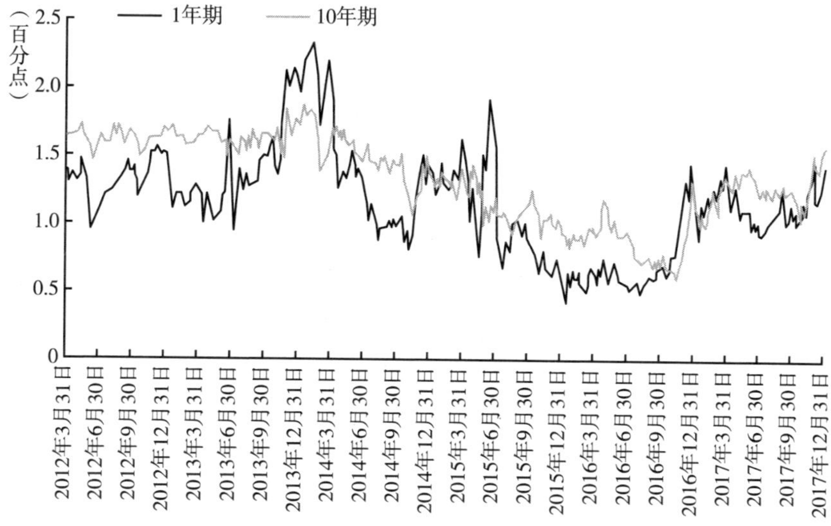

图11　1年期、10年期国债与AAA级企业债券之间的信用利差

资料来源：Wind资讯。

具体到2016年和2017年的信用利差，其变化大致经历了以下几个阶段。第一个阶段是2016年初至2016年8月的小幅波动，使1年期国债与AAA级企业债券之间的信用利差也处于相对较低的水平，此期间无论是国债还是AAA级企业债券收益率的绝对水平均处在不断下降之中。但随着债券市场的调整，价格下跌，信用利差随后就出现了上升之势，这是信用利差变化的第二个阶段。转入2017年后，随着市场情绪的缓和与债券收益率的总体下行，2017年1月初至3月末，信用利差再次经历了上升之势，这是信用利差变化的第三个阶段。2017年8月至12月初，信用利差再一次上升，这是信用利差变化的第四个阶段。

三　监管力度加大

近年来，我国金融创新可谓层出不穷，使得银行、证券、保险、信托在产品层面上实现了大规模混业经营，它们在满足居民和企业的投融资需求、改善社会融资结构等方面发挥了积极作用，但也应看到，这些基于监管套利的创新、金融机构在债券市场加杠杆以及加久期以博取更高收益的动机，加剧了金融风险。在守住不发生系统性金融风险底线成为中央金融工作的重中之重后，金融监管也日渐加强。金融创新与金融监管深刻影响了近年来债券市场的变化，金融监管也是主导2017年债券市场的关键因素。

长期以来，我国是银行主导的金融体系，银行业掌握了大部分资金。以银行理财产品和同业存单为代表的金融创新，打破了银行资金进入债券市场的障碍。银行理财产品主要为表外的非保本型理财产品，以封闭性、非净值产品为主。2013年初，银行理财产品余额尚不足8万亿元，但到2017年初已高达30万亿元，其中3个月以下的理财产品占绝对比重。就发行机构而言，早在2015年3月，股份制商业银行理财产品余额就超过了国有大型商业银行，截至2016年12月，股份制商业银行、城市商业银行理财产品余额分别为12.26万亿元、4.4万亿元，合计占比为57.31%（见图12）。

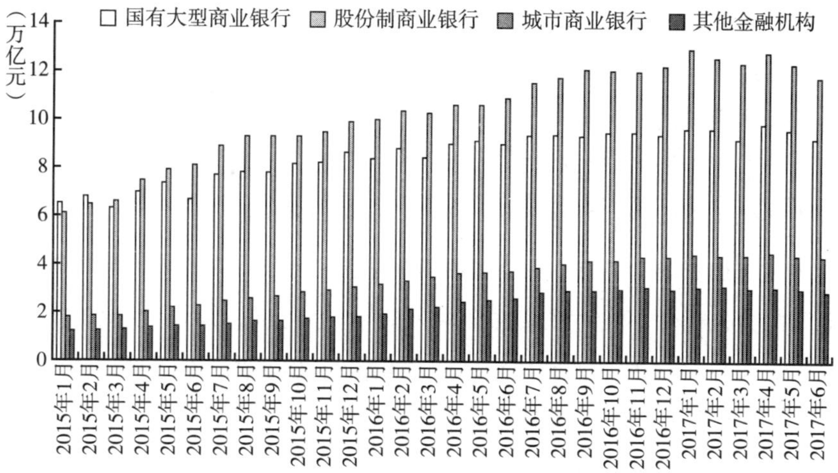

图12　各类银行理财产品余额

资料来源：历年《中国银行业理财市场年度报告》。

2013 年监管层加大了对“非标”整治的力度，2015 年股灾后出现了所谓的“资产荒”。于是，银行理财产品和其他资金不断加大债券配置比例，推动债券价格上涨和收益率下降。2016 年 6 月，银行理财产品的债券配置占比高达 40.42%。此外，商业银行还通过发行同业存单筹集资金，然后将其部分资金投入债券市场，以获取利差收益。银行理财产品与同业存单发行期限较短，“以短搏长”的倾向易引发陷入流动性困境。另外，银行理财产品虽大多为非保本产品，但仍存在刚性兑付，同业存单更是商业银行的债务型融资工具，这部分资金进入债券市场，也提高了债券市场的杠杆率。更进一步地说，它们日益表现出中小商业银行主导的特征，而中小商业银行更容易受到流动性冲击。短久期、高杠杆、中小商业银行主导的三个特点决定了银行理财产品与同业存单易引发债券市场的波动。在债券牛市环境里，加杠杆、加久期的倾向将期限利差与信用利差压至极低程度，加剧了债券市场的泡沫化。一旦债券收益率上行，造成资本损失，因止损需要，就会加快抛售债券，从而造成拥挤交易和债券市场的“流动性螺旋”。

概言之，各路理财产品与同业存单存在监管套利、多层嵌套、刚性兑付等问题，提高了债券市场的杠杆率，加剧了债券市场的结构性矛盾。产品层面的混业经营，又增加了银行信贷之外的信用供给，成为影子银行的重要形式，给我国原先的分业监管、微观审慎监管模式带来严峻挑战。

鉴于上述方方面面的问题，政府厉行监管，使金融去杠杆成为2017年债券市场的主导因素。2016年中央经济工作会议明确提出，“要把防控金融风险放到更加重要的位置，下决心处置一批风险点，着力防控资产泡沫，提高监管能力，确保不发生系统性金融风险”，这可以说是强化金融监管的正式宣言。2017年3月后，银监会率先强化银行业监管，厉行“三违反”“三套利”“四不当”专项整治活动，债券市场应声而落。2017年7月的全国金融工作会议提出金融工作要紧紧围绕服务实体经济、防控金融风险、深化金融改革三项任务，坚持回归本源、优化结构、强化监管、市场导向四项基本原则。在金融监管方面，要把主动防范和化解金融风险放在更加重要的位置，要加强金融监管协调，补齐监管短板，设立国务院金融稳定发展委员会，强化中国人民银行宏观审慎管理和系统性风险防范职责。由此，国务院金融稳定发展委员会负责“统筹金融改革发展与监管，协调货币政策与金融监管相关事项，统筹协调金融监管重大事项，协调金融政策与相关财政政策、产业政策”，中国人民银行负责加强宏观审慎管理和系统性风险防范，银监会、证监会、保监会、外汇管理局负责加强微观审慎监管的格局初步形成。

2017年11月，针对近年来资产管理中的各种问题，相关部门发布了《关于规范金融机构资产管理业务的指导意见（征求意见稿）》，力求规范资金池、强化资本和准备金计提要求、打破刚性兑付、统一负债要求、消除多层嵌套和通道等，监管进一步升级。它从两个维度对资管产品加以分类。从资金募集方式来看，资管产品分为公募与私募两类。面向不特定社会公众发行的为公募产品，其风险外部性强，主要投资于风险低、流动性强的债权类资产及上市交易的股票，具有更严格的投资范围、杠杆约束和信息披露。私募产品则面向有一定规模金融资产、风险识别和承受能力较强的合格投资者发行，它可投资于债权类资产和上市交易的股票以及未上市企业股权和受

（收）益权。从资金投向维度来看，资管产品分为固定收益类、权益类、商品和金融衍生品类、混合类四类。其中，固定收益类、混合类、权益类产品的风险依次递增，分级杠杆要求依次趋严。

此次对资管产品的监管有两个突出的亮点。首先是对流动性风险的监管。它有更明确的流动性要求，明确禁止资金池业务，在单独管理、单独建账、单独核算的基础上，要求金融机构加强产品久期管理，规定封闭式资管产品的最短期限不得低于90天，根据产品期限设定管理费率，产品期限越长，年化管理费率越低，以减少和消除资金来源端与资产端的期限错配和流动性风险。其次是打破刚性兑付。金融机构对资管产品实行净值化管理，净值应符合公允价值原则，及时反映基础资产的收益和风险，改变投资收益超额留存，管理费之外的投资收益全部给予投资者，让投资者尽享收益。若金融机构进行刚性兑付，对存款类持牌金融机构足额补缴存款准备金和存款保险基金，对非存款类持牌金融机构则实施罚款等行政处罚。

除了监管利剑出鞘，央行还从2016年起正式将差别准备金动态调整机制“升级”为宏观审慎评估（MPA）体系。其总体目标是，从以往盯住狭义贷款转为对广义信贷实施宏观审慎管理，通过一整套评估指标，构建以逆周期调节为核心、依系统重要性程度差别考量的宏观审慎评估体系。其指标体系包括资本和杠杆、资产负债、流动性、定价行为、资产质量、跨境融资风险和信贷政策执行七个方面（见表2）。其中，资产负债不仅可以直接限制商业银行的资产扩张与负债来源，而且可以影响资本和杠杆率，是MPA体系的核心。鉴于表外理财对社会信用的扩张作用及同业存单在银行主动负债中的作用，央行逐步将其纳入MPA体系。2017年第一季度起，表外理财正式被纳入广义信贷范围，以合理引导金融机构加强表外业务风险管理。央行在2017年第二季度的《货币政策执行报告》中明确提出，“为了更全面地反映金融机构对同业融资的依赖程度，引导金融机构加强流动性管理，拟于2018年第一季度评估时起，将资产规模在5000亿元以上的银行发行的1年期以内的同业存单纳入MPA同业负债进行考核”。此后不久，央行又宣称“自2017年9月1日起，金融机构不得新发行期限超过1年（不含）的同业存单，此前已发行的1年期（不含）以上同业存单可继续存续至到期”，以进一步规范同业存单的发展。

表2　MPA体系

七个方面	指标
资本和杠杆	资本充足率(80分)、杠杆率(20分)、总损失吸收能力(TLAC,暂未实施)
资产负债	广义信贷(60分)、委托贷款(15分)、同业负债(25分)
流动性	流动性覆盖率(40分)、净稳定资金比例(40分)、遵守准备金制度情况(20分)
定价行为	利率定价(100分)
资产质量	不良贷款率(50分)、拨备覆盖率(50分)
跨境融资风险	跨境融资风险加权资产余额(100分)
信贷政策执行	信贷政策评估结果(40分)、信贷政策执行情况(30分)、央行资金运用情况(30分)

资料来源：中国人民银行。

2017年针对金融创新的种种监管举措，只是强化监管、防范系统性风险长征中的第一步。可以预计，当前强监管的态势将长期维持，并将不断完善和常态化，金融稳定要求监管具有更好的前瞻性，功能监管与行为监管将成为未来监管的创新方向。正在重塑的监管体系和监管方式将继续对债券市场的运行产生深远的影响，打破刚性兑付，使得与资管产品相关的债券不得不重新进行信用风险的定价；金融市场降杠杆的监管举措，将使债券收益率更密切地受到负债端的成本约束。当然，我们仍然需要正确处理好金融创新与金融监管的关系，金融创新应以服务实体经济、强化风险管理为根本目标，监管层也要及时跟进，避免监管套利，避免不及时、不恰当的监管本身成为市场动荡的导火索。

四　债券市场对外开放信心增强

过去几年里，尽管中国大量资本外流，但政府仍然满怀信心地推进了债券市场的对外开放，不仅成功地实施了债券通，境外机构对中国债券的持有量也大幅增加。可以说，债券市场对外开放，已经成为中国资本账户开放的先头阵地。

（一）债券通

2017 年，中国债券市场对外开放继续稳步推进，其中最重要的莫过于债券通的正式上线。债券通是指境内外投资者通过香港与内地债券市场基础设施机构连接，买卖两个市场交易流通债券的机制安排。债券通对巩固与提升香港国际金融中心的地位、加强内地与香港的合作、推动我国金融市场的发展、推进人民币国际化均有重要意义。

2017 年“两会”期间，李克强总理提出准备试行债券通。2017 年 5 月，中国人民银行与香港金融管理局提出初期先开通“北向通”，即中国香港及其他国家或地区的投资者，经由香港与内地基础设施机构之间在交易、托管、结算等方面互联互通的机制安排，没有额度限制地投资于中国大陆银行间债券市场。之所以首先开展“北向通”，是为了满足现阶段国际投资者投资内地债券市场的需求，符合分步实施、稳妥推进的原则。2017 年 6 月，央行规定“北向通”境外投资者既可以通过参与银行间债券市场发行认购方式，也可以通过二级市场购买方式，投资于在银行间债券市场流通的所有券种。“北向通”境外投资者可进行现券交易，未来将逐步拓展至债券回购、债券借贷、债券远期，以及利率互换、远期利率协议等交易。随后，中央结算公司、上海清算所、外汇交易中心等相继出台配套措施，进一步完善了债券通的制度框架与基础设施。

债券通在二级市场交易环节采用做市商制度。境外投资者通过中国人民银行认可的境外电子交易平台向境内银行间市场做市商发送含量不含价的询价请求，做市商收到报价后，通过本币交易系统回复，境外投资者收到回复后可点击成交，也可以选择不成交。在结算方面，采用了国际通用的多级托管模式。香港金融管理局债务工具中央结算系统（CMU）在中央结算公司和上海清算所开立名义持有人账户。境外投资者通过代理行在 CMU 开立自营或代客账户，并允许代理行多层托管结构。境内做市商以及 CMU 通过直接或代理方式接入人民币跨境支付系统（CIPS），境外投资者通过 CMU 或代理行进行资金收付。境外投资者既可以使用离岸人民币，也可以使用外汇进行债券通投资。使用外汇投资的可通过香港的人民币清算行和人民币业务参与行（统称“香港结算行”）开立专门办理“北向通”的人民币资金账户用于办理外汇资金兑换，银行由此产生的头寸可到境内银行间外汇市场平盘。

至此，中国已经形成了多方位的债券市场开放途径。此前，境外机构进入中国债券市场进行投资主要有 QFII、RQFII、合格投资者直接进入银行间债券市场（CIBM）模式。QFII、RQFII 更多从事交易所金融产品投资。不妨将债券通与 CIBM 模式做一简单比较（见表 3）。

表 3　债券通与 CIBM 比较

项目	债券通	CIBM 模式
申请流程	简单、快捷，境外投资者只需成为香港金融管理局 CMU 会员即可通过 CMU 接入内地债券市场	复杂、耗时较长
投资模式	离岸资金持有在岸资产	在岸资金持有在岸资产
投资品种	初期为现券，后期有望放开回购和人民币衍生品投资	现券、利率互换、债券远期对冲、人民币回购
限额	不设额度限制或预计投资规模	无单家限额，但有总投资规模限制
交易方式	电子请求报价	主要是语音
交易对手方	直接与中国外汇交易中心交易商（含做市商和尝试做市商）交易，有利于提升投资者交易品种的流动性	通过中介银行交易
托管	以 CMU 名义账户为桥梁的多级托管	单独账户托管
结算	通过 CMU 名义持有人账户和人民币跨境支付系统（CIPS）办理，CIPS 实时全额结算效率较高	直接的券款对付
资金进出	约束少、进出灵活，不要求规模、品种、锁定期等承诺	要求投资者资金先期汇入，承诺预算金额、投资品种、锁定期等

资料来源：秦龙：《中国债券市场对外开放》，载李扬、钱龙海等《中国债券市场（2017）》，社会科学文献出版社，2017。

（二）境外机构对中国债券投资规模稳定增长

随着中国债券市场对外开放的稳步推进，境外投资者对中国债券市场的配置资金也不断增加。截至 2017 年 12 月，境外投资者在中债登托管的债券余额达 9741. 45 亿元，较 2016 年同期的 7788. 49 亿元增长 25. 07%；在上海清算所托管的债券余额达 1732. 51 亿元，较 2016 年同期的 208. 75 亿元增长 730. 0%（见图 13）。境外投资者对中国债券市场的投资以国债为主，其次是政策性银行债，再次是同业存单，其占比分别为 53%、28% 和 12%（见图 14）。尽管非金融企业债券的收益率异常高，但依然被境外投资者冷落，看来境外机构投资中国债券时仍然将流动性放在了首要位置，具有风险规避的特征。2017 年 7 月后海外投资者大大提高了对同业存单的配置比例，主要原因可能在于，同业存单期限短、收益率高、流动性强的特点对海外投资者具有吸引力。当然，由于中国国债、政策性银行债及同业存单相比海外收益率更高，且其流动性也比较高，风险低，加之 2017 年人民币汇率回升，境外机构投资人民币债券事实上能够获得非常可观的收益。

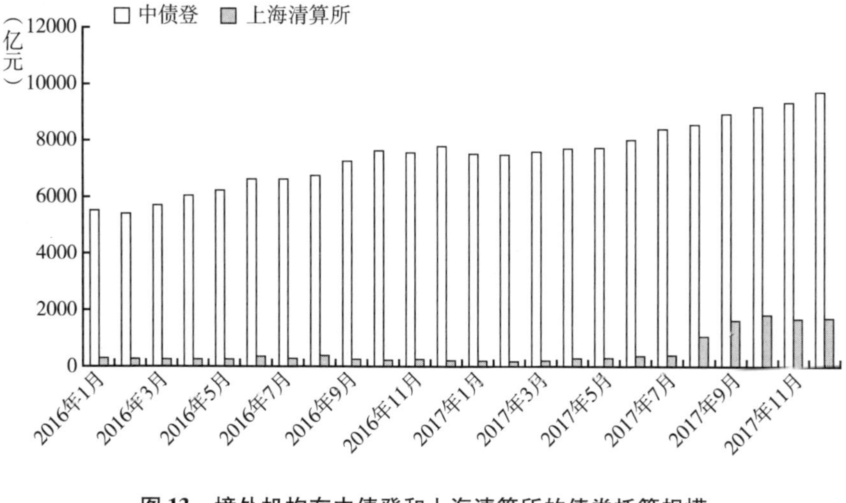

图 13　境外机构在中债登和上海清算所的债券托管规模

资料来源：Wind 资讯。

境外机构对中国债券投资规模的增长，是国内外多因素共同作用的结果。第一，2008 年金融危机动摇了以美元为主导的国际货币体系；中国已经成为全球第二大经济体，致力于深化金融体系改革和开放，在一定程

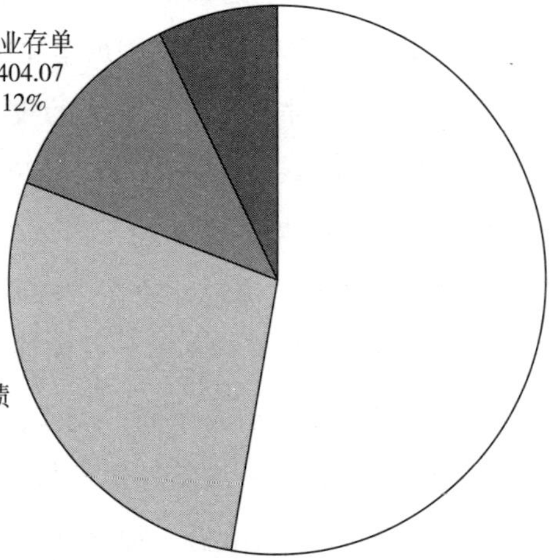

图 14　2017 年 12 月末境外机构持有的债券品种

注："其他"包括短期融资券、超短期融资券、企业债券、中期票据、资产管理公司金融债券、二级资本工具等。

资料来源：Wind 资讯。

度上满足了一些大国对国际金融与货币体系多元化改革的诉求。第二，中国近年来加快了债券市场对外开放进程，建立了良好的金融基础设施，为境外机构和资本进入提供了更加便利的条件。第三，发达经济体的超低利率环境使许多机构无法获得理想的现金流，而中国债券市场相对较高的收益恰好满足了境外机构收益和风险之间的新平衡之需。第四，随着全球尤其欧洲、中国经济企稳复苏，人民币汇率走向更健康的双向波动，市场对人民币贬值的担忧已经缓解，境外机构投资中国债券市场布局的步伐也明显加快。

五　2018年债券市场展望

债券投资者即将告别不太愉快的 2017 年。展望 2018 年，我们认为，中国债券市场仍将受国内外多重因素的交织影响。

美国经济仍在危机以来的复苏之路上前行，因此，美联储对货币政策正常化的信心越来越足。新技术革命正在改变过去30年形成的全球资本配置格局以及特朗普的大刀阔斧减税和“美国优先”战略，让美国正在成为全球资本配置的新洼地，这些将继续拉动美国经济增长。若特朗普进一步兑现竞选承诺，大力进行基础设施投入和改造，将为美国经济复苏注入新的投资动力。欧洲经济虽然受制于僵化的劳动力市场而不具有像美国那样的灵活性，但失业率的持续下降，意味着欧洲经济正在逐步摆脱危机魔影的纠缠。然而，这并不意味着欧洲央行会像美国那样对货币政策改弦易张，欧洲各国经济表现出来的差异对欧洲央行的政策调整形成了巨大的掣肘。德国失业率不断创出新低，股市与美国一样迭创历史新高，但希腊和意大利等欧债危机重灾区，依然有异乎寻常的高失业率。日本经济正在摆脱其“失去二十年”的不光彩声名，重新赢得了连续的正增长，股市则创出了25年来的新高，投资者对日本经济的信心似乎在增强。发达经济体的复苏和增长，不仅为大宗商品价格上涨提供了支撑，而且将逐步改变全球流动性和利率环境，但任何发达经济体货币政策姿态的转变，都会以不损害投资者的信心为前提。因此，即便是美联储坚持加息和缩表，也将遵循谨慎有序的原则；欧洲央行与日本极有可能会保持其现有的货币政策立场。

发达经济体的制造业回归将逐步改变全球的贸易格局，新兴经济体不得不寻求新的替代市场和增长路径，中国经济正在进行艰难的转型。党的十九大宣告中国进入发展的新时代，并绘制了中华民族复兴的宏伟蓝图。高增长目标被更高质量的增长所取代，这就使得中国经济政策目标中增添了两个新的具有重要权重的因素：绿色和稳健。在新发展理论下，绿色在政府宏观经济政策目标中被赋予了前所未有的权重，高污染、高能耗的投入和产出与“人民群众对美好生活的向往”是严重冲突的，因此，2017年政府展开了雷厉风行的环境整饬，效果可谓立竿见影。“绿色”意味着投资驱动的粗放式增长已经走到了尽头，环境成为增长目标函数中最重要的约束条件。

被赋予与“绿色”同等权重的是“稳健”，因此，任何激进的财政与货币刺激宏观经济政策都不再是优先选项，“守住不发生系统性风险的底线”

是新的宏观政策体系中另一个重要的约束条件。在货币政策与宏观审慎管理双支柱的新型调控体系下，货币环境不会再像以往那样宽松；金融功能的正本清源、回归本源、服务实体是中国金融发展的最终使命，它需要更好地服从于国家发展战略目标，而不是成为一些机构以创新之名牟利和存量财富再分配的工具，因此，政府会将强化监管进行到底。这意味着，流动性驱动的资产价格上涨和债券收益率下行，与政府新的金融发展理念、宏观经济政策目标是不协调的。

中国货币政策的调控方式正在发生重大转变，随着央行基本放开存贷款利率上下限管理，传统的利率政策不再是央行货币政策的重要工具，它正在试图建立一种新的利率调控机制，即通过调整公开市场操作利率来影响国内市场对利率的预期。很明显，中国在过去的几次公开市场操作利率调整，与美联储的利率政策在时间上达成了高度的默契，中国公开市场操作利率成了对美联储利率政策的一种响应，而非基于国内宏观经济需要的主动调整。若此种利率决策机制依然被央行视为有效，那么在美联储预期 2018 年仍将加息 3 次的背景之下，中国仍有通过央行公开市场操作提升市场利率的动机。

但是，债券市场在经历了过去一年有余的持续下行之后，收益率已经大幅上升。在房子回归“居住”属性之下，以泡沫化为代价的去库存是政府越来越难以容忍的。2016 年底以来各地方政府对房地产市场的调控，正在让房价向理性回归，当然，房地产投资增长率也可能会经历一个新的下行周期。去库存、去产能推动的国内周期性行业产品价格大幅上涨，带来了相关行业产能利用率的大幅回升，因此，需求端将重新成为主导大宗商品价格的因素。这可能意味着，PPI 及由此带来的 GDP 平减指数将在 2018 年趋于收敛，债券收益率所要求的通胀补偿会相应地下降。

虽然让金融回归实体是中国金融发展新时代的主题，降杠杆和强化监管是必要的政策选项，那些加杠杆的机构会受到央行公开市场操作利率政策的鞭打，但央行跟随美联储利率政策而调整公开市场操作利率的政策手段，依然会受到国内经济和金融稳定的约束。其一，监管与货币政策的最终目的是促进形成一个更健全的金融体系，而不是希望它成为市场动荡之源；其二，鉴于中国与发达经济体之间依然有很高的利差，如果市场利率再进一步大幅上行，并不利于2017年企稳的经济增长的延续；其三，央行似乎在通过利率来维护人民币汇率，但发达经济体的复苏，在短期内仍有利于改善中国贸易的国际环境。综合这些因素来看，2018年央行公开市场操作利率上行的空间并不是很大。2018年的债券市场利率可能会出现一定程度的上行，但相对于2016年下半年和2017年的债券市场而言，似乎可以用“波澜不惊”来概括。

B.8
2017年的中国信托市场

袁增霆*

摘　要： 2016年下半年至2017年第三季度，中国信托业迎来了新一波繁荣周期。信托业务存量规模的季度同比增速实现了“V”形反转。新发行的非证券类信托产品预期收益率经历了一年多的大幅下调之后，在2016年底企稳回升。这一阶段的良好表现主要受益于同期宏观经济景气度回升、实体经济融资需求增加以及同业通道业务受限等利好因素。这些信号在信托产品结构的动态调整中都清晰可见。例如，投向工商企业、房地产的资金信托业务以及事务管理类业务增长迅速，其存量结构占比显著上升。这些有利的外部环境因素使信托业总体受益。但是，大部分因素都不具备可持续性。例如，房地产融资已经开始面临不利的政策与市场环境。覆盖金融机构资产管理业务的监管新规将收紧信托业的通道业务。因此，我们预计未来一年信托业发展将逐步降温，有可能再次靠近自2012年以来形成的减速增长的漫长轨道。与此同时，信托业的内部分化与转型调整仍是主旋律。探索新时代信托业发展的新面貌也将是今后的长期议题。

关键词： 信托市场　资产管理　信托监管

* 袁增霆，经济学博士，中国社会科学院金融研究所金融实验室副研究员，主要研究领域为资产组合管理、新型金融工具与交易。

从2016年下半年开始，信托业迎来了阶段性的发展契机。同期最重要的背景环境是供给侧结构性改革开始实施并初见成效。随着初级商品价格的大幅回升，在融资领域中地位举足轻重的中上游产业部门（能源、材料、工业中的资本品及专业服务）开始恢复财务实力及融资能力，并缓释了一定的坏账压力。其次是由于金融监管加强但在不同金融行业之间存在节奏上的差异，因而出现了暂时有利于信托业的政策环境。例如，针对保险资管、券商资管与基金子公司的通道业务限制为信托业腾挪出了一定的市场额度。此外，针对银行公司业务及其同业、理财业务的监管加强也增加了信托融资的替代性需求。类似的“制度红利”还出现在房地产行业的信托融资问题中。过去，这种制度性的融资缺口时有发生，具有一定的周期性。从根源上看，它通常表现为金融监管引起的超额融资需求。当宏观经济或部分产业经济景气度上行时，传统融资方式则因金融监管加强而受限，就容易出现替代性融资需求格外旺盛的现象。

在上述有利背景下，信托业务再次受到提振。其存量规模从2016年第三季度开始连续加速增长。截至2017年第三季度末，针对68家信托公司统计的信托资产合计为24.41万亿元（见图1），当季同比增速为34.3%。相比规模增速在2016年第二季度滑入的谷点（8.9%），信托业务恍若回归了2014年之前的高速增长阶段。同时，非证券类信托产品预期收益率水平在2016年下半年企稳并从2017年起开始缓慢回升，安全型信托产品对投资者的吸引力再次增强。尤其是在同业类似产品供应受限的条件下，它们的稀缺性和投资价值更加彰显。

然而，短期回归的制度红利是不可持续的，市场焦点仍将是探索高质量标准的发展路径。信托业面临短周期景气度更迭的挑战与长周期转型调整的压力。随着2017年10月党的十九大的闭幕与11月中国人民银行、银监会、证监会与保监会联合发布《关于规范金融机构资产管理业务的指导意见（征求意见稿）》（以下简称《资管新规》），探索未来新时代背景下的信托业务合理形态及质量标准成为当下的重大议题。

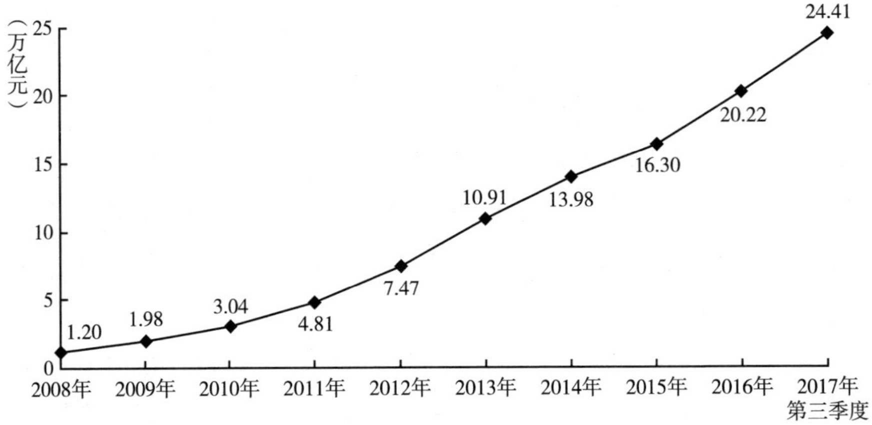

图1　信托业受托资产管理规模增长趋势

资料来源：中国信托业协会。

一　信托业经营概况

（一）信托业在长期减速发展轨道上迎来“V”形反转

以2016年第二季度为低谷，信托资产管理规模和信托业总资产的季度同比增长轨迹在最近三年间呈现完美的“V”形反转形态（见图2）。在以“防风险、去杠杆”为主旨的金融监管日益加强的背景下，这种奇迹般出现的逆转显得尤为特别。相比较而言，过去风头强劲的金融同业此时却表现低迷。银行业一向是最重要的比较参照。过去，信托业务时常因为银行信贷业务的监管约束而成为重要的替代者。尤其是当融资缺口扩大时，信托业务的机会就更为突出。自2013年第二季度发生“钱荒”事件之后，大量表外的替代性融资开始回归银行表内，从此信托业总资产增速相比银行业的领先优势开始逐步缩小。到2016年第一、第二季度，银行业实现了反超，接下来便是再次反转的历程。

2017年前三季度信托业资产规模仍在加速增长。这与银行业的减速增

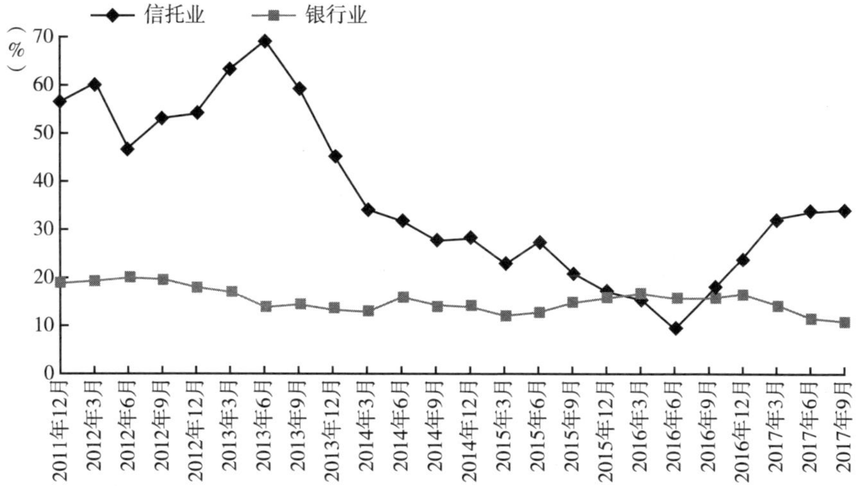

图 2　信托业与银行业总资产同比增速比较

资料来源：中国银监会、中国信托业协会。

长形成了鲜明对照。部分银行甚至出现了“缩表”。显然，银行业正面临空前严厉的监管约束。银行的同业业务、表外理财业务以及过去不够规范的其他业务被迫大幅收缩。为履行替代银行信贷的职能，常见的金融同业合作链条最终都接入银行的表外业务（过去常称之为影子银行或银行的影子），并在其他金融行业中表现为通道业务。而信托通道业务的主要竞争者，如保险资管、券商资管及基金子公司的通道业务，则都出现了相应的收缩。事实上，相关的监管政策从 2016 年下半年就已经开始明朗起来。信托业的通道业务从此开始受益。当然，同期宏观经济景气度上行推动的融资需求增加也使得其他信托业务受益。尽管银行信贷业务稳步增长，但大量资源流向居民按揭贷款，2017 年下半年出现了信贷额度紧张的局面。同时，债券融资时常受阻也为信托融资敞开了大门。

上述制度红利让信托业总体受益。多数信托公司能够因通道业务、房地产或中上游行业信托融资的市场需求增加而重振生机。这种状况可能使得行业内部分化不断加剧的形势得到缓解。2013～2015 年，一些信托公司行业地位的大幅下滑就主要根源于房地产与资源类行业的风险暴露。得益于自2015年底开始的供给侧结构性改革，这些行业的经济基本面改善有助于缓解信托公司的风险资产压力，甚至能够在短期内增加业务收入。从相对滞后的年报数据来看，2016年68家信托公司的资本利润率与信托业务利润率（信托业务损益/信托资产规模）指标的样本标准差相比前两年明显下降。

当然，信托业的内部分化趋势虽然可能暂时延缓，但是已经很难被阻止。从用益信托网的信托公司年度综合评价排名情况来看，2014～2016年，行业排名一直位于前20%（14个样本）的信托公司有10家，即表现优秀的群体相对稳固。同样，在这三年间表现最差的公司群体也相对固化，即行业排名总是处于最后20%的信托公司也有10家。在两极分化的竞争格局中，还有大量的中间群体表现不稳定。这主要是因为一些决定性因素表现不均衡。从2016年以来的行业发展状况看，行业表现优秀的信托公司几乎都具有同样的典型特征，即能够及时补充资本金，善于利用市场机会与公司背景资源，合规与风控基本到位。在强调防风险的严监管背景下，资本充足率指标、合规与风控制度格外重要。根据中国信托业协会发布的行业统计，从2015年第三季度起，行业实收资本的季度同比增速就开始超过总资产的增速。

（二）短期利好催化了信托业务增长中的结构性变化

信托业务的阶段性发展机遇已经清晰地表现为信托产品结构中的一些细节变化。通道业务粗略地体现在两个行业统计指标上：一是按照信托资产来源分类的管理财产类业务；二是按照信托资产功能分类的事务管理类业务。如表1所示，前者的规模占比在最近两年间持续上升，2017年第三季度占比为15.4%，相比该上升期的起点（2015年第二季度末）翻了一倍有余。后者的规模占比从2013年开始持续上升，2017年第三季度占比已经高达55.7%。而且，从2016年第三季度开始，两者规模占比的提升幅度明显加快。由于分类标准缺乏进一步的细分，两者中到底包含多少通道业务并不清楚。不断增长的资产证券化与家族信托业务也在其中。在2017年第三季度大约3.8万亿元的管理财产类与13.6万亿元的事务管理类业务中，大概的构成情况都还不甚清楚。

表1　信托资产的分类及占比

单位：%

标准与类型		2017年第三季度	2016年第二季度	2015年第二季度
来源	集合资金类	37.3	32.6	35.4
	单一资金类	47.3	56.1	58.0
	管理财产类	15.4	11.4	6.6
功能	融资类	18.3	23.7	26.6
	投资类	26.1	33.1	39.3
	事务管理类	55.7	43.2	34.1

资料来源：中国信托业协会。

此外，单一资金类业务也经常被指为涉及通道的重要领域。但是，2016年第二季度至2017年第三季度，其规模占比从56.1%持续下降至47.3%。这种表现很容易让人产生通道收缩的错觉。再从季度行业统计中的新增资金信托业务情况来看，同期单一资金类业务中除了信托贷款之外的资金运用方式几乎都滞后于集合资金类业务。在资金投向的分布上，新增单一资金类业务落后于集合资金类业务的领域主要体现在金融机构与证券市场（基金、股票、债券）。根据行业统计计算，从2016年第三季度到2017年第三季度，新增集合资金类业务中投向金融机构与证券市场的合计额度平均值为3022亿元，无论是两个投向还是合计值都相当于此前三个季度平均值的2.5倍。相比较而言，同期单一资金类业务则逊色许多。2016年第三季度至2017年第三季度，新增单一资金类业务中投向金融机构和证券市场的额度平均值分别为1718亿元和508亿元。这两个投向只分别相当于此前三个季度平均值的1.3倍和0.8倍。根据经验上的理解，投向金融机构的单一资金类业务最有可能涉及通道业务。这方面的数据表明它仍在快速增长，收缩只是相对意义上的或局部的。

在强调金融服务实体经济的新时代，资金信托业务加大对金融机构的配置力度值得深思。从央行发布的社会融资增量统计来看，投向实体经济的信托贷款从2016年第一季度开始急剧攀升。2017年前三季度，该指标的季度平均值接近6000亿元，是上年季度平均值的2.8倍。由此可见，信托支持实体经济的贡献斐然。从信托行业统计的角度看，信托业务对金融机构的贡献也不容小觑。前文关于行业增量统计的分析可以在一定程度上矫正存量结构数据引起的认知偏差。当然，更深刻的理解还需要等待将来数据的验证。根据行业存量统计，如表2所示，资金类信托业务投向金融机构的占比在2016年第二季度为19.6%，当年底跳升至20.7%，2017年第三季度又回落至18.9%。该存量规模指标的季度环比增速也表现出类似的波动性（在三个时点上的数值依次为9.2%、18.2%和1%）。此外，特色业务统计中的银信合作业务发展状况也具有一定的启发性。2017年第三季度，非证券类的银信合作规模约为3.2万亿元，同比增长51.4%。该指标在最近两年呈现持续加速增长势头。与此形成鲜明对比的是，银信合作中的证券类业务从2016年第四季度开始明显收缩。

表2　资金信托的分类及占比

单位：%

标准与类型		2017年第三季度	2016年第二季度	2015年第二季度
运用方式	贷款	38.5	36.8	36.0
	交易性金融资产	14.1	15.5	18.3
	可供出售	26.4	23.9	22.8
	长期股权	8.5	7.4	7.6
	租赁	0	0.01	0.03
	买入贩售	3.9	3.5	2.6
	存放同业	3.7	8.0	7.4
投向	基础产业	15.6	17.3	18.5
	房地产	10.0	8.5	8.9
	证券市场	14.3	17.6	20.4
	金融机构	18.9	19.6	15.3
	工商企业	27.0	23.6	21.5

注：表中的两个分类统计均略去了“其他”项。

资料来源：中国信托业协会。

2016 年第二季度至 2017 年第三季度，资金类信托业务在投向上的分化较为显著。截至 2017 年第三季度末，投向工商企业、房地产的规模占比分别为 27%、10%，相比 2016 年第二季度末的占比分别上升 3.3 个、1.5 个百分点。在与此对应的时点上，投向证券市场、基础产业和金融机构的规模占比分别为 14.3%、15.6% 和 18.9%，相比 2016 年第二季度末的占比分别上升 3.3 个、1.8 个和 0.6 个百分点。通过行业存量规模和新增规模统计的对比发现，投向基础产业的份额表现低迷。这与持续加强地方政府债务及融资管理的政策约束有关。特色业务统计中的信政合作规模在 2016 年第四季度至 2017 年第二季度出现了同比负增长。

如前文所述，投向证券市场的份额也表现不佳。这主要是由于单一资金类业务在该领域大幅收缩，因此可以推测监管因素相比市场因素的影响可能更大。但是，在工商企业与房地产领域的份额增长势头则格外强劲，尤其是后者在统计期间内仍在加速增长。这两个领域都受益于供给侧结构性改革推动的产业经济景气度上行。房地产市场的去库存推动了房价的上涨与销售的增长，融资受限的房地产业为信托融资创造了机会。从 2017 年第四季度开始，房地产市场的运行状况与政策导向已经转向，后续对该领域信托业务的影响值得关注。

（三）信托产品收益率触底反弹，整体风险可控

新发行的非证券类集合资金信托产品是观察信托产品市场风险 - 收益特征的主要对象。该类产品的月度平均预期收益率水平在经历了 2015 年第三季度至 2016 年第三季度的断崖式下跌之后，逐渐企稳并从 2017 年开始回升（见图 3）。以期限接近的国债到期收益率作为市场基准利率，就可以发现自 2015 年以来信托产品收益率水平的变化滞后于基准利率，而且调整幅度也偏小。以 1 ~2 年的典型期限为例，非证券类信托产品预期收益率与国债到期收益率之间的息差从 2015 年 8 月的峰值 6.6 个百分点急剧下滑到 2017 年 6 月的谷点 3.1 个百分点。这个息差反映了信托产品的市场风险溢价、流动性风险溢价与投资者风险偏好的综合作用。根据更具有普遍性的利率走势及比较可以发现，市场基准利率大约从 2016 年第四季度开始呈现趋势性上升。

新发行非证券类信托产品的收益率则大致从2016年底或2017年初见底反弹，信托产品息差则到2017年第三季度才触底反弹。从息差的含义以及2017年下半年以来的市场发展动态来看，后期信托收益率及息差的反弹都具有一定的持续性。

图3　非证券投资类信托产品的预期收益率（月度）

注：统计日期截至2017年10月。
资料来源：Wind资讯。

随着自2016年下半年以来宏观经济与部分产业经济景气度的回升，信托产品的信用风险水平得到了一定的缓释。过去主要的风险暴露集中于投向房地产、能源、矿产等领域的产品，这些领域背景风险的缓释有利于信托产品的风险管理。当然，并不是每家信托公司都会因此受益良多，信托项目具体涉及的行业地位与区域经济特征可能远离这些利好因素。根据2016年的年报数据，部分信托公司涉及大量诉讼案件，受到的风险资产拖累较为严重，一时难见起色。截至2017年第三季度，行业统计中的风险项目规模总计1392亿元，集合资金类和单一资金类业务分别约为638亿元和734亿元。相比2016年底的阶段性低点，风险项目总额连续三个季度小幅上升，但仍然低于2016年第三季度的高点1419亿元。相比规模增长更快的信托资产总量而言，其比重呈现持续下降的态势。从风险项目的构成来看，单一资金类业务相比集合资金类业务增长更快。自2014年以来涉嫌通道业务的单一资金类业务风险事件及其媒体报道不断增多，从信用违约到证券市场操纵均有涉及。连同同业类似业务的事件多发，最终导致了最近一年来空前严厉的去通道监管。

集合类资金信托产品的发行从2016年第三季度开始进入新一轮景气周期（见图4）。在这个时期，证券类产品的发行数量仍然表现活跃。从中长周期的角度来看，证券类信托产品及服务自2014年下半年以来就呈现增长趋势。2015年中期“股灾”的剧烈冲击仅仅是短期事件，并不能阻碍长期进程。近年来，非证券类产品的品种多样化有所提高，正处于内部结构深化调整的阶段。

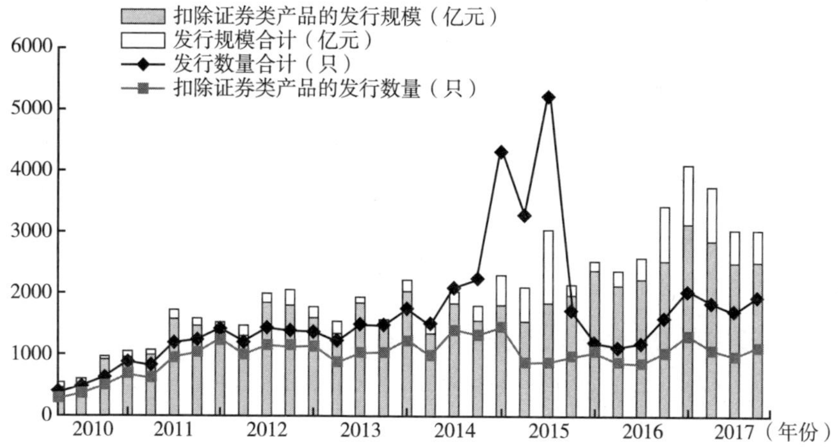

图4　集合类信托产品的发行动态（季度）

注：数据截至2017年第三季度，基于当年12月的查询数据。
资料来源：Wind资讯。

二　信托业焦点问题与监管动态

（一）信托发展的新时代主题成为行业焦点

2017年是典型的政策年，为国内信托事业的发展提出了新课题。2017

年10月召开的党的十九大对国内经济社会的长期发展具有里程碑式的意义。此次的会议报告表达了新时代明确而具体的远景规划。对于信托业的长期发展而言，其在新时代的样子值得高度关注与深入探讨。在未来中期范围内，影响国内金融政策环境的重要事件是2017年7月召开的全国金融工作会议。该类会议每五年召开一次，承上启下地连接着金融政策的变化路径。此次会议的主题是“服务实体经济、防控金融风险、深化金融改革”，从而指明了未来数年间的金融政策取向。在未来短期范围内，2017年11月“一行三会”联合发布的《资管新规》虽然对于信托业而言并不陌生，但可能意味着将面临合规性要求及业务调整成本大幅度提高的挑战。

未来信托业发展的新时代主题与过去数年间业内探讨的业务转型问题密切相关。过去探讨的业务转型主要强调在精神上回归信托服务的本源，在业务上规避时弊责难或顺应市场潮流推陈出新。在这种意义上，新时代的经济政策与未来中短期的金融监管背景为此提供了更为确定的情景设定。在精神层面上，服务实体经济与防控金融风险分别框定了长期与中短期的指引要求。在业务层面上，党的十九大报告展示了大量的产业发展机会，如科技、环保与军工等当前的市场前沿。此外，党的十九大报告提出的乡村振兴战略也有望为近年来的一些信托业务创新（如土地流转信托、农业信托）创造更加有利的条件。在党的十九大闭幕之后，中共中央对房地产市场发展的态度也值得高度关注。

“新时代”一词提出的背景同样对信托业发展具有启发性。新时代的自信和能力建立在一定的经济基础和硬道理之上。典型事实包括近年来经济增长稳定并富有韧性、供给侧结构性改革取得阶段性成果，“一带一路”倡议顺利推进等。供给侧结构性改革在党的十九大报告中被升华为贯彻新发展理念、建设现代化经济体系的工作主线，它同时也是《“十三五”发展规划纲要》中提及的发展主线。过去两年的改革实践表明，国内的产业经济总体上拥有良好的自我调节能力和成长性，但是产业内部分化加剧，受益者往往是那些行业龙头企业或在产业链节点上具有一定地位的企业。这些重大经济改革、战略与产业经济发展状况，也是推动信托业发展的重要决策基础。

（二）新一轮监管规范与约束渐行渐近

回顾2016年出台的一些监管政策与制度规范，大多数对信托业产生了有利的影响。首先是对金融同业（基金子公司、券商资管、保险资管）通道业务的监管限制以及对银行业的监管加强，总体上为信托业创造了更多的机会。其次是营改增税收制度调整降低了信托公司的营业成本。这已经从最近的信托公司财务报告中体现出来了。另外，财政部税务总局在2017年6月底又补充发布了《关于资管产品增值税有关问题的通知》（财税〔2017〕56号）。该通知要求从2018年1月1日起暂适用简易计税方法，按照3%的征收率对包括信托产品在内的资管产品征缴增值税。最后是《慈善法》的颁布促进了慈善信托的发展。

2017年，最重要的监管及制度调整有三项：一是在信托业务分类与监管评级制度上的新进展；二是银监会发布的《信托登记管理办法》；三是“一行三会”联合发布的《资管新规》。下面依次介绍这三项的具体内容。

第一，当前信托业务分类与监管评级方面的重要进展仅停留在行业内部通知或发送的文件中，还没有形成公开的规范制度。相关的内容只见诸媒体报道或主管部门官员的讲话及文章。由于缺乏公开信息来源的权威资料，具体内容仍有待后续考证，不适合在这里充分展开。由于某些客观原因，一些制度规范的确尚处在研讨论证阶段。例如，有关监管评级的内容在2017年初时就曾有媒体报道，后来在时任银监会信托部主任邓智毅的文章中得以证实。[①]《信托公司监管评级办法》已经于2016年底由银监会正式印发，只是通过内部渠道，没有公开文本。同样，根据媒体报道，2017年4月中旬，银监会以行业内部通知的形式下发《信托业务监管分类试点工作实施方案》

① 媒体报道是指《21世纪经济报道》的相关报道，参见《信托监管评级设定三大类六级别分类对应业务明晰》，《21世纪经济报道》2017年1月3日。邓智毅的文章是指《信托监管评级的“双重关注”》，载于《中国金融》2017年第7期。

及其附件《信托业务监管分类说明（试行）》[1]。这些材料应当发给10家推行分类试点的信托公司。新的分类标准强调“实质重于形式”的原则，更加重视基础资产的风险特征属性。新的信托业务大类包括公益信托、资产证券化信托、财产权信托、标品信托四个类型，而非标品信托按照投向可分为债权信托、股权信托、同业信托和事务信托四个类型，因此合计有八大类型。这种分类方法在2016年底信托业年会上曾被时任银监会主席助理的杨家才在讲话中专门论述[2]。尽管杨家才因涉及腐败案件在2017年上半年被查处，但对业务分类的重视及相关的技术性工作得以延续。好的业务分类有助于促进各类信托产品的标准化和规范化，从而推动行业转型与可持续发展。

这里需要特别关注的一个问题是，最新提出的监管评级办法要早于业务分类。如果后续有成熟的或更好的业务分类办法，那么以此为基础的监管评级应当还需要继续调整。

第二，2017年8月底，银监会发布了《信托登记管理办法》。这个文件是通过《中国银监会关于印发信托登记管理办法的通知》（银监发〔2017〕47号）公开发布的。按照通知要求，设置3个月过渡期，新产品以及在2018年7月1日仍然存续的老产品都需要按照《信托登记管理办法》的要求在信托登记公司办理登记手续。由此，信托业内全国统一的信托登记制度已经进入实施日程。

第三，2017年11月“一行三会”联合发布的《资管新规》具有统一该领域制度规则的重要意义。金融业开展的代客资产管理业务主要运用了信托机制。它们的名目和名义虽然不同，但实质相同或相似。国务院参事夏斌在2017年3月的演讲中就阐述了未来资产管理业务的方向是回归真正的信

---

① 《10公司试点信托八项分类　试点期新旧分类“双轨”并行》，《21世纪经济报道》2017年4月11日。时任中国银监会信托部主任的邓智毅在同期也发表了文章《稳步推进信托业务分类试点工作》，载于《中国银行业》2017年第3期。

② 杨家才：《在2016年信托业年会上的讲话》，中国银监会网站，2016年12月28日。

托①。在金融机构代客资产管理业务面临的分业经营体制下，社会对通过监管合作和协调来平抑分业监管体制漏洞的期盼已久。在防风险、强监管并落实责任的政策背景下，《资管新规》终于浮出水面，其主要内容在过去两年间几乎都有较为充分的探讨。这些内容原本平淡无奇，却格外重要。例如，严格产品分类，打破刚性兑付，抑制杠杆率，消除多层嵌套，不得从事让渡管理责任的通道业务，加强流动性管理，提高非标债权产品审慎性监管要求，进一步提高合规标准，等等。这些内容基本上反映了监管当局对 2013 年“钱荒”和 2015 年“股灾”的经验教训总结。同时，为突出引导金融服务实体经济的政策导向，《资管新规》也附加了近年来提出的涉及国家重大改革与经济战略事项的优惠条件。《资管新规》还设置了过渡期。对于信托业而言，由于自 2014 年以来就开始了相关制度规范的探讨与实践，因此不会像其他同业金融机构那样调整剧烈。真正的挑战可能是面对监管尺度的真实收紧，需要付出一定的规范化调整的成本。

三 2018年信托业展望

我们预计未来一年信托业发展将在制度规范与监管约束加强的背景下逐步降温。不利因素有以下几点。

第一，在新的规范约束下，存在合规性风险的信托业务面临调整压力，其中包括近年来备受关注的通道业务和资金池管理。第二，金融业范围内的“防风险和严监管”也可能对信托业务产生外部紧缩效应。第三，在具体业务中，房地产市场的短周期特征以及其他金融业在严监管背景下，被动收缩业务可能对投向房地产和金融机构的信托业务产生不利影响。第四，随着产业经济集中度的提高，信托项目的产业地位边缘化风险也值得高度关注。总之，信托业务总量规模的增长有可能再次靠近自 2012 年以来形成的减速增长的漫长轨道。

① 《夏斌：资管业务终将回归真正的信托》，新浪财经，2017 年 3 月 12 日。

但是，信托业仍然拥有充分的制度红利和市场机会进行推陈出新，实现产品与服务结构的转型升级或迭代。缓冲性的因素主要包括以下两个方面。

一方面，供给侧结构性改革推动的宏观经济及部分产业经济的景气度上行与金融监管及社会融资条件收紧之间的传统矛盾有望持续一段时间，从而延长信托业的机遇期。另一方面，鉴于存在守住不发生系统性风险底线的要求，严监管政策的执行口径存在一定的灵活性。经过 2013 年“钱荒”与 2015 年“股灾”两次风险事件之后，金融监管当局已经积累了一定的风险防范经验，部门之间的协同性有所增强。为防止执行口径过严导致的交易链条崩断或流动性吃紧，很可能会出现一定的调剂与缓和。

因此，新增长点的形成与旧增长点的惯性势能有可能在一定程度上对冲严监管带来的业务紧缩效应，最终使得总量规模的增速下调幅度有限，然后进入新的增速轨道。在融资政策收紧、市场基准利率上行的背景下，新发行非证券类资金信托产品的收益率仍将持续走高。从未来长远角度看，信托业的内部分化与转型调整仍是新时代的主旋律。探索新时代信托发展的面貌也将是今后的长期议题。

B.9
2017年的中国衍生品市场

万泰雷　邹伟迪*

摘　要： 在人民币汇率双向均衡波动、利率波动较大、信用风险持续面临压力的环境下，2017 年我国外汇、利率和信用衍生品市场规模都实现了稳步增长。尽管在市场发展和制度规则方面仍与国际成熟市场存在差距，但展望未来，我国衍生品市场仍有较大发展潜力，尤其是金融开放将给衍生品市场带来较大机遇。本报告分为三部分：第一部分介绍 2017 年外汇衍生品市场、利率衍生品市场、信用衍生品市场三大衍生品市场的发展情况及其运行特点；第二部分介绍我国衍生品市场当前存在的四大问题；第三部分基于四大因素对衍生品市场的未来发展进行展望。

关键词： 衍生品　利率　汇率　信用

党的十九大报告提出要“深化金融体制改革，增强金融服务实体经济能力”，“健全金融监管体系，守住不发生系统性金融风险的底线”。如何既能实现金融支持实体经济发展，又能有效防范金融风险，成为金融深化改革开放中的重大课题。衍生品市场作为金融市场的重要组成部分，是有效防范和化解风险的重要场所，是用市场化手段实现合理分担风险的重要机制。当

* 万泰雷，中国银行间市场交易商协会；邹伟迪，中央财经大学金融学院。本报告内容不代表笔者所在单位观点。

前，衍生品市场发展面临诸多机遇，包括"一带一路"建设加快推进、利率市场化逐步实现、人民币汇率市场化形成机制改革深入推进、金融市场对外开放取得新进展、信用债市场刚性兑付有序打破等，但与此同时，衍生品市场也在市场规模、参与主体、产品种类、制度建设等方面存在不足，需要进一步完善。考虑到场外衍生品市场占我国衍生品市场的绝大部分，本报告将主要从外汇衍生品市场、利率衍生品市场和信用衍生品市场三个方面对中国衍生品市场进行分析。

一 2017年衍生品市场发展概况及特点

（一）外汇衍生品市场

1. 市场发展概况及原因分析

我国外汇衍生品市场包括三大类品种：一是远期外汇（Foreign Exchange Forward）合约，是指交易双方签订合同约定外汇买卖金额、远期汇率以及实际交易日期，能够实现锁定汇率、固定交易成本、避免和减少外汇风险的目标；二是外汇掉期和货币互换（Foreign Exchange Swap and Cross-currency Swap）合约，投资者可将以一种外汇计价的负债或资产转换为以另一种外汇计价，由于货币掉期交易中锁定汇率，交易者不必承担汇率波动的风险，因而可起到控制中长期外汇风险的作用；三是外汇期权（Foreign Exchange Option）合约，投资者与金融机构签订合约并支付一定的期权费，承诺在一定的日期或时期内按约定的价格购买或出售某种外汇金融资产的权利。

2015~2017年，外汇衍生品市场实现稳步增长，2017年1~10月成交规模达到11.23万亿美元，较2016年同期增长26.7%，较2015年同期增长52%（见图1）。

2017年外汇衍生品市场的稳步增长得益于两方面因素。一是汇率双向波动形势下，各方外汇风险管理意识增强。2017年以来，外汇衍生品市场发展所面临的整体环境是人民币汇率预期趋于稳定。我国国际收支相对平衡，宏

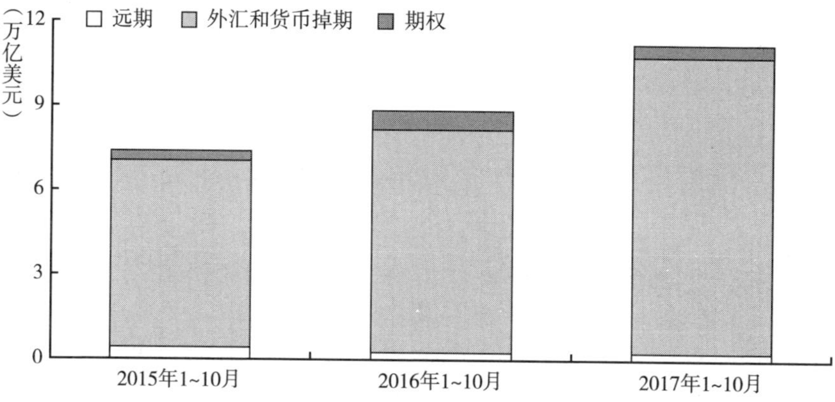

图1　我国外汇衍生品市场发展情况

资料来源：Wind 资讯。

观经济形势趋稳，人民币单边贬值预期显著下降，甚至走出一波升值行情，波幅相较于2016年明显降低。尤其是2017年8月以来，人民币汇率双向波动的局面逐步形成。外汇市场参与者越来越认识到外汇市场风险对冲的重要价值。长期以来，大量中国企业“走出去”开展海外业务，较少开展外汇风险对冲，而是押赌人民币汇率的单边走向，导致2015~2016年出现大额汇兑损失，甚至成为影响利润的关键因素。2017年以来，无论是代客交易还是银行间外汇市场交易，都出现了显著上升，各方外汇风险管理意识逐渐增强。

二是债券市场开放水平提升，越来越多的境外投资者通过外汇衍生品管理风险。根据中国人民银行公布的数据，2017年以来，境外投资者持有境内人民币债券的规模持续扩大，2017年9月末境内人民币债券的境外机构持有规模达到11042亿元，较2016年同期增加近3000亿元，增幅达37%（见图2）。随着债券市场对境外投资人的开放，越来越多境外机构存在外汇风险管理需求。

2. 市场运行特点分析

（1）产品结构以外汇和货币掉期为主，期限以3个月以下为主

从2017年1~10月中国衍生品市场的成交量情况可以看出，在我国外

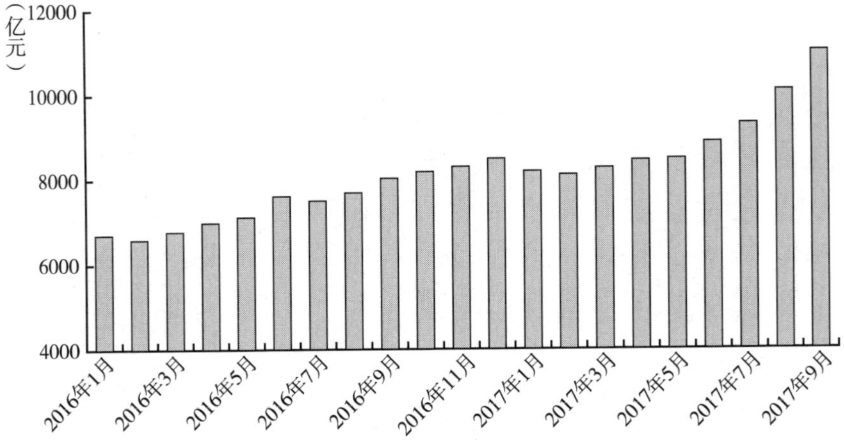

图2　境内人民币债券的境外机构持有规模

资料来源：中国人民银行。

汇衍生品市场中占绝对地位的是外汇和货币掉期，其成交量占全部外汇衍生品成交量的92.97%（见图3）。而在外汇和货币掉期中，银行对客户市场的成交量占绝大多数。2017年1~10月，银行间外汇与货币掉期成交额累计达701015亿元，占全部外汇与货币掉期成交额的99.17%。银行对客户的外汇与货币掉期业务仅成交5835万亿元，占全部外汇与货币掉期成交额的0.83%。

在银行间外汇衍生品业务中，3个月（含）以下外汇衍生品所占比重较大，2017年1~10月占比为82.27%。其次是3个月至1年（含）外汇衍生品，占比为17.59%。1年以上的外汇衍生品非常少，只占0.14%的份额（见图4）。由此可见，我国银行间外汇衍生品业务以短期为主。

（2）汇率双向波动下外汇衍生品市场监管形势有所缓解

首先，在人民币汇率趋于稳定和双向波动的背景下，监管部门对外汇衍生品交易的管理有所放松，促进了外汇衍生品市场的发展。根据中国人民银行《关于加强远期售汇宏观审慎管理的通知》（银发〔2015〕273号），从2015年10月15日起，开展代客远期售汇业务的金融机构（含财务公司）

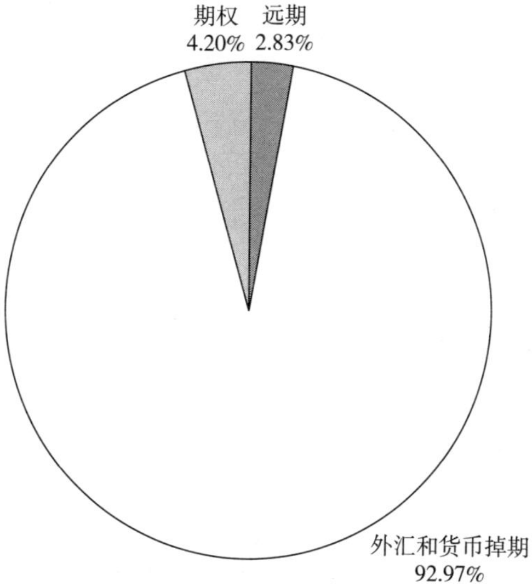

图 3　2017 年 1～10 月外汇衍生品市场产品结构

资料来源：国家外汇管理局。

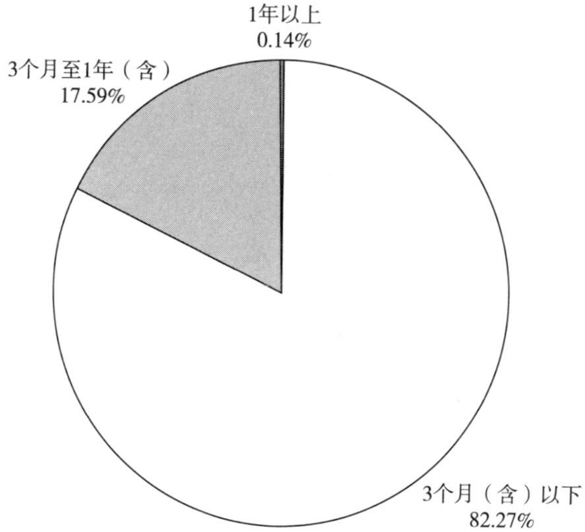

图 4　2017 年 1～10 月银行间外汇衍生品业务期限结构

资料来源：国家外汇管理局。

应缴存外汇风险准备金，准备金率暂定为20%。此后中国人民银行发布《关于远期售汇宏观审慎管理有关事项的通知》（银办发〔2015〕203号），对“代客远期售汇业务”进行解释，将范围扩展至未来某一时间形成客户购汇行为的人民币对外汇衍生产品业务。外汇风险准备金的缴纳，提高了外汇衍生品的交易成本。而随着2017年以来人民币汇率形势的趋缓，中国人民银行发布《关于调整外汇风险准备金的通知》，从2017年9月11日起，外汇风险准备金率也将从20%调整为0，这将促进外汇衍生品交易的进一步活跃。

其次，针对境外机构参与外汇衍生品交易的制度有所明确。2017年2月，国家外汇管理局发布《关于银行间债券市场境外机构投资者外汇风险管理有关问题的通知》，明确规定具备相应资格的结算代理人，可以对本机构受托提供代理交易和结算服务的境外投资者办理外汇衍生品业务。2017年中国人民银行发布的《内地与香港债券市场互联互通合作管理办法》（中国人民银行令〔2017〕第1号）明确规定，“北向通”下的资金兑换纳入人民币购售业务管理。香港结算行在境内银行间外汇市场平盘头寸时，应确保与其相关的境外投资者在本机构的资金兑换和外汇风险对冲是基于“北向通”的真实合理需求。

最后，通过开展外汇期权交易冲销业务改进交易机制。2017年4月，为促进银行间外汇期权市场发展，外汇交易中心发布《银行间市场外汇衍生产品交易冲销规则》和《银行间市场外汇衍生产品交易冲销细则》。当前银行开展外汇期权业务是占用授信额度的，通过允许银行间客户进行冲销，可以释放所占用的信用额度，有助于降低整体信用风险。

（3）在岸价格较离岸价格具有优势

2017年初以来，在岸市场升水点数总体小于离岸市场，导致在岸市场对冲成本低于离岸市场。前期境内外汇风险对冲需要缴纳20%的外汇风险准备金，在一定程度上增加了境内对冲成本。自2017年9月11日起，央行正式公布取消缴纳外汇风险准备金，这进一步降低了在岸市场的对冲成本，使得两个市场的价格差进一步扩大，境内市场对冲成本优势进一步凸显。境外机构更加希望在境内进行外汇风险对冲的交易能尽快开展，以进一步降低其对冲成本，实现更高收益。境内外人民币兑美元1年期远期升水点数比较见图5。

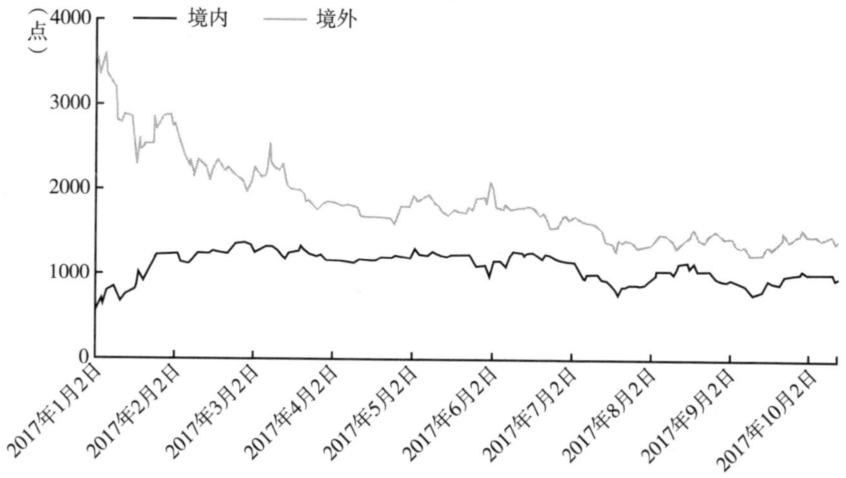

图5　境内外人民币兑美元1年期远期升水点数比较

资料来源：Wind资讯。

（二）利率衍生品市场

1. 市场发展概况及原因分析

我国利率衍生品市场的主要品种包括四大类：一是债券远期（Bond Forwards），是指交易双方约定在未来某一日期，以约定的价格和数量买卖标的债券的行为；二是远期利率协议（Forward Rate Agreement，FRA），是指通过协议约定未来某一时刻的协议利率和参考利率，到未来结算时，按照约定的利率和交易金额，由交易的一方向另一方支付协议利率与参考利率之间的利息差；三是利率互换（Interest Rate Swap，IRS），是指交易双方在约定未来一段时期内，按照相同币种相同名义本金进行一系列的利率交换支付；四是国债期货（Treasury Futures），是指通过有组织的交易场所预先确定买卖价格，并于未来特定时间内进行钱券交割的国债派生交易方式。目前，利率互换和国债期货是我国成交规模相对较大的利率衍生产品。

从成交规模看，在利率市场化进一步推进、利率波动频繁的背景下，近年来我国银行间市场人民币利率衍生品规模持续增长，成交额从2013年的2.7万亿元增加到2017年的14.4万亿元，年均增幅达到52%（见图6）。2017年上半年，场外利率衍生品成交只包括两类品种，即利率互换和债券远期，其中利率互换成交5.5万亿元，债券远期成交2亿元。从图7可以看出，2017年下半年以来，利率互换规模快速增长，截至2017年10月末，利率互换名义本金成交额已经达到10.3万亿元，超过2016年全年成交额。

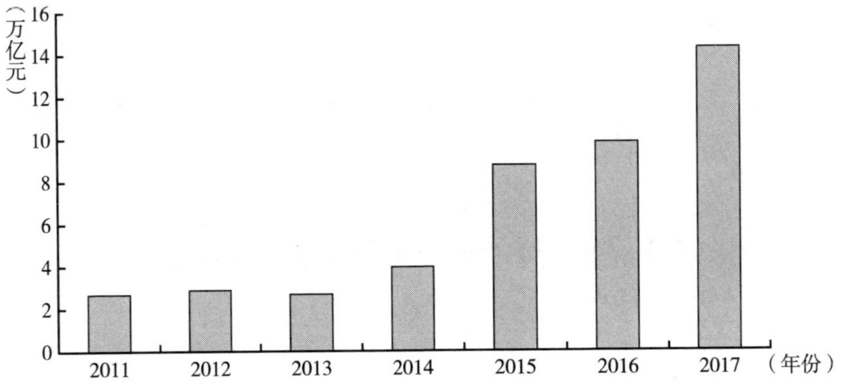

图6　银行间市场人民币利率互换名义本金成交额

资料来源：中国人民银行。

利率互换是我国利率衍生品市场的主要品种，占银行间市场利率衍生品成交总量的99%以上，这主要是因为利率互换市场发展较早，市场交投活跃。而债券远期交易参与者有限，寻找交易对手困难，同时也使得交易完成后再次转让的机会较小，大多数交易必须持有至到期。此外，我国债券市场旧券活跃度不高，债券远期交易结算时获取标的债券存在困难。远期利率协议在我国也因受利率互换的竞争性影响，每年交易量极少。

国债期货是我国开展场内利率风险对冲的重要工具。目前，已有的国债期货标的包括5年期和10年期，自2015年以来，我国国债期货市场实

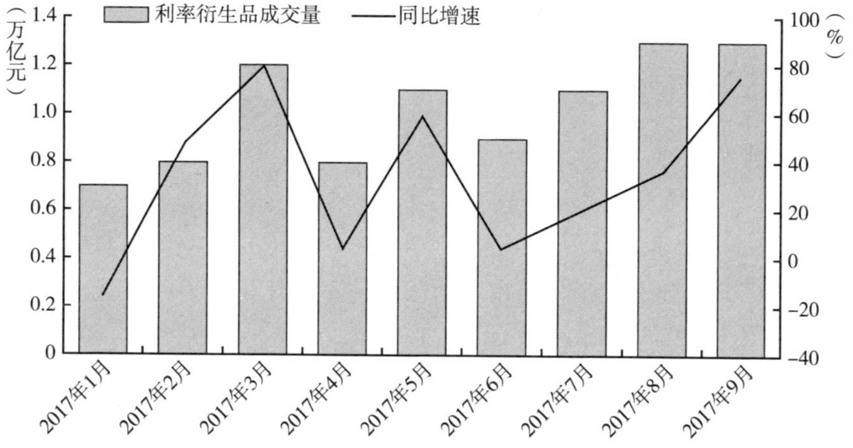

图7　2017 年 1 ~ 9 月利率衍生品成交量及其同比增速

资料来源：Wind 资讯。

现了稳步增长，2017 年 1 ~ 11 月，10 年期国债期货成交 1116 万手，较上年同期增长 139%；5 年期国债期货成交 263 万手，较上年同期增长 8.2%（见图 8）。

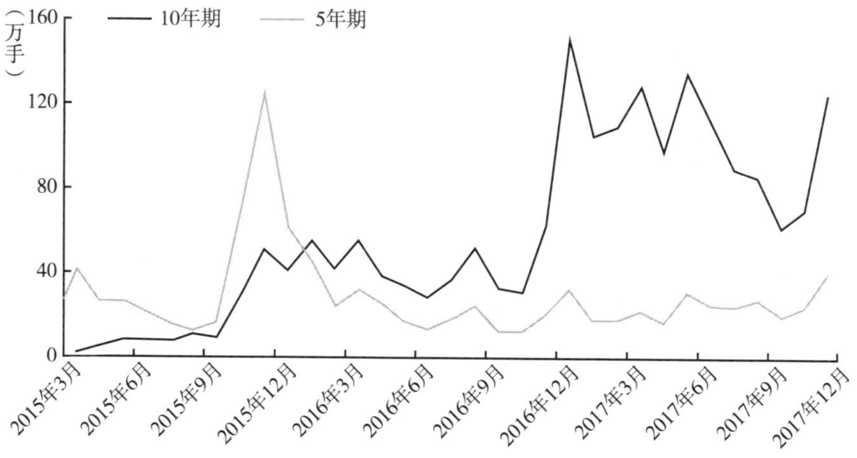

图 8　国债期货成交规模

资料来源：Wind 资讯。

2. 市场运行特点分析

（1）利率互换市场结构不断优化，互换利率受金融监管环境的影响较大

2016 年普通利率互换的期限品种以短期品种为主，1 年期及以下交易名义本金占总成交量的 79.3%，浮动端参考利率主要为 7 天回购定盘利率（FR007），占比达 85.9%。2017 年上半年，利率互换短期品种占比略有下降，1 年期及以下的名义本金占比为 75.9%，2017 年第三季度进一步下降到 72.4%，反映出利率衍生品市场期限结构不断优化。2017 年上半年参考 FR007 的占比进一步上升至 88.8%，但受同业存单市场活跃度上升的影响，这一数据在 2017 年第三季度下降至 59%，而 Shibor 为浮动端参考理论的利率互换占比上升至 40%。随着 2017 年金融加强监管和“去杠杆”相关政策的推进，2017 年 5 月前互换利率经历了快速上涨，随着监管环境的变化，2017 年下半年以来互换利率缓慢下降（见图 9）。

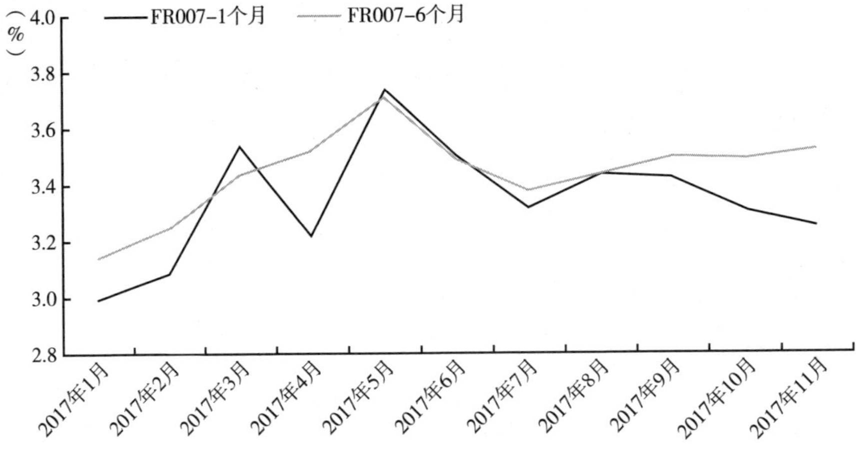

图 9　1 个月和 6 个月 FR007 互换利率变化情况

资料来源：Wind 资讯。

（2）利率互换产品创新和机制创新活跃

2017 年以来，利率互换市场出现了一系列有利于利率衍生品市场长远发展的产品创新和机制创新。2017 年 1 月，Shibor 发布时间由 9：30 调整至

11：00，这一机制将显著提高 Shibor 对真实拆借交易的反映程度，进而提高 Shibor 作为利率互换浮动端基准利率的有效性。2017 年 5 月，银行间市场推出 FDR001、FDR007 及 FDR014 三个新回购利率品种，并推出以 FDR007 为参考利率的利率互换交易，新品种的推出将进一步丰富市场参与者的风险对冲选择，提高利率风险管理的针对性和科学性。2017 年 7 月，外汇交易中心将利率互换合约期限从过去最长 5 年扩展至 6 ~ 10 年，弥补了中长期利率互换产品的缺失，上海清算所也将利率互换集中清算产品期限延长至 10 年。2017 年 10 月，银行间市场正式推出基于 10 年期国债、10 年期国开债、10 年期国开国债利差和 10 年期国开 AAA 信用债利差四类新基准的利率互换产品，首次将参考基准从 Repo 和 Shibor 扩展至债券利率和信用利差。

（3）国债期货市场交易效率提升，中短期品种已进入仿真交易

首先，从机制创新看，随着国债期货市场的发展，市场机构对提高交割效率、降低交割风险的需求在上升。2017 年 6 月，国债期货首次实现了国际上通行的 DVP 交易，有助于实现买卖双方债券和资金的同步交付。其次，2017 年 2 月末，中金所启动 2 年期国债期货仿真交易，考虑到 2013 年 5 年期国债期货在上线前一年多时间内也进行了仿真交易，如果未来 2 年期国债期货能够正式上线，将有助于提升市场参与者对中短端利率的风险管理能力，进一步丰富我国国债期货的品种，完善国债收益率曲线。

（三）信用衍生品市场

1. 市场发展概况及原因分析

自 2016 年推出信用违约互换（CDS）和信用联结票据（CLN）以来，交易商协会组织市场成员加大创新力度，进一步推动信用衍生品往更高水平发展。一是继续推动信用衍生工具的交易规模增长，累计达成信用违约互换 CDS 交易 43 笔，名义本金总计 10.2 亿元，较 2016 年末增加 7 亿元。创设发行信用联结票据 CLN 产品 2 笔，名义本金总计 0.5 亿元，通过信用衍生工具的交易，较好地助力了债券的一级市场发行，有效地发挥了信用风险对冲和保护作用，积极促进了相关债券的发行交易。二是进一步培育信用衍生

品市场的参与者，丰富参与机构类型，目前已有 34 家核心交易商和 21 家一般交易商在交易商协会备案，既包括中外资银行、证券公司、信用增进机构，也包括各类非法人产品。

2. 市场运行特点分析

（1）刚性兑付的打破和内部评级法的实行增加了对信用类衍生品的需求

为丰富银行间市场参与者的信用风险管理手段，建立市场化风险分担机制，交易商协会于 2010 年发布《银行间市场信用风险缓释工具试点业务指引》，推出信用风险缓释合约（CRMA）和信用风险缓释凭证（CRMW）两个产品种类，成为中国信用衍生品市场发展的开端。我国对信用衍生品市场进行了较为前瞻性的探索，但由于市场环境尚不成熟，加之参与者结构等因素的影响，信用衍生品市场并没有充分发挥作用。

自 2014 年超日债成为首单实质性违约债券以来，我国公司信用类债券市场刚性兑付有序打破，信用债违约事件发生的频率上升。2014 年银监会批准工行、农行、中行、建行、交行、招行 6 家银行采用内部评级法进行风险资本的计量，随着银行盈利增速的下降，使用信用风险缓释工具缓释资本压力的内生动力越来越强，我国信用衍生品市场发展的内外部因素逐步成熟。因此，2016 年 9 月，交易商协会在保留 CRMW 和 CRMA 产品的基础上，进一步创新推出 CDS 和 CLN 两类新产品，明确了交易要素的标准化条款，并对投资者适当性、杠杆比率等进行了规定。2016 年 10 月末，10 家机构（包括 9 家银行和中债专信用增进公司）在银行间市场完成了首批 CDS 交易。2017 年，备案机构和交易笔数进一步增加。我国信用债市场违约金额见图 10。

（2）信用衍生品的产品种类和交易机制得到优化

CLN 和 CDS 的推出，将过去对单一债务的保护扩展至对参考实体的保护，保护范围通过债务种类、债务特征和参考债务等条款加以限定，基本可以覆盖参考实体的主要债务。同时，明确了交易要素的标准化条款，加强了风险防范的制度安排。此外，在参与主体上，将原有核心交易商、交易商、非交易商三类参与者重新划分为核心交易商、一般交易商（见表 1）。

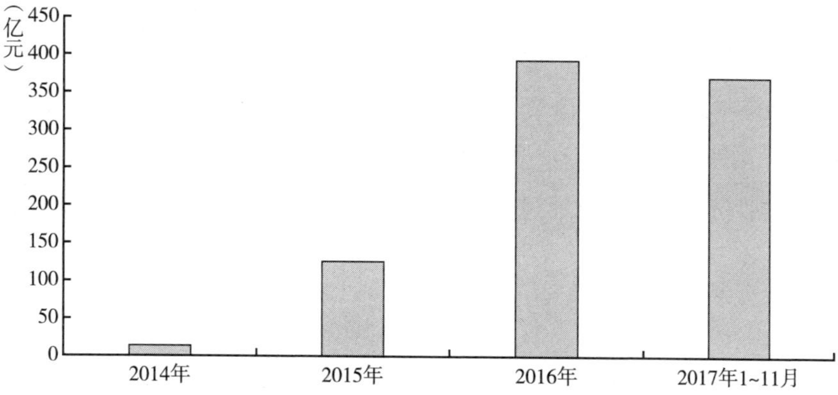

图 10　我国信用债市场违约金额

资料来源：Wind 资讯。

表 1　我国信用衍生品种类对比

产品	信用风险缓释合约（CRMA）	信用风险缓释凭证（CRMW）	信用联结票据（CLN）	信用违约互换（CDS）
参考标的	单项债务	单项债务	主体	主体
类别	合约类	凭证类	凭证类	合约类
推出时间	2010 年 10 月	2010 年 10 月	2016 年 9 月	2016 年 9 月
参与者	核心交易商或一般交易商。核心交易商可与所有参与者进行信用风险缓释工具交易，一般交易商只能与核心交易商进行信用风险缓释工具交易。核心交易商包括金融机构、合格信用增进机构等，一般交易商包括非法人产品和其他非金融机构等			
创设备案	对卖方没有要求，产品发行无备案要求	创设机构较严格准入条件（核心交易商，且净资产不少于 40 亿元），产品发行备案	创设机构较严格准入条件（核心交易商，且净资产不少于 40 亿元），产品发行备案	对卖方没有要求，产品发行无备案要求
整体限制	核心交易商的信用风险缓释工具净卖出总余额不得超过其净资产的 500%，一般交易商的信用风险缓释工具净卖出总余额不得超过其相关产品规模或净资产的 100%			
产品买卖限制	净买入或净卖出余额不得超过标的债务总余额的 100%	净买入或净卖出余额不得超过标的债务总余额的 100%，且创设总规模不得超过该标的债务总余额的 500%	没有具体限制	没有具体限制
受保护债务范围	没有具体限定（贷款或者其他债务均可）		非金融企业参考实体的债务种类限定于在交易商协会注册发行的非金融企业债务融资工具	

（3）地方层面加快推动信用衍生品使用

在“去产能”背景下，地方经济发展需获得良好的信用环境，利用信用风险分担机制，通过直接融资，更好地实现本地区经济发展。因此，2016～2017年，山西和四川分别成立晋商信用增进投资股份公司和天府（四川）信用增进股份公司，探索通过开展信用风险缓释工具交易，丰富本省企业债券增信方式。

二 我国衍生品市场当前存在的主要问题

（一）我国衍生品市场发展与基础性金融市场规模不匹配

尽管近年来我国衍生品市场发展较快，但与快速增长的风险对冲需求相比仍远远不够，集中表现为市场发展规模不足。无论是外汇衍生品、利率衍生品还是信用衍生品，我国衍生品市场规模与国际市场相比差距较大。Wind资讯数据显示，截至2017年9月末，我国场外衍生品名义本金存量规模仅为3934.18亿元，而全球仅利率互换的名义本金就超过300万亿美元。在利率衍生品方面，利率互换是场外衍生品市场中规模最大的品种，2017年6月末达到306万亿美元（见图11），而中国作为全球最大的债券市场和信贷市场之一，其利率互换的成交名义本金与全球规模尚不处于同一数量级。信用衍生品市场也是我国衍生品市场发展的短板，BIS数据显示，截至2017年6月末，全球信用衍生品未平仓余额为9.6万亿美元，尽管我国拥有全球第二大（接近20万亿元）信用债市场，但我国信用衍生品市场尚处于起步阶段，未来有待进一步适应信用债市场而实现发展。

（二）衍生品市场发展的配套规则尚不够明确

衍生品市场的发展需要由一系列制度建设予以配套。以外汇衍生品市场发展为例，随着人民币国际化和中国债券市场对外开放的推进，越来越多的

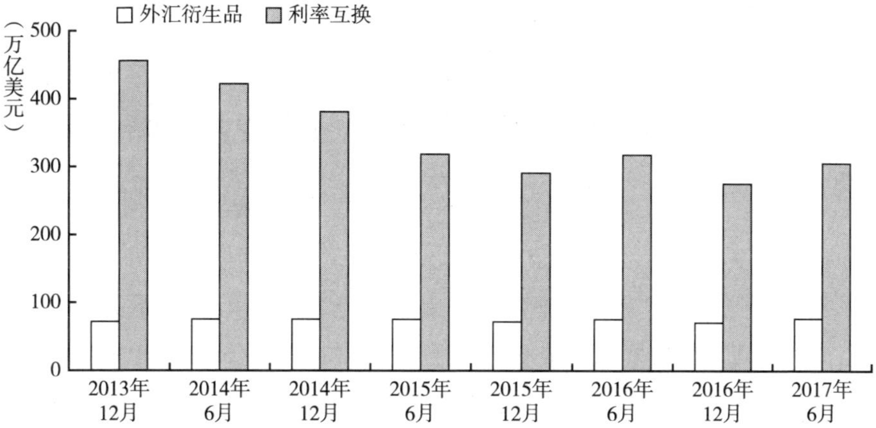

图 11　全球信用衍生品市场名义本金存量规模

资料来源：BIS。

境外发行人和境外投资者希望参与我国银行间市场开展外汇风险的对冲。但是，我国外汇衍生品市场的相关制度规则是基于过去经常项目开放、直接投资项目开放等条件形成的，在规则制定过程中并没有充分考虑证券投资项目开放条件下如何进行适应性的制度安排。由于“人民币购售业务”的相关规定并未形成体系，近年来中国人民银行、国家外汇管理局、中国外汇交易中心（CFETS）陆续出台规定，逐步从即期拓展到远期、掉期和期权，从贸易项下的交易拓展到直接投资项下的交易，在实践中，导致境外机构对人民币购售业务的范围认识不一致，实际操作中问题较多。尤其是“债券通”开通后，境外投资者对如何开展外汇风险对冲交易因没有看到细则而尚未正式开展业务，香港结算行对“债券通”下外汇风险对冲的交易真实性审核、数据报送等事项存在不确定性。

除外汇衍生品外，信用衍生品市场也需要一些配套制度予以支持，包括监管部门应完善和明确信用衍生品的资本缓释功能，进一步鼓励市场参与机构扩大对信用风险缓释工具的使用。我国信用衍生品市场发展的另一个重要问题是信用保护卖方的积极性不够，从国际经验看，国际上保险公司、基金公司等通常充当信用保护的卖方，而银行通常作为信用保护的买方。但由于我国的金融体系、银行间市场参与主体均以银行为主，保险公司、基金公司参与不够，我国信用衍生品市场存在卖方主体不足的问题。

（三）利率衍生品种类单一，期权产品处于空白，期限结构有待优化

我国利率衍生品只包括远期利率协议、利率互换和债券远期，不包括国际成熟市场上普遍使用的利率期权，市场参与者的多元化选择受到一定制约。此外，我国的债券远期成交非常清淡，2017 年 1 ~6 月累计成交金额仅为 4 亿元，远期利率协议的成交金额也非常少，2017 年 1 ~6 月无远期利率协议的成交。除场外衍生品外，中金所推出的国债期货品种也较为单一，仅包括 5 年期和 10 年期的中长期国债期货，不利于市场机构更好地管理中短期利率风险。中美两国利率衍生品对比情况见表 2。

表 2　中美两国利率衍生品对比

<table>
<tr><th rowspan="2">工具</th><th colspan="2">存续状态</th><th colspan="2">差异</th></tr>
<tr><th>中国</th><th>美国</th><th>中国</th><th>美国</th></tr>
<tr><td>债券远期</td><td>√</td><td>√</td><td rowspan="2">在国内，交易参与者有限，寻找交易对手困难，未形成规模化的市场。交易完成后亦难以转让，大部分交易须持有至到期</td><td rowspan="4">金融机构广泛参与，存在衍生品的二级市场</td></tr>
<tr><td>远期利率协议</td><td>√</td><td>√</td></tr>
<tr><td>利率期货</td><td>√</td><td>√</td><td>一般指国债期货，商业银行、保险公司不能参与国债期货交易</td></tr>
<tr><td>利率期权</td><td>×</td><td>√</td><td>—</td></tr>
<tr><td>利率互换</td><td>√</td><td>√</td><td>是国内最活跃的利率衍生品，基准利率主要是 FR007，期限以 1 年为主，参与主体以商业银行为主</td><td>基准利率一般是 Libor，期限以 2 年和 5 年为主，参与主体主要是有锁定长期利率风险需求的实体企业</td></tr>
</table>

（四）信用衍生品市场缺乏标准化品种

在信用衍生品方面，我国信用衍生品当前的标的主要还是单个债务人的单只债券，或是针对单个债务人的多只债券。从国际成熟市场的发展经验

看，信用违约互换指数（Credit Default Swap Index，CDX）是较为常用、信用风险缓释功能较强、市场流动性较好的信用衍生工具，比较有名的包括北美的 CDX 指数和欧洲的 i－Traxx 指数。与普通 CDS 不同，CDX 可以对冲或持有一篮子信用主体的信用风险，而且 CDX 是一类标准化产品，市场流动性更强，有助于投资者用更低的交易成本对冲信用风险。

（五）市场参与者较为单一，且对境外机构限制较多

目前我国金融衍生品市场参与主体仍以中资银行、外资银行、证券公司为主，而保险公司、基金公司、资产管理公司、财务管理公司及其他机构参与较少。一些境外机构尚不能直接参与国内衍生品市场。例如，根据监管部门的相关规定，现阶段通过“债券通”渠道投资银行间债券市场的境外机构不能直接在中国银行间市场进行外汇风险对冲。此外，国债期货的主要参与者是证券公司和证券投资基金公司，商业银行、保险公司和外资金融机构暂时不得参与国债期货交易。事实上，商业银行是国债、政策性金融债、地方债等利率债品种的主要持有人，在当前利率波动较大的环境下，存在对利率风险管理的实际需求。市场参与主体过于单一，可能会导致以下情形出现：一是可能形成不同市场参与者的一致预期，导致单边市场，引起市场的大幅波动；二是可能导致市场参与者寻找交易对手困难，产品转让的成本较高，只能持有至到期，进而抑制了对衍生品市场的潜在需求；三是难以满足市场机构的个性化需求。

三　对我国衍生品市场的展望及政策建议

（一）衍生品市场展望

市场波动是最好的投资者教育。过去三年，从股票市场到债券市场，从大宗商品市场到外汇市场，我国金融市场经历了较大幅度的波动。市场的波动已经逐渐让投资者意识到风险管理的重要性，过去简单的逻辑变得不再简

单，市场的复杂性让市场参与者不得不慎重考虑各类风险的对冲和管理。未来，衍生品市场将朝着“服务于实体经济、服务于风险管理”的方向迈进。整体看，以下三大因素将进一步推动衍生品市场实现均衡发展。

1. 金融市场的迅速发展将为衍生品市场提供丰富的基础产品

近年来，金融市场发展迅速，为金融衍生品发展提供了丰富的基础标的，尤其是债券市场飞速发展，人民币汇率市场化改革下的外汇市场快速发展，夯实了金融衍生品市场发展的基础。截至 2017 年 12 月 14 日，我国债券市场规模达到 74 万亿元，2017 年 1 ~ 8 月外汇即期交易规模达到 28.7 万亿元。商业银行负债端对资本市场的依赖程度也在逐步提高，从同业存单、金融债、资产证券化产品近年来的发展可见一斑。截至 2017 年 12 月 14 日，同业存单存量规模达到 7.9 万亿元，商业银行金融债规模为 1.08 万亿元，银行信贷类 ABS 规模达到 6040 亿元。与存款这类被动负债不同，同业存单、金融债、资产证券化产品是商业银行主动获得资金来源，对资金市场利率比较敏感，一旦利率快速上升，将对银行利润产生影响。因此，商业银行有较强的动力通过衍生品来对风险敞口进行管理。

2. 监管的规范化与细化将提升资产管理机构对风险管理的需求

2017 年全国金融工作会议提出，要“加强宏观审慎管理制度建设，加强功能监管，更加重视行为监管”。2017 年 11 月，央行发布《关于规范金融机构资产管理业务的指导意见（征求意见稿)》，规定“金融机构对资产管理产品应当实行净值化管理，净值生成应当符合公允价值原则，及时反映基础资产的收益和风险”。未来，资产管理行业将回归“受人之托、代人理财”的本源。但是，一旦实行净值管理，资管产品的单位份额价值将会因利率、信用、汇率等因素的波动而波动，资产管理机构为了保证资管产品份额的稳定性，将倾向于在衍生品市场进行对冲，给委托人提供稳定、可预期的资产管理服务。因此，未来无论是从扩大市场规模、丰富参与主体还是活跃市场流动性等方面来看，我国衍生品市场都有一个较好的发展前景。

3. 信用债市场刚性兑付的打破将促进信用衍生品市场的深化发展

截至 2017 年 12 月 8 日，我国公司信用类债券存量规模达到 18.6 万亿元，企业债务杠杆率处于较高水平，信用风险在市场扩张过程中出现阶段性、小范围爆发具有一定的必然性和合理性，尤其是对一些规模较小、所在行业竞争激烈、定价话语权较弱的企业来说，信用风险相对较高。展望未来，我国信用债违约事件的发生将相对更为常见，刚性兑付打破之后，市场化的风险分担机制将有望取代非市场化的“兜底”而成为信用风险管理的主流。自2014年以来，我国信用债市场已经陆续出现违约事件，一些机构在风险事件中积累了较强的信用风险分析、识别、管理和承担能力，而另一些机构的信用风险分析能力不足，风险承担意愿不强，因此，两类不同机构之间形成了较强的信用风险转移动机，风险以合理的价格从不能、不愿承担风险的机构转移到有能力、有意愿承担风险的机构。

总体来看，我国衍生品市场尤其是场外金融衍生品市场将面临较为有利的宏观环境，我国应把握机遇、顺势而为，在与衍生品相关的基础产品、基准利率、期限、交易结构等方面做进一步的丰富，在保险公司、基金公司、境外机构等参与主体方面做进一步的拓展，在集中清算、定价机制、信息披露、风险管理、配套的监管会计法律制度等方面做进一步的完善，切实加强软环境建设和加大投资者教育力度，推动中国衍生品市场实现更高水平的发展。

（二）政策建议

1. 创造有利于境外主体参与的条件，更好地服务于风险防范和市场开放

在人民币加入SDR、金融业加速对外开放的背景下，衍生品市场发展面临诸多机遇。首先，在人民币国际化过程中，境外不同区域形成离岸人民币中心，涉及一些基于真实交易背景的外汇衍生品交易，可以借助该区域的人民币清算行进行，并由人民币清算行在银行间市场平盘。其次，债券市场开放可以带来两方面的需求：一方面是境外投资人存在较强的外汇衍生品交易需求，如持有美元的境外机构通过货币互换，在初始时点获得3年期人民币头寸，并投资3年期国债，到期后卖出国债并在货币互换下兑换回美元，实现外汇风险的对冲；另一方面是境外发行人也存在较强的衍生品交易需

求，境外政府类机构或企业在银行间市场发行熊猫债之后，如果货币互换的成本对其较为有利，则可以实现外币计价的综合融资成本低于在海外直接以外币融资的成本。当然，除了进行汇率风险对冲外，境外机构也存在利率、信用风险的对冲需求。此外，境外机构的参与，不仅有助于扩大衍生品市场规模，而且有利于优化市场参与结构，防止单边市场带来的系统性风险聚集。

此外，随着“一带一路”建设的加快推进，越来越多的中资企业、中资金融机构有进行海外投资的动机，其中也存在较大的衍生品交易需求。为了防止外币贬值带来的汇兑损失，中资机构可以在银行间市场进行货币互换交易，为海外投资利润的可预期性提供基础。我国在制定衍生品市场规则时既要考虑国内参与者的需求，也要考虑境外机构的现实需求，包括推动制度规则和国际接轨，在交易时间、语言惯例、产品期限、软环境建设等方面进行适应性安排。

2. 进一步优化衍生品市场的产品结构、期限结构和参与结构

为切实满足投资者需求，提升衍生品市场的风险管理作用，我国应不断优化衍生品市场结构。从产品结构看，外汇衍生品市场可加大对货币交叉互换、外汇期权的创新推广力度；利率衍生品市场可适时创新推出利率期权、国债期权等创新品种，并进一步扩大债券远期、远期利率协议等国际上规模较大品种的使用；信用衍生品市场可根据市场发展情况适时创新 CDX 等指数化品种。从期限结构看，外汇衍生品市场可进一步加强对长期限品种的创新，满足市场对长期限外汇风险管理的需要，国债期货方面可适当拓展在中短期限内对冲利率风险的产品。从参与结构看，除吸引境外机构参与外，还应鼓励资产管理公司、保险公司等参与到衍生品市场中，通过参与主体的多元化提升市场活跃度。

3. 多措并举防范衍生品市场发展中的各类风险

衍生品具有分散风险的功能，但如果相关制度不够健全，尤其是在当前金融市场自身发展规模大、波动频繁的环境下，反而可能会带来潜在风险，包括交易对手风险、系统性风险等。为防范衍生品市场发展中的各类风险，应积极推动以下制度建设。首先，应进一步完善中央清算机制，防范交易对

手风险。次贷危机的爆发引发了各方对中央对手方集中清算的重视，我国应继续推进场外衍生品的中央清算机制建设，将更多适合中央清算的产品纳入，通过多边净额结算，在提升市场流动性的同时，降低交易对手方风险。其次，监管部门应在市场准入、交易保证金制度、杠杆率水平等方面进行严格规定，不断提升市场参与者的风险意识和风险管理能力。再次，伴随境外参与主体陆续进入，应充分考虑境外市场波动对境内市场的冲击，通过在监管机构层面和自律组织层面建立跨境监管合作机制，在信息披露、交易报告、杠杆率控制等方面加强国际协调，确保以全球化的统一标准防范金融风险跨境传染。

B.10
2017年的中国财富管理市场

王增武*

摘　要： 2017年，“一行三会”等相关机构联合颁布《关于规范金融机构资产管理业务的指导意见（征求意见稿）》（以下简称《意见》），标志着国内以产品为导向的资产管理市场或者说财富管理市场进入“新时代”，而这也是整个市场中的热点和焦点问题之一。鉴于此，本报告从资金流向视角对《意见》进行评述，在总结相关结论的基础上给出以下政策建议。第一，财富管理市场存量呈现“结构调整”态势，以银行理财市场为视角的财富管理市场流量表现出“前波后稳”的特点。第二，截至2017年6月末，银行理财和私人银行共计37.43万亿元的余额中有15.83万亿元投向实体经济，11.21万亿元是嵌套投资。2017年10月末，14.69万亿元的保险资金运用规模中有9.09万亿元投向实体经济，2.83万亿元是嵌套投资。第三，限制非标投资重在管理基金子公司和证券公司通道业务的非标投资；“穿透”是剖析多层嵌套的主要工具之一，以防范“例外”条款的潜在套利空间；完善《意见》细则并厘清模棱两可的说法，如资金池的界定和私人银行或高净值客户的界定等；统一监管的基础有准入门槛的统一、法律基础的统一、产

* 王增武，理学博士，中国社会科学院金融研究所副研究员，在 *Insurance: Mathematics and Economics*、*Annals of Economics and Finance*、《经济研究》、《金融评论》和《经济社会体制比较》等期刊上发表学术论文多篇。

品评级的统一、销售渠道的统一以及专业人才队伍的建设等。

关键词：资金流向　服务实体　非标投资

一　市场发展：结构调整

首先，从存量和流量两个维度阐释财富管理市场的发展情况。在以产品为导向的财富管理市场中，其存量规模总体呈现“结构调整”的特点（见表1）。第一，存量规模汇总由2007年的6.59万亿元飙升至2017年的130.00万亿元，但2017年的绝对增幅为近五年来最低。同样，与GDP的深化程度不升反降。第二，分市场而言，与过去普涨格局不同，2017年则有涨有跌，银行理财、券商资管、基金专户以及期货资管等存量规模出现回落，其他市场的存量规模则有所扩大。第三，结构调整的原因不外乎本轮强监管下的业务调整，如银行理财的金融机构同业业务为4.6万亿元，占全部理财产品余额的16.21%；余额下降2万元，下降幅度为31%，占比下降7个百分点。

表1　财富管理市场存量规模

单位：万亿元，%

年份	银行理财	私人银行	信托计划	券商资管	公募基金	基金专户	期货资管	私募基金	保险资金运用	汇总	GDP	深度
2007	0.90	—	0.71	0.08	2.23				2.67	6.59	26.58	24.79
2008	1.40	0.29	1.20	0.09	2.57				3.05	8.60	31.40	27.39
2009	1.70	0.82	1.98	0.14	2.45				3.74	10.83	34.09	31.77
2010	2.80	1.10	3.04	0.18	2.42				4.60	14.14	40.15	35.22
2011	4.60	1.88	4.81	0.28	2.19				5.52	19.28	47.31	40.75
2012	7.10	2.63	7.47	1.89	2.87				6.85	28.81	51.94	55.47

续表

年份	银行理财	私人银行	信托计划	券商资管	公募基金	基金专户	期货资管	私募基金	保险资金运用	汇总	GDP	深度
2013	10.20	3.60	10.91	5.20	3.00				8.28	41.19	56.88	72.42
2014	15.00	4.66	13.98	7.95	4.54		0.013	2.13	9.30	57.57	63.65	90.45
2015	23.50	6.32	16.30	11.89	8.40	12.73	0.10	5.07	11.18	95.49	66.67	143.23
2016	29.05	8.35	20.22	17.58	9.16	16.89	0.29	7.89	13.12	122.60	74.41	164.76
2017	28.38	9.05	24.41	17.37	11.14	14.38	0.24	10.32	14.69	130.00	79.11	164.33

注：①银行理财和私人银行的数据截至2017年6月末，保险资金运用的数据截至2017年10月末，其他数据截点均为2017年第三季度末；②2017年的GDP数据是以2017年前三季度的GDP数据为基础进行测算的；③财富管理市场深度＝汇总的财富管理市场余额/GDP×100%。

资料来源：中国银监会、中国证监会和中国保监会及其下辖的行业协会或官方机构发布的相关报告，中国社科院金融所财富管理研究中心。

其次，以银行理财产品市场为例来说明财富管理市场的流量情况，其总体特点是“前波后稳”，潜在原因不外乎2017年初的“三三四”等监管政策以及后期的逐步调整。2017年1～10月，银行理财产品市场共发售理财产品9.42万款，募集资金规模达48.47万亿元，而同期的人民币新增存款规模仅为13.58万亿元，再次印证了存款理财化等现象（见图1）。事实

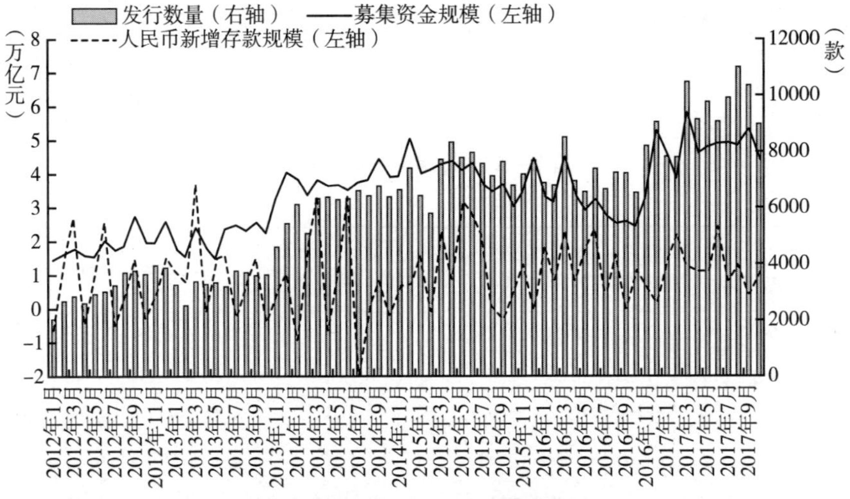

图1　银行理财产品市场流量情况

资料来源：中国社会科学院金融研究所财富管理研究中心。

上，制约银行理财市场发展的一个原因就是银行理财的流动性问题，这个问题在2017年有所突破，浦发、兴业、中信等银行相继推出银行理财产品转让系统。以浦发银行的“个人客户理财份额转让业务网上撮合模式”为例，该模式是指出让人、受让人分别在浦发银行指定网上电子渠道挂单（具体办理时间为工作日的9：30～15：00，出让人与受让人均应在本行完成理财业务签约手续），系统根据价格优先、时间优先原则自动匹配完成的转让。

浦发银行理财转让系统的主要交易规则如下。第一，网银系统根据价格优先、时间优先等原则对所有买入挂单、卖出挂单进行撮合匹配，当买入价大于等于卖出价时，则系统自动撮合成交。第二，撮合成交价为买入价、卖出价和前一成交价三者中的中间价，其中，前一成交价是指当天交易系统中，同一理财产品且起息日一致的转让标的上一笔撮合成交价格，如新增转让标的或每个工作日的第一个成交价的前一成交价，则为买入价和卖出价中的较低价。举例而言，在同一款理财产品且起息日相同的情况下，如果客户A卖出挂单申请价格为50050元，客户B买入挂单申请价格为50100元，进一步假设前一成交价大于等于50100元，则本单最终的成交价为50100元。第三，如果前一成交价在50050元到50100元区间内，则本单最终成交价与前一成交价相同；如果前一成交价不大于50050元，则本单最终成交价为50050元。

最后，本轮财富管理市场强监管的要义不外乎防范金融风险、强化服务实体经济等。鉴于此，下面通过财富管理市场的资金流向分析测算财富管理中的嵌套规模和服务实体规模。

二　资金流向：服务实体

为了更好地考察财富管理市场的资金流向问题，现对具体的测算说明如下（见表2）。

第一，对于银行理财市场，共考察保本、非保本和结构化主体三类业务，其中保本和非保本理财资金运用数据以中债登公布的报告为准，结构化

表 2　分市场的数据来源情况说明

市场	数据来源
银行理财	中债登发布的《中国银行业理财市场年度报告》、31 家上市银行的年报，含银行理财和私人银行
证券资管	中国证券投资基金业协会发布的《资产管理行业统计简报（2015 年）》和《证券期货经营机构私募资产管理业务 2016 年统计年报》以及中国证券投资基金业协会官网数据，含公募基金、基金及基金子公司的专户产品和私募基金等
证券基金	
保险资管	中国保监会官网数据、《中国统计年鉴》和《中国金融稳定报告（2017）》
信托计划	中国信托业协会官网数据

注：31 家上市银行包括北京银行、常熟农商行、工商银行、光大银行、贵阳银行、哈尔滨银行、华夏银行、徽商银行、建设银行、江苏银行、江阴农商行、交通银行、锦州银行、民生银行、南京银行、宁波银行、农业银行、平安银行、浦发银行、上海银行、盛京银行、天津银行、无锡农商行、兴业银行、邮储银行、招商银行、浙商银行、郑州银行、中信银行、中国银行、重庆银行。

资料来源：笔者整理。

数据来源于上市银行年报，具体测算见殷剑峰等①的文献。需要特别说明的是，由此汇总的银行理财规模将高于表 1 中公布的官方数据，因为本报告将结构化主体的投资规模纳入了考察范围。

第二，证券资管和证券基金数据以官方公布数据为准，为把公募基金投资方向细分为附表 1 所列的分类，本报告以不同类型基金的投资范围约定为依据，如债券型基金 80% 投资于债券市场、20% 投资于股票市场，股票型基金 80% 投资于股票市场、20% 投资于债券市场，混合基金各有 50% 投资于债券市场和股票市场，并将 QDII 基金纳入“其他”项统计范畴。

第三，保险资管的证券基金投资数据来源于《中国金融稳定报告（2017）》，由此可将中国保监会公布的“股票及证券投资基金”拆分为“股票”和“证券基金”两项，以 61 家人身险公司②的年报数据为样本，可以

① 殷剑峰、吴建伟、王增武等：《钱去哪了——中国理财产品市场发展与评价（2013 ~ 2017））》，社会科学文献出版社，2017。

② 安邦人寿、百年人寿、北大方正人寿、德华安顾人寿、复星保德信人寿、东吴人寿、富德生命人寿、工银安盛人寿、光大永明人寿、国华人寿、合众人寿、和谐健康、恒安标准、弘康人寿、华泰人寿、华夏人寿、汇丰人寿、吉祥人寿、建信人寿、交银康联、君康人寿、昆仑人寿、昆仑健康、利安人寿、陆家嘴国泰人寿、民生人寿、农银人寿、（转下页注）

将保险资金运用分为附表1中的16项，详见王增武等②的文献。

由以表2及附表1中的分类统计为基准的资管市场投入产出原始数据见附表2。需要说明的是，鉴于期货资管的规模较小，在此忽略不计。

借鉴《中国银行业理财市场年度报告（2013）》中关于银行理财服务实体经济的分类，本报告将债券资产、股票资产和非标资产三者之和作为资管市场服务实体经济规模的统计标准，将银行理财、证券资管、保险资管、证券基金和信托计划五类投向看作财富管理市场的“嵌套”，另外两项是货币资产和其他。以2016年的数据表现为例（见图2），1单位的证券资管资金中有0.71单位进入实体经济，1单位的银行理财资金中有0.3单位是嵌套投资。以前述相关比例为基准，测算2017年财富管理市场的资金流向情况，主要结论如下（见图3）：第一，截至2017年6月末，银行理财

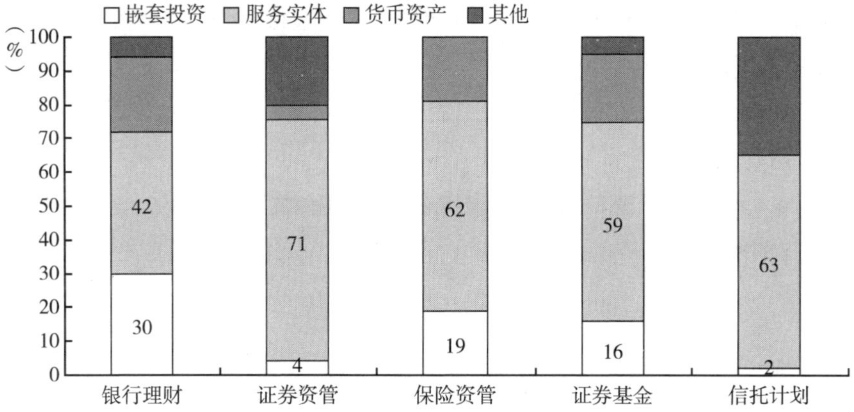

图2　2016年财富管理市场资金流向的占比情况

资料来源：笔者计算并绘制。

（接上页注②）前海人寿、人保寿险、平安寿险、人寿养老、瑞泰人寿、太平养老、泰康人寿、天安人寿、同方全球人寿、新光海航人寿、新华人寿、信诚人寿、信泰人寿、阳光人寿、英大泰和人寿、长城人寿、长生人寿、招商信诺、中德安联、中法人寿、中国人寿、中韩人寿、中宏人寿、中美联泰大都会人寿、中融人寿、中意人寿、中银三星、中英人寿、中邮人寿、珠江人寿、渤海人寿、国联人寿、上海人寿、恒大人寿。

② 王增武、黄国平、阎建军：《保险资金运用的另类投资规模测算及其应用分析》，工作论文，2017。

和私人银行共计37.43万亿元的余额中有15.83万亿元投向实体经济，11.21万亿元是嵌套投资；第二，截至2017年9月末，公募基金、私募基金以及基金和基金子公司共计35.84万亿元的余额中有21.23万亿元投向实体经济，5.74万亿元是嵌套投资；第三，截至2017年10月末，14.69万亿元的保险资金运用规模中有9.09万亿元投向实体经济，2.83万亿元是嵌套投资。

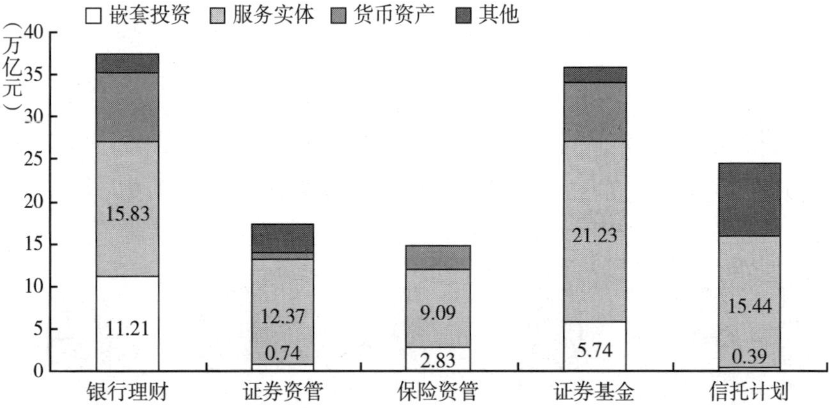

图3 财富管理市场资金流向的规模情况

资料来源：笔者计算并绘制。

三 政策评述：资金流向视角

2017年11月17日，中国人民银行同银监会、证监会、保监会、国家外汇管理局等部门正式下发《关于规范金融机构资产管理业务的指导意见（征求意见稿）》（以下简称《意见》）。《意见》的指导思想是在严控风险的基础上坚持服务实体经济的根本目标，坚持宏观审慎监管和微观审慎监管相结合，坚持机构监管和功能监管相结合，在做到坚持有的放矢、问题导向的同时，积极稳妥、审慎推进。《意见》的要义在于穿透资产管理业务的资金流向，并在做好风险防范的基础上更好地服务实体经济。鉴于此，本报告从资金流向视角对《意见》中的相关条目进行评述并给出以下政策建议。

第一，《意见》总体上重原则轻细则、强统一弱差异，同时还存在诸多模糊界定，如资金池及私人银行和高净值客户的界定等。《意见》第15条明确规定“禁止资金池”，“资金池”业务可以说是资产管理市场中的“顽疾”，由来已久且屡教屡犯，原因在于界定模糊且很难监管到位。以银行理财为例，事实上，“在募集期或清算期当然可以做到单独管理、单独建账、单独核算，但在产品的运作期则很难做到”。《意见》第26条中的“发行销售、投资、兑付等环节的实时动态监管”和“穿透监管”两者结合或许能够规避类似问题。

第二，统一监管的前提或在《意见》之外。众所周知，统一监管的前提是公平的竞争环境，《意见》第13条明确规定，“主营业务不包括资产管理业务的金融机构应当设立具有独立法人地位的资产管理子公司开展资产管理业务，暂不具备条件的可以设立专门的资产管理业务经营部门开展业务”，这算是统一监管的“公平”条件之一。

第三，消除多层嵌套的要义在于“多层”，然而“穿透”的“多层”也属于可控范围之内。《意见》明确规定“资产管理产品可以投资一层资产管理产品，但所投资的资产管理产品不得再投资其他资产管理产品（公募证券投资基金除外）”。这表明《意见》允许单层委外投资，但多层嵌套不在许可范围之内。一则从金融投资的风险收益谱系来看，银行理财及其他资产管理产品的收益高于定期存款而低于股票投资，风险则低于股票投资而高于定期存款，对资产管理产品的适度投资可以优化产品或客户的投资组合。从这个角度而言，“资产管理产品不得投资其他资产管理产品”这一条款值得商榷。二则禁止“多层”嵌套的要义旨在防范类似“宝万之争”事件的二次发生。事实上，“宝万之争”背后的资管嵌套链条为“银行理财—资产管理计划—私募基金—万科股票”，如果事前要求金融机构报送其“穿透”后的资金去向或资金来源情况，“宝万之争”事件也还是可控的。

第四，《意见》第24条的统计制度中要求统一资产管理产品的信息报送，同时要求中债登、中证登等机构报送资产管理产品持有其登记托管的金融工具的信息。如该条意见在实践中得以落实，至少可以规避资产管理产品债券投资规模和中债登登记的资产管理产品持有的债券规模之间的巨大差异等类似问题，因为测算显示，2016 年末资产管理业务投资债券市场的规模为 26.25 万亿元，而同期中债登的“主要券种投资者持有结构”数据则显示，其中与资产管理业务相对应的“基金类”债券持有规模仅为 6.55 万亿元。

事实上，银监会的“理财业务统计表”（G06 表）将资产端细分为 16 大类，并对私募基金、资产管理产品、委外投资－协议方式的资产进一步穿透至底层。然而，在各商业银行理财产品的公开信息披露中则对产品的投向说明含混不清。建议在下一步的监管要求中明确要求公开详细披露产品的投资方向，如“××机构的××资产管理计划”等。

第五，规范非标投资重在规范证券公司通道业务和基金子公司的专户理财业务，如 2016 年末两类业务的非标投资规模是银行理财非标投资规模的 3.6 倍（见图 4）。《意见》指出，“金融机构发行资产管理产品投资非标准化债权类资产的，应当遵守金融监管部门制定的有关限额管理、风险准备金要求、流动性管理等监管标准”，此举旨在规范非标资产投资。

四　结论及政策建议

在以产品为导向的国内财富管理市场中，我们在分析其市场发展概览的基础上从资金流向视角分析监管新规，并由此给出政策建议。主要结论和建议如下。

第一，财富管理市场存量呈现“结构调整”态势，以银行理财市场为视角的财富管理市场流量表现出“前波后稳”的特点，以银行理财为代表的财富管理市场创新则是多家商业银行再次推出银行理财流转平台。

第二，截至 2017 年 6 月末，银行理财和私人银行共计 37.43 万亿元的余额中有 15.83 万亿元投向实体经济，11.21 万亿元是嵌套投资；截至 2017

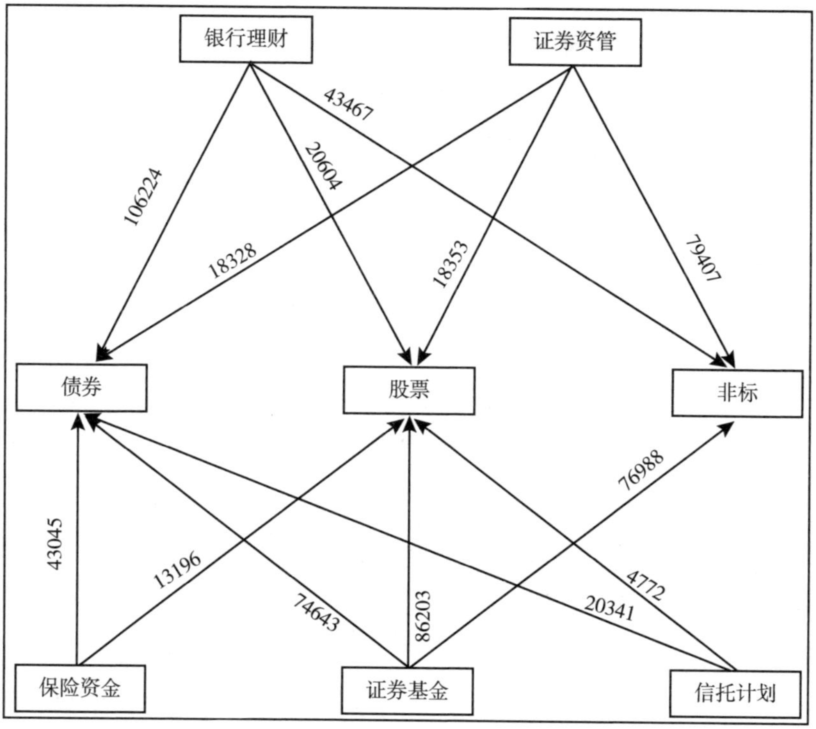

图 4　财富管理投资债券、股票和非标的网络结构

注：单位为亿元。
资料来源：笔者计算并绘制。

年 9 月末，公募基金、私募基金以及基金和基金子公司共计 35. 84 万亿元的余额中有 21. 23 万亿元投向实体经济，5. 74 万亿元是嵌套投资；截至 2017 年 10 月末，14. 69 万亿元的保险资金运用规模中有 9. 09 万亿元投向实体经济，2. 83 万亿元是嵌套投资。

第三，限制非标投资重在管理基金子公司和证券公司通道业务的非标投资；“穿透”是剖析多层嵌套的主要工具之一，要防范“例外”条款的潜在套利空间；完善《意见》细则并厘清模棱两可的说法，如资金池的界定、私人银行或高净值客户的界定等；统一监管的条件有准入门槛的统一、法律基础的统一、产品评级的统一、销售渠道的统一以及专业人才队伍的建设等，具体如下。

其一，准入门槛的统一。《意见》对资本约束、风险计提和产品分类等做了统一规定，但在业务准入、客户准入和投资门槛等方面的统一仍有进一步的提升空间。基金子公司专户业务快速发展的原因在于其功能等同于信托业务，但基金子公司的资本金注册要求以及开展类信托业务的准入门槛则明显低于信托业务。

其二，法律基础的统一。目前证券投资基金法的上位法是信托法，信托计划遵从信托法，银行理财是委托代理关系，等等。若要实现统一监管，则应有相同的法理基础。以新兴的家族信托业务为例，商业银行为开展此项业务只能与信托公司合作，这是造成信托公司天然牌照优势的案例之一。

其三，产品评级的统一。截至 2017 年 9 月，整个资产管理市场的规模已达到 130 万亿元，《意见》明确规定产品信息的统计共享，但在产品收益风险评级和客户风险承受能力评估等方面则缺乏统一的指导意见或归口监管机构，这同样需要予以考虑。

其四，销售渠道的统一。《意见》第 13 条建议金融机构设立专营部门或独立子公司开展业务，在以银行为主导的国内金融体系中，银行系的独立子公司在销售渠道方面势必具有得天独厚的优势或排他性。相关研究显示，资产管理产品的销售市场依然处于商业银行垄断的市场格局，如何破解机构或渠道的垄断问题也是统一监管需要考虑的问题之一。

其五，专业人才队伍的建设。产品信息的统一报送平台需要专业的监管从业人员去分析、发现并处置潜在风险，进而做好系统性、区域性风险的防范工作，专业人才队伍的建设则是统一监管的要义所在。

附表1　资产管理市场分类统计情况说明

主要类型＼资金投向		银行理财	证券资管	保险资管	证券基金	信托计划	货币资产	债券资产	股票资产	非标资产	其他
银行理财		同业理财	证券资管	保险资管	证券基金	信托计划	现金及银行存款、货币市场工具	债券	权益类资产	非标准化债权类资产、理财直接融资工具	金融衍生品、代客境外理财投资QDII、另类资产、其他
证券资管	集合计划		专项资产管理计划		基金	信托计划	协议或银行存款	债券	股票		其他
	定向业务		券商集合计划		证券投资基金	信托计划	同业存款	债券、债券逆回购	股票、股票质押回购	资产收益权	其他
	通道业务						同业存款	债券、债券逆回购	股票质押融资	信托贷款、银行委托贷款、资产收益权、票据	其他
保险资管		银行理财	证券资管	保险资管	证券基金	信托计划	银行存款	国债、金融债、企业债	股票	投资性房地产、长期股权投资、债权计划、股权计划、项目资产支持计划	其他

续表

主要类型	资金投向	银行理财	证券资管	保险资管	证券基金	信托计划	货币资产	债券资产	股票资产	非标资产	其他
证券基金	公募基金						货币资产	债券	股票		其他
证券基金	基金子公司专户	商业银行理财计划	证券公司资产管理计划	保险资产管理计划	证券投资基金、基金公司及子公司资产管理计划、私募基金	信托计划	现金、同业存款含协议存款	债券	股票、股票股权质押融资	银行委托贷款,信托贷款,以收益权、股权为形式的债权投资,其他资产收益权,股权投资,信贷票据信用证保理	资产支持证券及其他证券、期货衍生品保证金、期货资产管理计划、其他
证券基金	基金公司专户				证券投资基金		现金、同业存款	债券	股票		资产支持证券、其他境内证券、期货衍生品保证金、境外投资、其他
信托计划					基金			债券	股票	基础产业、房地产、工商企业	其他、金融机构

资料来源：笔者整理。

附表 2　资产管理市场资金流向原始数据

单位：亿元

2014 年

主要类型＼资金流向	银行理财	证券资管	保险资管	证券基金	信托计划	货币资产	债券资产	股票资产	非标资产	其他	汇总
银行理财	7158	27436	0	2900	24510	60876	44730	9372	31782	1532	210297
证券资管	0	459	0	697	1960	2118	11853	2282	46288	15646	81303
保险资管	1375	51	685	4714	4771	25311	35600	5612	15098	98	93315
证券基金	1570	2804	75	6394	1982	21984	11239	16251	17947	2370	82615
信托计划	0	0	0	1524	0	0	12386	5914	77323	42667	139814

2015 年

主要类型＼资金流向	银行理财	证券资管	保险资管	证券基金	信托计划	货币资产	债券资产	股票资产	非标资产	其他	汇总
银行理财	19270	49073	0	6310	33270	83425	70359	18424	49468	13325	342923
证券资管	0	1360	0	3866	2869	5294	28378	5765	52599	19710	119841
保险资管	3672	19	1326	8857	5255	24350	38446	8113	21667	92	111795
证券基金	3601	6430	171	16719	4544	49407	41153	22731	41149	8060	193965
信托计划	0	0	0	3651	0	0	17197	12323	80131	49699	163000

2016 年

主要类型＼资金流向	银行理财	证券资管	保险资管	证券基金	信托计划	货币资产	债券资产	股票资产	非标资产	其他	汇总
银行理财	29012	52627	0	11120	31399	89765	127123	0	48281	25332	414658
证券资管	0	1803	0	2183	3543	7642	50743	8726	65710	35449	175799
保险资管	6300	4	4940	8854	7530	24844	43050	8934	29094	360	133910
证券基金	4504	8055	267	22520	5673	50808	69224	31259	51274	12562	256146
信托计划	0	0	0	3235	0	0	22282	7239	98411	71073	202240

B.11
2017年的中国金融租赁市场

何海峰　邱楠宇*

摘　要： 进入新时代，中国经济由高速增长阶段转向了高质量发展阶段；在第五次全国金融工作会议召开之后，中国金融发展也进入了一个新阶段。与中国经济和金融发展相伴随，金融租赁业进入了由高增速向中速换挡的新时期。从行业结构来看，逐步形成稳态，金融租赁、内资租赁、外资租赁“三支队伍”各居其一；从区域发展来看，继续向广东、天津、上海三地集中；从问题和不足来看，租赁企业“空壳化”问题虽有改善但依然严重，租赁资产可交易的突破、资产证券化的规范等还需重点关注。我们期待，国内金融租赁业能够把握住新阶段的发展机遇，从政策指引、监管规范、企业创新等多角度、多层面切实履行新时代的发展要求，更好地服务好实体经济，助力中国实体经济升级转型和美好生活建设。

关键词： 金融租赁业　融资租赁　租赁公司　新阶段

一　2017年金融租赁行业运行概况

随着向新时代、新目标的迈进，我国经济建设进入新时代、新阶段，对

* 何海峰，中国社会科学院金融研究所结构金融研究室主任，副研究员；邱楠宇，泰达宏利基金管理有限公司研究员。

端正发展观念、转变发展方式提出了更高的要求，推动发展质量和效益不断提升。对于我国的金融工作，2017 年 7 月全国金融工作会议要求把握回归本源和优化结构的重要原则，实现金融服从并服务实体经济，完善金融市场、金融机构、金融产品体系。作为我国金融市场中的一个金融机构，金融租赁业一直保持高速成长，不论是在企业数量还是业务规模上都是如此。但随着行业的逐渐发展，行业也由单纯规模扩张逐渐向质量合宜、结构优化和体系完善的方向转变，对实体经济的拉动作用逐步显现。

（一）行业规模扩张由超高速向中低速换挡

自国内整个金融租赁行业进入发展的第五个阶段①以来，伴随着国家和地方相关监管规则及鼓励政策的出台与实施，中国金融租赁行业在规范后步入发展的快车道。融资租赁②企业从 2007 年的 58 家增加到 2016 年的 7136 家，年均复合增速高达 71%，仅 2016 年就新增融资租赁企业 2628 家，在 2015 年 4508 家的高基数上仍有 58% 的高速增长。进入 2017 年，新开融资租赁企业增速明显放缓，就目前可得的数据来看，截至 2017 年 9 月底，新开融资租赁企业 1444 家，相比 2016 年底增幅仅为 20%，相比上年同期的 6392 家增幅也降为 34%（见图 1、图 2）。可以看出，国内融资租赁企业的扩张速度从 2016 年开始进入增速下滑期，2017 年增速放缓更加明显。这样的趋势是一个合理的现象，一方面，经过过去 10 年的高速发展阶段，全行业融资租赁企业数量在 2017 年已经有着超过 7000 家的高基数，在此高基数效应之下的增长放缓属于正常情况，也符合行业发展由高速逐渐转向稳定的客观规律；另一方面，国家和地方针对金融租赁业的发展思路也随着行业发展阶段的不同而发生了变化，正在从政策支持向

① 2015 年“金融蓝皮书”中《2015 年的中国金融租赁市场》一文将中国金融租赁业的发展划分为五个阶段。

② 为了便于下文将“金融租赁”与“内资租赁”和“外资租赁”三种企业类型进行分类讨论，文中“融资租赁业”等同于广义的“金融租赁业”定义。文中以“金融租赁业”表示行业业态，以“融资租赁企业”表示行业中的企业代表。

规范优化转变，这让行业扩张从单纯的数量优先逐步向质量优先过渡和优化。

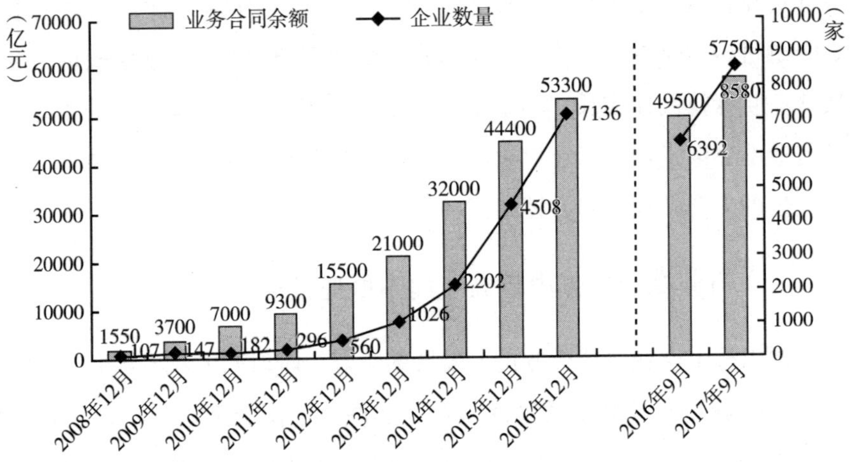

图 1　全国融资租赁企业数量与业务合同余额

资料来源：根据 Wind 资讯数据整理。

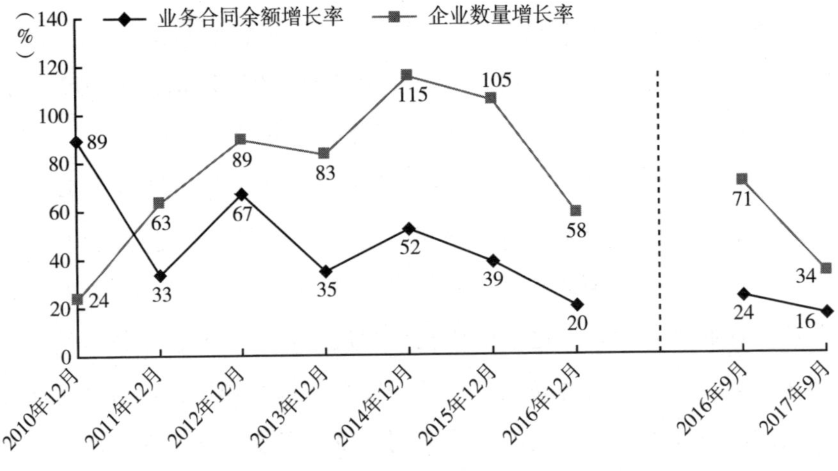

图 2　全国融资租赁企业数量增长率与业务合同余额增长率

资料来源：根据 Wind 资讯数据整理。

在融资租赁企业如雨后春笋般林立、保持年均复合增速 71% 以上高速增长的同时，我们可以看到整个融资租赁行业的业务规模也得到了极大增长。2007～2016年，融资租赁业务规模从240亿元增加到5.33万亿元，实现了年均复合增速82%的超高速增长。但进入2017年以来，增速进一步放缓，截至2017年9月底，全行业业务合同余额为5.75万亿元，相比年初新增业务规模4200亿元，增幅仅为8%，相比上年同期4.95万亿元增幅为16%，同比增速继续保持下滑态势。区分不同类型的租赁企业来看，过去10年，主要业务规模增速贡献最大的是外资租赁企业，其年均复合增速为91%，高于金融租赁企业和内资租赁企业的83%和76%。外资租赁企业业务规模增长最快，源于其企业数量增长最快，但过快增长的外资租赁企业所带来的业务规模增量并未与其企业数量相匹配。这一点从2016年开始发生了变化，就租赁业务而言，外资租赁企业的业务规模增速开始明显低于内资租赁企业。截至2017年6月底，外资租赁企业数量增长45%，业务规模增长19%（见图3、图4）。

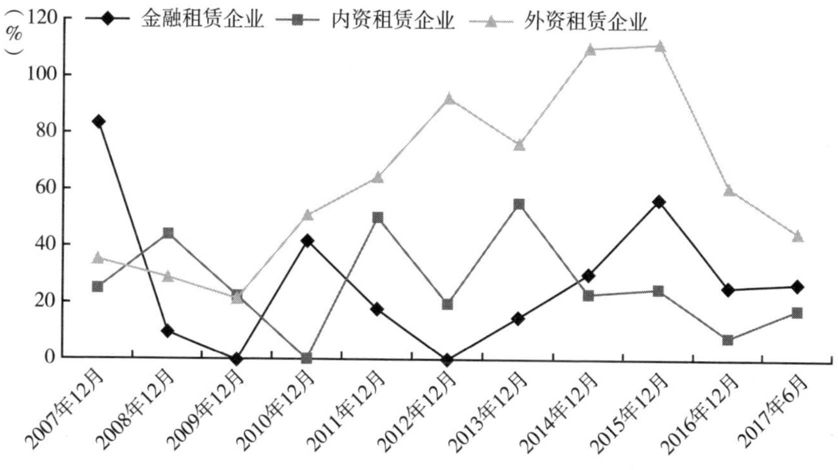

图3　各类租赁企业数量增长情况

资料来源：根据Wind资讯数据整理。

不论是从租赁企业数量还是业务规模来看，行业的发展阶段由高速发展阶段转向中高速发展阶段，这是合理现象。因为在市场体量已经相对较高基数的基础上，依然还能维持中高速增长意味着行业的发展潜力依然巨大，只

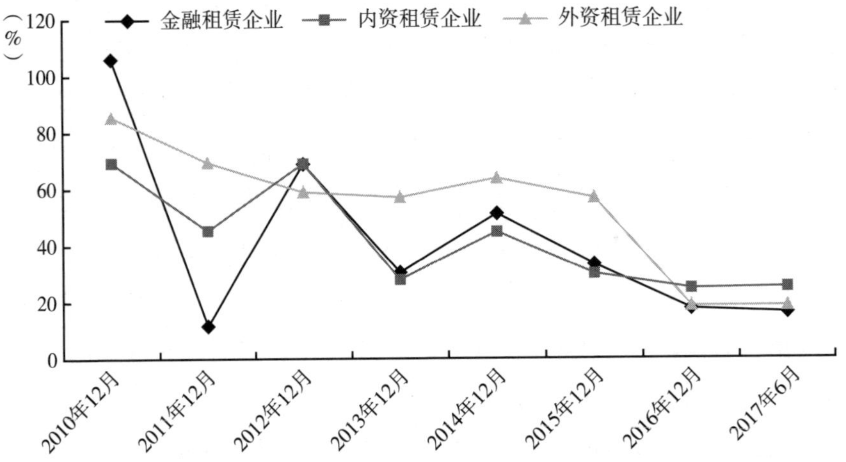

图4　各类租赁企业业务规模增长情况

资料来源：根据 Wind 资讯数据整理。

是在发展的趋势上处于一个从快速崛起到逐渐成熟的转变过程，这主要是不同类型的租赁企业发展不平衡导致的。

（二）行业结构基本形成稳态，“三支队伍”各居其一，各区域发展进度有所变化

关于国内金融租赁业结构的讨论，主要从两方面着手：一方面是企业类型结构；另一方面是全国各地区融资租赁业的发展情况。2016～2017 年，融资租赁行业的企业在类型上基本形成了相对稳定的结构，金融租赁、内资租赁和外资租赁“三支队伍”在业务体量上基本相当，而各地区纷纷出台相关政策加大对租赁业的鼓励和支持，尤其以自贸区见长的地区发展最为迅速，因此 2017 年各区域发展进度相比 2016 年发生了较大的变化。

截至 2017 年 6 月底，金融租赁企业较 2016 年增加 7 家，增长 11.86%，但仍慢于外资租赁企业的增加数量和增长幅度；外资租赁企业数量为 7928 家，相比年初增加 1056 家，增幅达 15.37%；内资租赁企业数量为 224 家，相比年初增加 19 家，增幅最小，仅为 9.27%。尽管从企业数量的增长情况

来看，外资租赁企业增长最快，金融租赁企业次之，增长最慢的是内资租赁企业，但这并不意味着增加多少企业就能多增相应的业务合同余额。截至2017年6月底，外资租赁企业业务合同余额为1.755万亿元，相比年初增加850亿元，增幅为5.09%，略快于金融租赁企业而慢于内资租赁企业；金融租赁企业业务合同余额为2.115万亿元，相比年初增加750亿元，增幅仅为3.68%；而内资租赁企业业务合同余额增长较快，相比年初增加1100亿元，增幅为6.79%（见表1）。三类企业的发展状况总体稳定，2017年边际变化较大的就是内资租赁企业业务合同余额的稳定增长和外资租赁企业数量环比增速的大幅放缓，但行业结构基本稳定。

表1　中国金融租赁业企业数量与业务合同余额变化情况

企业类型	2017年6月底				2017年3月底				2016年	
	数量（家）	较2016年增长（%）	业务合同余额（亿元）	较2016年增长（%）	数量（家）	较2016年增长（%）	业务合同余额（亿元）	较2016年增长（%）	数量（家）	业务合同余额（亿元）
金融租赁企业	66	11.86	21150	3.68	63	6.78	21180	3.82	59	20400
内资租赁企业	224	9.27	17300	6.79	217	5.85	16900	4.32	205	16200
外资租赁企业	7928	15.37	17550	5.09	7346	6.90	17320	3.71	6872	16700
合计	8218	15.16	56000	5.07	7626	6.87	55400	3.94	7136	53300

资料来源：银监会网站、商务部网站、Wind资讯。

金融租赁、内资租赁和外资租赁三类企业由于监管主体、企业性质等差异在发展速度上各不相同，这也是形成现有行业格局的主要原因。由于设立门槛较低、审批较松以及各地区积极鼓励的缘故，外资租赁企业的设立较为容易，因此增长最快、占比最高。单就企业数量而言，外资租赁企业的行业占比从2009年的67%提升到2017年6月底的96%，事实上自2014年开始外资租赁企业占比一直维持在90%以上并且逐年提升，这主要因为其新设扩张速度远高于其他两类企业。就三类租赁企业数量的增速情况而言，2017年外资租赁企业的增速放缓趋势有所加剧，金融租赁企业趋于平稳，而内资租赁企业反而略有回升。预计未来将维持这一格局，外资租赁企业仍是增加最快、最多的一类租赁企业，但增速将较快下降，而金融租赁企业将维持稳定并极缓慢增长，内资租赁企业将保持稳定中低速增长。

尽管就租赁企业的数量占比而言，外资租赁企业占据行业绝对优势，但从业务体量上来看，"三支队伍"的规模已经日益接近并基本形成3∶3∶3的稳定比例（见图5、图6）。截至2017年6月末，金融租赁、内资租赁和外资三类企业的业务规模占比分别为37.77%、30.89%和31.44%，三类企业已经分别承担起整个金融租赁行业的业务体量，形成三分市场的稳态格局。相比2016年三类企业业务规模38.27%、30.39%和31.33%占比而言，内资租赁企业和外资租赁企业的业务规模占比分别微提升0.5个和0.11个百分点。也就是说，随着内资租赁企业业务规模的稳定增长，以及外资租赁企业的快速设立和部分存量企业业务规模的增长，金融租赁企业的市场占有率会略有让步。预计未来将保持这一近似"三三三"的行业格局，其中金融租赁企业占比仍将领先，毕竟其在融资便利和资本实力上远好于其他两类企业。

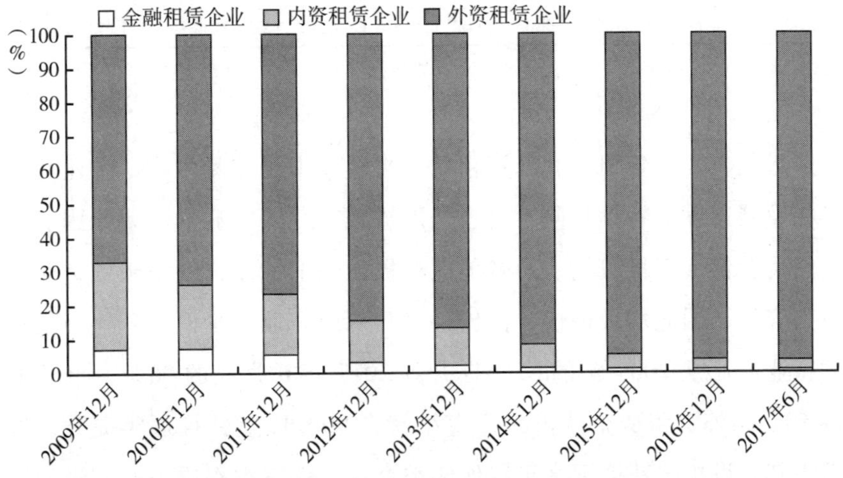

图5　融资租赁行业企业数量结构变化情况

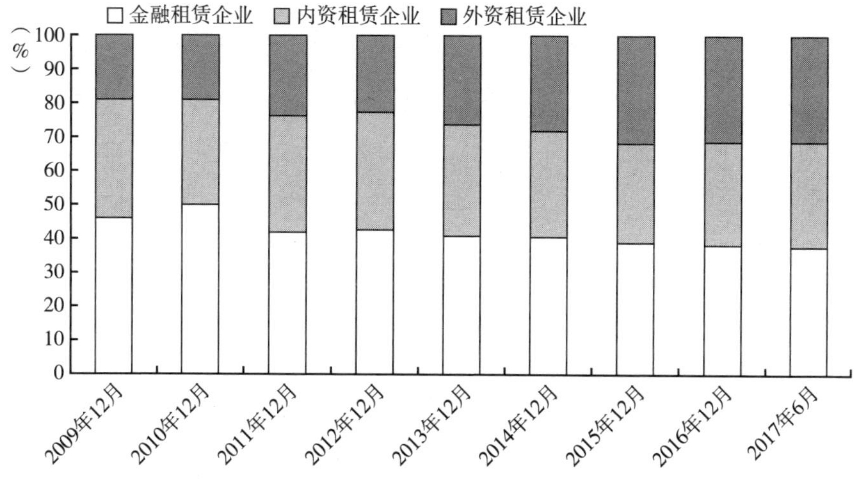

图 6　融资租赁行业企业业务规模结构变化情况

随着各地区纷纷出台政策对融资租赁业进行鼓励和支持，再加上我国金融租赁业发展受区域和政策导向的影响较大，过去两年基本形成了以国内第一批自贸区试点为主要租赁企业聚集地的格局。截至 2016 年底，融资租赁企业数量排在前三位的省份分别是广东、上海、天津，在三个省份注册的融资租赁企业数量占全国的 77.7%（见图 7），相比 2015 年排在前三位的省份占比高出 5.1 个百分点，2015 年融资租赁企业数量排在前三位的省份分别是上海、广东、天津（见图 8）。作为国内第一批自贸区试点地区，广东、上海、天津既有政策上的支持，又有区域经济的优势，三地的集中趋势预计仍将持续。2016 年集中度进一步提升的原因主要是广东融资租赁企业数量的激增，相比 2015 年新增融资租赁企业 1478 家，广东融资租赁企业数量占比从 2015 年的 19.7% 上升到 2016 年的 33.2%。除了区域优势之外，更重要的是 2016 年广东省出台了《关于加快融资租赁业发展的实施意见》，鼓励发展融资租赁企业，在政策上进一步引导和吸引融资租赁企业的设立。随着各省份逐渐推行的相关扶持政策的落地，不同地区都经历了融资租赁企业从无到有的快速扩张阶段，融资租赁业成为各地区有一定体量的产业，这无疑是有利于发挥金融租赁业更好地服务实体经济发展、促进经济稳定增长和转型升级作用的。但数量的增长绝不是行业发展成熟的标志，有质量并符合监管要求的企业才是新时代社会经济发展所需要的，以融资租赁业原本发展较快的天津和上海为例，也能看到融资租赁企业设立的增速有所放缓，相比2015年，2016年上海仅新增312家，预计未来各地区融资租赁企业设立的增速都会相应放缓，而且会更注重企业业务质量和风险控制等因素，以实现行业的稳健发展。

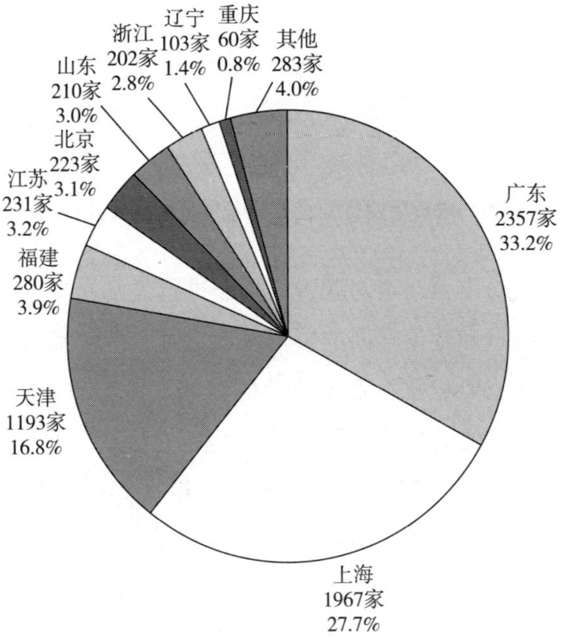

图7 2016年融资租赁企业在全国主要地区的分布情况

资料来源：根据Wind资讯数据整理。

（三）以外资租赁企业为主的“空壳化”现象仍然较为严重但有所改善

企业“空壳化”现象依然较为严重，过去几年以外资租赁企业为主的融资租赁企业数量增长较快，但大部分外资租赁企业没有或者缺乏实际租赁

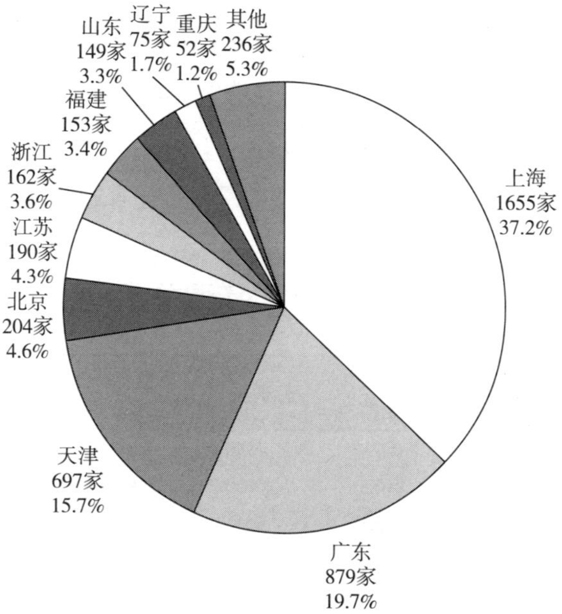

图8　2015 年融资租赁企业在全国主要地区的分布情况

业务，业内人士大多认为有五成至七成是空壳公司。自 2013 年起，外资租赁企业数量增速一直远高于其业务规模增长速度，前者的年均复合增速达到 89%，后者仅 48%，这主要是行业鼓励性政策实施以后外资租赁企业大批次注册而业务跟进缓慢所致。这种趋势在 2017 年依旧保持，但有所改善。截至 2017 年 6 月底，外资租赁企业的数量增长速度为 45%，仍然高于其业务规模 19% 的增速，相比 2016 年，企业数量增速继续放缓，同时业务规模增速反而有所回升。由此可以看出，外资租赁企业正在发生缓慢的变化，此前诸多外资租赁企业“空壳化”现象严重，带来的直接后果就是企业数量激增而业务增长缓慢。首先，从行业整体来看，2017 年以来企业数量增速和业务规模增速的轧差正在逐渐缩小，单就这点来看，融资租赁企业的业务开展能力是有所提升的，尤其显示出外资租赁企业参与实际业务的能力逐渐提高。其次，就单个租赁公司的平均业务余额而言，平均业务余额的降幅进一步收窄，更重要的是平均注册资本也保持平稳，这在一定程度上说明融资租赁企业的资本实力有所增强且逐渐保持稳定。2013 年 12 月至 2017 年 6 月的平均业务余额分别为 20.47 亿元、14.53 亿元、9.85 亿元、7.47 亿元、6.81 亿元（见表 2）。由此可以看出，尽管企业数量激增幅度较大，但平均业务量的下滑幅度已经大幅收敛并开始企稳，这是一个比较好的行业趋势特征，可以预见未来行业规模增长与企业数量增长会日趋同步。

表 2　中国金融租赁业相关指标变化情况

单位：家，亿元

时间	企业数量	业务合同余额	注册资本	平均注册资本	平均业务余额	平均业务余额同比增加
2012 年 12 月	560	15500	1890	3.38	27.68	-3.74
2013 年 12 月	1026	21000	3060	2.98	20.47	-7.21
2014 年 12 月	2202	32000	6611	3.00	14.53	-5.94
2015 年 12 月	4508	44400	15165	3.36	9.85	-4.68
2016 年 12 月	7136	53300	25569	3.58	7.47	-2.38
2017 年 6 月	8218	56000	29341	3.57	6.81	-0.66

二　2017 年金融租赁业重大事件

2017 年中国金融租赁业的重大事件如下。

第一，2017 年 7 月 14 ~ 15 日第五次全国金融工作会议在北京召开，会议强调要服务实体经济，防控金融风险，深化金融改革，促进经济和金融良性循环健康发展。全国金融工作会议的召开表明今后各类金融机构都将以更好地服务实体经济为主要要求，在加快行业发展的同时更要注重风险防控，对于金融租赁行业来说更是应该如此。基于此，2017 年 8 月 26 日国务院总理李克强在其主持召开的国务院常务会议上指出，加快发展融资租赁和金融租赁，是深化金融改革的重要举措，有利于缓解融资难、融资贵的问题，促进实体经济对设备的投资、带动产业的升级。会议确定了四个方面的要点：一是厉行简政放权，对融资租赁公司设立子公司不设最低注册资本限制；二是突出结构调整，加快发展高端核心装备进口、清洁能源、社会民生等领域的租赁业务，支持设立面向小微企业、“三农”的租赁公司；三是创新业务模式，用好“互联网+”，坚持融资与融物结合，建立租赁物与二手设备流通市场，发展售后回租业务；四是加大政策支持，鼓励各地通过奖励、风险补偿等方式，引导融资租赁和金融租赁更好地服务实体经济。

第二，上海地区在融资租赁行业人才培养方面大胆尝试。2017年9月，由上海市职业经纪人协会融资租赁经纪专业委员会组织的融资租赁经纪人从业考试开始报名，并于9月24日进行首次考试，年内第二场考试将于12月24日进行。全国融资租赁企业数量已经超过8000家，同时参与融资租赁市场活动的主体又涉及多方，诸如融资租赁企业、银行、厂商以及实体企业等，只要拥有其中一方资源的经纪人，都具有成为融资租赁执业经纪人的潜力。未来不论是行业继续以中高速增长，还是行业由量变向质变转变的过程，都需要大量专业的融资租赁人才，上海市的尝试为专业人才的引入开辟了通道。

第三，“中国绿色租赁发展共同体高峰论坛”于2017年9月23日在中国金融信息中心举行，论坛上成立了国内首个绿色租赁发展共同体。参会成员中100多家租赁企业的资产规模约为3万亿元，接近租赁业的一半体量，具有一定的行业代表性。通过共同体的设立，希望重点在两方面工作上有所推进：其一，搭建交流平台，深入行业研究，实现资源和信息共享；其二，希望通过这样的协作平台，打通资金端和资产端渠道，提供项目撮合、资产交易、资金交易、增信服务和投资服务等。

第四，2017年11月30日，货值915万美元的波音737型飞行模拟训练器在重庆海关、检验检疫局、商务委、税务等部门的支持下，完成了通关和报检业务，抵达承租人手里，经过这一系列流程之后，重庆成为第三批自贸区中首个完成“保税+融资租赁”业务的城市。通过这种业务创新的方式，企业可以分期支付关税和增值税，降低运营成本，缓解资金压力，更重要的是有助于推动产业链两端的拓展，培育新的外贸增长点。

第五，中垦融资租赁股份有限公司于2017年9月1日在重庆揭牌成立。成立中垦融资租赁股份有限公司是为了贯彻中央农垦改革意见，由重庆市农业投资集团有限公司作为主发起人，成都、安徽、河北、广西农垦等 8 个农垦企业和北京财信等 2 个非农垦企业共同发起设立的。农业部农垦局认为公司的成立是贯彻中央 33 号文件精神的生动实践和重要举措，是推进全国农垦联合、联盟、联营“三联”，建设农垦国际大粮商战略的重大尝试和积极探索。

三 金融租赁行业发展的主要问题

行业发展进入结构优化和逐步成熟的阶段，在这个阶段应逐渐从重量向重质转变，更加关注行业发展所面临的问题，这样才能更好地推进行业成熟。

（一）新阶段下更加重视行业的高质量发展

经过前文的分析，我们认为中国金融租赁业的发展进入新时期，意味着整个金融租赁业爆发式高速发展的状态已基本结束，行业开始进入激烈竞争、转型分化的新阶段。更重要的是行业将逐渐从单纯的企业数量扩张向实质业务增长的要求转变，尤其是能够直接支持实体经济的融资租赁项目才是符合新时期行业发展需求的业务方向。为此，需要多方的共同努力才能推动行业的良性发展，既需要政策层面的继续鼓励和支持，也需要监管层面的强化和规范，更需要企业自身的健康发展。国内金融租赁业的超高速发展离不开政府相关政策的鼓励和支持，这在行业发展初期所起的引导和帮助作用是极大的。在政策友好的背景下，行业在得到快速发展的同时，也出现了租赁企业“空壳化”和“牌照商品化”等问题，企业运行没有正常业务和项目支持，却将牌照沦为商品交易，完全丧失了对实体经济的服务作用。因此，对于进入新发展阶段的金融租赁业而言，监管环境的加严则显得势在必行。预计未来行业的相关监管的确会进一步加严，一方面可以规范租赁企业业务运行过程中的行为，另一方面可以加严对企业资质和业务实质的勘核，这都将有利于引导行业向高质量方向发展。除了政策层面和监管层面以外，融资租赁公司自身也应在行业竞争中做好差异化定位，结合自身特点走专业化道路，提高市场开拓能力和风险管理能力，提升企业综合运营效率，通过为实体经济服务、合规经营获取良好的经济效益，实现自身健康发展。

（二）租赁资产交易问题

国内金融租赁行业是典型的资金密集型行业，这主要是由其业务形式决定的。国内融资租赁企业主要是以售后回租等类信贷的方式开展业务的，这意味着资本实力和融资能力将是决定租赁公司市场竞争力的核心要素，同时也意味着租赁企业的资产和资金活跃度会随着业务体量的扩大而降低。因此，对于金融租赁企业而言，资产的流通将极大地有利于盘活其存量资产，节约资本金使用，实现与外部机构优势互补，甚至通过租金收益、资本优化、丰富资产投向等方式提升盈利能力。但由于资产交易业务尚属于行业内较为新兴的事物，在制度、法律法规、交易手段等方面都存在许多问题有待解决。首先，租赁资产登记公示制度尚不完善，主要表现在以下三个方面：一是租赁物登记方面缺乏相应的法律规定及司法解释支持；二是租赁物边界不清晰；三是我国的抵押担保物 70% 以上为不动产，其评估、征信、交易等各个环节还有很大的提升空间。其次，法律和税务相关规定尚不明晰、不统一，如目前法律层面并没有对可交易的融资租赁资产进行明确定义，另外租赁资产收益权流转所涉及的流转税细则和执行并不明确。再次，交易手段亟待创新。目前租赁资产交易的产品还比较单一，主要是资产转出、买断和证券化等，但可成型并通用的创新模式并不多见。最后，无论是公募市场还是私募市场均面临推行的障碍。

（三）资产证券化在金融租赁业中的障碍

国内资产证券化市场已经日渐成熟，其中发展金融租赁资产证券化以缓解租赁企业资金周转不足的问题，定将成为金融租赁行业中重要的融资方式。首先需要认识到资产证券化对租赁企业的作用至少有三方面：一是可以通过资产证券化的方式实现租赁资产出表，从而改善企业资产负债结构；二是可以降低金融租赁企业的流动性风险；三是可以拓宽金融租赁企业的融资渠道。鉴于此，必须认识到租赁资产证券化面临的障碍有两点。其一，租赁资产证券化交易大部分其实并没有真正实现出表。所谓真正意义上的“出表”，主要是指融资租赁企业通过证券化的方式对已“出表”的资产实现风险隔离，理论上几乎不承担该资产所含风险，转由投资人承担，但在实际操作中，租赁企业往往需要承担次级权益或者提供财务担保等，未能实现真正“出表”以缓解租赁企业资金周转和风险分散的需求。其二，现阶段要较好地推行租赁资产证券化还存在诸多税收障碍。其中，最直接的税收问题就是增值税问题，在资产证券化的环节中，租赁公司向特殊目的的载体（SPV）转让租赁资产后，SPV 应当向承租人开具增值税发票，因为二者实际上建立了租金收付的关系。但从现有法律法规看，SPV 不具备开具增值税发票的资格，导致租赁资产证券化被迫限于不开增值税发票的资产，如不动产等。

四　2018年金融租赁业展望

从国内政治、经济、社会、民生等各方面来看，2017 年都是极其关键和重要的一年。对于金融租赁行业来说，2017 年同样是非常重要的一年。从金融工作会议到党的十九大，都在强调新时代、新阶段下的持续发展与结构优化，对于金融租赁业更是如此。作为金融服务实体经济的重要手段，我国金融租赁业发展进入了一个新阶段，将从粗放的发展方式逐渐向稳定和成熟发展，这直接体现在企业增长速度会放缓，转向更加重视企业业务招揽和操作能力。

展望 2018 年，中国金融租赁业在以下三个方面期待进一步完善和发展。

首先，对于仍然欠缺完备法律体系支持的金融租赁业而言，期待相关法律法规的完善，不仅仅是租赁企业运营的相关法律法规，还包括资产证券化、税收等方面的细化和完善，这将极大地促进行业的成熟发展，做到有法可依。

其次，行业正经历从高速增长向中高速增长换挡的阶段，未来将更加重视业务扩展和风险管控，从而看到行业良好稳健发展的势头。正如前文所述，随着行业发展阶段的转换，我们期待未来的行业发展过程中，更多企业的设立不是仅仅谋求“牌照”价值，而是更重视对租赁业务的开展和创新——在市场参与者增多的同时，更乐意看到市场规模的不断扩大。这样，才能更有效地发挥金融租赁业对实体经济的支持作用。此外，政策层面对金融租赁业的指引，也将从积极鼓励逐渐向加强规范和监管过渡。三类企业、两方监管是中国金融租赁业的现状，随着行业发展的逐渐深化和成熟，我们期待行业现有法律体系的完善，以及在监管环境的规范和统一上能够有所突破，这对于整个行业的长远健康发展或有更深远的意义。

最后，作为联结“物”和“资”最直接的一种融资方式，金融租赁将为企业发展提供更加多元、更加充分的融资支持。更重要的是，它可以在新能源产业、医疗健康产业、“三农”等方面给予更深入的支持。党的十九大报告指出，我国要加快建设制造强国，加快发展先进制造业，培育新增长点，形成新动能，这为实体经济和传统行业的发展指明了方向。金融租赁作为联结“物”和“资”最直接的一种融资方式，对与先进制造业相关的通用设备、专用设备和智能化设备等的高额融资需求而言，一直都是高效合意的选择目标。我们期待这类租赁企业及租赁业务，在政策支持、监管规范和企业推动的多方努力下，能够更加积极地发挥作用，为实体经济服务，为产业升级献力。

B.12
2017年的中国新三板市场

姚 云*

摘 要： 新三板市场成立五年以来，聚焦服务创新型、创业型、成长型中小微企业，致力于市场制度的建设与完善，确立了高度包容的市场准入制度、支持小额快速融资的定向发行制度、市场化程度较高的融资并购机制等，有效拓展了资本市场服务实体经济的广度和深度。与此同时，挂牌公司自身质量整体不高，市场定价、融资等功能不畅等问题逐渐显现。流动性不足问题成为此阶段市场发展的主要障碍。为贯彻落实党的十九大精神和全国金融工作会议部署，2017年12月，全国股转公司发布新修订的分层制度和交易制度改革办法，各层获得差异化的交易与信息披露制度安排，做市交易和集合竞价组成的混合交易制度得以建立，新三板深化制度改革迈出关键步伐，为迎接“新时代”的发展奠定坚实基础。

关键词： 创新升级 分层制度 交易制度 多层次资本市场

一 市场概况与运行情况

新三板市场自2012年9月成立以来，聚焦服务创新型、创业型、成长

* 姚云，经济学博士，中国社会科学院金融研究所公司金融研究室助理研究员，主要从事资本市场与公司金融方面的研究，累计发表论文20余篇。

型中小微企业，一直致力于市场制度的建设与完善，确立了高度包容的市场准入制度、支持小额快速融资的定向发行制度、市场化程度较高的融资并购机制、以做市商制度为核心的交易制度、持续督导的主办券商制度，以及以自律监管为主的信息披露制度，使得一大批有发展前景和市场影响力的创新创业企业得以挂牌融资，有效拓展了资本市场服务实体经济的广度和深度。经过五年的探索与发展，新三板的建设运行逐步实现了常态化、法治化和规范化，形成了海量市场规模和贴近市场的具有普惠金融性质的制度特色。2017 年新三板市场仍处于制度改革的深化阶段，挂牌公司增长趋缓，市场指数整体处于低位运行，而流动性不足问题仍是市场发展的主要障碍。随着 2017 年末新修订的分层制度和交易制度的落地实施，市场整体增长预期趋向乐观。

（一）市场规模不断壮大，增添经济发展新动能

新三板市场自 2012 年 9 月成立以来，在 2013 年面向全国扩展后挂牌公司数量爆发式增长，并从 2016 年初的 5129 家迅速增加到 2016 年底的 10163 家，现已成为全球挂牌公司数量最多的证券市场。据全国股转系统统计，2016 年末挂牌企业中基础层企业有 9211 家，创新层企业有 952 家；采用协议转让方式的有 8509 家，采用做市交易的有 1654 家。截至 2017 年 11 月末，挂牌企业数量达到 11645 家，较上年末增长 14.58%，其中基础层企业 10283 家、创新层企业 1362 家，分别较上年末增长 11.64% 和 43.07%。值得关注的是，2017 年由于受到交易所市场 IPO 提速、市场内部精选层改革、差异化制度安排等利好政策迟迟没有落地，以及摘牌政策出台预期等因素的影响，挂牌公司数量增长有所放缓（见图 1）。

从总股本、无限售股本和总市值的增长情况来看，截至 2017 年 11 月末，11645 家挂牌公司总股本为 6850.72 亿股，其中无限售股本 3419.37 亿股，总市值达 50948.99 亿元，分别较上年末增长 17.08%、43.26% 和 25.62%，低于 2016 年全年 100%、132% 和 64.97% 的增速。而挂牌公司平均股本为 5882.97 万股，近 60% 的公司股本为 1000 万 ~5000 万元，挂牌公

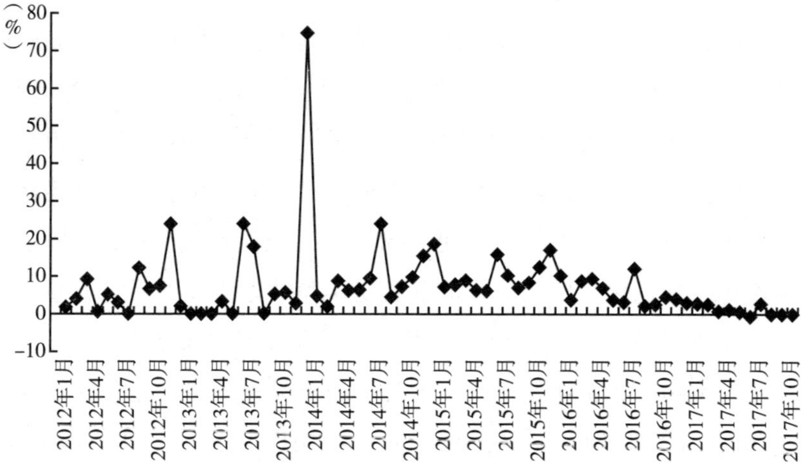

图1　新三板挂牌公司数量增长率变化

资料来源：Wind 资讯。

司的平均市值为 4.38 亿元。

就新三板挂牌企业的行业分布来看，挂牌公司从建设初期的 12 个行业门类到 2017 年 8 月末已经覆盖了全国的全部行业门类和境内所有省域，中小微企业的占比达到 94%，高新技术企业占到了 65%，先进制造业、现代服务业合计占比为 72%，战略性新兴产业占比为 25%。从具体行业分布来看，截至 2017 年 11 月末，挂牌公司主要分布在工业（29%）、信息技术（27%）、非日常生活消费品（15%）、原材料（11%）、医疗保健（6%）和日常消费品（5%）等行业（见图 2）。随着供给侧结构性改革和金融改革的进一步深化，市场中新兴行业的创新型企业比重将会增加。

（二）融资并购功能逐步完善，助力企业创新升级

从整体的融资情况来看，近五年新三板市场共实现股权融资 3900 多亿元，近 6000 家公司进行了融资，平均单次融资额度达到 4500 万元左右，一批处于研发阶段尚未盈利的企业实现了融资，助力了创新企业的成长。例

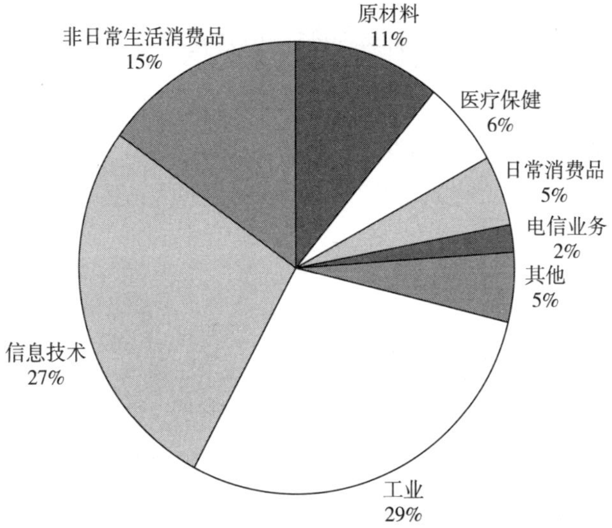

图2　2017 年 11 月末各行业挂牌公司分布

注：“其他”包括能源 2%、金融 1%、房地产 1%、公用事业 1%。
资料来源：Wind 资讯。

如，战略性新兴产业在 2016 年的融资占比达到 27.55%，其中“中国智造 2025”所涉及的重点突破行业公司融资占比达到 25.81%。作为民间资本主力的创新投资基金和私募股权投资基金也积极布局新三板市场，目前两者参与持股挂牌公司数量占比超过 60%。从并购重组情况来看，截至 2017 年 10 月末，挂牌公司累计披露资产重组 222 次，其中现代服务业和战略性新兴产业的整合重组占比超过 70%，或者传统制造业转型升级。

从 2017 年定增市场来看，截至 11 月末，2475 家挂牌企业参与增发，完成增发 2487 次，共计增发 2032.43 亿股，募集资金 1155.41 亿元。其中 2017 年前三季度 2123 家公司完成增发次数 2129 次，同比增长 5.87%；增发 1731.06 亿股，同比减少 11.03%；合计募集资金 966.61 亿元，同比增长 9.74%。从 2017 年各季度环比情况来看，增发次数从第一季度的 776 次下降至第二季度的 675 次和第三季度的 678 次。2017 年单次（平均）增发的股票数量从第一季度的 793.47 万股和第二季度的

752.68 万股显著增加到第三季度的 895.67 万股。单次（平均）增发的融资额呈逐渐增长态势，分别为 3945.89 万元、4194.85 万元和 5564.32 万元（见图 3）。

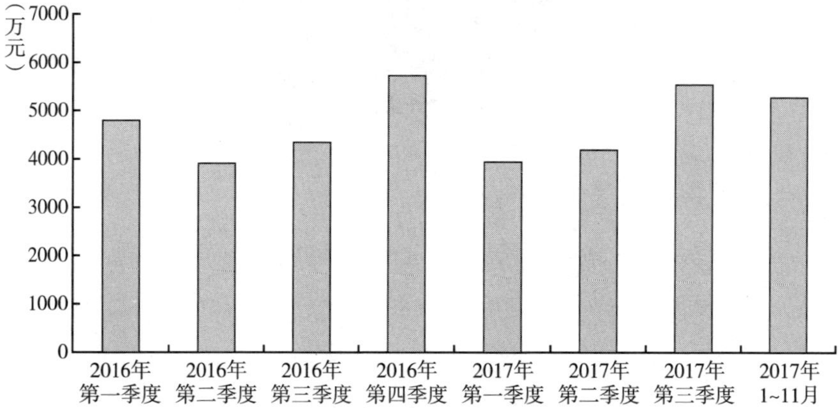

图 3　定增市场季度融资情况

资料来源：Wind 资讯。

（三）交投活跃度低，流动性有待提高

从交投方式来看，截至 2017 年 11 月末，挂牌企业中采用协议转让方式的有 10279 家，较上年末增长 20.8%；采用做市交易的有 1366 家，较上年末减少 17.41%。从各市场分层的交易方式看，不同的企业质量档次分布导致企业交投方式呈现差异化，基础层企业做市交易比重明显低于创新层企业。基础层企业中 91.46% 的企业采取协议转让方式，不足 10% 的基础层企业采取做市交易方式；创新层企业中 63.22% 的企业采取协议转让方式。

从交易规模和结构来看，东方财富 Choice 数据库的新三板数据显示，2016 年全年成交金额为 1912.29 亿元，基本与上年持平，做市和协议转让交易的成交金额分别达到 950.07 亿元和 962.22 亿元，各占据半壁江山。截至 2017 年 11 月末，4210 家企业参与协议转让交易，1364 家企业参与做市交易，股票成交金额累计达2033.08亿元，其中做市转让的股票成交金额达741.57亿元，占比为36.48%。从各月度交易金额和结构（见图4）来看，2017年3～11月，月度交易金额和做市转让股票金额占比基本呈现下降趋势，11月的交易金额有所反弹，而做市转让股票金额占比则延续了下降趋势。

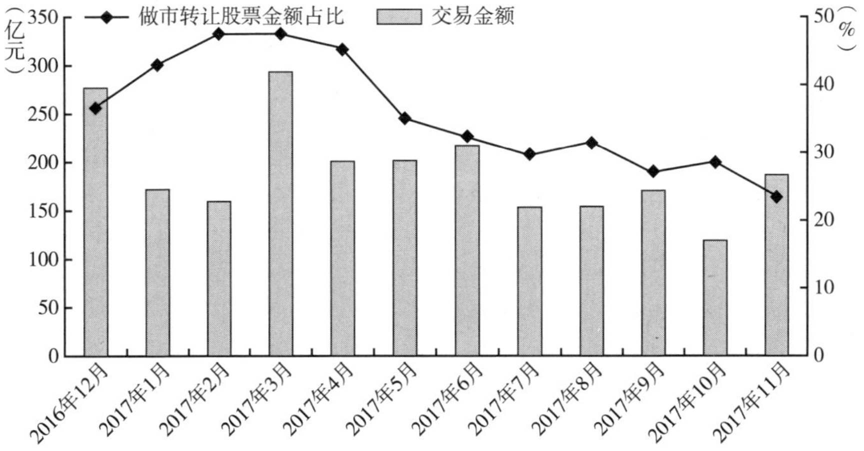

图4　月度交易金额及做市转让股票金额占比情况

资料来源：Wind资讯。

从交易的活跃度来看，2016年区间换手率均值由2015年的39.65%下降至24.82%，其中做市转让区间平均换手率从46.30%下降至22.67%，协议转让区间平均换手率从30.30%下降至26.28%。2016年较上年的换手率下降幅度大，特别是做市转让区间平均换手率的下降幅度更大，是受2015年中期的“股灾”影响，恐慌蔓延至新三板而导致当年的市场换手率骤增。2017年的交易活跃度和市场流动性进一步降低。截至11月末，做市转让区间平均换手率骤降至14.37%，协议转让区间平均换手率进一步下降至21.22%。做市转让换手率骤降的原因来自大部分做市企业糟糕的市场区间表现。截至2017年11月末，在1364家做市转让企业中，941家企业的股价是下降的，这导致券商做市的积极性进一步下降。

（四）指数下探低位，做市业务待巩固

2015 年 3 月 18 日新三板做市指数正式上线，首批成份股有 105 家。新三板做市指数以 2014 年 12 月 31 日为基日，基点为 1000 点。新三板的快速发展使得市场参与者对政策利好持有乐观预期，新三板做市指数从 2015 年 3 月的开始阶段飙升至 4 月 2673. 17 点的最高位，之后新三板先于交易所市场进入震荡下行阶段，后者的暴跌让做市指数加速下跌至 7 月初的 1200 点。图 5 提供了 2016 年以来新三板成份指数和做市指数的走势情况。2016 年初市场分层制度的推进给市场带来积极预期，做市指数有小幅度上升，但随后相应的差异化制度安排没有实质落地，导致市场交投冷淡。2016 年 3 月至 2017 年 11 月末，新三板做市指数进入了近两年的低位震荡期。

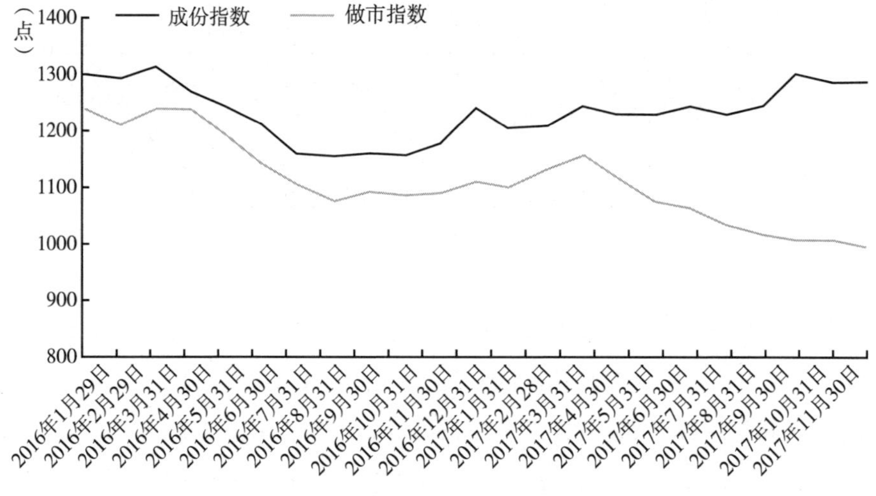

图 5　新三板成份指数和做市指数

资料来源：Wind 资讯。

2017 年新三板做市指数下降趋势越发明显，且与新三板成份指数开始呈现离散趋势。2017 年第一季度由于对市场“再分层”的政策预期，做市指数上升较快。2017 年第二季度证券市场趋严和流动性收紧导致交易所市场自 4 月进入指数下行区间，新三板做市指数也开始下行，最终于 2017 年

11 月末跌破 1000 点的基点。综合来看，2017 年新三板做市指数的持续下跌主要基于以下几种原因。一方面，公司的经营能力和成长潜力落后于创业板和中小板市场、业绩低于市场预期成为指数下行的微观原因。另一方面，2017 年市场行情对做市商盈利模式造成的压力不断增大，导致因做市商数量不足而被强制变更转让方式的挂牌企业增加，加剧了做市指数与成份指数的离散。但随着 2017 年 12 月 22 日新修订的分层制度和交易制度的落地，差异化制度安排得以落实，市场整体增长预期将趋向乐观。

（五）培育上市资源，构建多层次资本市场

新三板已成为国内企业早期投资资本退出的主要渠道。清科统计数据显示，在 2016 年新三板退出的案例中，创新投资基金（VC）和私募股权投资基金（PE）退出案例的占比分别达到 61.5% 和 71.4%。截至 2017 年 11 月末，VC/PE 参与投资的挂牌企业达 1203 家，平均每家企业有近 3 家投资机构参与投资，平均投资额达到 5789.13 万元。随着 IPO 发行的常态化，新三板公司进入 IPO 辅导的公司数量大幅增加。截至 2017 年 11 月末，新三板处于上市辅导阶段的挂牌企业有 435 家，已经摘牌退市且处于上市阶段的企业有 74 家，即国内全部上市辅导企业的 34.9%（509 家）来自新三板市场。资本市场长期以来的倒金字塔结构正在被扭转，正金字塔结构的多层次资本市场体系正在逐渐形成。

二　市场主体与制度供给亟待优化完善

从市场的运行情况来看，新三板市场仍处于基础制度体系的构建完善期，微观主体质量有待进一步提高，制度供给也需要逐步统筹深化。

（一）市场微观主体质量有待提高

挂牌公司的治理水平普遍不高。Wind 资讯提供的 9526 家挂牌公司 2016 年年报数据显示，挂牌公司平均股权集中度为 94.94%。挂牌公司股权集中

度过高导致公司大股东处于“强势”地位，董事会独立性差，从而降低了达成交易的可能性，导致市场出现“卖方不足”问题。同时，新三板独立董事不做强制性要求，没有保护小股东的约束机制，独立董事在企业创新、资源整合等方面的作用不能充分发挥。此外，限制性股权、期权的激励机制没有普遍有效地建立起来，存在较高的委托-代理成本。目前全国股转系统尚未出台股权激励相关法律规范。截至2017年4月，上万家挂牌企业中，仅有352家公司计划（董事会预案或股东大会通过）和已经实施，此前已经实施但现在停止实施的挂牌企业有46家。激励股票占总股本的平均比例达到7.02%。股权激励机制的缺乏不利于人力资本的保持和管理层代理成本的降低。公司质量低的另一主要表现是挂牌企业经营绩效低、差异大，财务等信息披露的规范性和透明度不足，投资者看不明白挂牌公司的经营管理情况。巨大的信息不对称容易放大新三板市场的逆向选择效应，增加交易成本，投资者更趋谨慎，不利于流动性的提高。此外，目前股票发行募投项目的可行性分析和盈利预测等信息尚未列入强制披露信息。

与质量不高和信息披露不足相对应的，是新三板挂牌企业的违规问题。新三板市场尚未建立违规披露的法规体系，导致违规披露无法可依，挂牌企业的违规行为频发。根据东方财富Choice数据，截至2017年11月末，新三板挂牌企业违规行为达1065起，较上年全年（557起）增长近一倍。2017年由股转系统及附属部门进行处理的违规事项多达628起，同比增长1.24倍（2016年为280起）。触发监管的主要是挂牌企业涉信息披露违规、程序违规、交易违规、资金占用等问题。其中，信息披露违规是挂牌企业高发问题，也是股转系统和证监会监管的重点。2017年新三板涉及信息披露类违规行为多达588次，较上年的201次增长了近两倍。值得关注的是，主办券商与证券业协会对违规披露尚无权采取强制处罚措施，挂牌公司信息披露违规成本较低，导致投资者利益保护不力。

（二）市场制度供给亟待优化完善

首先，市场分层制度亟待“稳”中优化。2016年5月27日，全国中小企业股份转让系统正式对市场进行分层管理，在运行一年半的时间里，市场分层机制也暴露出创新层不够稳定、现有分层和维持标准与市场主体不匹配等问题。2017 年 320 家首届创新层公司因不满足维持标准而被剔除，高淘汰率反映出创新层不够稳定，不利于投资者进行交易。创新层现有分层标准与服务中小微企业的定位有所偏差。营利性指标年均 2000 万元净利润已经超过创业板标准，对小微企业要求过高，需要下调；成长性指标设置 4000 万元的营业收入和年均 50% 的增幅，易造成业绩不稳定。

第二，交易制度亟待优化。协议转让方式存在不公允定价、监管难度大和市场认可度不高等不足，以及大宗交易制度缺位等问题，新三板交易制度亟待通过引入集合竞价、优化协议转让等具体措施进一步优化。同时，作为新三板交易核心制度的做市商制度也亟须巩固。2016 年退出做市的做市商队伍不断扩大，反映出新三板做市制度的显著不足。目前做市商基本上由券商垄断，2016 年 9 月 14 日启动的私募机构做市试点规模尚小。随着主板市场 IPO 的加快，券商在主板市场的收益增速较快，做市业务溢价不高进一步降低了券商做市的积极性与动力。此外，新三板市场满足机构投资者特定交易需求的大宗交易制度尚未推出。目前在做市商做市资金相对不足的情况下，挂牌企业股东通过做市商将大宗股票转让给投资者的交易通道不能有效建立，挂牌公司的一些特定交易需求也因大宗交易平台的缺位而无法在避免股价波动的情况下合理开展①。

第三，机构投资者准入渠道亟待拓宽。新三板现行的投资者准入制度仅从机构和自然人投资者规模（资产）的角度来设计，机构投资者范畴较窄，限制了入市资金的多样化。目前虽然有规定鼓励公募基金配置新三板的有价证券，但具体实施细则尚未出台，公募机构只能以基金子公司的产品形式投资新三板（类私募化）。其他如社保基金、企业年金等规模大、期限长的机构尚未允许进入。

第四，新三板市场完善的转板制度和市场化的退市制度尚未推出。目前

① 姚云、刘平安：《新三板大宗交易制度势在必行》，《经济日报》2017 年 8 月 9 日。

新三板挂牌企业只有通过“先退市再IPO”的路径上市，但此过程中企业面临的市场发展的机会成本和政策风险不可小觑。同时，新三板市场还没有建立完备的市场化退市制度。无成交、无融资、估值过低的“僵尸化”企业占有市场和监管资源，增加了市场管理和监管的成本，增大了投资者风险识别的难度，不利于资源的优化配置①。同时，部分挂牌企业基于自身发展、稳定控制权和成本收益等方面的考虑有主动退市的需求。目前新三板市场仅在《全国中小企业股份转让系统业务规则（试行）》中有关于挂牌公司退市的规定，但其与市场化退市制度的建立尚有相当距离。

三　分层与交易制度改革迈出关键一步

2017年12月22日，针对目前市场运行和制度亟待优化完善的情况，为贯彻落实党的十九大精神和全国金融工作会议部署，全国股转公司发布了新制定的《全国中小企业股份转让系统挂牌公司分层管理办法》（以下简称《分层管理办法》）和《全国中小企业股份转让系统股票转让细则》（以下简称《转让细则》），在深化新三板市场制度改革中迈出重要一步。

（一）分层制度改革“稳”中推进

面对新三板的“海量市场”，市场需要通过分层制度安排为挂牌公司提供进一步的分类服务和管理，优化配置监管资源，同时使投资者信息收集成本得以降低。稳步推进市场分层制度改革是深化新三板制度改革的重要抓手，进而使发行、交易、信息披露、监管等各方面改革得以统筹推进。《分层管理办法》自2016年开始试行以来也暴露出一些不足。如分层标准方面，一批优质挂牌公司由于创新层的准入标准一的盈利要求偏高而未能及时纳入创新层，一批财务稳定性低、经营风险较高的公司却因标准二中偏低的营业收入规模要求而进入了创新层。同时，创新层公司的公众化水平也因共同准

① 姚云：《公司治理与新三板制度》，《中国金融》2016年第23期。

入标准缺少对股东人数的要求而参差不齐。新修订的《分层管理办法》针对以上不足进行了相应调整。一是在差异化准入标准中，降低净利润标准，提高营业收入标准，新增竞价市值标准。指标的调整扩大了创新层对优质企业的覆盖面，同时防止了规模过小、经营不稳定、业绩波动大的公司进入创新层。二是在共同准入标准中增加“合格投资者人数不少于50人”的要求，从而进一步优化挂牌公司的股权结构，深化外部股东约束，进一步提高公司质量。同时，具有一定分散度的股权安排也为在差异化交易制度中创新层企业日内多次集合竞价的顺利实施奠定了基础，从而促进了市场分层管理后制度效应的有效释放。三是将原先以量化的财务指标为主的维持标准改为以合法合规和基本财务要求为主，从而提高了对企业正常业绩波动的容忍度，提升了创新层公司的稳定性，防止了“大进大出”，降低了市场操作风险和公司监管的难度。此外，《分层管理办法》还删除了“申请挂牌同时进入创新层”的规定，从而为挂牌公司在加入创新层之前留出了“规范”和适应时间。

本次分层制度改革通过“降层”把控了风险控制底线。对于违法违规或持续经营能力存疑导致不符合上述维持条件的创新层公司，在每年分层定期调整时将被调整至基础层。除每年的定期调整之外，《分层管理办法》还就强制降层的情况进行了规定。对于更正年报数据、被认定存在财务造假或者市场操纵等情形导致不符合创新层标准的公司，全国股转公司将在20个转让日内直接将其调整至基础层。

（二）混合交易制度和差异化交易制度得以确立

与分层制度完善相配套的交易制度和信息披露制度改革也得以推进。针对协议转让方式中存在的不公允定价、市场认可度不高和监管难度大，以及大宗交易制度缺位等问题，新三板交易制度通过引入集合竞价、优化协议转让、巩固做市转让等具体措施进一步优化。一是引入集合竞价，与做市转让构成盘中混合交易制度。将原先采取协议转让方式的股票盘中交易统一调整为集合竞价，盘中时段的交易方式由挂牌企业自主选择。二是优化协议转让，发挥盘后大宗交易功能。为满足市场参与人合理的协议转让需求，此次交易制度改革提供了盘后协议转让与特定事项协议转让两种交易方式。对于符合一定数量、金额及相应价格限制的协议转让，可以通过交易系统在盘中申报、盘后成交；对于收购、对赌履约、同一实际控制人下的转让等合理的特殊转让需求，可以在线下通过申请办理特定事项协议转让予以满足。三是做市转让通过调整完善做市转让收盘价形成机制提升收盘价的稳定性和抗操纵性，同时协议转让方式一并适用于做市转让的挂牌股票。

本次引入的集合竞价制度，以最大成交量为成交原则，抗操纵性较强，适应了市场股权相对集中的特征和未来流动性需求的变化，为持续改善流动性奠定了基础。混合交易制度可以结合集合竞价在订单积累上的优势，发挥做市转让方式在满足投资者即时成交需求上的优势。同时，与市场分层配套，集合竞价的引入使得差异化的交易制度得以落地，即对采取集合竞价转让方式的股票实施差异化的撮合频次，基础层采取每日收盘时段撮合 1 次的集合竞价，创新层采取每小时撮合 1 次的集合竞价，每天共 5 次。集合竞价差异化安排充分考虑了基础层和创新层股票的流动性水平差异以及投资者的交易需求差异。此外，交易中的违规风险也得以把控。针对集合竞价、盘后协议转让交易制度的特点，监管方通过监察预警指标对异常交易行为、利用盘后协议转让进行利益输送等违法违规行为进行严密监控，以确保交易合规、安全。

（三）信息披露制度实现差异化安排

市场分层后投资者对创新层挂牌企业的信息披露质量提出了更高的要求，部分创新层公司也可能有意愿主动披露更充分的信息以提升融资效率。为满足不同市场主体的差异化需求，本次信息披露制度改革在坚持信息披露真实、准确、完整、及时和公平的基础上，在创新层企业与基础层企业之间进行了差异化的信息披露制度安排。创新层挂牌公司股东人数较多，股票交易的撮合频次较高，公众化程度更高，新规因而从严要求其信息披露的频次、内容、及时性、专业性以及披露审计等。基础层公司继续执行现有信息披露规则，但对其中要求过严、明显不合理的个别规定进行了修改。值得一提的是，本次信息披露改革兼顾了挂牌公司成长期阶段的考虑，部分信息披露要求是建立在企业自愿基础之上的。如企业半年度报告、季度报告均无强制审计要求，可自愿审计；无须单独披露内部控制报告和社会责任报告，在年度报告中分别进行自我评价和自愿说明即可；设立业绩预告披露触发标准，没有要求定期强制披露；等等。

（四）新三板制度改革红利仍有发掘空间

在本轮分层制度和交易制度优化完善的基础上，未来各项制度将逐步、有序、系统化地予以优化完善。第一，通过市场化、多元化手段继续优化做市制度。引入规范做市商报价、引导积极做市的激励机制。在私募机构做市试点的基础上，逐步放开做市商参与主体类型。扩大做市商界定范围，增加做市服务有效供给和竞争。针对目前券商做市商动力不足的现状，允许公募基金、社保基金等规模大、期限长的资金参与做市，保障市场流动性和稳定性。同时，提高做市商风险管理能力。引导做市商的做市业务与自营业务隔离，为做市商提供更多风险管理工具。第二，通过细分、差异化和市场化进一步优化分层机制。随着市场的实际变化，适时通过兼顾财务标准与信息披露标准的指标进行“再分层”，使风险识别更细化。企业挂牌入层和转层时宜采取更加市场化的自愿形式，即在满足相应标准的情况下自主选择进入层次和转入层次，降层仍需采取强制行为。同时，后续交易的多元化、信息披露的差异化、退出政策的差异化等制度安排应与市场分层的各层次进一步对应。根据企业所处的生命周期、市场功能的不同进行差异化的市场制度安排，最终使资源得到优化配置。第三，转板与摘牌制度并举。降低投资人准入门槛，多元化投资机构队伍，增加挂牌公司公众和机构的持股数量。推出“摘牌”制度实施细则，提供市场化的退市机制，提升整体挂牌公司的质量。分步骤建立新三板双向转板机制。新三板转板制度需要建立与交易所市场的升板机制，也需要建立与区域股权交易市场（四板）的对接机制，使得多层次的资本市场真正有机连通。第四，适时推出大宗交易市场准入制度。鼓励公募基金、社保基金、保险资金等长期持股的机构投资者进入大宗交易平台。对交易标的接手方在证券二级市场的出售数量和相应的出售时间进行适当的约束限制，以防止资金通过短期交易进行投机逐利，避免冲击二级市场价格。不同分层的大宗交易采取的交易方式多元化，交易价格采取差别化设置。加强行政与自律监管的有机结合，坚决打击内幕交易、操纵市场等违规违法行为，维护广大散户投资者的利益，促进市场健康稳定发展。

四 2018年新三板市场发展展望

随着2017年末分层制度和交易制度改革迈出重要一步，差异化的制度安排将于2018年逐步落地实施，市场也会逐步进入重质量提升的发展新阶段。第一，市场挂牌公司质量进一步提高，创新层与基础层流动性水平差距拉大。新制定的市场分层、集合竞价制度和信息披露制度等改革措施将于2018年落地实施，创新层规模和构成将趋于稳定，创新层公司质量有实质性提高，同时创新层与基础层的流动性水平差距可能随着差异化的交易制度安排而进一步拉大。第二，流动性短期压力大，市场指数预期“先抑后扬”。2018年新三板基金到期压力大，市场融资功能流动性仍不乐观。2018年上半年新三板主要风险体现在二级市场交易清淡，给做市指数带来进一步下行压力。但随着本轮分层和交易制度的实施，长期股权投资者和部分机构可能已经开始逢低布局优质企业，支撑力量可能将逐步显现，市场流动性将逐渐改善，指数可能突破低位平衡状态。第三，机构投资者更趋多元化。随着2018年私募机构参与做市制度的推出，监管方可考虑择机推进公募基金、保险基金和养老基金入市。公募基金作为投资者进入新三板市场会吸引大量散户投资者间接入市，间接降低了一般投资者参与新三板市场投资的门槛。保险基金和养老基金作为长期基金，应该成为新三板的重要机构投资者。第四，“三类股东”持股问题得以解决，做市转让得以巩固。目前挂牌公司退出做市的主要原因是控制“三类股东”进入，有“三类股东”持股的新三板公司IPO审核政策在2018年上半年明确后，挂牌公司退出做市的动力将不复存在，这有利于做市板块的巩固和发展。第五，做市与集合竞价的混合交易制度正式开启，市场定价功能大幅提升。混合交易制度可以结合集合竞价和做市转让方式的优势，使交易积极性得到改善，有效提高市场流动性。第六，监管有序跟进，确保不出现系统性风险。本次分层和交易制度改革通过定期和不定期分层调整注重了风险控制底线要求，充分体现了全国金融工作会议精神。

五 新三板迎来“质的发展”新时代

党的十九大报告明确指出我国经济已由高速增长阶段转向高质量发展阶段，正处在转变发展方式、优化经济结构和转换增长动力的攻关期。这对新三板市场未来的发展提出了新的要求。第一，新三板需要坚持其明确定位，通过深化改革不断为中国经济高质量增长助力。高质量的关键是全要素生产率的提高，即提高对生产要素的配置与使用效率。新三板定位于服务创新型、创业型和成长型中小微企业，市场实行市场化准入，不仅有利于提升市场主体的质量和激活市场主体的活力，而且有利于深化要素市场化配置改革，使资源向经济结构优化的方向有效配置，有利于不断发掘经济创新发展的驱动力。第二，新三板继续深化制度改革，营造扎实的基础制度环境。相较于交易所市场制度而言，新三板具有“准注册制”特征，是我国资本市场制度创新探索的前沿。2017 年新三板分层和交易制度改革取得重大进展，在后续的实施过程中仍需不断磨合。未来准入、“再分层”、转板和退市等制度需要统筹有序推进，融资市场功能也需要进一步完善，不断优化中小微企业的融资环境。第三，切实服务实体经济，主动有效防范系统性金融风险。全国金融工作会议和中央经济工作会议将防范化解重大风险作为重要任务，表明一段时间以来金融体系对实体经济支持的脆弱性和低效率状态，以及主动防范系统性金融风险的战略重要性。新三板自成立以来筹建了市场化的融资并购机制，使得一批有发展前景和市场影响力的创新企业得以融资，有效拓展了资本市场服务实体经济的广度和深度。新三板各项制度改革在稳中求进的基调中系统化推进，切实抓住不脱离服务实体经济这一根本角色定位，确保守住不出现系统性风险的底线。第四，构建以市场严格自律为主、行政协同的监管体系。新三板在进一步厘清自律监管与行政监管边界的同时，提高了二者的协调性，完善了市场监管理念。行政监管如实履行监管职责，使得监管与处罚权责统一。第五，有效保护投资者合法权益。建立并完善信息披露法律责任体系。明确违规披露的处罚措施和相应主体的法律责任，增加违规披露成本。赋予投资者民事诉讼的权利，有效保障投资者利益。

B.13
2017年的中国外汇市场

宣晓影*

摘　要： 2017年全球经济继续平稳复苏，国际金融市场波动性下降；我国社会大局稳定，经济稳中向好态势明显，金融市场运行平稳，经常账户呈现顺差，外汇储备较为充裕，人民币汇率形成机制进一步完善。首先，本报告概述了2017年我国国际储备资产的总体情况，分析了外汇储备规模回升的原因，总结了我国外汇储备经营管理的现状；其次，汇总了2017年发布实施的主要外汇管理政策、跨境电子商务创新政策以及外汇市场在基础设施建设方面的推进情况；再次，分析了2017年人民币兑美元汇率及多边汇率走势，总结了外汇市场交易及外汇收支情况；最后，从多方面展望了2018年我国外汇市场的发展前景。

关键词： 外汇市场　外汇储备　外汇管理政策　人民币汇率

一　外汇储备与外汇储备管理

外汇储备是一国宏观经济运行的重要保障，在维持国际支付能力、防范金融风险等方面发挥着重要作用。2017年我国外汇储备持续回升，外汇储备管理更加完善。

---

* 宣晓影，2008年3月毕业于日本同志社大学，获得政策科学博士学位。中国社会科学院金融研究所国际金融与国际经济研究室助理研究员，主要从事亚洲经济与金融领域的比较研究。

（一）外汇储备情况

根据国家外汇管理局公布的数据，2017 年前三季度我国国际储备资产因国际收支交易增加 589 亿美元，而 2016 年同期则减少 2941 亿美元。其中，外汇储备资产增加 598 亿美元，在基金组织的储备头寸减少 9 亿美元（见表 1）。根据国际收支平衡表初步数公布的 SDR 计值①，2017 年前三季度我国国际储备资产增加 421 亿 SDR，其中外汇储备资产增加 428 亿 SDR。

表 1　我国新增国际储备资产

单位：亿美元

项目	2017 年第一季度	2017 年第二季度	2017 年第三季度	2017 年前三季度	2016 年前三季度	2016 年第四季度
国际储备资产	-26	316	299	589	-2941	-1495
货币黄金	0	0	0	0	0	0
特别提款权	0	0	0	0	-3	-1
在基金组织的储备头寸	-1	-3	-5	-9	53	1
外汇储备资产	-25	319	304	598	-2992	-1495
其他储备资产	0	0	0	0	0	0

注：本表计数采用四舍五入原则。本表计数均剔除汇率、价格等非交易价值变动的影响。

资料来源：国家外汇管理局。

受货币贬值预期和资本外流等各种因素影响，2015 年我国外汇储备增幅首次出现了负值，且 2015～2016 年大幅下降近万亿美元，引发热议。为此，央行曾向市场提供外汇流动性，防止汇率超调和“羊群效应”，有效避免了人民币汇率无序调整的负面效应和主要货币的竞争性贬值。进入 2017 年，我国外汇储备连续 9 个月回升，截至 10 月末外汇储备余额为 31092 亿美元，较 2016 年末增加 987 亿美元。这说明人民币“贬值”的压力迅速缓解，资本加速流入中国，贸易出口增长初见成果。其实，国际上对外汇储备

① 自公布 2016 年第一季度中国国际收支平衡表起，国家外汇管理局在现有美元和人民币的基础上公布以特别提款权（SDR）计值的国际收支平衡表，折算汇率为国际货币基金组织官方网站公布的美元兑 SDR 季度平均汇率。

的合理规模并没有定论，需要结合各国的具体情况综合考量。根据央行金融稳定局陆磊等的研究①，我国现有约 3 万亿美元的外汇储备仍高于最优规模，应牢牢抓住当前最优外汇储备缺口缩窄的有利时机，加快推进包括汇率形成机制和资本账户开放在内的金融对外开放，更好地实现中国经济在新常态下的平稳健康发展。

（二）外汇储备经营管理情况

我国巨大的外汇储备规模及相应的管理体制和宏观调控政策一直是国内外市场关注的重点。近年来，我国不断提升外汇储备经营管理水平，坚持安全、流动、保值、增值原则，实行审慎、规范、专业的投资运作。在尊重国际市场规则和惯例的同时，也维护和促进了国际金融市场的稳定与发展。根据中金公司的测算，美元资产在我国外汇储备中的占比约为 66%，略高于 IMF 统计的美元在全球外汇储备中 63.6% 的占比，处于合理的范围。此外，美国国债只是我国持有的美元资产的一部分，还有其他种类的美元资产。根据美国财政部披露的数据计算，截至 2016 年末，美国国债在我国外汇储备中的占比为 34.93%。由于美元资产在我国外汇储备中的占比最大，美元汇率的不稳定势必带来相关统计的大幅波动。目前，我国的对外资产中储备资产仍居首位，但民间部门持有比例继续上升，面对企业与个人的购汇需求和持汇意愿，外汇管理部门在一定程度上推动了“藏汇于民”，且形成了外汇储备、中投公司、社保基金、金融机构和企业等多样化的对外投资主体，反映出我国对外投资从以官方为主转向官民并驾齐驱的态势。

二　外汇管理政策的制定与实施

2017 年我国外汇市场建设与发展的主要思路是：“继续引导市场各主体正确认识汇率风险，健全汇率风险管理。”为此，国家外汇管理局出台了诸

① 陆磊、李宏瑾、苏乃芳：《最优外汇储备与金融对外开放改革》，《财贸经济》2017 年第 12 期。

多政策，在完善现行的法律法规和外汇管理政策框架的同时，通过与市场的沟通加强外汇市场微观监管。

（一）主要外汇管理政策

根据上述外汇市场建设与发展的主要思路，2017年国家外汇管理局出台了以下具体政策（见表2）。

表2　2017年外汇管理政策及其主要内容

序号	政策(发布日期)	主要内容
1	《关于印发〈对外金融资产负债及交易统计业务指引(2017年版)〉的通知》(2017年11月30日)	为规范对外金融资产负债及交易统计申报业务,指导申报主体更准确地理解具体报送要求,根据《国际收支统计申报办法》和《对外金融资产负债及交易统计制度》,制定指引
2	更新《现行有效外汇管理主要法规目录(截至2017年6月30日)》(2017年7月12日)	共收录截至2017年6月30日发布的外汇管理主要规定217件。按照八大项目分类,并根据具体业务类型分为若干子项。新增入该目录的文件主要涉及完善真实合规性审核、电子报关信息开放、个人外汇业务信息系统优化、境外机构投资者外汇风险管理、银行卡境外交易信息报送、全口径跨境融资宏观审慎管理、对外金融资产负债及交易数据报送等
3	《关于金融机构报送银行卡境外交易信息的通知》(2017年5月26日)	完善银行卡跨境交易统计,维护银行卡境外交易秩序。规定自2017年9月1日起,境内发卡金融机构向外汇局报送境内银行卡在境外发生的全部提现和单笔等值1000元人民币以上的消费交易信息
4	《关于便利银行开展贸易单证审核有关工作的通知》(2017年4月4日)	开放报关电子信息,促进贸易便利化: (1)向银行开放报关电子信息以审核货物贸易外汇业务真实性; (2)银行应遵循原则,核验报关电子信息,对能够确认交易真实性的,可免于核验; (3)若发现企业违规,银行应在系统中对其加注标识,并向全国银行公示
5	《关于银行间债券市场境外机构投资者外汇风险管理有关问题的通知》(2017年2月24日)	提高外汇市场开放水平,促进债券市场对外开放: (1)可在具备资格的境内金融机构办理人民币对外汇衍生品业务; (2)外汇衍生品业务遵守实需交易原则,限于对冲外汇风险敞口; (3)提供多样化交易工具和交易机制选择,便利其外汇风险管理

续表

序号	政策(发布日期)	主要内容
6	《关于进一步推进外汇管理改革完善真实合规性审核的通知》(2017 年 1 月 18 日)	实施利于外汇收支平衡的政策措施。督促银行、企业遵守外汇管理规定,落实真实性合规审核责任,加强境外留存资金统计分析,完善跨境资金本外币一体化管理,防范风险。具体包括三方面 9 项措施
7	《关于调整银行结售汇统计报表有关问题的通知》(2017 年 1 月 19 日)	完善银行结售汇统计,提高外汇市场数据的透明度:(1)丰富衍生品统计,增加远期差额交割和掉期交易存量统计;(2)提升数据报送的电子化水平;(3)整合统计制度管理文件
8	更新《现行有效外汇管理主要法规目录(截至 2017 年 12 月 31 日)》(2017 年 1 月 15 日)	共收录截至 2016 年 12 月 31 日发布的外汇管理主要法规 209 件。按照八大项目分类,并根据具体业务类型分为若干子项。对格式进行了微调,分子项统计法规数量
9	改进"个人外汇信息申报管理"(2016 年 12 月 31 日)	(1)细化申报内容,明晰个人购付汇应遵循的规则和相应的法律责任;(2)强化银行的真实性、合规性审核责任;(3)对个人申报进行抽查,并加大惩处力度

资料来源:根据国家外汇管理局网站信息汇总。

(二)外汇管理方式的创新

近年来,跨境电子商务快速发展,中国电子商务研究中心数据显示,2016 年中国跨境电子商务交易规模达 6 万亿元,同比增长 16.7%。目前,中国跨境电子商务平台企业超过 5000 家,通过跨境电子商务平台开展跨境电子商务业务的企业超过 20 万家。为推进外汇管理创新,进一步便利跨境电子商务外汇资金结算,中国跨境电子商务综合试验区落地杭州、天津等 13 个城市,在关、检、税、汇等方面给予便利,并推出以下外汇管理的具体政策:一是推动支付机构跨境电子商务外汇支付业务试点;二是允许从事跨境电子商务业务的个体工商户开立个人外汇结算账户,打造阳光化的收结汇通道。在风险可控的基础上,国家外汇管理局不断提升跨境电子商务外汇资金结算的便利化水平,大力支持跨境电子商务等外贸新业态的健康蓬勃发展。

（三）外汇市场的基础设施建设

1. 进一步完善做市商制度

截至2017年4月5日，银行间外汇市场拥有人民币外汇即期做市商32家（另有尝试做市机构2家）、远掉做市商27家（另有尝试做市机构7家）。其中，汇丰银行是唯一拥有所有对人民币直接交易货币做市商资格的外资银行，也是首家在全球六大洲开展人民币贸易结算的国际性银行。这将有助于降低中国企业的汇兑成本，促进人民币在跨境贸易和投资中的使用。

2. 扩大银行间外汇市场交易主体规模

2017年我国银行间外汇市场的交易主体规模持续扩大（见表3）。5月16日香港与内地的“债券通”（北向通）正式启动，目前拥有19家香港结算行。

表3　银行间外汇市场交易主体的规模

单位：家

年份	即期会员	远期会员	掉期会员	货币掉期会员	期权会员	“债券通”香港结算行
2012(截至10月31日)	350	76	75	—	—	—
2013(截至11月6日)	394	87	86	—	—	—
2014(截至11月7日)	448	97	96	84	36	—
2015(截至10月28日)	503	111	110	91	55	—
2016(截至11月11日)	569	143	143	118	79	—
2017(截至12月1日)	623	178	177	148	103	19

资料来源：中国外汇交易中心。

3. 增加交易模式

为进一步促进价格发现和提高交易效率，中国外汇交易中心于2017年12月4日在新一代外汇交易平台“CFETS FX2017”推出基于双边授信的即期撮合交易，并发布了相关业务指引。

三　外汇市场运行与人民币汇率

2017年内外部市场环境和汇率形成机制的完善为人民币汇率保持基本

稳定提供了支持。2017 年人民币兑美元双边汇率弹性进一步增强，汇率预期总体平稳；外汇市场交易平稳增长，市场参与者结构保持稳定；跨境资金流动总体趋向均衡。

（一）人民币汇率形成机制不断完善

随着汇率市场化改革的持续推进，近年来人民币汇率中间价形成机制不断完善。2017 年 2 月，外汇市场自律机制将中间价对一篮子货币的参考时段由报价前 24 小时调整为前一日收盘后到报价前 15 小时。2017 年 5 月 26 日，中国外汇交易中心公布：外汇市场自律机制汇率工作组将在人民币兑美元汇率中间价报价模型中引入“逆周期因子”，以对冲因市场情绪而放大的单边市场预期，人民币兑美元汇率中间价的形成机制将变为“前一交易日日盘收盘价 + 一篮子货币汇率变化 + 逆周期因子”。2017 年 8 月 11 日，中国人民银行在第二季度《货币政策执行报告》中首次披露了“逆周期因子”的计算方法①，通过中间价对收盘价的修正体现了央行调控的意图，有效避免了顺周期行为和“羊群效应”，增强了国内宏观经济等基本面因素在人民币汇率形成中的作用，并保持了人民币汇率在合理均衡水平上的基本稳定。实际上，逆周期因子不仅可以在贬值周期内发生作用，而且在 2017 年 9 月中旬的避免人民币快速升值阶段同样发挥了作用，稳定了市场对人民币汇率的预期。

（二）人民币汇率走势

1. 人民币兑美元汇率弹性增强

2017 年 6 月末，人民币兑美元汇率中间价为 6.7744（元/美元），较 2016 年末上升 2.4%，境内银行间外汇市场（CNY）和境外市场（CNH）

---

① 先从上一日收盘价较中间价的波幅中剔除篮子货币变动的影响，由此得到主要反映市场供求的汇率变化，再通过逆周期系数调整得到“逆周期因子”。逆周期系数由各报价行根据经济基本面变化、外汇市场顺周期程度等自行设定。新的中间价报价机制的规则性、透明度和市场化水平得到了进一步提升。

的即期交易价累计分别上升 2.4% 和 2.9%（见图 1）。境内外市场日均价差 189 个基点，高于 2016 年全年日均价差（134 个基点）。2017 年 9 月 8 日，CNY 与 CNH 汇率中间价双双涨破 6.45（元/美元）。2017 年 9 月 11 日，央行宣布对境外人民币存款准备金不再进行穿透式管理，将远期购汇风险准备金率降为零①，随后购汇力量明显提升，人民币兑美元汇率开始回吐之前的快速涨幅。截至 2017 年 12 月 13 日，人民币兑美元汇率中间价报 6.6251（元/美元），叠加年底季节性购汇影响，人民币蒙受一定的贬值压力，但美元上行空间有限，人民币不会出现持续性贬值。

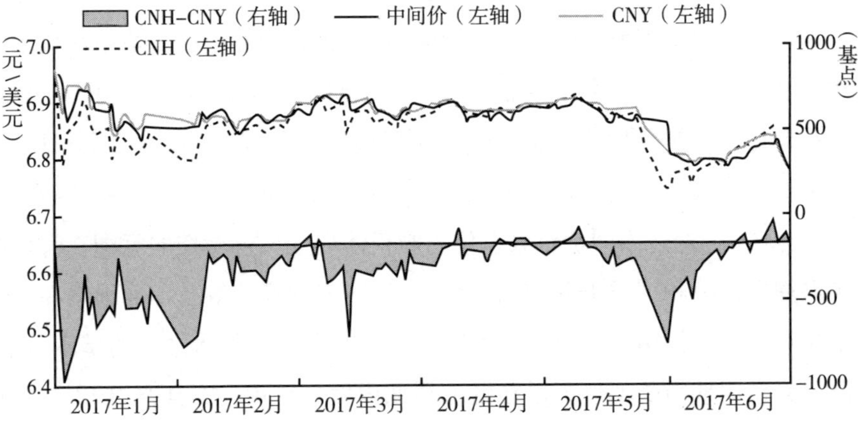

图 1　2017 年上半年境内外人民币兑美元即期汇率走势

资料来源：中国外汇交易中心、汤森路透数据库。

实际上，伴随着 2015 年底美联储的首次加息，我国跨境资金流动也历经了从流出到趋向平衡的过程。2017 年美联储加息三次，但美元汇率总体下降，人民币兑美元双边汇率由于美元的贬值而被动上升。究其原因主要有三点：一是美联储采取的是循序渐进的可预测的加息方式，由此降低了对市场的影响；二是美元利率及汇率的影响要素更加多元化，不限于美联储的货

① 中国人民银行从 2015 年 10 月 15 日起对开展远期售汇业务的金融机构（含财务公司）收取 20% 的外汇风险准备金，旨在提高跨境套利成本、稳定远期汇率、影响即期汇率，从而缓和市场对人民币贬值的预期。

币政策；三是我国经济的基本面优势及机制改革成果推动人民币汇率适应和应对外部环境变化的能力不断增强。

2017 年 12 月 13 日，人民币兑欧元、日元、英镑、澳元、加元汇率中间价分别为 7. 7779（元/欧元）、5. 8338（元/100 日元）、8. 8225（元/英镑）、5. 0080（元/澳元）、5. 1470（元/加元）。人民币兑美元以外的其他主要货币较上年末升贬不一。

2. 人民币兑一篮子货币小幅贬值

根据中国外汇交易中心的数据，2017 年 6 月末，CFETS 人民币汇率指数、参考 BIS 货币篮子和 SDR 货币篮子的人民币汇率指数分别为 93. 29、94. 25 和94. 18，较2016 年末下降1. 6%、2. 1%和1. 4%。根据 BIS 的数据，2017 年上半年人民币名义有效汇率累计下降 2. 3%、实际有效汇率累计下降 3. 3%，但自 2005 年汇改以来，人民币名义有效汇率和实际有效汇率累计分别上升 34. 3%和 42. 3%（见图 2），在 BIS 监测的 61 种货币中，分别居第 3 位和第 2 位。可见，从中长期趋势来看，人民币仍是全球最稳定的货币。

图 2　人民币有效汇率走势

资料来源：国际清算银行。

3. 人民币汇率预期平稳

2017 年 6 月末，境内外市场人民币兑美元汇率 1 年期历史波动率分别为 2.6% 和 3.4%，较年初分别下降 6.8 个和 1.8 个百分点；期权市场隐含波动率分别为 3.4% 和 4.7%，较年初分别下降 34.8 个和 41.6 个百分点。人民币贬值预期大幅减弱。同时，市场非理性和恐慌性购汇情绪有所缓解，企业远期净购汇回落，加之本外币利差逐步收窄，推动境内外远期外汇市场人民币逐步回升，远期外汇市场价格走强。

（三）外汇市场交易情况

根据国家外汇管理局公布的数据，2017 年 1～10 月中国外汇市场累计成交 18.86 万亿美元。2017 年上半年人民币外汇市场累计成交 10.49 万亿美元，日均成交 881 亿美元，市场保持高速增长（见表 4）。其中，银行对客户市场成交 1.79 万亿美元，银行间外汇市场成交 8.69 万亿美元；即期成交 4.39 万亿美元，同比增长 10.1%；衍生品（包括远期、外汇和货币掉期、期权）成交 6.09 万亿美元，在外汇市场交易总量中的占比升至历史新高的 58.1%[①]。同时，交易产品构成进一步接近全球外汇市场。此外，我国外汇市场的参与者结构进一步稳定，银行的自营交易仍居主导地位。

（四）外汇收支情况

根据国家外汇管理局公布的数据，2017 年前三季度我国跨境资金流动总体趋向均衡，且呈现以下特点：第一，银行结售汇和涉外收付款逆差同比下降 54%，大幅收窄；第二，衡量企业购汇动机的售汇率同比下降 8 个百分点，企业购汇更趋理性；第三，结汇率同比稳中有升，较 2016 年同期上升 2 个百分点，说明企业和个人的持汇意愿有所回落；第四，银行对客户远期结售汇签约顺差为 77 亿美元，而 2016 年同期为逆差 581 亿美元，反映

---

① 近年来，企业尤其是上市公司对开展外汇套期保值业务并制定制度的意识不断增强。据不完全统计，2017 年 A 股市场已有超过 110 家上市公司公告新开展外汇套期保值业务并制定制度，2016 年全年 A 股上市公司公告新开展该类业务的仅有 80 余家。

表 4　人民币外汇市场交易概况

单位：亿美元

交易品种	交易金额	
	2016 年上半年	2017 年上半年
即期	39913	43949
银行对客户市场	14595	14924
银行间外汇市场	25318	29025
远期	1525	1695
银行对客户市场	1083	1290
银行间外汇市场	442	404
外汇和货币掉期	44898	56412
银行对客户市场	542	506
银行间外汇市场	44356	55906
期权	2679	2807
银行对客户市场	842	1214
银行间外汇市场	1837	1593
合计	89015	104863
日均成交	742	881

注：数据均为单边交易额，采用四舍五入原则。银行对客户市场采用客户买卖外汇总额，银行间外汇市场采用单边交易量。

资料来源：国家外汇管理局、中国外汇交易中心。

出人民币贬值预期明显减弱，且企业远期结售汇需求有所调整；第五，外汇市场供求基本平衡，外汇储备持续回升。

四　2018年中国外汇市场发展展望

2018 年国家外汇管理局将把贯彻党的十九大精神落实到外汇管理实践中，坚持服务国家对外开放新格局，服务实体经济，推动金融市场双向开放，防范跨境资本流动风险，维护国家经济金融安全。

（一）加强外汇储备对国家战略的支持

受经济、政策、市场三大基本面的支持，尤其是党的十九大的胜利召开，国内外对我国长期发展的信心进一步增强，我国保持跨境资金平稳运行的基础坚实，外汇储备规模也在波动中趋于稳定。接下来，在复杂多变的内外部经济金融环境下，为保障宏观经济稳健运行，我国外汇储备将逐步回归维持国际收支平衡的基本功能。同时，由于我国已是净资本输出国，在新时代下，国家外汇管理局将把外汇储备管理和运用放在党和国家工作大局中谋划，在保持安全性、流动性的基础上，统筹外汇储备的多元化管理及运用，将资金重点用于支持“一带一路”、国际产能和装备制造合作等领域，从金融收益和更大的战略收益等多方面，更为有效地管理外汇储备。

（二）保持人民币汇率走势基本平稳

当前美联储货币政策正常化进程基本符合市场预期。美联储在最新经济预期中上调了2017年及2018年的GDP预期，维持通胀预期不变，并下调了失业率预期，预计未来将维持此前的货币政策路径不变。这意味着美联储2018年将加息三次，2019年加息两次，但对市场的冲击尤其是对美元汇率的提振作用将有所减弱。预计2018年人民币兑美元汇率在6.3～6.8（元/美元）范围内双向波动更趋明显，但人民币升值和贬值的空间不大；人民币兑一篮子货币有望保持平稳，双向波动常态化。其他主要货币方面，欧元兑人民币贬值调整后继续走强；日元在货币政策调整或风险情绪转变前兑人民币维持下行趋势；英镑兑人民币整体区间震荡，但中枢逐渐上移。需要注意的是，2018年是美联储引领下全球货币政策正常化的关键一年，叠加宏观经济环境中的不确定性因素，特别是美国税改对国际汇市的传导效应、贸易保护主义的冲击以及地缘政治等，这些因素对人民币汇率的影响需要实时评估。为此，我国将巩固经济基本面，推动人民币汇率应对外部环境变化的能力不断增强，保持人民币汇率基本平稳。

（三）稳步推进人民币国际化进程

近年来，我国不断通过市场化改革努力推进人民币国际化进程。人民币加入SDR货币篮子后，IMF于2017年3月31日首次公布全球人民币外汇储备持有情况。IMF 公布的数据显示，截至 2016 年第四季度，参与官方外汇储备货币构成报告成员的外汇储备资产为 7.9 万亿美元（全球外汇储备总额为 10.79 万亿美元），其中人民币外汇储备达 845.1 亿美元，约占 1.07%。由此可见，人民币正处于从结算货币向计价、交易和储备货币发展的关键阶段，人民币债券的被动配置需求凸显，境外投资者持有银行间市场债券有望增加。为此，继“沪港通”、“深港通”和 RQFII 后，2017 年 5 月启动的“债券通”为境外人民币的回流增添了新渠道。境内人民币债券市场的进一步开放，将推动与香港等离岸市场的互联互通，通过发挥在岸人民币价格基准对离岸价格的引导作用，把握全球人民币产品定价的主导权，从而奠定在岸市场的全球人民币中心地位。这将对未来人民币国际化起到全局性的支点作用。

（四）建立健全开放、有竞争力的外汇市场

党的十九大对实现“两个一百年”奋斗目标做出了全面部署，提出要建设现代化经济体系，继续转变发展方式、优化经济结构、转换增长动力，推动经济持续健康发展，这将是我国长期促进国际收支平衡、保持跨境资金平稳运行的基础。据此，2018 年国家外汇管理局将适应我国经济和金融市场对外开放的需要，建立健全开放、有竞争力的外汇市场，继续推动外汇市场深化发展。总体来看，主要包括以下五个方面的内容：一是继续完善外汇管理的政策框架，提升外汇管理服务实体经济的效率和水平；二是稳步推进资本项目可兑换，积极稳妥推动金融业对外开放；三是完善跨境资本流动的宏观及微观监管体系，严厉打击违法违规行为，维护金融稳定和经济安全；四是进一步完善人民币汇率形成机制，继续增加人民币汇率弹性，减少非市场因素对汇率的影响；五是丰富外汇市场产品，拓展市场广度和深度，有效对冲风险。

B.14
2017年的中国国际收支

林　楠*

摘　要： 2017年，中国国际收支格局呈现“经常账户及非储备性质的金融账户双顺差”新变化。一方面，对外贸易、对外投资、外汇储备稳居世界前列；另一方面，面对美联储加息、缩表与“特朗普冲击”相互叠加，外部经济金融压力增大。第一，贸易账户顺差占GDP的比重继续回落，出口同比增速回升，但仍承受趋势性下降压力。第二，“一带一路”建设促进对外投资增长，但从全球价值链看仍存在诸多难题。第三，外汇储备同比增长已逆转回升，但大趋势上仍将继续下降。第四，非直接投资项下跨境资本净流出已逆转，但波动性较高，趋稳态势并不显著。从国际收支风险监测看，贸易条件与贸易顺差、中美汇率的正关联性，10年期国债中美利差与跨境资本流动的正相关性，净误差与遗漏持续单边逆差，以及短期外债占外汇储备的比重回升，都值得关注。应对新变化，要健全国际收支安全战略，在习近平新时代中国特色社会主义思想指引下，进一步提升开放型经济水平，实现“一带一路”建设、人民币国际化、金融双向开放、汇率市场化改革与国际收支基础平衡稳健在“新时代”形成良性互动正向循环。

* 林楠，经济学博士，金融学博士后，中国社会科学院金融研究所国际金融与国际经济研究室副研究员，主要研究领域为人民币汇率和国际化战略、国际货币体系改革等。

关键词： 国际收支 外汇储备 “一带一路”建设 金融开放 系统性金融风险

党的十九大报告指出，中国特色社会主义进入新时代。伴随开放型经济新体制的逐步建立，我国对外贸易、对外投资、外汇储备稳居世界前列。2008 年国际金融危机后至 2016 年，从对外贸易看，中国商品贸易出口的全球占比已从 8.86% 上升到 13.12%，超过了美国和日本，位居世界前列（见图 1）。从对外投资看，中国 ODI 存量的全球占比已从 1.2% 上升到 4.9%，目前与日本持平，位居世界前列（见图 2）。在习近平新时代中国特色社会主义思想指引下，中国将进一步提升开放型经济水平。

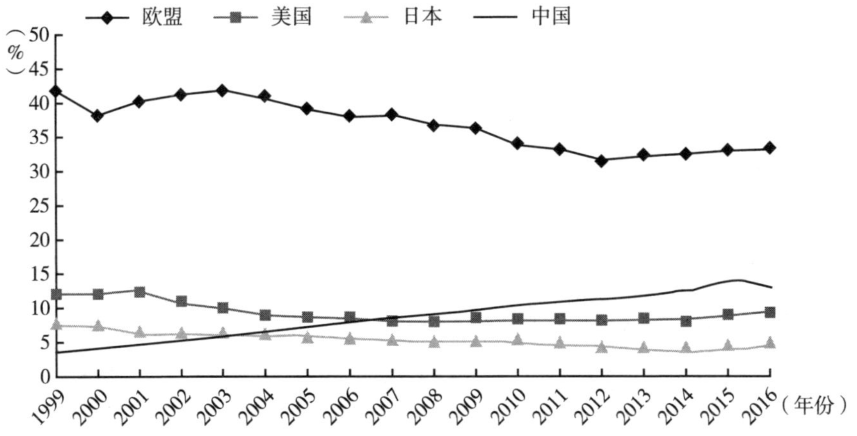

图 1　中国、美国、日本、欧盟商品贸易出口的全球占比

资料来源：Wind 资讯和笔者计算。

从经济增长率看，近二十年来，欧盟和美国经济增长率相近且较同步，中国经济增长率明显高于欧盟和美国，但与欧盟和美国经济的同步性较弱。值得注意的是，中美都经历了由经济大幅波动向经济波动幅度平缓、收窄的转变过程。这与市场在资源配置中起决定性作用、更好地发挥政府作用有

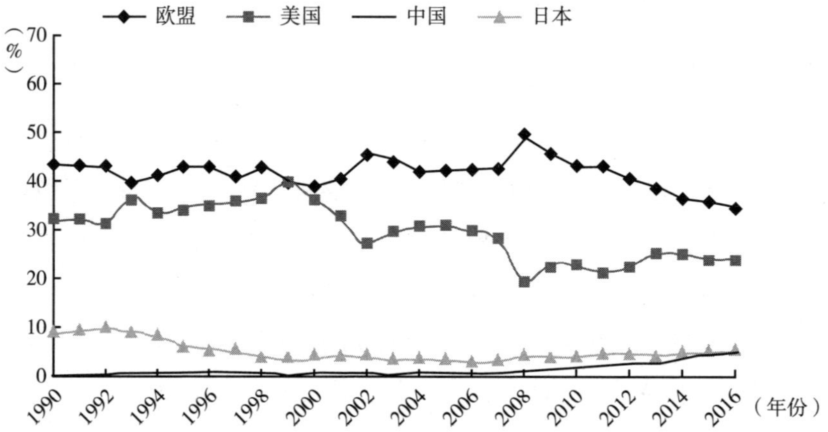

图2　中国、美国、日本、欧盟ODI存量的全球占比

资料来源：Wind资讯和笔者计算。

关，也与国家治理体系和治理能力现代化有关。从外汇储备看，当前不仅中国外汇储备规模在世界范围内高居榜首（占全球总额的比重接近30%，见图4)，而且人民币也成为储备货币。

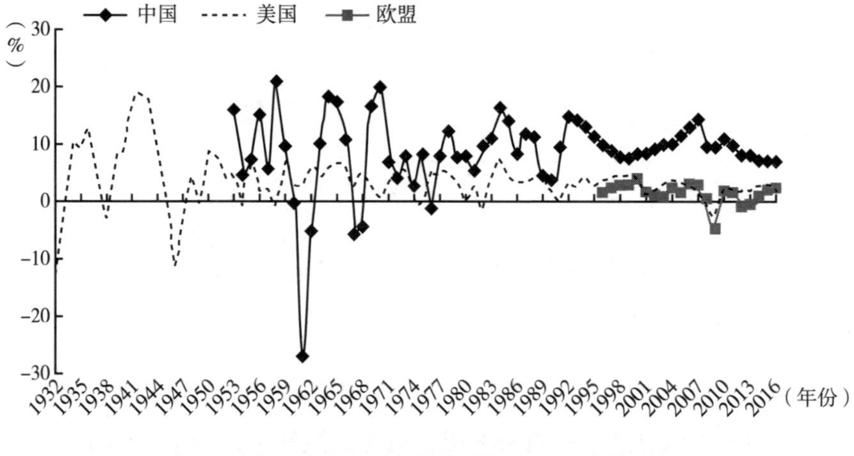

图3　中国、美国、欧盟经济增长率（不变价同比）

资料来源：Wind资讯。

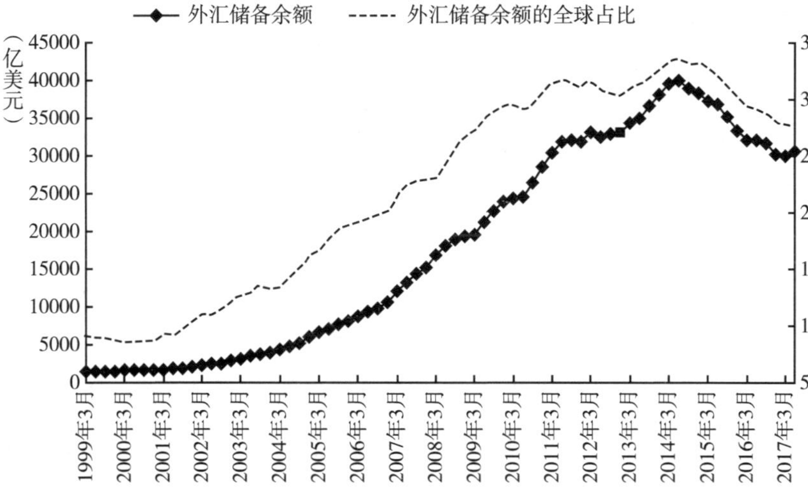

图 4　中国外汇储备余额及其全球占比

资料来源：Wind 资讯和笔者计算。

总之，中国特色社会主义进入新时代，是全面建设社会主义现代化强国的时代，是我国日益走近世界舞台中央的时代。放眼全球，我国开放型经济特别是涉外金融发展虽然已取得巨大成就，但是相比欧美发达经济体仍有很大的发展空间。2017 年，以“一带一路”建设为引领，中国正在稳步推动形成全面开放新格局。

一　2017年总体情况：基于国际收支平衡表和国际投资头寸表

国际收支既反映流量，也反映存量。其中，国际收支平衡表记录的是一段时期国际收支全部交易的流量，反映的是交易发生时的市场价值。而国际投资头寸表仅是金融资产负债在某个时点的存量（余额），反映不同时点的重估价值①。

① 国家外汇管理局国际收支司：《诠释国际收支统计新标准》，中国经济出版社，2015，第7、14 页。

（一）国际收支概览

2017 年，中国国际收支格局呈现“经常账户及非储备性质的金融账户双顺差”新变化。按最新的国际收支统计口径①，2017 年前三季度（累计值），经常账户顺差为 1063 亿美元，同比下降 38.5%；非储备性质的金融账户顺差为 608 亿美元，同比增长 120.1%；储备资产增加 589 亿美元，与 2016 年前三季度储备资产减少 2941.10 亿元相比，同比增长 120.0%（见表 1）。另据 2017 年第三季度（当季值）初步数据，经常账户顺差为 370.24 亿美元，同比下降 46.5%；非储备性质的金融账户逆差为 71.45 亿美元，同比下降 94.5%；储备资产增加 299.27 亿美元，与 2016 年第三季度储备资产减少 1363.12 亿美元相比，同比增长 122.0%。

表 1　中国国际收支平衡表（BPM6 季度表，累计值）

单位：亿美元

项目	2016 年第一季度	2016 年上半年	2016 年前三季度	2016 年全年	2017 年第一季度	2017 年上半年	2017 年前三季度
1. 经常账户	393.44	1034.94	1727.47	1963.80	183.89	692.76	1063
1. A 货物和服务贸易	462.92	1163.16	1839.17	2499.14	216.05	793.27	1322
1. A. a 货物贸易	1039.40	2297.91	3669.23	4940.77	822.79	2143.80	3354
1. A. b 服务贸易	-576.48	-1134.75	-1830.06	-2441.63	-606.74	-1350.53	-2032
1. B 初次收入	-41.01	-95.64	-66.69	-440.13	-3.88	-33.91	-167
1. C 二次收入	-28.48	-32.58	-45.01	-95.20	-28.28	-66.61	-92
2. 资本和金融账户	-1.61	-144.55	-93.99	263.28	393.08	388.59	18
2. 1 资本账户	-1.12	-1.43	-3.37	-3.44	-1.26	-1.13	-1
2. 2 金融账户	-0.49	-143.12	-90.62	266.72	394.34	389.72	19
2. 2. 1 非储备性质的金融账户	-1233.22	-1721.11	-3031.71	-4169.92	368.45	679.45	608
2. 2. 1. 1 直接投资	-162.62	-466.22	-756.68	-466.46	125.53	139.38	213

① 按照《国际收支和国际投资头寸手册》（第六版）标准编制的国际收支数据。

续表

<table>
<tr><th>项目</th><th>2016 年第一季度</th><th>2016 年上半年</th><th>2016 年前三季度</th><th>2016 年全年</th><th>2017 年第一季度</th><th>2017 年上半年</th><th>2017 年前三季度</th></tr>
<tr><td>2.2.1.2 证券投资</td><td>-409</td><td>-331.28</td><td>-436.64</td><td>-621.83</td><td>-79.28</td><td>-195.05</td><td rowspan="3">395</td></tr>
<tr><td>2.2.1.3 金融衍生工具</td><td>10.27</td><td>-23.92</td><td>-31.54</td><td>-46.58</td><td>0.02</td><td>3.34</td></tr>
<tr><td>2.2.1.4 其他投资</td><td>-671.88</td><td>-899.69</td><td>-1806.86</td><td>-3035.05</td><td>322.18</td><td>731.79</td></tr>
<tr><td>2.2.2 储备资产</td><td>1232.73</td><td>1577.98</td><td>2941.10</td><td>4436.65</td><td>25.89</td><td>-289.73</td><td>-589</td></tr>
<tr><td>3. 净误差与遗漏</td><td>-391.83</td><td>-890.38</td><td>-1633.49</td><td>-2227.08</td><td>-576.97</td><td>-1081.35</td><td>-1081</td></tr>
</table>

资料来源：Wind 资讯、国家外汇管理局。

（二）经常账户概览

2017 年，中国经常账户小幅顺差基本稳定。从总量看，中国对外贸易依存度和经常账户季度差额占当期 GDP 的比重（CA/GDP）走势同步，目前仍处于下行调整之中（见图 5）。2017 年第三季度，中国的 CA/GDP 为 1.17%，较上年同期有所下降。相对于国际金融危机期间的历史峰值，自经济进入新常态以来，CA/GDP 始终处在合理区间。从结构看，中国经常账户顺差长期以来主要源于货物贸易顺差，而 2008 年国际金融危机后，持续增长的服务贸易逆差成为经常账户差额的主要逆差项（见图 6）。2017 年前三季度货物贸易顺差为 3354 亿美元，同比下降 8.6%；服务贸易逆差为 2032 亿美元，同比增长 11.0%；初次收入逆差为 167 亿美元，同比增长 150.4%；二次收入逆差为 92 亿美元，同比增长 104.4%。2017 年，中国贸易账户顺差虽有波动[①]，但总体呈现稳中收窄态势。

（三）资本和金融账户概览

2017 年，中国资本和金融账户实现顺差（呈现资本净流入）。综合来看，直接投资、其他投资转为顺差（净流入），证券投资逆差收窄（净流出

① 贸易账户余额即包括货物贸易与服务贸易在内的进出口之间的差额，反映一国产业结构和产品在国际上的竞争力。

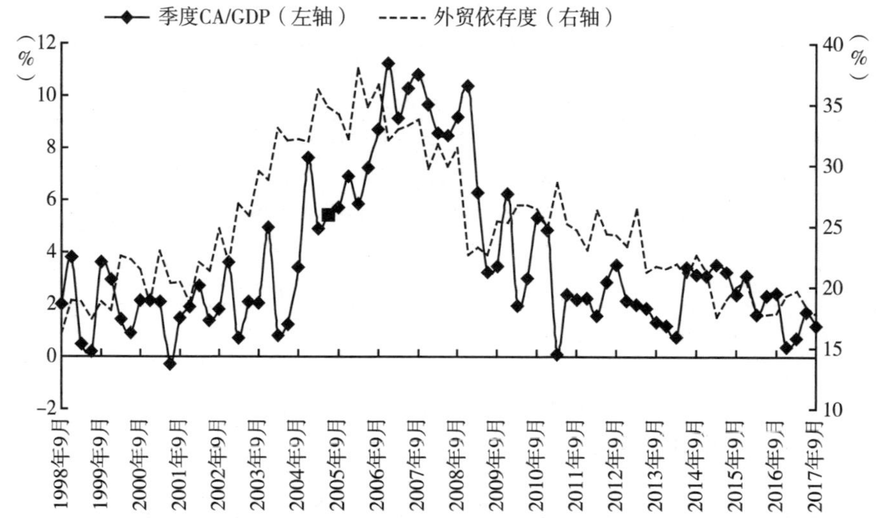

图 5　中国外贸依存度及季度 CA/GDP

资料来源：Wind 资讯。

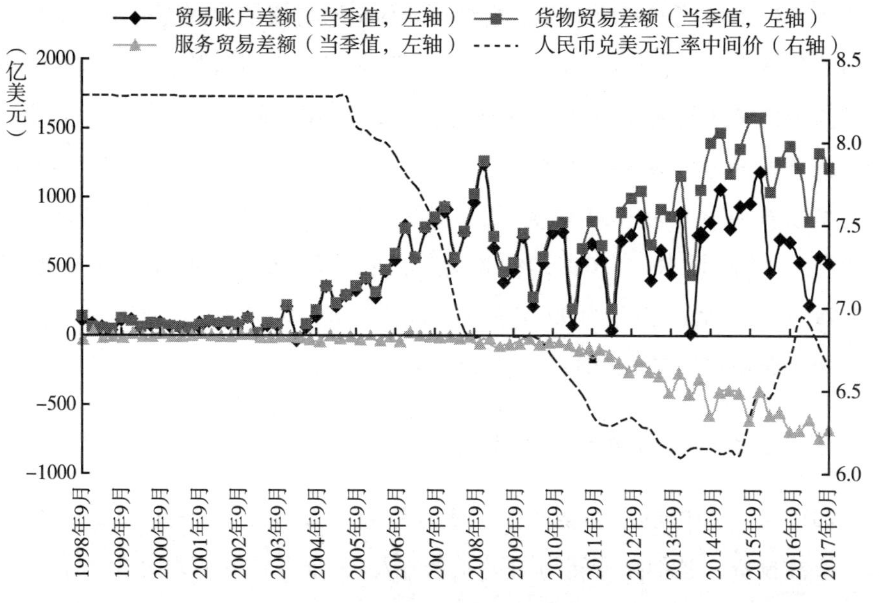

图 6　中国经常账户收支状况

资料来源：Wind 资讯。

规模回落），储备资产有所增加。从非储备性质的金融账户看[①]，累计逆差已经由2016年前三季度的3031.71亿美元转变为2017年前三季度的累计顺差608亿美元。截至2017年上半年，非储备性质的金融账户顺差为679.45亿美元。其中，顺差项（净资产下降，下同）主要来自其他投资——其他投资顺差为731.79亿美元，其次来自直接投资——直接投资顺差为139.38亿美元；逆差项主要来自证券投资——证券投资逆差为195.05亿美元。从流向和渠道看，其他投资为顺差，表明其他投资项下净负债增加，即其他投资总体呈现净流入；证券投资为逆差，表明证券投资总体呈现净流出，如国内居民通过“港股通”和“基金互认”等渠道购买境外证券类资产、境内银行等金融机构投资境外股票和债券，以及QDII和RQDII投资非居民发行的股票和债券。

（四）国际投资头寸概览

2017年，中国国际投资头寸继续呈现对外净资产（对外金融净债权）且稳步增长。截至2017年上半年，中国的对外资产为66446亿美元，对外负债为48931亿美元，对外净资产为17515亿美元（见表2）。2017年6月末，中国对外净资产比2016年6月末增加了879亿美元，同比增长5.3%。这不仅表明我国是对外净债权国，而且意味着中国作为国际资本供应的一支重要新兴力量在国际金融中发挥着越来越重要的稳定作用。与企业的资产负债表一样，国际投资头寸表是国家对外资产负债表，是一国对外金融资产和负债状况的整体反映。但是，这并不代表金融实力的强弱。一国金融实力更多取决于本国金融市场的发育程度、金融部门的国际竞争力及其主权货币的国际化程度等多种因素[②]。此外，对外负债也不等于

① 值得注意的是，从《“十三五”发展规划纲要》提出“有序实现人民币资本项目可兑换”，到2017年7月召开的第五次全国金融工作会议明确“稳步实现资本项目可兑换”，其中的“资本项目”对应的是国际收支平衡表［《国际收支和国际投资头寸手册》（第六版）］中的“非储备性质的金融账户”。

② 国家外汇管理局国际收支司：《诠释国际收支统计新标准》，中国经济出版社，2015，第9、10页。

表2　中国国际投资头寸表（季度表）

单位：亿美元

项目	2016年6月末	2017年6月末
净头寸	16636	17515
资产	63114	66446
1. 直接投资	12515	13697
1.1 股权	10178	11178
1.2 关联企业债务	2337	2519
2. 证券投资	3065	4143
2.1 股权	1867	2546
2.2 债券	1199	1597
3. 金融衍生工具	61	60
4. 其他投资	14441	17042
4.1 其他股权	1	55
4.2 货币和存款	3477	3816
4.3 贷款	4999	6373
4.4 保险和养老金	110	105
4.5 贸易信贷	4937	5849
4.6 其他应收款	917	844
5. 储备资产	33032	31504
5.1 货币黄金	774	736
5.2 特别提款权	104	100
5.3 在国际货币基金组织的储备头寸	104	95
5.4 外汇储备	32052	30568
5.5 其他储备资产	-3	5
负债	46477	48931
1. 直接投资	29082	29245
1.1 股权	26878	27078
1.2 关联企业债务	2203	2167
2. 证券投资	7839	8583
2.1 股权	5775	6221
2.2 债券	2064	2362
3. 金融衍生工具	119	49
4. 其他投资	9437	11054
4.1 其他股权	0	0
4.2 货币和存款	3391	4177
4.3 贷款	3043	3910
4.4 保险和养老金	94	95

续表

项目	2016 年 6 月末	2017 年 6 月末
4.5 贸易信贷	2414	2544
4.6 其他应付款	397	232
4.7 特别提款权	98	97

注：根据《国际收支和国际投资头寸手册》（第六版）编制。

资料来源：国家外汇管理局。

外债[①]。尽管国际投资头寸表和外债统计都是对居民与非居民之间的交易的统计，但是，前者包含了所有的对外金融资产和负债存量，而后者仅针对居民对外承担的契约性偿还义务，即外债应包括在国际投资头寸表中。自 2015 年 3 月以来，我国按照 IMF 特殊数据公布标准（SDDS）要求公布了全口径外债总额头寸数据：第一，2017 年以美元计价的全口径外债总额头寸相比 2016 年呈现较大幅度的上升态势，人民币外债占比已改变自 2015 年 6 月以来的下降态势，进入 2017 年开始转为上升（见图 7）；第二，2017 年短期外债占比相比 2016 年有所上升，而与贸易有关信贷的短期外债占比下降较快（见图 8）。

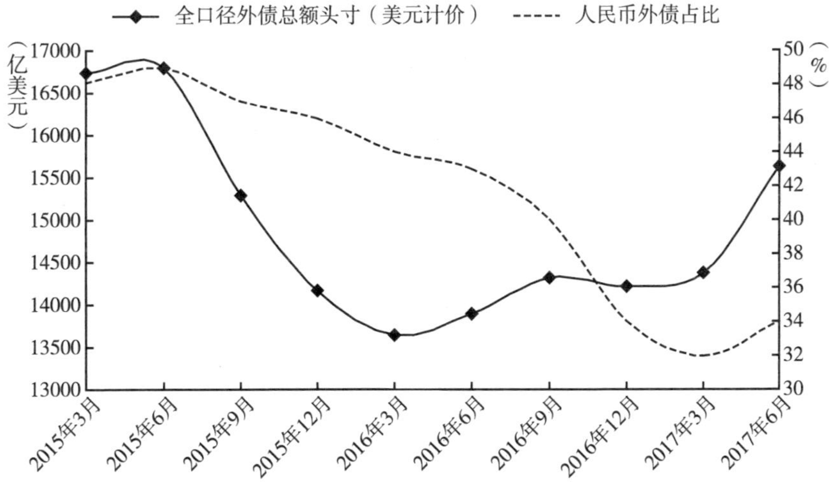

图 7　中国全口径外债总额头寸及其币种结构占比

资料来源：Wind 资讯。

① 国际投资头寸表中的负债除了直接投资股本、股权证券投资和其他投资股权之外就应当等于外债。参见温建东《中国全口径外债的推导、变动原因及其政策启示》，《国际经济评论》2016 年第 5 期。

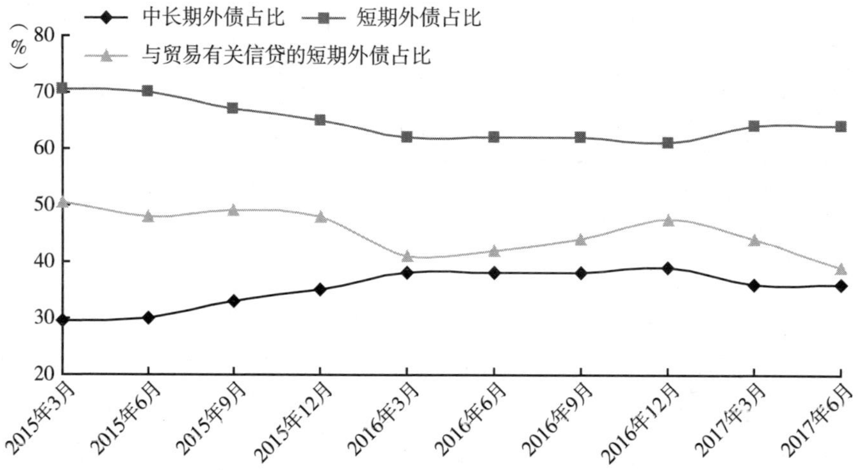

图8　中国全口径外债总额头寸期限结构占比

资料来源：Wind资讯。

二　2017年运行评价与趋势展望：基于国际收支风险监测

进入新时代，国际收支背后的时代主题之一，即通过国际收支风险监测，分析国家对外金融风险状况。这不仅是在扩大对外开放过程中维护我国经济金融安全的客观需要，也是实现从外汇管理事前监管到事后监管、从行为监管到主体监管转变的迫切需要。面对美联储加息、缩表与“特朗普冲击”相互叠加，外部经济金融压力增大。在某种程度上，欧美宏观去杠杆是以中国宏观加杠杆的代价来实现的①。伴随国际经济走势的“故事”被彻底改变，发达国家主导的国际经贸规则变迁，实际上都是要在全球价值链重构中占得先机。发达国家利用其对国际经贸规则的主导权不断强化自身的竞

① 主要经济体准货币与狭义货币的比例（其大致代表了执行价值储藏功能与交易媒介功能的不同货币存量对比），近似表达了不同货币的“自身透支”情况。从走势上看，欧美的走势基本一致，并且2008年国际金融危机后与中国正好相反。

争优势，吸引高端制造业回流，加强服务价值链与制造价值链融合，使我国产业向高端攀升的难度增大。

（一）贸易账户顺差占 GDP 的比重下降，出口同比增速回升，但仍承受趋势性下降压力

从出口同比增速看，2017 年以来，中国贸易账户出口当季值同比增长出现了新的回升。但是，在此之前，自 2010 年以来，中国贸易账户出口同比增速一直呈现趋势性下降（见图 9）。对于出口增速下降，从一些世界贸易大国的实践看，当一国货物出口占世界总额的比重达到 10% 左右时，就会出现拐点，增速要降下来①。从中国的现实情况看，2016 年中国商品贸易出口的全球占比已达到 13. 12% 。从贸易顺差占 GDP 的比重看，截至 2017 年第三季度，中国货物贸易顺差（累计值）占 GDP 的比重为 4. 28% ，较上年同期的 4. 56% 有所下降。伴随全球经济再平衡，2008 年国际金融危机后中国贸易账户顺差持续下降。对比中美两国贸易账户余额占 GDP 的比重，中国顺差已从 2007 年的最高点 8. 67% 降至 2016 年的 2. 23% ，美国逆差则从 2006 年的最高点 5. 50% 降至 2016 年的 2. 72% （见图 10）。

从趋势展望看，鉴于稳定和扩大出口份额的难度增大并非简单的周期性现象，加之近期美国经济复苏虽然缓解了中国贸易顺差下降的压力，但美国的逆全球化则进一步增加了中国贸易账户顺差下降的新压力，如何加快培育国际竞争新优势，更好地发挥出口对经济发展的支撑作用，任重而道远。

（二）贸易顺差、贸易条件与中美汇率关联，对外竞争力可持续受到内外约束

当前中国维护自身对外竞争力可持续方面存在内外约束。贸易条件的波动受大宗商品价格波动的影响较大，并会带来福利变化，甚至影响国家财富。当贸易条件恶化时，一国对外交往中价格变化对实际资源的影响表现为

① 中共中央宣传部：《习近平总书记系列重要讲话读本》，学习出版社、人民出版社，2016，第 142 页。

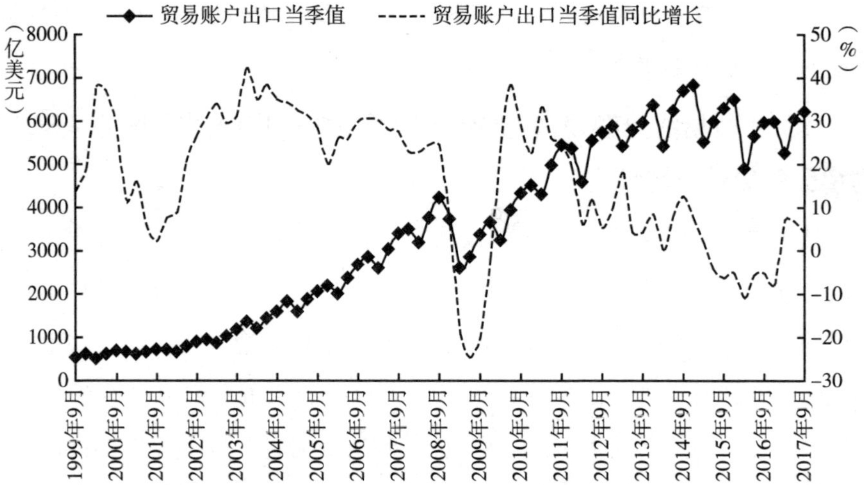

图 9　中国贸易账户出口当季值及其同比增长情况

资料来源：Wind 资讯。

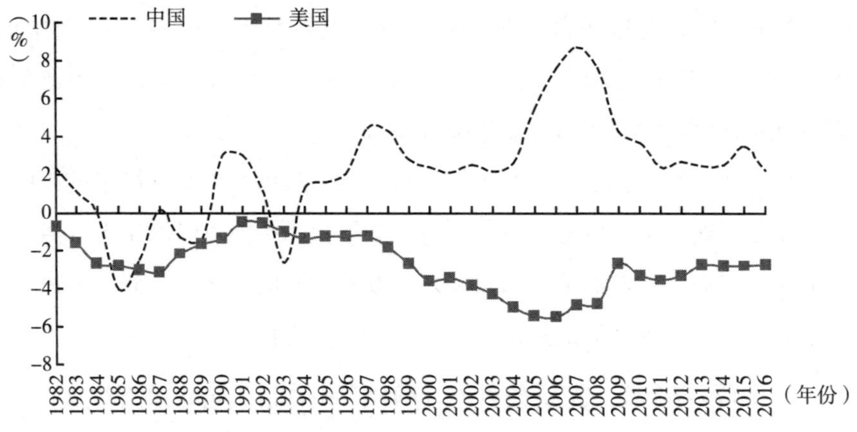

图 10　中国、美国贸易账户余额占 GDP 的比重

资料来源：Wind 资讯。

出口相同数量的商品只能换回较少数量的进口商品。我国的贸易条件在进入 2017 年后出现了下降（2009 年和 2015 年也曾出现贸易条件下降，见图 11）。在发达经济体编织的全球流动性网络和全球贸易投资协定网络的虚实相济下，我国参与世界市场，如何维护自身在国际市场的足够份额也面临严峻考验。综合来看，贸易差额与贸易条件及人民币实际有效汇率指数和美元实际汇率指数之间存在正向关联。一般的，中国的贸易条件与国际大宗商品价格紧密相连，如果大宗商品价格下跌（美元实际汇率上升），则中国的贸易条件得以改善，从而实现贸易顺差，人民币实际有效汇率指数上升；反之，如果大宗商品价格上涨（美元实际汇率下降），则中国的贸易条件恶化，从而贸易顺差下降，人民币实际有效汇率指数下降。

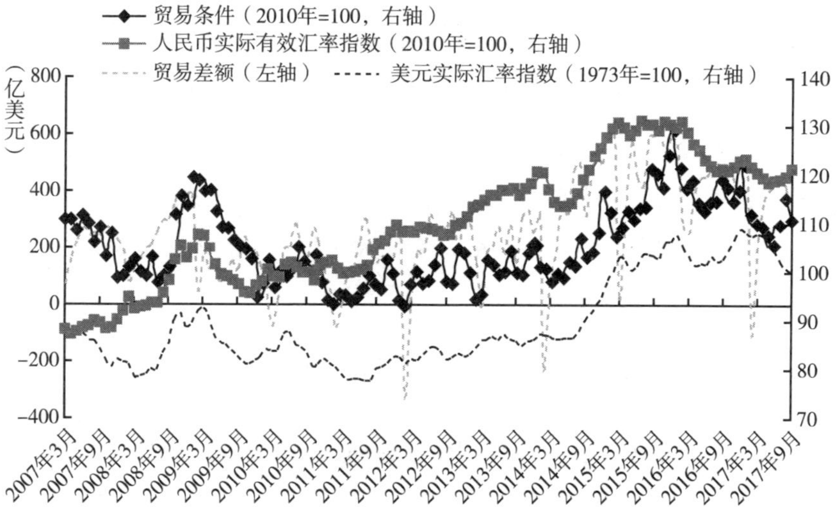

图 11　中国贸易条件指数与贸易差额月度值以及人民币实际有效汇率指数、美元实际汇率指数

资料来源：Wind 资讯及笔者计算。

从趋势展望看，目前出口对经济发展的支撑作用已减弱，尽管 2015 年以来人民币实际有效汇率已有所下降，但从近十年来的升值趋势看，其与 2015 年以来贸易条件恶化相叠加，对于未来出口竞争优势的影响仍需要引起关注。

（三）“一带一路”建设促进对外投资增长，从全球价值链看仍存在诸多难题

“一带一路”建设成为促进中国对外直接投资快速增长的宏观条件。

2017 年前三季度，尽管中国国际收支口径的直接投资净流入 213 亿美元，但我国企业对“一带一路”沿线国家和地区的投资合作已成为新亮点。在“一带一路”倡议下，国内企业“走出去”步伐不断加快，对外投资的意愿不断增强。据统计，近三年来，我国对“一带一路”沿线国家和地区的投资已超过500 亿美元，与相关国家企业共建的项目近2000 个①。值得注意的是，推进“一带一路”建设，还面临较大的投资和贸易壁垒。一是“一带一路”区域内的贸易成本普遍较高；二是“一带一路”沿线国家和地区已缔结的自贸区协定自由化、便利化程度整体较低；三是“一带一路”沿线国家和地区的经济合作存在较多壁垒和障碍。当前全球价值链已成为全球最为重要的产业分工合作方式。我国由于产业技术和出口附加值水平偏低，在全球价值链中尚处于中低端位置，而在低端环节，我国多数出口产品并不具备主导价值链的能力。“一带一路”沿线大多数国家和地区也面临在全球价值链中“中低端锁定”的风险。

从趋势展望看，推进“一带一路”建设，如何突破全球价值链和产业链重构及延伸的“高端封锁”与“低端锁定”的双重夹击？如何实现从附加值和技术含量的低端位置向高端位置移动，在全球生产网络中掌握一定的定价权并具备一定的控制力？如何实现贸易投资便利化，从而构建“包容性”的全球价值链？这些既是机遇更是挑战。

（四）美联储加息、缩表叠加“特朗普冲击”，国际货币体系中人民币如何稳定趋强

人民币作为储备货币的地位逐渐被认可。从外汇储备看，一方面，中国持有的外汇储备占全球外汇储备总额的 30% 左右；另一方面，IMF 官方外汇储备货币构成（COFER）数据显示，截至 2016 年 12 月，人民币储备约合 845.1 亿美元（见表 3），占标明币种构成外汇储备总额的 1.07% 。2017

① 国家发展和改革委员会：《2017 年 11 月中国对外投资报告》，人民出版社，2017，第 4、5 页。

年上半年，欧洲央行共增加等值5亿欧元的人民币外汇储备，新加坡、俄罗斯等60多个国家和地区将人民币纳入外汇储备①。面对美联储加息、缩表与“特朗普冲击”相互叠加，外部经济金融压力增大。伴随着全球失衡从贸易失衡转向金融失衡，人民币国际化面临新的挑战。

表3　官方外汇储备币种构成

单位：10亿美元

项目	2015年第四季度	2016年第一季度	2016年第二季度	2016年第三季度	2016年第四季度
外汇储备总和	10921.40	11009.16	11037.96	11059.38	10793.40
已分配外汇储备	6817.01	7193.94	7501.66	7800.97	7900.63
美元储备	4374.07	4604.17	4792.23	4939.78	5052.94
欧元储备	1345.06	1449.19	1493.88	1577.68	1559.26
人民币储备	—	—	—	—	84.51
日元储备	274.77	280.74	325.99	346.77	332.77
英镑储备	331.38	343.30	348.84	350.75	349.33
澳元储备	131.00	133.67	136.97	150.22	146.12
加元储备	127.65	136.29	143.52	155.80	160.83
瑞士法郎储备	19.77	14.81	14.28	14.82	13.73
其他币种储备	213.32	231.76	245.95	265.15	201.15
未分配外汇储备	4104.39	3815.22	3536.29	3258.41	2892.77

资料来源：IMF。

从趋势展望看，跨境贸易人民币业务结算额以及中国银行人民币跨境指数（CRI）显示人民币国际化在阶段性波动回落后已基本稳定（见图12）。如何“保持人民币在全球货币体系中的稳定地位”是2017年也将成为今后中国政府工作的重要安排。

① 中国人民银行：《2017年人民币国际化报告》，中国人民银行官方网站，2017年10月17日，http://www.pbc.gov.cn。

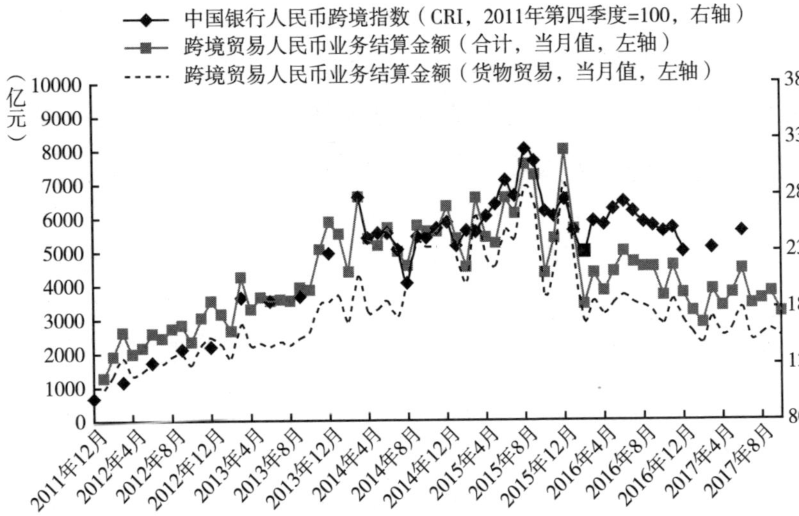

图12　中国银行人民币跨境指数与跨境贸易人民币业务结算金额

资料来源：Wind 资讯。

（五）净误差与遗漏持续较大逆差，非直接投资项下跨境资本流动波动性增大

对于跨境资本流动监测，IMF 通常使用非直接投资形式的资本流动，而非简单使用外汇储备变动减 FDI 流入和贸易顺差①。非直接投资项下差额主要包括证券投资、金融衍生工具和其他投资，其中其他投资又包括其他股权、货币和存款、贷款、保险、养老金和标准化担保计划、贸易信贷和预付款、其他应收/应付款以及特别提款权分配等子项目②。当前其他投资项下资本流动已成为影响中国国际收支状况的重要因素。正是由于其他投资项下顺差与逆差的转化频繁且较为剧烈，并带有较强的顺周期性，因此也是异常外汇资金流动的重点监察领域。2017 年前三季度，非直接投资项下顺差为 395 亿美元，与 2016 年前三季度的逆差 2275 亿美元相比，同比上升

① 管涛：《汇率的本质》，中国金融出版社，2016，第 60 页。

② 国家外汇管理局国际收支司：《诠释国际收支统计新标准》，中国经济出版社，2015，第 263 页。

117.4%。非储备性质的金融账户中其他投资差额是构成非直接投资差额的最重要主体，从2015年第二季度到2017年第二季度，非直接投资项下差额（当季值）所反映的跨境资金流动呈现“W”形（见图13）。

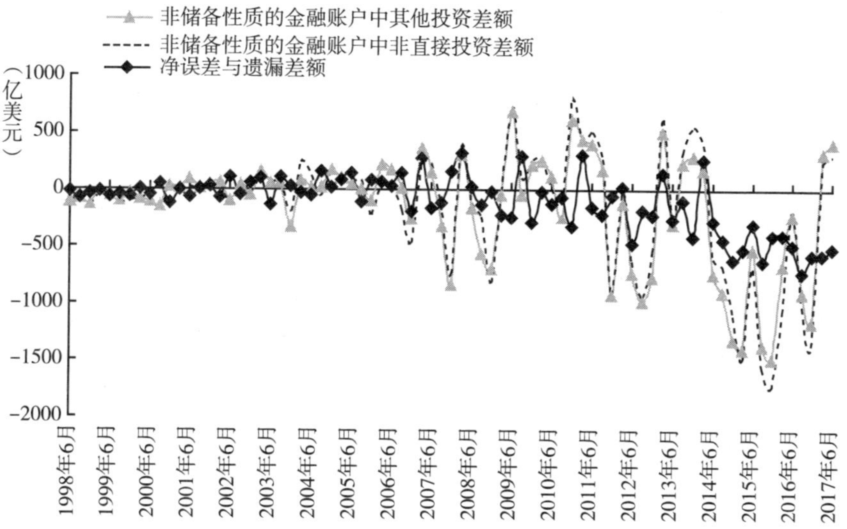

图13　非直接投资项下差额及净误差与遗漏差额（当季值）

资料来源：Wind资讯。

综合来看，2017年改变了2014年上半年以来中国跨境资金持续流出的局面，但净误差与遗漏持续较大逆差的局面仍未改变。在此期间，净误差与遗漏方向与跨境资本流动是否存在必然关系，如何进一步提高国际收支统计质量，尽可能地降低净误差与遗漏规模，仍需要进行深入的论证与完善。从趋势展望看，非直接投资项下跨境资本净流出已逆转，但波动性较大，趋稳态势并不显著。

（六）短期外债占外汇储备的比重回升，外汇储备同比增长趋势性下降中有所回调

外汇储备是重要的调控工具，对跨境资本流动起着“压舱石”的作用。截至2017年10月，中国外汇储备余额为31092亿美元，相比2016年10月

的31206亿美元，中国外汇储备余额仍减少了114亿美元，同比降低0.36%。从同比增长的变动看，2017年与2013年相似，外汇储备、外汇占款月度余额的同比增长均呈现回升态势（见图14）。2017年外汇储备月度余额同比增长大于央行外汇占款月度余额同比增长。这与在概念口径上外汇储备余额变动 > 央行外汇占款余额变动[①]相吻合。外汇储备月度余额同比增长回升，反映了官方外汇市场操作、储备资产价格变动和储备多元化运用等诸多因素。外债管理是我国跨境信贷外汇管理的重中之重。亚洲金融危机的经验教训表明，短期货币错配指标（短期外债占外汇储备的比例）在危机期间相对较高，甚至有上升的情况；在危机爆发后，短期货币错配指标迅速下降[②]。2017年，我国短期外债占外汇储备的比例不断上升，2017年第二季度为32.97%，较上年同期上升5.7个百分点。从短期外债占外债余额的比例看，2017年第二季度为64%，较上年同期上升2.0个百分点（见图15）。

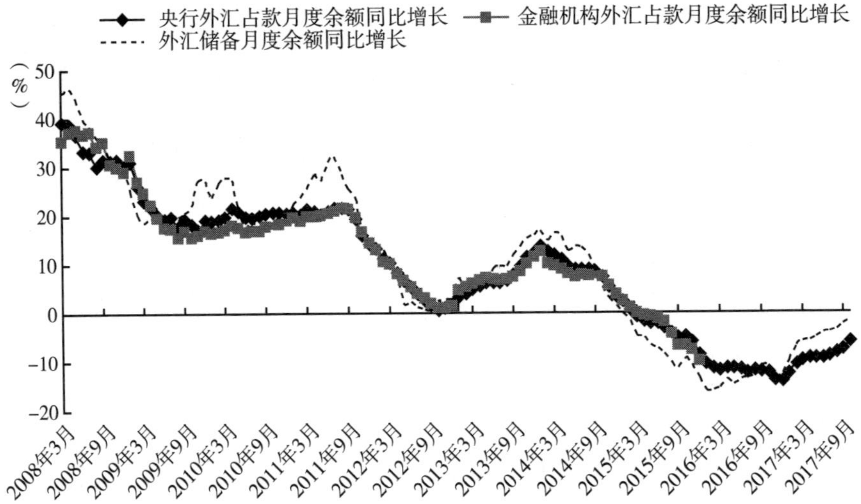

图14　外汇占款与外汇储备月度余额同比增长情况

资料来源：Wind资讯和笔者计算。

① 国家外汇管理局国际收支司：《诠释国际收支统计新标准》，中国经济出版社，2015，第298页。

② 〔美〕莫里斯·戈登斯坦、菲利浦·特纳：《货币错配——新兴市场国家的困境与对策》，李扬、曾刚译，社会科学文献出版社，2005，第16页。

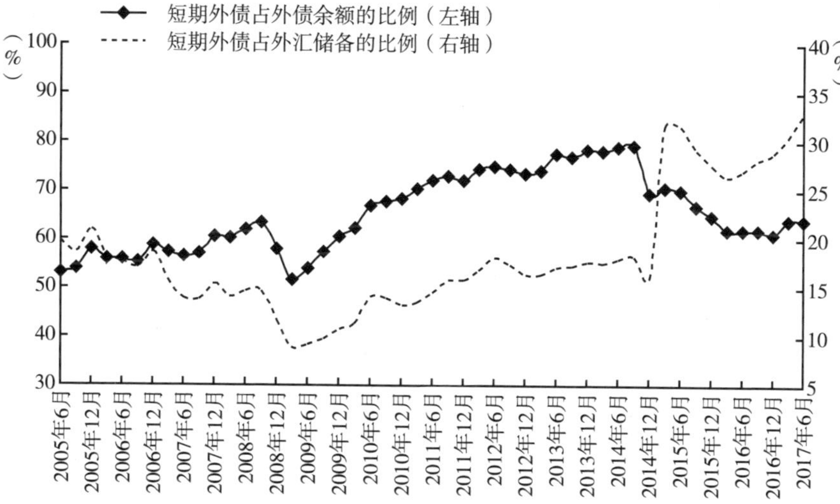

图 15　短期外债占外汇储备及外债余额的比例

资料来源：Wind 资讯。

从趋势展望看，2008 年国际金融危机后，中国的外汇储备同比增长率呈现阶梯性下降趋势，2017 年外汇储备同比增长已逆转回升，但大趋势上仍将继续下降。在外债方面，伴随资本项目进一步开放，可能会出现规模大或币种、期限错配的风险，加强对短期债务、套利套汇交易及衍生交易等短期投机性资本流动进行微观和宏观审慎管理，对一些资本项目进行管制，仍是必要之策。

三　国际收支安全战略：新时代开放型经济新体制的健全与优化

进入新时代，伴随国际收支平衡成为宏观经济政策框架的显性目标，维护国际收支安全将成为新时代中国特色社会主义经济建设、金融开放、“一带一路”建设和人民币国际化的重要保障。

（一）落实党的十九大和全国金融工作会议精神，促进涉外经济和金融良性循环

党的十九大报告指出，要“坚决打好防范化解重大风险的攻坚战”，“有效维护国家安全”。金融安全，是国家安全的重要组成部分，是经济平稳健康发展的重要基础①。2017 年 7 月，习近平总书记在第五次全国金融工作会议上强调，要把主动防范化解系统性金融风险放在更加重要的位置，科学防范，早识别、早预警、早发现、早处置，着力防范化解重点领域风险，着力完善金融安全防线和风险应急处置机制②。当前和今后一个时期，我国金融领域尚处于风险易发高发期，既要防止“黑天鹅”事件发生，也要防止“灰犀牛”风险发生，涉外金融要注意国际经济复苏乏力、主要经济体政策外溢效应等使我国面临跨境资本流动和汇率波动等外部冲击风险③。1986～2016 年，人民币兑美元汇率与中国国际收支相伴而行（见图 16）。伴随跨境资本流动的规模日益扩大，经济进入新常态以来，10 年期国债中美利差与跨境资本流动相关性较大（见图 17），尽管未来中美利差如果继续收窄，可能会舒缓跨境资本净流出，但趋稳态势仍不显著。随着“一带一路”建设、汇率市场化、资本项目可兑换、金融开放及人民币国际化的稳步推进，我国国际收支交易的类型将更多，跨境资本流动规模将更大，需要配套更加及时、完整、有效的国际收支风险监测体系及应急机制，以及跨境资本流动的均衡管理机制，以从宏观到微观全面掌握我国国际收支运行，促进涉外经济和金融健康发展。

---

① 2017 年 4 月 25 日，习近平总书记在中共中央政治局第四十次集体学习时强调，维护金融安全，是关系我国经济社会发展全局的一件带有战略性、根本性的大事。金融活，经济活；金融稳，经济稳。必须充分认识金融在经济发展和社会生活中的重要地位和作用，切实把维护金融安全作为治国理政的一件大事，扎扎实实把金融工作做好。

② 《习近平谈治国理政》（第二卷），外文出版社，2017，第 280 页。

③ 周小川：《守住不发生系统性金融风险的底线》，《党的十九大报告辅导读本》，人民出版社，2017。

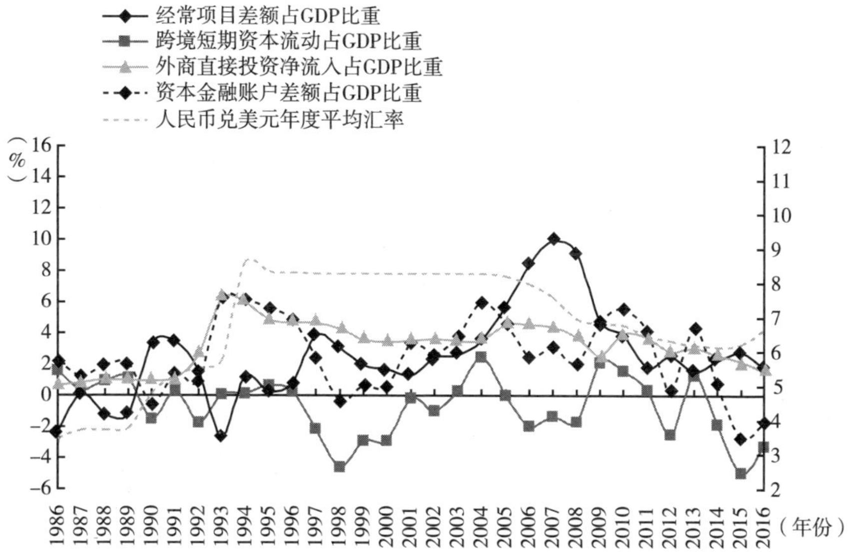

图 16　人民币汇率与中国国际收支（1986～2016 年）

资料来源：Wind 资讯及笔者计算。

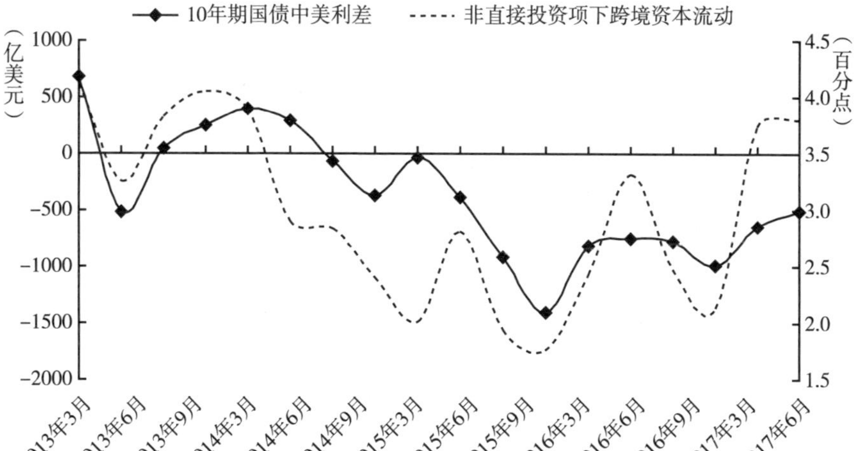

图 17　10 年期国债中美利差与非直接投资项下跨境资本流动

资料来源：Wind 资讯及笔者计算。

（二）积极应对金融开放跨境资本流动冲击，着力化解宏观经济内外均衡冲突

与全球流动性冲击相对应，外币跨境资本流动成为外部冲击内卷风险的重要来源。内外均衡冲突叠加实体经济与金融经济互动，外部冲击风险内卷，一方面，通过本外币市场体系进行结构性传递；另一方面，对经济增长和金融周期产生结构性影响。与全球化再平衡相对应，本币跨境资本流动成为人民币国际化和资本项目可兑换的重要载体。面对美国主导金融全球化的大势所趋，人民币国际化可作为外部冲击的对冲手段，但前提是切实维护金融稳定。从本币跨境资本流动与宏观经济均衡看，人民币资本项目可兑换的有序推进，需要进一步明确风险和收益的权衡考量。与金融稳定维护相对应，健全本外币全口径外债和资本流动审慎管理体系，不仅是“十三五”时期我国金融开放的重要内容，而且是应对外部冲击风险内卷的关键所在。与货币政策传导机制相类似，跨境资本流动宏观审慎管理传导机制的确立，具有重要意义。实际上，从操作目标到中间目标之间的逻辑关系，即构成了（本外币全口径）跨境资本流动宏观审慎管理框架。与内外均衡冲突相对应，促进国际收支基本平衡与宏观经济均衡的货币政策空间亟须优化。货币政策调控战略转型，不仅意味着从数量型调控向价格型调控转变，“宏观审慎管理 + 货币政策调控”双支柱框架体系的建立也是题中应有之义。2017 年，在人民币正式加入 SDR 后，我国金融开放取得新进展。2017 年 11 月，中美两国元首在北京会晤后，中方决定将单个或多个外国投资者直接或间接投资证券、基金管理、期货公司的投资比例限制放宽至 51%。作为现代金融市场的组成部分，资本市场双向开放将是扩大金融业双向开放的重要渠道和载体，然而在资本双向开放条件下，资金在国内外资本市场之间的大规模流动以及各国资本市场关联度增强所带来的风险溢出效应将成为我国在稳步推进金融双开进程中值得重点关注的问题。

（三）缓解“一带一路”贸易投资体系转型压力，加快完善风险管理机制

“一带一路”建设与对外贸易和对外投资便利化水平、外汇储备多元化运用密切相连，良性互动下，有助于维护中国国际收支基础平衡稳健①。“十三五”时期国际收支平衡已成为宏观经济政策框架的显性目标。进入新时代，中国作为贸易大国，如何坚持出口和进口并重，推动贸易平衡发展，以及如何从商品输出向资本输出转变，从贸易大国向投资大国转变，成为推进“一带一路”建设、迈向开放型经济转型升级过程中所面临的重要问题。推进“一带一路”建设，目前实践中还面临较大的投资和贸易壁垒：一是“一带一路”区域内的贸易成本普遍较高；二是“一带一路”沿线国家和地区已缔结的自贸区协定的自由化、便利化程度整体较低；三是“一带一路”沿线国家和地区的经济合作存在较多壁垒和障碍。由于“一带一路”沿线国家和地区的金融服务大多属于名义接受经常账户可兑换，并未实现资本项目可兑换，加之“一带一路”倡议实施中汇率风险也不容忽视，因此“一带一路”沿线国家和地区的金融服务也存在诸多问题，亟须加快完善风险管理机制。

（四）稳步推进人民币国际化进程行稳致远，实现国际收支基础平衡稳健

目前，整体上看，人民币在“一带一路”沿线国家和地区使用的比例还低于我国跨境收付平均水平。在实际操作中存在的问题主要有：本币结算是实际需要，不仅要实现人民币结算，而且要包括当地国货币结算；由于“一带一路”沿线有些国家和地区的汇率波动大，本币融资要解决货币偿还风险问题，需要有相应的当地汇率保障条款；以美元、英镑为主的计价挂钩局面需打破，应转而提供人民币的境外融资计价挂钩模式。为此，中国要加强与“一带一路”沿线国家和地区的沟通与交流，积极引入银行机构与中

① 潘功胜：《外汇管理助力“一带一路”建设》，《中国金融》2017年第9期。

方银行共同开展本币直接挂牌交易、平盘、现钞调运等业务，为双方经贸往来提供本币流动性和清算服务。鼓励商业银行主动与“一带一路”沿线国家和地区的商业银行加强联系与合作，建立代理行关系。在“一带一路”沿线国家和地区政策允许的情况下开展人民币境外贸易融资、项目融资和境外贷款等业务。政策上支持鼓励企业进行跨国并购，通过大型境外项目合作，以基础设施、产业园区建设为切入点，扩大人民币对“一带一路”沿线国家和地区的直接投资，扩大海外人民币市场的存量与资金池。总之，要在习近平新时代中国特色社会主义思想指引下，进一步提升开放型经济水平，实现“一带一路”建设、人民币国际化、金融双向开放、汇率市场化改革与国际收支基础平衡稳健在“新时代”形成良性互动正向循环。

B.15
2017年的中国互联网金融

董昀　李鑫*

摘　要： 2017年，我国互联网金融发展呈现三个鲜明特点：第一，互联网金融风险凸显，互联网金融监管趋紧；第二，金融科技蓬勃兴起，科技与金融深度融合；第三，互联网企业与金融机构之间的合作力度加大。分行业看，第一，互联网支付行业步入平稳发展时期，企业战略从攻城略地转向深耕细作，监管当局大力整治支付市场乱象，有关"无现金社会"的争论引发广泛关注，网联平台建设打破既有利益格局。第二，P2P网络借贷和众筹行业风险初步得到控制，市场正在回归理性，对现金贷的整顿将进一步遏制金融风险的蔓延。第三，ICO明确被定性为非法集资，被纳入互联网金融风险专项整治对象，但同时我国在比特币网络生态圈基础设施和服务领域的发展已较为领先。第四，互联网理财在渠道和技术领域融合的态势初步显现，移动理财高速发展；商业银行开始加速推进数字化转型，数字化被提升到战略新高度。总体而言，中国的互联网金融行业正逐步告别无序发展，预计2018年将迈入监管有序、优胜劣汰、创新驱动的关键节点。

关键词： 互联网金融　互联网支付　网络借贷　区块链　互联网理财

---

* 董昀，中国社会科学院金融研究所副研究员，主要研究领域为金融发展、互联网金融、创新理论等；李鑫，中国民生银行研究院研究员，主要研究领域为金融理论与实践、互联网金融、支付清算等。

一 引言

自18世纪英国工业革命爆发以来，技术变革对经济金融体系的“创造性破坏”效应日益增强，技术创新已成为经济金融发展的最根本动力之一。由新技术带来的金融变革之一便是近年来被中国社会各界热议的互联网金融，它的兴起既对货币理论和货币政策构成了根本性挑战，又对已经提供到市场上的货币的有条件转移过程构成了全方位的冲击。前者属于货币层面，后者属于金融层面。本报告重点研究的是后者，即互联网技术冲击之下货币有条件转移过程的新变化，亦即基于大数据、以互联网平台为载体的金融服务的新变化。而有关虚拟货币创造的问题，从严格意义上说是货币经济学的关注对象，并不属于金融学的研究范畴。

基于上述判断，我们大致可以认为互联网金融是传统金融机构、新兴金融机构以及电商企业通过互联网渠道，一方面基于其自身积累的海量数据，另一方面利用各种新兴技术，特别是数据处理技术，通过新的形式来处理种种金融业务，包括支付、融资、信贷、理财、信息管理等。简言之，互联网金融就是以互联网为载体、基于大数据的金融。

下面我们将简要介绍2017年中国互联网金融发展的基本态势，并通过数据描述、案例分析和政策解读勾勒出2017年中国互联网金融领域的热点、特色与趋势。

二 2017年中国互联网金融发展整体态势

2017年，中国互联网领域继续呈现快速发展态势，以互联网技术为代表的数字信息技术正深度融入国民经济发展和社会生活中，既成为促进消费增长的重要助力，也有力地推动了经济发展的质量变革、效率变革、动力变革，成为我国国家竞争新优势的关键支点。

如图1所示，截至2017年6月底，中国网民规模达到7.51亿人，较2016

年底增长 2.7%；互联网普及率为 54.3%，较 2016 年底提升 1.1 个百分点，继续呈现稳步增长态势。其中，手机网民的快速增长令人瞩目。如图 2 所示，截至 2017 年 6 月底，中国手机网民规模达到 7.24 亿人，较 2016 年底增加 2830 万人，手机网民占全部网民的比重已从 2012 年 6 月的 72.2% 增长到 2017 年 6 月的 96.3%，移动互联网的主导地位进一步强化。

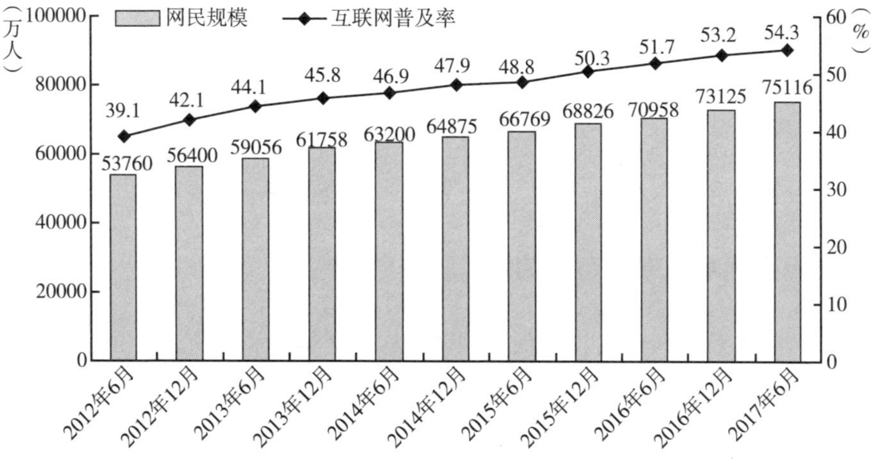

图 1　网民规模以及互联网普及率变化趋势

资料来源：《第 40 次中国互联网络发展状况统计报告》。

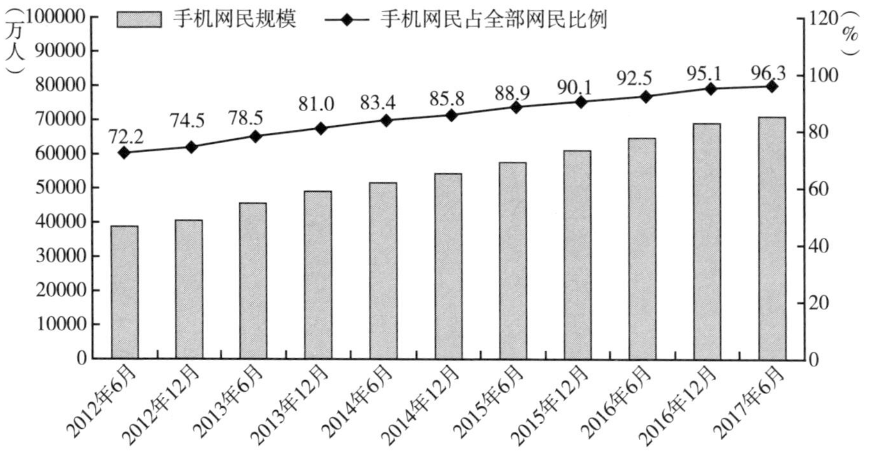

图 2　中国手机网民规模及其占全部网民比例

资料来源：《第 40 次中国互联网络发展状况统计报告》。

互联网使用人群的稳步增长为我国“互联网+”产业的发展提供了巨大的市场规模。互联网用户日益多元化、精细化的需求促使企业在供给端持续发力，新型互联网应用层出不穷。在“互联网+”领域高速发展的浪潮中，我国互联网金融也在创新中持续发展。在2017年6月中国网民各类互联网应用的使用率数据中，网上支付使用率已达到68%，仍是使用率较高的应用之一；互联网理财使用率较2016年12月上升27.5个百分点，是增长最快的应用。此外，网上银行、网上炒股或炒基金的使用率也保持了平稳势头。

综观2017年我国互联网金融的发展格局，呈现三个鲜明特点：第一，针对互联网金融的监管日益趋紧；第二，金融科技蓬勃兴起，科技与金融深度融合；第三，金融机构与互联网企业之间的合作进一步深化。

（一）针对互联网金融的监管日益趋紧

金融生来就与风险为伴，而互联网金融的风险则更为突出。由于互联网金融越来越依赖种种更加先进的信息技术来开展业务，因而使风险传播速度更快；互联网金融交易趋于虚拟化，导致交易对象趋于模糊化，交易过程透明度降低。因此，相较于传统金融来说，更加复杂的互联网金融对金融监管的要求也更高。近年来接连爆发的e租宝、中晋系、泛亚等重大风险事件也表明，不受监管的金融创新必然导致金融风险的积累，只有在有效的监管之下，互联网金融才能够真正得到健康持续的发展。

互联网金融的概念一经提出，便得到政府及监管层的高度关注。回溯历年政府工作报告，中央政府对互联网金融的定位发生了值得关注的变化。2014年政府工作报告首次提及互联网金融，其定位是“促进互联网金融健康发展”；2015年政府工作报告则指出，“互联网金融异军突起”。此时，政府对互联网金融领域的创新与发展持积极鼓励的态度。从2015年开始，互联网金融野蛮生长和监管缺位带来的乱象丛生引起了中央政府的高度重视。2015年中国人民银行等十部委印发《关于促进互联网金融健康发展的指导意见》，昭示着互联网金融将逐步告别行业无序发展阶段，步入优胜劣汰的新阶段。2016年政府工作报告强调，要“规范发展互联网金融”。此后，国务院成立互联网金融风险专项整治工作领导小组，开启了针对互联网金融的专项整治工作。

进入2017年，监管力度进一步加大，中央领导同志的一系列重要讲话明确要求关注互联网金融风险，加强互联网金融监管。3月，李克强总理在政府工作报告中指出，对互联网金融等累积风险要高度警惕。7月，在第五次全国金融工作会议上，习近平总书记强调，防止发生系统性金融风险是金融工作的永恒主题，这是站在全局高度、从战略角度对未来几年的金融工作指明了方向。习近平总书记还特别指出，要加强互联网金融监管，强化金融机构防范风险的主体责任。10月，在党的十九大报告中，习近平总书记把健全金融监管体系、守住不发生系统性金融风险的底线作为加快完善社会主义市场经济体制任务的重要组成部分。习近平总书记在报告中还指出，在全面建成小康社会决胜期，要坚决打好防范化解重大风险等三大攻坚战，使全面建成小康社会得到人民认可、经得起历史检验。由此可见，健全互联网金融监管体系，防范和化解互联网金融领域的重大风险不仅是金融领域的具体工作，而且是建设现代化经济体系的必然要求和全面深化改革的题中应有之义。

在以上理念的指导下，2017年，打击非法从事互联网金融经营活动的各项政策陆续出台，互联网金融无序发展、创新跑偏、风险不断上升的势头得到了初步遏制，互联网金融进入了强监管时代。不过，我国互联网金融的立法滞后于现实情况的变化，且互联网金融具有创新快、范围广、混业化等特点，造成监管机构至今仍存在一定程度的缺位，对风险的防控能力仍有待提升。

（二）金融科技蓬勃兴起，科技与金融深度融合

2017年，金融科技在中国蓬勃发展，成为金融领域令人瞩目的热点话题。当前，金融科技的创新已经全面铺开，从传统支付领域扩展至财富管理领域，开始触及传统金融中介的核心功能，推动金融脱媒，逐步成为新的、独立的投融资机构或平台。可以认为，人工智能、大数据、移动互联网、物

联网、云计算、区块链等新技术被全面运用于我国各主要金融服务领域。

在新技术的支撑下，有两类新的发展趋势正同时出现。一方面，各类金融科技公司越来越直接地走向金融服务一线，推动着一系列颠覆性的创新，重塑着金融服务的流程和架构。另一方面，传统金融机构也在利用新技术克服传统的结构性障碍和技术瓶颈。例如，各银行普遍加大了云计算、大数据、区块链、人工智能等新技术的研发和应用力度，积极探索新的服务模式，力求提供更加高效、便捷的金融服务。目前大数据在风控系统、精准营销等方面已有广泛应用；招商银行、兴业银行等数家银行也已上线智能投顾。不过，区块链应用仍十分有限，目前仅有招行的跨境支付、中信的信用证结算等为数不多的落地场景。

因此可以认为，金融科技既催生了一批新的金融业态，如 P2P 网络借贷、众筹、智能投顾、数据分析、会计核算等，又推动了银证保等传统金融业的变革。

如前文所述，互联网金融是基于大数据、以互联网平台为载体提供金融服务。金融科技则更加强调金融领域的科技应用，对传统或非传统金融机构这种主体的差异强调不多，只要能够借助先进的科技来改造创新原有金融业务，均可称之为金融科技。比较被大众认可的金融科技的定义来自全球金融稳定委员会，其认为金融科技是金融与科技之间的互相融合，创造出新的产品、流程、应用、业务模式，并对原有金融机构、金融市场以及金融服务的提供方式带来较大的影响。目前谈及较多的可纳入金融科技范畴的技术包括云计算、大数据、人工智能、区块链、支付清算、网络借贷、智能投顾、电子货币、智能合同等，这些技术具有极大的改变传统金融机构各项核心功能的潜力。因此，可以说互联网金融的升级版就是“金融科技”（FinTech），而且“金融科技”比“互联网金融”更加准确地传递了金融与科技融合的本质特征。

对国家的经济社会发展而言，金融科技的发展是一柄双刃剑。一方面，新技术的运用推动了金融发展方式从粗放型向集约型转变，提升了金融服务的可获得性和便捷性。另一方面，风险传播的速度也因科技的进步而加快，同时种种网络金融独有的问题也开始暴露，如网络安全、个人隐私、数据滥用等，这些对金融安全构成了新的挑战。

在新形势下，中国人民银行金融科技委员会于2017年5月成立。根据中国人民银行的官方表述，该委员会的主要职责是：第一，深入研究金融科技发展对货币政策、金融市场、金融稳定、支付清算等领域的影响，切实做好我国金融科技发展战略规划与政策指引；第二，进一步加强国内外交流合作，建立健全适合我国国情的金融科技创新管理机制，处理好安全与发展的关系，引导新技术在金融领域的正确使用；第三，强化监管科技（RegTech）应用实践，积极利用大数据、人工智能、云计算等技术丰富金融监管手段，提升跨行业、跨市场交叉性金融风险的甄别、防范和化解能力。简言之，该委员会既注重鼓励金融科技创新，又密切关注其对经济体系的冲击效应，力图通过系统研究、缜密规划、深化合作、发展监管科技等手段来趋利避害，提升监管能力，在守住系统性风险底线的前提下推进金融科技创新，增强金融为实体经济服务的能力。

（三）金融机构与互联网企业之间的合作进一步深化

2017年，传统金融机构与互联网企业之间开始密集“联姻”，这成为互联网金融发展中一个新的突破，因为互联网与金融的优势互补至此才算真正开始显现。

在这方面，最吸引眼球的事件莫过于四大国有商业银行与BATJ的合作。2017年3~6月，中国建设银行与阿里巴巴及蚂蚁金服、中国工商银行与京东、中国农业银行与百度、中国银行与腾讯分别达成战略合作协议。从底层技术搭建，到金融科技实验室共建，再到场景、客群共享以及发布联名卡等，双方合作已经深入各个层面。此外，华夏银行、兴业银行、中信银行、光大银行等股份制银行也纷纷与互联网公司开展合作。

这种强强联合、一一对应的寡头格局引发了各界关注。在我们看来，这是两类机构优势互补、合作共赢的新探索，颇具标志意义。

互联网企业与传统金融机构的比较优势差异很大，国有大型商业银行无法与互联网巨头比拼场景，软件工程师要想真正颠覆金融体系也不太可能。以己之短攻人之长绝非上策，开展合作才是理性选择。在金融科技取代互联网金融而成为新的热点概念后，已成功跻身金融行业的互联网巨头们更加强调自身的科技属性，注重发挥自身在对数据和渠道把握上的优势。相对而言，银行的核心竞争力在于金融业务本身，尤为强调风险管控。

在强监管理念逐步深入人心、互联网金融泡沫逐渐褪去的时点，四大国有商业银行与BATJ的合作意味着互联网与金融真正开始走向融合，“互联网+金融”此时才刚刚开始。合作的常态化有利于实现银行与互联网企业的优势互补。究竟互联网会如何改变金融，究竟哪些新科技能有效改善金融功能、提升服务效率，还需时间的检验。

综合以上几点，可以看出，我国互联网金融的主要风险点在2017年得到了初步控制，同时金融科技发展有了长足进步，互联网企业与金融机构从竞争走向竞合与融合。可以认为，中国互联网金融在创新与风险之间寻求平衡的努力已经初见成效。

三 2017年各类互联网金融业态发展概览

在总体上把握了2017年我国互联网金融发展的特点之后，本部分将具体关注各类互联网金融业态的发展态势及热点事件。

（一）互联网支付与移动支付

近年来，与日益火爆的网购潮相映生辉的便是快速崛起的互联网支付，一大批主打网络支付的新型支付机构迅速成长，成为我国支付行业发展的最大亮点，其中最具有代表性的企业就是支付宝。从总体态势上看，2017年我国互联网支付保持了持续平稳发展的势头。图3显示，在经历早期的高速扩张之后，2015年以来互联网支付市场进入平稳发展阶段。2015年第二季度至2017年第二季度，第三方互联网支付规模同比增速均保持在50%~70%的区间内。在新形势下，网络支付企业的战略重心从攻城略地转向深耕细作：一方面，进一步培养国内消费者形成在线下实体店使用手机进行网上支付结算的习惯；另一方面，借“一带一路”的东风走出国门，开拓市场潜力巨大的海外市场，加速全球化布局。

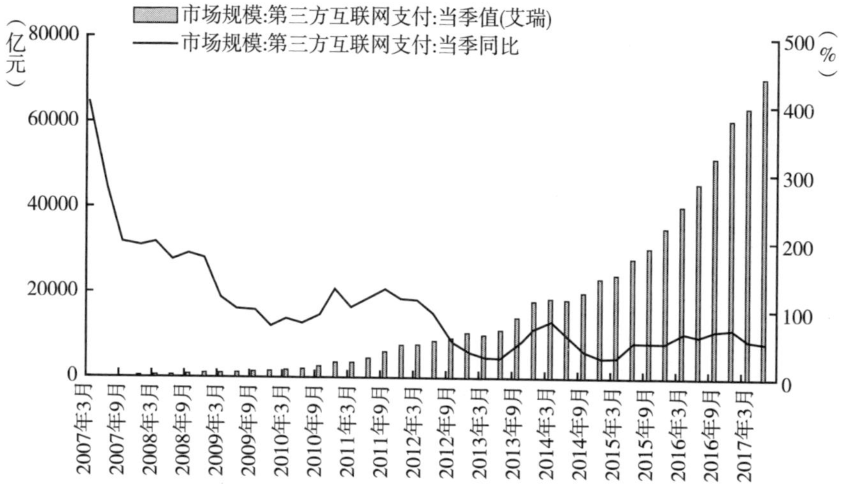

图3　我国第三方互联网支付的市场规模

资料来源：Wind资讯。

从监管角度看，2017年中国人民银行落实强监管理念，严格整治第三方支付市场乱象，主要政策措施包括：一是开展无证经营支付业务整治；二是对多家支付机构开出罚单，包括支付宝、财付通这两家支付巨头；三是注销了多家非银行支付机构的支付业务许可证；四是开展违规“聚合支付”服务清理整治工作，整顿“二清机构”；五是出台条码支付业务新规，设定了消费者每天使用条码支付的金额上限，并禁止支付提供商向商家提供补贴。

在制度建设和基础设施建设方面，2017年中国人民银行主导实施了四项工程：一是发布支付机构客户备付金集中存管通知，要求支付机构自2017年4月17日开始每季度按一定比例缴存客户备付金；二是推进网联平台建设；三是推进银联无卡快捷支付平台建设；四是实施网银互联系统升级改造。

其中，网联平台建设最引人关注。由中国人民银行发起、中国支付清算协会牵头的网联平台是第一家真正意义上连接第三方支付机构的网络清算平台。网联平台于2017年3月启动试运行，多家支付机构和银行已接入，计划将于2018年6月30日正式运营。

此前，第三方支付机构一直采取与银行一对多的对接模式。如图4所示，这种直连银行且绕开央行清算系统的模式的优点是使得清算活动更加便捷，缺点是不利于行业监管，更不利于防范诸如洗钱、非法交易等行为的滋生。网联平台的落地将使支付机构直连银行的清算模式被切断，从而回归到支付和清算独立的国际通行风险管控标准。这一模式将带来减少重复建设、优化市场竞争环境、提高信息透明度、提升资金安全性等积极效应，并有利于备付金集中存管政策的实施。因此，从国家战略角度考量，网联平台的建设将有力地提升金融基础设施的运行效率，有效分散非银支付的风险，为金融服务实体经济提供基础性支撑。

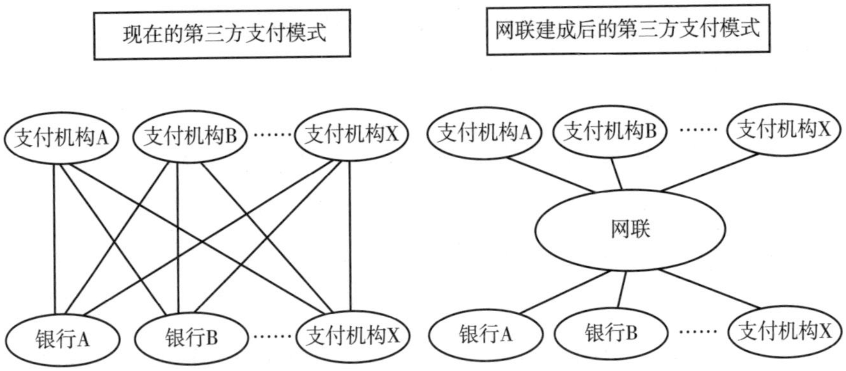

图4　网联平台建成前后第三方支付模式的变化

资料来源：笔者整理。

同时也要看到，网联平台的建设意味着我国支付清算市场面临重新洗牌和利益格局的调整。因此，顺利推进网联平台建设势必以减少各利益相关方的抵制、吸引第三方支付领军企业的积极参与、建立具有包容性的利益分配机制为前提。

专栏1　关于“无现金社会”的争论

各方对“无现金社会”的论战是2017年支付产业的一个热点事件。其最初只是支付宝和微信支付在营销活动中提出的一个概念，但由于被曝出有商家在活动中拒收现金，从而引发了商家拒收现金是否违法的争论。

从经济理论角度看，更应关注的问题是，“无现金社会”是否可行？支付宝和微信支付等企业出于商业利益自然希望大力推广非现金支付，但要真正做到“无现金”恐怕很难。第一，对于现金的概念恐怕就值得商榷，很多人——至少是经济金融圈的人——在理解现金时必然会首先想到M0，而不是现金或非现金支付，在这种语境中谈“无现金”恐怕歧义很大。因此，我们需要谈的可能不是有无现金，而是M0应该如何界定，因为电子货币甚至未来的数字货币，必然会对传统的统计口径造成影响。第二，回到支付层面来谈的话，短期内现金支付也不可能退出市场。创新的扩散通常是个渐进的过程，非现金支付也不例外。其中特别需要考虑人口结构的因素，让年龄较大、变革意识较弱、早已形成根深蒂固的现金支付习惯的人去做出改变恐怕所需时间会比较长。图5表明，2016年第一季度

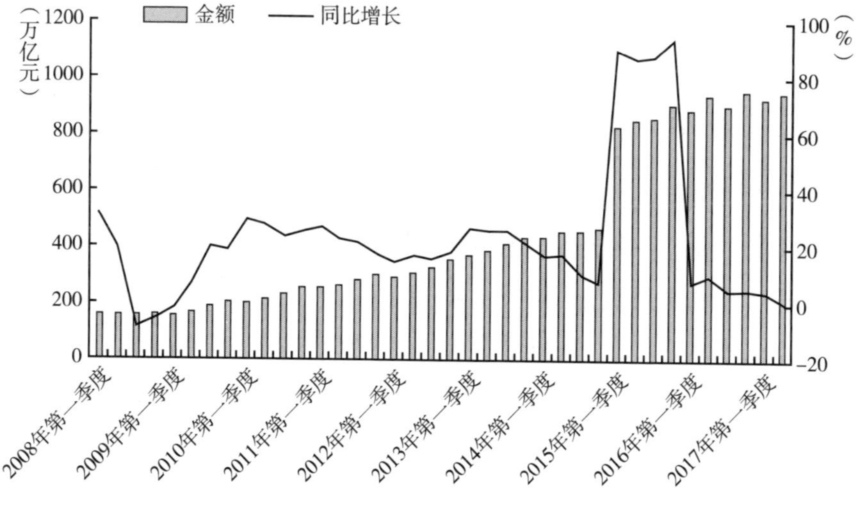

图5　我国非现金支付金额及其同比增长变化趋势

资料来源：中国支付清算协会。

至2017年第二季度，我国非现金支付金额总规模增速已经趋于平缓，2017年第二季度降至1.02%的低点，反映出非现金支付的扩张态势正在放缓。

可见，我国的“去现金化”进程已经开始放缓。展望未来，我们同意美国经济学家罗格夫在《现金的诅咒》一书中的判断：尽管现金在未来交易中的比重将不断降低，但它不可能被完全替代，人类最终步入的并非“无现金社会”，而是“轻现金社会”，即以非现金支付为主导、以现金支付为补充的社会。

究其根本，即便把视野放到长期，移动支付已经能够完全克服安全、习惯等一系列阻碍，我们认为现金支付也还是有其存在价值的。多元化在零售支付市场体现得极为明显，其中现金支付目前在任何非现金支付普及率较高的国家都仍存在，这本身恐怕就能说明一些问题。现金支付的最大优势在于其匿名性，对于信用良好的国家来说，其发行的现金在国内几乎可被视为硬通货。因此，尽管政府希望非现金支付的普及度能够进一步提升，希望银行、支付机构等推进支付创新，但不宜片面渲染非现金支付，更不应通过炒作概念谋求“大跃进”。

（二）网络借贷和网络众筹

除支付领域外，互联网金融中最热闹也是十分重要的领域就是网络借贷和网络众筹。作为一种新的金融脱媒的代表，二者在国外通常并没有严格的区分。其本质均是利用互联网技术来匹配民间的资金供求，使得原本局限于一定社会关系网络的这种民间融资或社会融资得以打破地域界线，从而一个新的金融市场被这些互联网中介开辟出来。

网络借贷和网络众筹在国际上被创造出来不久，便引入了国内，并得到了极其迅速的发展。然而与国外相比，国内的业务开展模式则有很大的不同，最大区别是从信息中介变成融资中介，而与金融脱媒并无太多关联，由此带来了各种风险。自2015年下半年开始，监管当局加大了对网络借贷与网络众筹的监管力度，特别是2016年国务院办公厅印发《互联网金融风险专项整治工作实施方案》后，市场格局发生很大变化。截至2017年底，整治工作仍在向纵深推进。在这一进程中，网络借贷行业出现了若干新事件，在此做重点评述。

在网络借贷行业中，P2P网络借贷是近年来的监管重点。在强监管政策的指引下，许多问题平台得到了及时清理，该行业逐渐告别野蛮生长的初级阶段。图6显示，在经历最初的快速增长之后，P2P网络借贷成交量在2017年已进入稳中有降的新阶段。图7则表明，截至2017年10月底，正常运营的网络借贷运营平台只有1975家，较2016年底减少了约1/5；问题平台的数量也一直呈现下降趋势，P2P网络借贷风险初步得到控制，市场正在回归理性，行业整体的合规程度也不断提高。一个明显的标志是，在监管高压、竞争激烈和大额坏账重压等多重压力之下，2017年网络借贷公司退出转型的案例也越来越多，最为引人关注的是行业龙头红岭创投的退出。该公司清盘网络借贷业务过渡期大概需要3年，要在2020年12月31日之前将现有产品全部清理完毕。

P2P网络借贷行业在2017年的另一组焦点事件是多家P2P网络借贷公司赴美国上市。信而富率先拉开2017年网络借贷公司赴美上市的大幕，于2017年4月28日在纽交所正式挂牌。2017年10月，趣店及和信贷相继在纽交所和纳斯达克上市，拍拍贷和融360则紧随其后，于2017年11月挂牌纽交所。在强监管政策逐步落地的背景下，资金端趋紧，P2P网络借贷公司海外上市旨在利用处于高位的美国资本市场吸引全球投资者，为企业募集大量资金。另外，相较于国内而言，美国交易所对拟上市公司的现金流、净利润等指标并无严格要求，对于一些盈利水平相对较低的P2P公司来说，反而可操作性更强。

2017年众筹行业总体处于低迷状态。从图8的数据看，交易规模和项目数量并未大幅下降，但行业发展缺乏亮点。无资源、无创意、无背景的中小平台逐渐退出历史舞台，项目资源和交易逐渐向京东、苏宁、360、小米等巨头聚集。

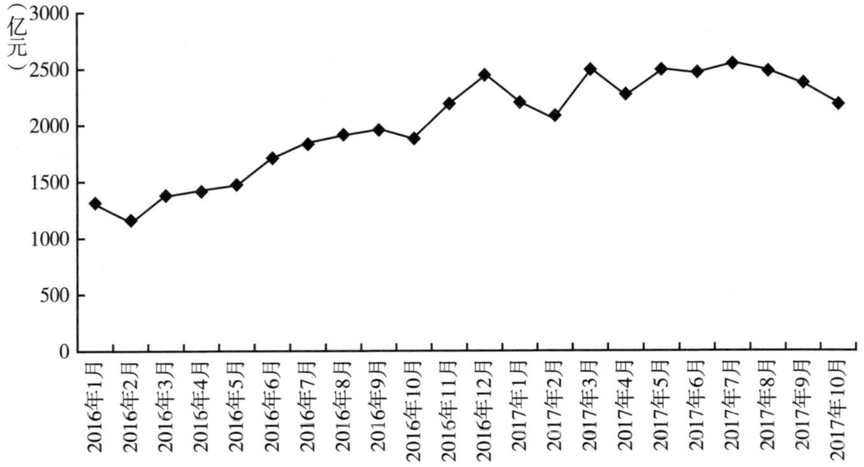

图6　2016 年以来 P2P 网络借贷成交量走势

资料来源：Wind 资讯。

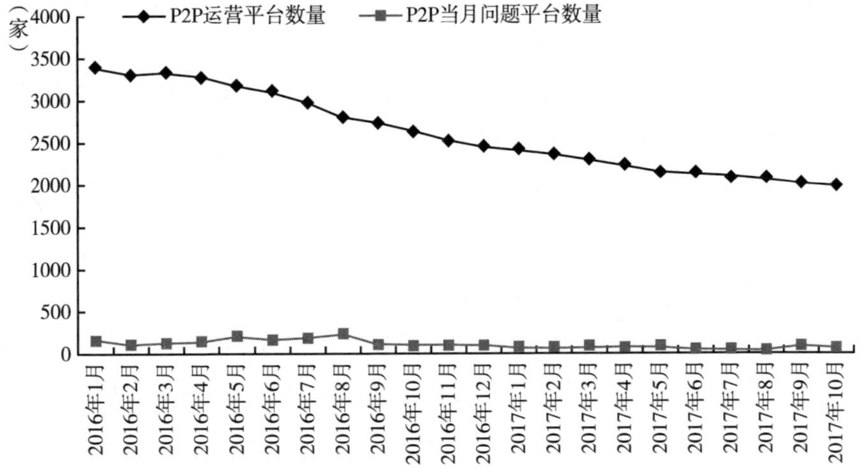

图7　我国 P2P 网络借贷运营平台数量及问题平台数量

资料来源：Wind 资讯。

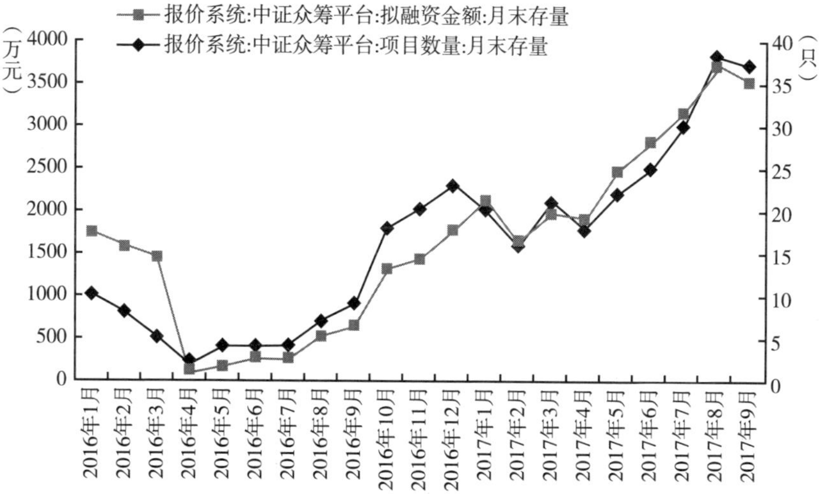

图 8　我国众筹平台拟融资金额和项目数量走势

资料来源：Wind 资讯。

专栏 2　现金贷

现金贷是2017 年网络借贷领域的中心话题。据不完全统计，截至 2017 年7 月底，全国共批准了153 家网络小贷牌照（含已获地方金融办批复未开业的公司），其中 2017 年 1 ~7 月的牌照发放数量已经接近 2016 年全年的数量。这些牌照主要分布在 19 个省份，有 29 家是早期成立的传统小贷将经营范围变更为网络小贷。2017 年 11 月 17 日，国家互联网金融安全技术专家委员会秘书长吴震表示，当前从事现金贷（网络小额综合消费信用贷款）业务的平台有 2693 家，主要分布在广东、北京、上海三个地区。

现金贷在近年来的流行表明，互联网金融正全面介入消费金融领域，其成本低、流动性高、便捷性高等特性使其在消费金融业务中具备独特的比较优势。然而，从现实情况看，我国现金贷也存在不少严重的问题：第一，贷款价格存在多重收费项目，信息披露不足，采取复杂计算方式，利率过高，等等；第二，各地监管尺度不一，有松有紧，造成监管错配；第三，产品销售缺少适当性安排，部分低收入借款人为满足应急需求或提前消费需求而借款，但缺乏对风险的把控，出现还款困难；第四，一些平台通过收账外包骚扰借款人及相关联系人等不规范甚至暴力方式催收，或采取收取高额违约金等非法行为；第五，在助贷模式下，部分银行可能在对实际风险判断有误的情况下发放贷款，最终可能导致平台将风险转移到银行体系。

针对上述乱象，监管当局重拳出击。2017 年 12 月 1 日，《关于规范整顿“现金贷”业务的通知》下发，要求未依法取得经营放贷业务资质的任何组织和个人不得经营放贷业务；各地暂停新批设网络小贷公司，暂停发放无特定场景依托、无指定用途的网络小额贷款，逐步压缩存量现金贷业务，限期完成整改；各类机构以利率和各种费用形式对借款人收取的综合资金成本应符合最高人民法院关于民间借贷利率的规定，禁止发放或撮合违反法律有关利率规定的贷款；银行业机构不得以任何形式为无放贷业务资质的机构提供资金、发放贷款，不得与无放贷业务资质的机构共同出资、发放贷款。

从上述表述中可以看出，此次对现金贷的治理并非要扼杀该行业的发展，而是要整顿那些没有业务资质、风控无序、利率畸高、资金来源不合规、借款去向不明的机构，可以有效遏制上述金融风险的蔓延，优化行业竞争环境。那些依托场景和数据优势，为用户提供高质量、低利率消费信贷产品的企业，将在整顿后迎来新的发展机遇。下一步的监管预计将继续以问题为导向，在健全规则、加强监管协调、保护金融消费者权益等方面持续发力。

（三）与区块链相关的领域

近年来，全球发达金融地区正持续进行区块链在金融行业主要场景的技术应用研究，推动了不少创投公司兴起，并促成了相关机构研究联盟的形成。全球金融业也不乏行业巨头已经走在技术研发前端的案例。

区块链可以说是一种全新的网络规则，其信息更加透明、更加难以篡改，具有改变现有金融体系游戏规则的潜质。在现有金融体系下，金融中介相较于居民和企业来说，拥有更大的话语权，并由此造成许多脱离实体经济的问题。例如，融资难、融资贵问题，源于较高的资金配置成本；金融消费者保护问题，是各国都在努力攻克的难题；金融服务在一些领域存在短板，是由信息不对称造成的；金融自我服务问题，是金融创新沦为部门内部少数人用于获利甚至寻租的手段。如果能够推进金融的透明度提升，推进更多的人来共同参与金融游戏规则本身的制定和维护，那么上述种种类似问题在一定程度上将得到缓解。这是区块链被寄予厚望的主要原因。

比特币是人们最早关注区块链的起点。然而对于比特币本身来说，其中则存在很大的投机成分。在我国，比特币的影响力越来越大，这从迅速攀升的活跃节点数量上便可看出，但与此同时，在投机者大量涌入后，比特币也逐渐由最初宣称的虚拟货币蜕变为虚拟资产。目前在一些声称可用比特币支付的场景里，其充其量只是作为交换媒介，而衡量货币主要功能的价值尺度，在比特币身上则基本上不存在。由于币值在投机活动下变得极不稳定，因此支付时只能按相应的法币与比特币之间当日的兑价来折算需要支付的比特币数量，而比特币自身则完全无法用于定价。目前多数人购买、持有比特币，更多的是为了投资增值，至于比特币未来是否可用于支付、是否可成为货币这些问题，在多数人眼中则只是判断其价格涨跌的消息而已。

自比特币诞生之日起，人们对它的关注点就存在分化，形成了如今所谓的币圈和链圈。一部分人着眼于区块链技术，因为正是被统称为区块链技术的一系列机制支撑着比特币在技术和网络上的成功，这部分重点关注区块链底层协议和应用研发的技术极客的圈子被称为链圈，对他们来说，炒币、挖矿是很 Low 的事。然而丰满的技术梦想很快便与骨感的现实相碰撞，资金是无法绕过的最大难题。而对币圈来说，既然大家炒的就是某种资产，那么这种资产究竟是比特币还是其他什么币就显得不那么重要了，只要能搭上数字货币、区块链、金融科技这些概念，有炒作价值的任何一种类比特币资产就都值得炒。ICO 正是诞生于这种背景之下，并将炒币投资与技术开发整合在一起：技术开发者通过 ICO 获得资金支持，同时为炒币者提供了新的可投资资产。随着 ICO 项目以及类比特币资产种类越来越多，以 ICO 为代表的一级市场以及由虚拟货币交易所构成的二级市场都变得越来越狂热。有媒体曾对国内的ICO项目进行了粗略的统计，发现大多项目集中出现在2017年，之前只有寥寥数个，而在2017年ICO项目则逐月递增，上半年融资金额近30亿元，10万余人参与项目投资。而进入7月后，则呈现爆发式增长态势。全球大部分比特币交易和ICO融资都发生在中国。图9显示，2017年初，比特币价格还只有1000美元左右，到11月下旬，已经突破8000美元。价格暴涨背后的疯狂投机和金融泡沫引起了监管当局的高度关注。

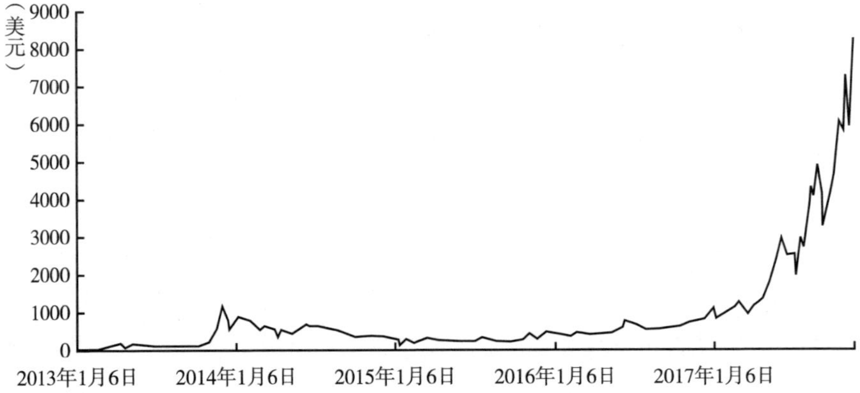

图9　比特币价格走势

资料来源：Wind资讯。

客观上讲，ICO未经任何批准，公开在互联网上宣传，变相以潜在高收益吸引投资者，并且发行对象具有不特定性，已经具备构成非法集资的四大要件，并且某些项目可能涉嫌传销、金融诈骗、非法发行证券、非法发售代币票券等违法行为。最终，监管当局及时出手，弥补监管空白。七部委于2017年9月4日联合发布《关于对代币发行融资开展清理整顿工作的通知》，将ICO定性为非法集资，并进行专项整治，对ICO的强监管正式拉开序幕。

从更深层次说，诸如ICO这类由非法金融活动所带来的金融风险，是正规金融功能不健全，不能有效满足居民和实体经济多样化的金融需求所致。若要真正杜绝此类金融乱象，就要深入贯彻全国金融工作会议精神，围绕服务实体经济、防控金融风险、深化金融改革三项任务，坚持回归本源、优化结构、强化监管、市场导向四项原则，努力推动金融满足实体经济中各类融资者和投资者的金融需求，同时完善监管、弥补死角、强化金融消费者保护。

不过对比特币和区块链的投机和炒作确实使得中国在相关领域的技术走在世界前列，相应的基础设施和服务都比较先进，火币网、BTCC、OKCoin等是世界最大的虚拟货币交易平台，比特币80%～90%的交易量均发生在中国的这些平台上，同时60%的挖矿能力也集中在中国，并且相应的上下游产业（矿机、芯片等）都居世界最发达之列。即便抛开这些价值难以判断的币圈创新，在链圈分布式账本技术（DLT）同样引起了越来越多机构——尤其是金融机构——的注意，并取得了较大的进展。这背后有三个主要因素在支撑。首先，政府以及相应监管部门持支持态度，这给予金融机构极大的动力去加大研发力度。尤其是中国人民银行正式筹划推出数字货币，在某种程度上也是对区块链能够优化金融服务能力的认可。其次，一批专业机构的涌现极大地推动了区块链技术的发展。许多专业的区块链实验室相继成立，同时还出现了大量的专业风险投资基金，二者的有效结合不仅有利于相关项目的孵化以及前沿技术的研发，而且能够对区块链技术在社会上的传播起到推动作用。最后，国内的金融机构以及其他相关机构也效仿国外，成立了多个联盟来共同合作探索区块链应用。其中比较有代表性的是由中证机构间报价系统股份有限公司等11家机构联合发起的ChinaLedger，即中国分布式总账基础协议联盟。该联盟的成立极具代表性，可以说是翻开了中国区块链研发的新的一页，对调动金融机构参与的积极性意义重大。在多方的共同推动下，已有不少银行、券商开启了对区块链领域的研究探索，不仅自己组建专门团队，而且积极与外部合作，共同推动区块链项目研发。例如，华瑞银行（首批民营银行之一）与Ripple合作共同打造分布式支付清算解决方案。

（四）金融的互联网化

在金融的互联网化方面，2017年有两个领域值得关注：互联网理财、银行的互联网金融探索。

2017年，互联网技术与渠道的融合正在深化理财市场的变革。移动理财正日益兴起，移动互联网平台开放货币基金代销渠道，并依托其平台流量加强与银行、基金公司等机构合作以丰富线上理财产品，在给购买者带来更多便利的同时，能够满足用户理财的多样性需求，并提高各类机构产品供给与用户需求间的匹配度。同时，在技术方面，理财平台逐步开放数据和人工智能等技术服务，以加速模式与产品创新。当然，创新必然会带来风险。对于移动理财而言，与移动终端相关的风险可以说是全新的，病毒木马、网络攻击、信息泄露等互联网相关风险都可能在理财业务中出现。Testin（一站式测试服务商）的移动安全监测报告显示，金融理财在高危风险（公开漏洞、代码安全等）涉及领域中排在第一位。此外，在产品销售离开柜台后，用户的操作风险也会上升。因此，人们在享用移动理财带来的便捷的同时，短期内安全隐患也会比以往有所增加。

在银行的互联网金融探索方面，商业银行开始加速推进数字化转型，许多银行将数字化提升到战略新高度。同时，在度过摸索期后，各家银行的思路都更加清晰，且注重结合自身优势，整个银行业的数字化进程呈现一些新特征。

一是努力构建完备的渠道体系。随着数字渠道逐渐成为客户的首选，一方面，各银行纷纷以移动端渠道为重点，持续优化手机银行、微信银行功能；另一方面，各银行则努力打造集交易、营销、服务于一体的综合型网上银行。在将业务逐步迁移至网络的同时，各银行也大力推进网点智能升级，提升自助银行客户体验，并将网点与电子银行、移动金融等有机结合，构建O2O的营销网络和服务平台。

二是加大资源整合力度。不少银行前期的互联网金融探索都呈现碎片化特征，近期各家银行则不同程度地加大了整合力度。如平安银行推动三大APP整合，民生银行将个人版和小微版手机银行服务进行整合，中国银行全面整合手机银行的入口、产品、信息、流程，兴业银行则将个人网银、手机银行、直销银行的客户账户信息进行整合。

三是持续创新产品体系。公司金融方面，产品创新普遍聚焦于网络小微信贷、跨境电商综合金融服务以及线上供应链金融等领域；零售金融方面，产品创新主要聚焦于移动支付、个人消费贷、智能投顾等。许多银行尤其重视加强场景营销，如通过移动支付与消费场景相结合自动触发消费贷等。

四　2018年前景展望

伴随着金融发展方式的转变和金融监管理念的转型，互联网金融监管框架正初步形成，中国的互联网金融行业正逐渐告别无序发展阶段，预计2018年将步入监管有序、优胜劣汰、创新驱动的关键节点。

由于我国互联网金融的立法工作仍滞后于现实情况的变化，且互联网金融涉及面广泛、业务多元化、创新层出不穷、风险难以防控，现有金融监管体系仍存在诸多缺失和漏洞。预计“强监管”仍将是2018年互联网金融政策的主基调。监管当局将在党的十九大精神和全国金融工作会议精神的指导下，以“防范系统性金融风险”为底线，以“实质重于形式”为基本准则，以“所有金融业务都要纳入监管，任何金融活动都要获取准入”为基本要求，进一步发展完善现有的互联网金融监管体系，其中包括行为监管体系、审慎监管体系和市场准入体系。

在市场规则逐步完善、竞争环境趋于公平的情况下，互联网金融领域的创新与监管之间将有望实现动态均衡，金融科技的发展和应用将迎来新的战略机遇期。金融科技的创新将在大数据、人工智能、互联技术、分布式技术、安全技术等领域全面推进，新技术革命对金融的冲击将从传统支付领域扩展至财富管理领域，触及传统金融中介的核心功能，推动金融脱媒。

当前我国在数据共享方面存在“数据孤岛”现象，金融大数据分析缺乏有力的数据资源支撑。近期如果在建设国家级基础数据库、推动信息共享方面有所突破，将会对大数据分析和人工智能等新技术在金融领域的商业化起到显著的推动作用，为我国互联网金融发展提供新的动能。

B.16 2017年的中国上市公司

——兼论供给侧结构性改革微观评估

徐 枫 郭 楠*

摘 要： 2017年，中国上市公司盈利能力总体上升，治理水平不断提升，信息披露日益规范，研发费用稳步增加，回馈利益相关者力度加大，但也存在财务业绩稳健性有待增强、公司治理形似而神非、信息披露合规性有待提升等诸多隐忧。从上市公司财务数据微观评估供给侧结构性改革显示，资金脱实向虚方面，仍未探底但回流实体曙光初现。经济结构调整方面，产业结构调整升级成效已现端倪，上市公司并购重组热情持续高涨，创新型企业财务表现保持领先地位，银行资产反映经济运行活力开始复苏。五大改革任务方面，去产能难度依然较大，部分行业增产动力强劲；去库存总体效果显著，部分行业开始补库存；国有企业去杠杆明显，长短期偿债能力改善；降成本总体效果不彰，营业成本有所上涨；补短板总体步伐加快，部分行业吸引力增强。

关键词： 上市公司质量 资金脱实向虚 经济结构调整 供给侧结构性改革

---

* 徐枫，中国社会科学院金融研究所副研究员，中国社会科学院投融资研究中心副主任，清华大学国情研究院兼职研究员；郭楠，中南民族大学硕士，华北电力大学国家能源研究院研究助理。

截至2017年第三季度，沪深A股共有上市公司3381家，较2016年末增加351家；资产规模合计215.70万亿元，较2016年末增长6.40%。分上市板块来看，截至2017年第三季度，主板上市公司合计1813家，较2016年末增加174家；中小板上市公司合计884家，较2016年末增加62家；创业板上市公司合计684家，较2016年末增加115家。分行业属性来看，截至2017年第三季度，金融业上市公司合计77家，较2016年末增加3家；非金融业上市公司合计3304家，较2016年末增加348家。分产权性质来看，截至2017年第三季度，中央国有上市公司合计352家，较2016年末增加5家；地方国有上市公司合计652家，较2016年末增加15家；民营控股上市公司合计2050家，较2016年末增加307家；公众上市公司合计155家，较2016年末增加59家（见表1）。

表1　上市公司结构分布

单位：家，万亿元

项目		2017年第三季度		2016年末	
		数量	资产	数量	资产
板块	主板	1813	206.56	1639	194.70
	中小板	884	7.07	822	6.29
	创业板	684	2.06	569	1.73
行业	金融业	77	164.01	74	155.90
	非金融业	3304	51.69	2956	46.82
产权	中央企业	352	76.63	347	73.02
	地方国企	652	15.52	637	14.26
	民营企业	2050	13.72	1743	11.86
	公众企业	155	107.94	96	101.91
	其他	172	1.89	207	1.67
合计		3381	215.70	3030	202.72

注：2016年末资产数据来自年度报告，2017年第三季度资产数据来自三季度报告。
资料来源：Wind资讯。

一　上市公司质量不断改善

上市公司质量是股票市场发展的基石。上市公司质量的内涵既受到资本市场发展阶段的制约，也与市场参与主体和监管机构的认知水平有关。股市发展初期，股票发行实行额度制和分配制，上市公司质量并未引起广泛关注；到了核准制阶段，强调盈利要求，财务指标成为上市公司质量的核心；进入中国特色社会主义新时代，逐步过渡到以信息披露为中心成为必然选择，对上市公司质量评价也要从效益性、规范性、透明度、创新性、责任感等多方面综合考察。

（一）上市公司效益性质量总体提升

效益性质量包括以盈利能力为基础的财务能力，是上市公司市场价值的基础。从总体表现看，上市公司效益性质量有所提升。从营业收入看，2017年第三季度上市公司营业收入均值为80.82亿元，同比增长21.49%。从盈利能力看，2017年第三季度上市公司净资产收益率均值为8.11%，较上年同期上升1.08个百分点。从亏损比例看，2017年第三季度共有326家上市公司出现亏损，占当期全部上市公司的9.64%，较上年同期下降4.56个百分点。

从细分结构看，上市公司效益性质量明显分化。分上市板块看，创业板上市公司盈利表现依然抢眼。2017年创业板上市公司平均加权净资产收益率为9.59%，尽管较上年同期下降2.42个百分点，但仍然比主板和中小板上市公司平均加权净资产收益率分别高出1.03个和0.82个百分点（见图1）。分产权性质看，地方国企经营状况明显好转。2017年地方国有上市公司平均加权净资产收益率为7.76%，较上年同期上升2.37个百分点，而中央国有上市公司和民营控股上市公司则分别下降了0.28个和1.45个百分点（见图2）。

（二）上市公司规范性质量不断提高

长青之道在善治。公司治理是衡量上市公司规范性的重要指标。近年来，中国上市公司治理水平不断提升。不仅建立了制衡和约束机制，增强了独立董事治理作用，而且积极推进中小投资者保护。中国社会科学院金融研究所从年度股东大会股东出席比例、董事长是否同时兼任总经理、独立董事占董事会成员比例、CEO是否持股、董事会成员除了CEO之外是否持股、

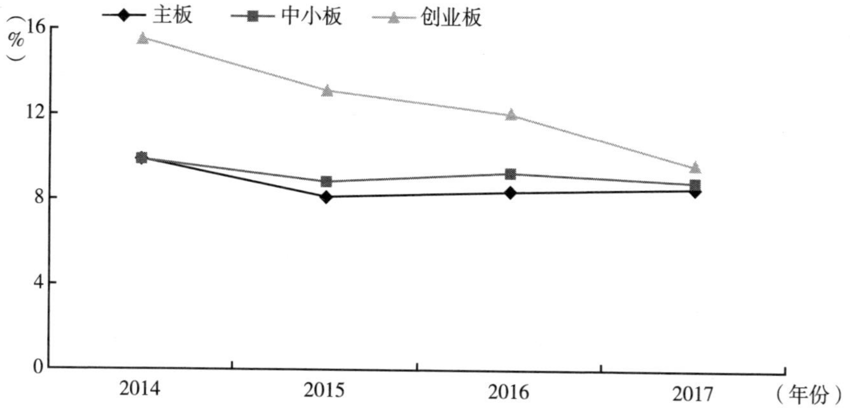

图1　不同板块上市公司平均加权净资产收益率

注：2017年上市公司平均加权净资产收益率根据前三季度数据推算而来。
资料来源：Wind资讯。

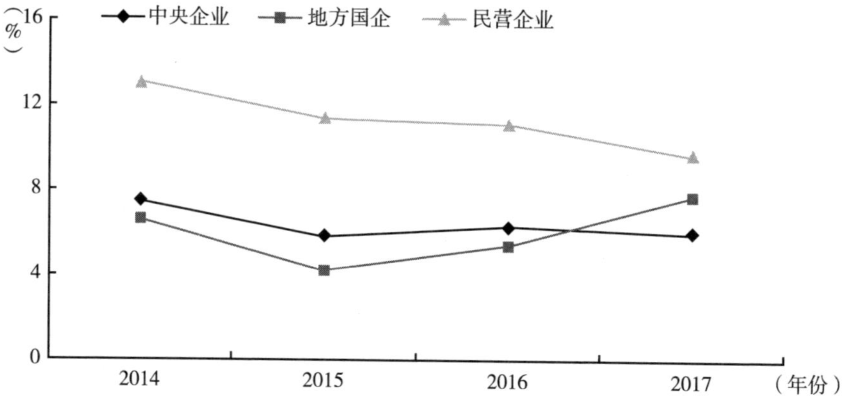

图2　不同产权性质上市公司平均加权净资产收益率

注：2017年上市公司平均加权净资产收益率根据前三季度数据推算而来。
资料来源：Wind资讯。

机构投资者持股情况六方面构建了上市公司治理评价体系①，实证结果显示，2014年以来中国上市公司治理表现逐年好转，2017年上市公司治理得分均值为66.20，较2016年上升2.37。这一结论表明，中国上市公司开始

① 六个指标权重均为1/6，具体评分标准参见《中国上市公司质量评价报告》（2015～2016）。

进入较高水平的公司治理阶段。南开大学中国公司治理研究院从董事会治理、股东治理、监事会治理等六个方面构建上市公司治理评价体系，实证结果显示，2017 年中国上市公司治理指数为 62.67，较 2016 年上升 0.60（见图 3）。其中，民营上市公司治理水平连续 7 年超过国有企业。

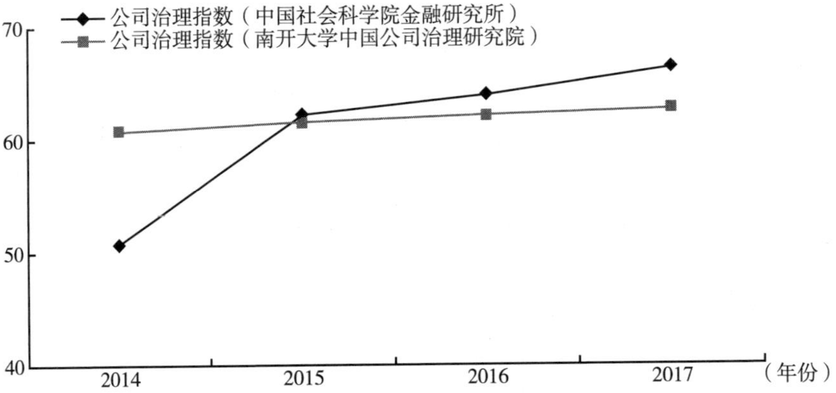

图 3　上市公司规范性质量评估

资料来源：《中国上市公司质量评价报告》（2015～2016、2017～2018）、南开大学中国公司治理研究院网站。

（三）上市公司透明度质量日益提高

阳光是最鲜的防腐剂。信息披露是衡量上市公司透明度的重要指标。近年来，中国上市公司信息披露日益规范，不仅涵盖法律法规和自律规章，而且推进了自愿性和前瞻性信息披露，还加大了违法违规信息披露的打击力度。中国社会科学院金融研究所从上市公司一季度报告、中期报告、三季度报告和年度报告的及时性，会计师事务所审计意见，公司是否交叉上市等六个方面构建上市公司信息披露评价体系①，实证结果显示，2014 年以来中国上市公司信息披露的相关性、可靠性和及时性不断提高，2017 年上市公司信息披露得分均值为 92.04，较 2016 年上升 0.06（见图 4）。

① 六个指标权重均为 1/6，具体评分标准参见《中国上市公司质量评价报告》（2015～2016）。

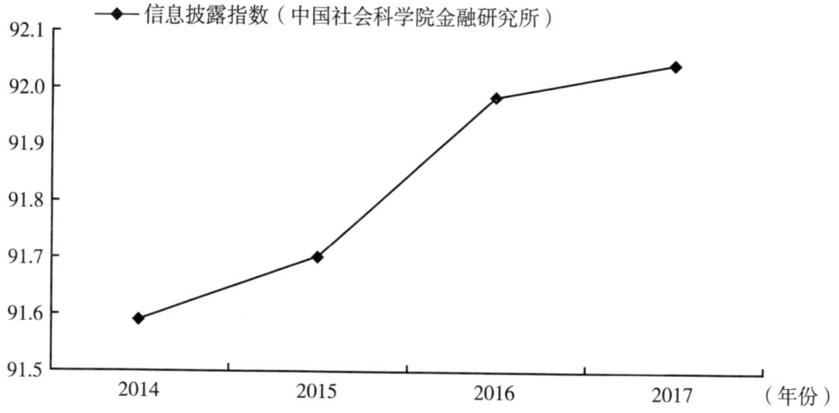

图4　上市公司真实性质量评估

资料来源：《中国上市公司质量评价报告》（2014～2015、2016～2017）。

（四）上市公司创新性质量稳步提升

创新是高地永驻的动力支撑。近年来，上市公司研发费用稳步增加，无形资产加速积累。从投入指标看，2017 年上市公司平均研发费用为 1.89 亿元，分别较 2014 年和 2016 年增长 60.17% 和 15.95%。从产出指标看，2017 年上市公司包括专利在内的无形资产账面价值为 7.08 亿元，较 2016 年增长 3.81%，增速下降 10.24 个百分点（见图 5）。一些创新型上市公司在获得良好财务业绩回报的同时，还备受资本市场青睐。

（五）上市公司责任感质量不断提高

真金白银显真章。从责任感看，上市公司回馈利益相关者力度加大。在员工责任和政府责任方面，中国社会科学院金融研究所从企业社会责任报告披露、员工就业增长率和企业支付税费增长率三个方面构建上市公司社会责任评价体系，实证结果显示，2014 年以来中国上市公司社会责任支出不断增加，2017 年上市公司社会责任得分均值为 42.52，分别较 2014 年和 2016 年上升 35.25 和 4.50。在股东责任方面，2016 年上市公司平均累

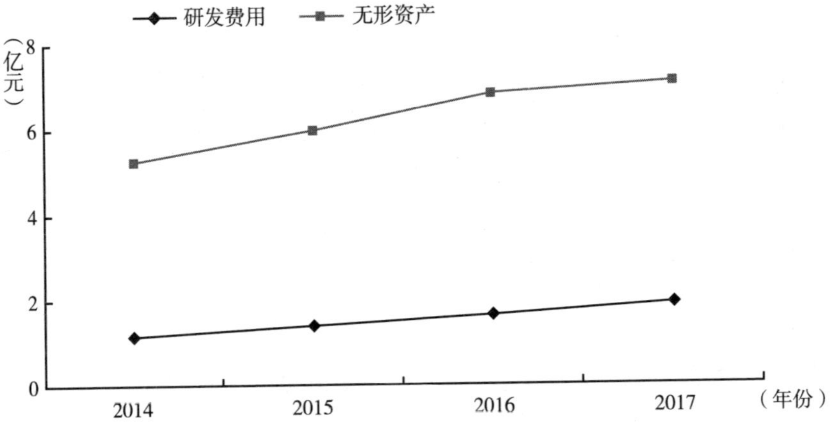

图5　上市公司创新性质量评估

注：2017 年上市公司研发费用根据中期报告数据推算，无形资产根据三季度报告数据推算而来。

资料来源：Wind 资讯。

计分红 16.33 分/股，分别较 2013 年和 2015 年增长 17.65% 和 6.11%（见图 6）。

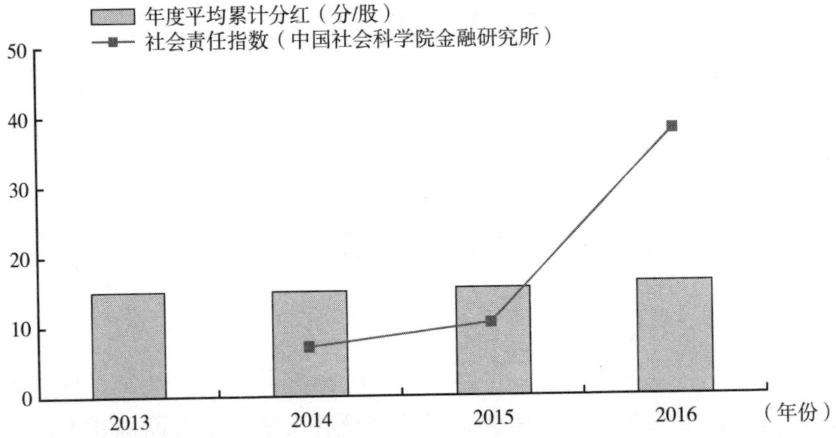

图6　上市公司责任感质量评估

资料来源：《中国上市公司质量评价报告》（2014～2015、2016～2017）、Wind 资讯。

（六）上市公司质量存在诸多隐患

财务业绩稳健性有待增强。一是上市公司盈利过度依赖政府补贴。2016年获取政府补贴超过1000万元的非金融上市公司有1616家，占全部上市公司的53.33%；非金融上市公司获取政府补贴均值为0.37亿元，占税前利润均值的6.86%。二是上市公司利润主要来自少数企业。2017年第三季度，前100家非金融上市公司净利润合计7104.11亿元，占全部非金融上市公司净利润总额的50.79%；77家金融上市公司净利润合计1.36万亿元，占全部金融上市公司净利润总额的49.33%。三是操纵财务业绩现象仍然存在。2016年10月，山东墨龙公司预计年度净利润为600万~1200万元，但2017年春节后披露修正公告，将净利润调整为亏损4.8亿~6.3亿元。

公司治理形似而神非。以保险业上市公司为例，2017年4月，保监会“防风险、治乱象”整顿活动暴露出行业公司治理存在的若干问题：一是股东大会运作不规范，包括会议通知迟滞、股东大会报告不及时；二是董事会运作不规范，包括未建立面向董事的信息报送制度、审计委员会未按期听取审计工作进展、独立董事考核缺乏评价机制；四是监事会运作不规范，包括监事人数不符合监管要求、监事会召开不及时；五是管理层运作不规范，包括任职资格管理不规范、高管任免未及时报备；等等。

信息披露合规性有待提升。一是信息发布配合股市操作。2017年11月27日，深交所针对35起交易异常行为进行核查，发现一些上市公司采用未及时披露业绩修正公告、未在业绩预告中列示净资产或营业收入等重要科目变动、违规更正会计科目等手法，与盘中拉抬或打压股价、对倒对敲等异常交易相呼应。二是内部控制可信度不高。迪博·中国上市公司内部控制指数显示，2016年内控评级为C和D等级的上市公司占比分别为13.59%和5.24%，但其中仅有1.39%的样本公司承认内部控制存在重大缺陷。

二　资金脱虚返实曙光初现

货币增长与经济增长、金融增长与经济增长、资产价格与商品价格偏离度不断收窄，意味着宏观层面资金脱虚返实，曙光初现，但从微观上市公司财务数据来看，当前市场实体投资支出降幅不断扩大，企业现金持有量居高不下，企业购买理财产品和投资房地产的意愿依然强烈。随着供给侧结构性改革的持续推进，企业的成本控制能力、资金周转能力和债务融资能力不断提升，实体经济投资收益开始回暖，未来将会吸引更多资金回流。

宏观经济指标显示资金脱虚返实，曙光初现。一是货币增长与经济增长偏离度不断收窄。2017 年第三季度平均广义货币供应量（M2）增速为 9.10%，比同期 GDP 和平均 CPI 增速之和高出 0.7 个百分点，而这一差距在 2016 年第三季度时为 2.65 个百分点。二是金融增长与经济增长偏离度不断收窄。2017 年第三季度银行业总资产增速为 10.93%，比同期 GDP 和平均 CPI 增速之和高出 2.43 个百分点，而这一差距在 2016 年第三季度时高达 6.59 个百分点。三是资产价格与商品价格偏离度不断收窄。2017 年 9 月，全国 70 个大中城市新建住房价格指数涨幅为 7.87%，比同期 PPI 高出 1.63 个百分点，而这一差距在 2016 年第三季度时高达 8.27 个百分点。

然而，宏观政策向微观市场传导可能存在时滞，企业投资行为显示资金脱实向虚仍未探底。一是实业投资支出降幅不断扩大。以非流动资产项中的在建工程会计科目为例，2017 年第三季度，非金融类上市公司在建工程规模合计 2.31 万亿元，同比下降 1.70%；平均在建工程规模为 7.84 亿元，同比下降 11.61%，降幅较上年同期上升 2.49 个百分点。二是企业现金持有量居高不下。以流动资产项中的货币资金会计科目为例，2017 年第三季度，非金融上市公司持有货币资金合计 6.77 万亿元，同比增长 14.94%；平均现金持有量为 21.39 亿元，同比增长 3.74%，增幅较上年同期下降 12.78 个百分点。上市企业大手笔增持货币资金，一方面是因为当前“资产荒”困境并未有效缓解；另一方面是存在较强的投机性交易冲动。三是购买金融资产的动力尤为强劲。以非流动资产项中的可供出售金融资产会计科目为例，2017 年 1 ~ 11 月，上市公司认购理财产品合计 1.21 万种，同比增长 13.64%；持有理财产品合计 1.02 万亿元，同比增长 44.68%；平均认购理财产品 9.47 亿元，同比增长 3.49%。再以非流动资产项中的投资性房地产会计科目为例，2017 年第三季度，非金融上市公司持有投资性房地产合计 8049.61 亿元，同比增长 28.21%；平均投资房地产 5.14 亿元，同比增长 12.71%，增幅较上年同期上升 0.96 个百分点。

供给侧结构性改革实施以来，宏观供给侧全要素生产率不断提高，微观实体企业财务表现开始好转。从实体企业盈利表现看，2017 年第三季度，制造业上市公司平均净资产收益率为 5.83%，较上年同期上升 0.29 个百分点。实体企业部门财务绩效改善，有希望引导更多市场资金脱虚返实。从市场投资热情看，2017 年 1 ~ 10 月全国制造业固定资产投资合计 15.89 万亿元，同比增长 3.79%，增速较上年同期上升 0.69 个百分点；全国民间固定资产投资累计完成 31.37 万亿元，同比增长 5.80%，增速较上年同期上升 2.93 个百分点。从银行信贷结构看，根据中国人民银行公布的金融机构新增人民币信贷数据，2017 年前三季度，非金融企业中长期贷款累计达 5.51 万亿元，同比增长 71.65%；占金融机构全部新增人民币贷款的比例为 49.37%，较上年同期上升 17.78 个百分点。诸多迹象显示未来微观层面资金脱虚返实成为大概率事件。

实体企业投资回报率上升，得益于供给侧结构性改革的顺利推进，尤其是去产能措施矫正要素配置扭曲，提升了企业盈利空间。采用杜邦分析法对实体企业投资回报率进行分解。一是 PPI 持续正增长提高企业成本控制能力。2016 年 9 月，PPI 结束了连续 54 个月的负增长后开始迈入高速上升通道，2017 年以来平均增长幅度高达 6.53%。工业品价格上涨提高了上市公司的销售利润，2017 年前三季度制造业上市公司平均销售净利润率为 9.11%，较上年同期上升 2.51 个百分点。二是资产周转率加快提升资产报酬率。2017 年前三季度，制造业上市公司平均总资产周转率为 0.49 次，较上年同期上升 0.02 次。资产周转率加快提升了企业资产盈利能力，2017 年前三季度，制造业上市公司平均总资产报酬率为 5.75%，较上年同期上升 0.89 个百分点。三是融资能力上升提高企业杠杆收益。权益乘数越大意味着企业债务融资能力越强，获取债务税盾收益更高。2017 年第三季度，制造业上市公司平均权益乘数为 2.37 倍，较上年同期上升 0.13 倍。

三　经济结构优化调整持续推进

除了实体企业投资收益回暖吸引资金脱虚返实之外，供给侧结构性改革的成效还表现在产业结构调整升级成效已现端倪、上市公司并购重组热情持续高涨、创新型企业财务表现保持领先地位，以及银行资产反映经济运行活力开始复苏等方面。

产业结构调整升级成效已现端倪。上市公司行业分布是宏观经济结构的微观表现。从三次产业结构看，第二产业仍然发挥主导作用。以2015年之前上市企业为基准，2017年第三季度，第二产业上市公司营业收入合计15.91万亿元，分别相当于第一产业和第三产业的1.51倍和227.28倍；第二产业营业收入同比增速为24.49%，比第三产业高出6.68个百分点。从产业转型方向看，战略性新兴产业动能开始释放。2017年第三季度，高端装备行业上市公司营业收入合计6116.74亿元，同比增长16.81%；大数据行业上市公司营业收入合计1032.21亿元，同比增长23.29%；新材料行业上市公司营业收入合计679.17亿元，同比增长29.58%；3D打印行业上市公司营业收入合计440.11亿元，同比增长32.93%。从产权改革试点看，混合所有制改革成效初现。2017年第三季度，大央企重组概念类上市公司营业收入合计7.38万亿元，同比增长20.58%；国企混改概念类上市公司营业收入合计2.53万亿元，同比增长19.91%；国有资产改革概念类上市公司营业收入合计5872.88亿元，同比增长9.53%。

上市公司并购重组热情持续高涨。资本市场并购重组是金融支持产业结构调整的重要举措。从重组事件看，重大并购重组热情持续高涨，重组交易规模不断增长。2017年1~11月，上市公司披露重大重组事件431起，同比增加88起；重组交易金额合计高达1.75万亿元，同比增长69.35%；注入净资产账面价值合计7293.50亿元，同比增长91.44%。从产权性质看，国有企业并购重组动力强劲。2017年1~11月，国有上市公司披露重大重组事件114起，同比增加45起；涉及重组交易金额合计7845.39亿元，同比增长154.54%，而同期民营上市公司涨幅仅为32.91%。从重组目的看，横向扩张成为企业并购重组的重要目的。2017年1~11月，横向整合战略推动的重大重组交易金额合计8908.81亿元，占全部重组交易金额的51.02%，同比增长69.74%；多元化战略推动的重大重组交易总额合计3588.57亿元，占全部重组交易金额的20.55%，同比增长79.87%；买壳上市推动的重大重组交易总额合计2293.11亿元，占全部重组交易金额的13.13%，同比增长4.75%。基于横向扩张和多元化战略的并购重组不断攀升，意味着企业尚未摆脱粗放型增长轨道。从重组形式看，发行股份成为并购重组主要的融资来源。2017年1~11月，通过增发新股购买资产推动的重大重组交易金额合计1.19万亿元，占全部重组交易金额的68.39%，同比增长45.54%；通过协议收购推动的重大重组交易金额合计2307.05亿元，占全部重组交易金额的13.22%，同比增长113.81%。增发新股主导的并购重组行为，意味着上市公司回报股东收益不断被稀释。

创新型企业财务表现保持领先地位。坚持创新发展是供给侧结构性改革的必经之路，打造创新型企业是产业结构调整的关键着力点。从上市公司财务绩效看，创新型企业保持领先优势。以中证指数公司和上海证券交易所联合推出的中国战略性新兴产业成份指数为例，2017年第三季度，100家指数成份股对应的上市公司营业收入合计1.71万亿元，同比增长23.02%；平均净资产收益率为12.89%，比同期A股非金融上市公司均值高出7.11个百分点。从研发经费支出看，上市公司创新投入有待增加。以公开披露研发费用的企业样本为例，2017年前三季度，上市公司平均研发费用为7.29亿元，相当于上年同期的6.45倍；上市公司平均研发费用占营业收入的比例为9.75%，较上年同期上升5.22个百分点。

银行资产反映经济运行活力开始复苏。银行体系资产质量和结构对应的是实体经济运行状况。随着宏观经济逐步企稳，不良资产证券化和市场化债转股进程加快，银行业资产质量不断提升，系统性金融风险爆发的可能性下降。一是商业银行不良压力“高位”企稳。2016年第三季度，商业银行不良贷款结束了连续19个季度“双升”趋势后基本稳定。2017年第三季度，上市商业银行不良贷款余额合计1.23万亿元，同比增长8.58%；平均不良贷款率为1.61%，较上年同期下降0.05个百分点。国有银行资产质量改善是主因，2017年第三季度末，国有银行不良贷款余额增速仅为1.76%，同时平均不良贷款率下降0.13个百分点。二是商业银行拨备见底回升。2017年第三季度，上市商业银行平均不良贷款拨备率为212.94%，较上年同期上升7.56个百分点。从2017年第一季度开始，扭转了自2013年第二季度以来持续15个季度持续下滑的趋势，稳步提升了商业银行抵抗风险的能力。三是贷款投向匹配国家政策导向。在政策限制性行业方面，2017年上半年，上市商业银行对建筑业投放贷款余额为1.87万亿元，同比增长4.47%；对房地产业投放贷款余额为4.56万亿元，同比增长10.41%。在政策支持性行业方面，2017年上半年，上市商业银行对水利、环境和公共设施行业投放贷款余额为2.66万亿元，同比增长29.76%；对文化、体育和娱乐行业投放贷款余额为369亿元，同比增长45.85%。

四 “三去一降一补”改革进展失衡

供给侧结构性改革在促进经济结构调整方面取得了较好成效，但就“三去一降一补”五大任务而言，仍需要均衡发展、协调推进。

去产能难度依然较大，部分行业增产动力强劲。随着大宗商品价格的持续反弹，一些产能严重过剩行业逆势增产，部分行业甚至加快扩建新产能。从总产能情况看，除了水泥稳中略降外，其他主要产能过剩行业大多再现增产局面。2017年10月，全国水泥产量累计19.63亿吨，同比减少0.50%；原煤产量累计28.53亿吨，同比增长4.80%；粗钢产量累计7.10亿吨，同比增长6.10%；铝材产量累计5173.60万吨，同比增长9.00%；平板玻璃产量累计6.71亿重量箱，同比增长4.30%。从新建产能情况看，铝材和平板玻璃投资加快扩张，煤炭和钢铁则大幅收缩。2017年第三季度，铝材行业上市公司在建工程合计308.50亿元，同比减少25.18%；平板玻璃行业上市公司在建工程合计67.16亿元，同比增长24.72%；水泥行业上市公司在建工程合计94.95亿元，同比增长3.17%；煤炭行业上市公司在建工程合计1844.27亿元，同比减少18.01%；钢铁行业上市公司在建工程合计1210.33亿元，同比减少24.47%。

去库存总体效果显著，部分行业开始补库存。通常待售库存状况采用产成品存货占总资产的比例来衡量，潜在库存状况采用原材料和在产品存货合计占总资产的比例来衡量。上游资源品行业方面，2017年上半年，煤炭行业上市公司平均待售库存和潜在库存分别为1.03%和1.36%，较上年同期上升0.13个百分点和下降0.12个百分点；有色行业上市公司平均待售库存和潜在库存分别为4.19%和9.15%，较上年同期上升0.23个百分点和下降0.07个百分点。中游工业品行业方面，2017年上半年，钢铁行业上市公司平均待售库存和潜在库存分别为4.15%和6.90%，较上年同期上升0.72个百分点和0.84个百分点；水泥行业上市公司平均待售库存和潜在库存分别为1.60%和3.04%，较上年同期上升0.19个百分点和0.26个百分点；化工行业上市公司平均待售库存和潜在库存分别为3.77%和3.67%，较上年同期下降0.04个百分点和上升0.13个百分点；工程机械行业上市公司平均待售库存和潜在库存分别为8.23%和5.62%，较上年同期上升0.15个百分点和下降0.25个百分点。下游消费品行业方面，2017年上半年，房地产行业上市公司平均待售库存和潜在库存分别为1.15%和7.12%，较上年同期下降0.45个百分点和1.31个百分点；汽车行业上市公司平均待售库存和潜在库存分别为6.70%和3.03%，较上年同期上升0.52个百分点和0.05个百分点；家电行业上市公司平均待售库存和潜在库存分别为6.49%和3.53%，较上年同期上升0.98个百分点和0.28个百分点；纺织服装行业上市公司平均待售库存和潜在库存分别为11.42%和5.21%，较上年同期上升0.39个百分点和下降0.22个百分点。

国有企业去杠杆明显，长短期偿债能力改善。一是国有企业和公用事业企业杠杆水平相对较高。2017年第三季度，国有非金融类上市公司平均资产负债率为49.99%，比民营控股上市公司高出13.82个百分点；公用事业上市公司平均资产负债率为53.14%，比上市公司均值高出12.59个百分点。二是国有企业去杠杆效果更加显著。2017年上半年，国有上市公司平均杠杆率较上年同期下降1.67个百分点，而民营控股上市公司仅较上年同期下降0.02个百分点。三是长期偿债能力不断增强。2017年第三季度，非金融类上市公司平均已获利息倍数为14.51倍，较上年同期上升0.51倍。四是短期偿债能力略微下滑。2017年第三季度，非金融类上市公司流动比率和速冻比率均值分别为2.76和2.23，较上年同期下降0.03和0.01。

降成本总体效果不彰，营业成本有所上涨。一是营业成本有所上升。2017年第三季度，非金融类上市公司平均营业成本占营业收入的比重为80.77%，较上年同期上升0.65个百分点。二是企业税负小幅下降。2017年第三季度，非金融类上市公司平均营业税金及附加占营业收入的比重为2.46%，较上年同期下降0.29个百分点。三是劳动力成本微幅下降。2017年上半年，非金融类上市公司销售人员平均工资薪酬占营业收入的比重为0.91%，较上年同期下降0.02个百分点；管理人员平均工资薪酬占营业收入的比重为1.77%，较上年同期下降0.06个百分点。

补短板总体步伐加快，部分行业吸引力增强。从文化、体育和娱乐行业看，2017年第三季度，行业上市公司固定资产累计投资额为362.72亿元，同比增长15.58%；营业收入合计1266.46亿元，同比增长3.35%；净利润合计192.97亿元，同比增长13.95%。从卫生和社会工作行业看，2017年第三季度，行业上市公司固定资产累计投资额为65.88亿元，同比减少3.29%；营业收入合计179.19亿元，同比增长33.11%；净利润合计19.83亿元，同比减少5.72%。从环境和公共设施管理行业看，2017年第三季度，行业上市公司固定资产累计投资额为442.37亿元，同比增长10.58%；营业收入合计691.17亿元，同比增长24.23%；净利润合计124.43亿元，同比增长44.02%。从教育行业看，2017年第三季度，行业上市公司固定资产累计投资额为11.03亿元，同比增长14.76%；营业收入合计45.24亿元，同比增长64.75%；净利润合计3.88亿元，同比增长28.96%。薄弱领域行业投资回报率不断提高，将会吸引更多社会资本进入。

五　2018年展望

上市公司质量将会稳步提升。效益性质量方面，随着供给侧结构性改革的深入推进，僵尸企业市场出清速度加快，上市公司整体净资产收益率会提高。规范性质量方面，证监会正在修订《上市公司治理准则》，持续完善上市公司治理构架，进一步与国际标准接轨。透明度质量方面，2017 年证监会出台《上市公司信息披露管理办法》，对上市公司信息披露进行更为严格详细的规定。创新性质量方面，随着高技术行业研发支出资本化深入推进，上市公司研发投资将会继续加大。

资金重返实体进度将会加快。一是中国人民银行开始控制流动性总闸门，消除了虚拟资产继续膨胀的货币基础。二是实施穿透式金融监管，减少了资金套利空间。未来监管部门将会继续严查虚假贸易融资套利、非法票据和非法集资行为，切断资金流向虚拟经济通道。同时，治理银行同业业务、理财和信托资金通道业务、民间违规借贷，缩短实体企业融资链条。三是实体经济投资回报率提高。国务院和部委层面相继出台各类政策文件，不断放宽行业准入和投资比例限制，吸引民间资本进入。

经济结构优化调整速度加快。一是上市公司产业结构更加优化。随着战略性新兴产业培育的加快，混合所有制改革不断推进，先进制造业和现代服务业比例不断提高。二是上市公司并购重组加快。新兴业态不断涌现，加快上市公司并购行为。化解产能过剩，清理僵尸企业，加快企业破产重组。三是商业银行不良贷款化解加快。随着不良资产证券化的加快，社会资本参与不良资产处置的兴趣增加，债转股剥离表内不良资产，未来不良率会逐步下降。

“三去一降一补”推进更加协同。去产能方面，现有产能逐步被消化，随着需求复苏，部分行业开始新建产能。去库存方面，越来越多的行业库存化解完毕，更多行业进入补库存通道。去杠杆方面，国有企业和公用事业企业短期负债不断下降，但长期负债可能继续增加。降成本方面，营业成本可能仍然快速上升，但企业税费负担将会继续下降。补短板方面，随着财政投资力度的加大，更多社会资本流向薄弱民生领域。

B.17
2017年的中国房地产市场及房地产金融

蔡 真*

摘 要： 在因城施策的调控思想下，一、二线城市的高房价得到抑制，三、四线城市的去库存取得一定成效，但依然有以下风险点值得关注：第一，尽管二线城市的房价得到抑制，但租金资本化率在上升；第二，去库存尽管取得了显著成效，但也要警惕市场将去库存重新看作投资热点的想法；第三，在部分一线城市，信用资金对房地产的支持作用依然较强，应关注。我国高房价的形成既有城市化、住宅市场化这些合理因素的支撑，又有金融层面的助推作用。在当前人均住宅面积达到37平方米的条件下，房地产市场发展不平衡不充分的矛盾已十分突出。房地产市场长效机制应尽快推进，我们认为，长效机制建设的重点在于弱化住房的金融属性，使其回归居住属性。具体对策包括：通过房产税、遗产税等税收措施增加投机者的持有成本，弱化土地资本化功能，大力推进住房租赁市场建设。

关键词： 房地产市场 房地产金融 长效机制

---

* 蔡真，经济学博士，中国社会科学院金融研究所国际金融与国际经济研究室副主任、副研究员，主要研究领域为房地产市场、风险管理、货币理论与政策。

一　房地产市场运行

（一）价格运行情况

2017 年中央经济工作会议提出要坚持“房子是用来住的，不是用来炒的”的定位，各个城市遵循这一精神采取了限购、限贷等抑制需求的措施，有的城市还出台了针对投机性购买的限售措施，在调控逐渐加码的形势下，高房价态势得到一定程度的抑制。根据国家统计局公布的数据，70 个大中城市无论是新建商品住宅还是二手住宅，2017 年前三季度月度环比涨幅都没有超过1%，新建商品住宅和二手住宅累计涨幅都仅为4.4%。一线城市和二线城市调控效果明显，尤其是新建商品住宅市场，一线城市和二线城市同期累计涨幅分别为0.7%和2.7%。这主要是开发商在需求萎缩和资金链吃紧条件下加推房源回笼资金的结果，同时一些城市的新建商品住宅市场采取的限价措施也影响到统计结果。三线城市在去库存政策的指导下，走出了一波房价上涨行情，但 2017 年第三季度涨幅明显收窄，2017 年前三季度三线城市新建商品住宅和二手住宅市场累计涨幅分别为5.3%和4.2%（见图 1）。

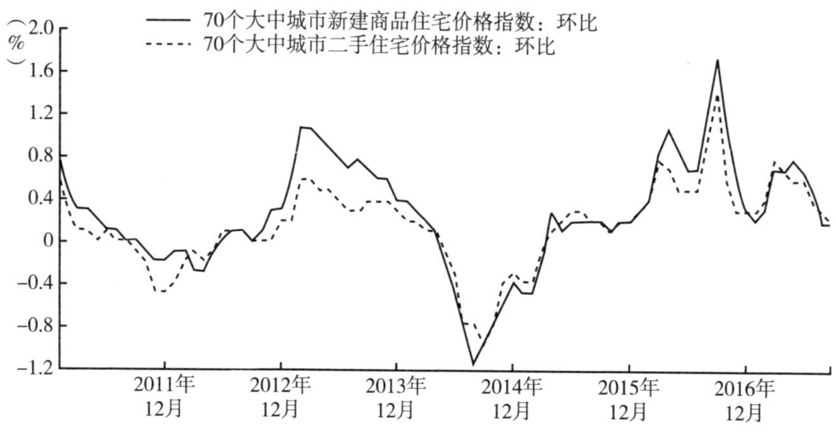

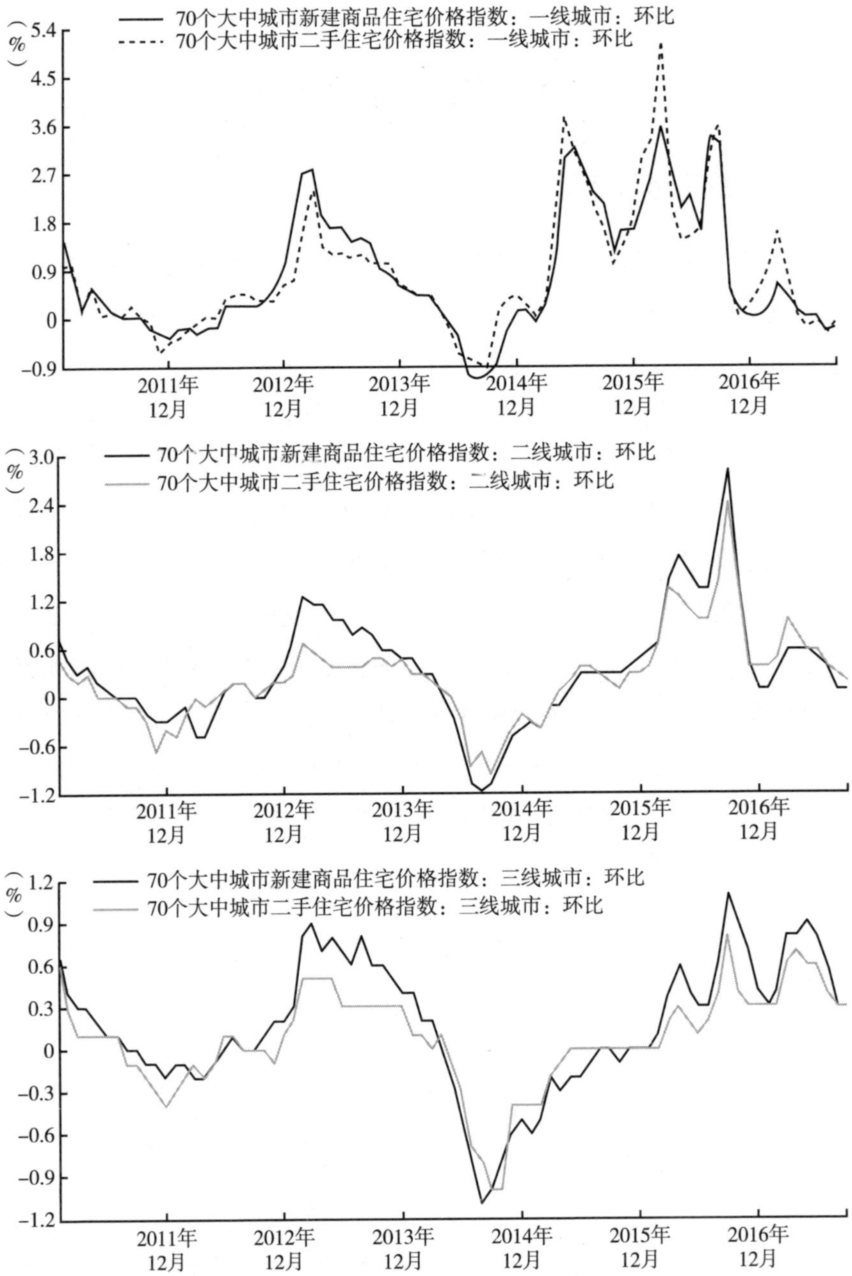

图1　70个大中城市房价走势（环比）

资料来源：国家统计局、Wind资讯。

如果说住房购买既可能包括消费需求又可能包括投资投机性需求，那么住房租赁则直观地反映了消费需求，因此从租赁价格的变化中可以窥见整个市场的动向。根据中原地产统计的 4 个一线城市和 2 个二线城市的租金数据，租赁市场呈现分化趋势。北京和深圳这两座城市在 2017 年上半年租金增长势头强劲，这说明这两座城市尽管在过去房价上涨过快，但依然有基本面的支撑。从租赁数据反映的情况来看，北京并没有出现如媒体所报道的大量人才流失的现象，而深圳依然是创业的热土。成都租赁市场的迅速发展则得益于国家中心城市的定位，以及从户籍到安居再到保障等一揽子吸引人才的措施。上海、天津的租赁价格在 2017 年前三季度走出下跌行情，其中天津跌幅较为明显，这其中既有房价下跌导致的“由售转租”的短期因素，也存在控制人口流入的长期因素。广州的租赁价格在经历 2017 年上半年的跌势之后止跌企稳（见图 2）。

上文考察的是住房价格的绝对水平，这里我们计算一个相对指标，即租金资本化率。租金资本化率 = 每平方米住宅价格/每平方米住宅一年租金，其含义是一套住宅完全靠租金收回成本要经过多少年，也可衡量房地产泡沫的严重程度。这一概念与租售比类似，但更加直观。国际上通常认为合理的租售比为 1∶300，换算成租金资本化率为 25 年。

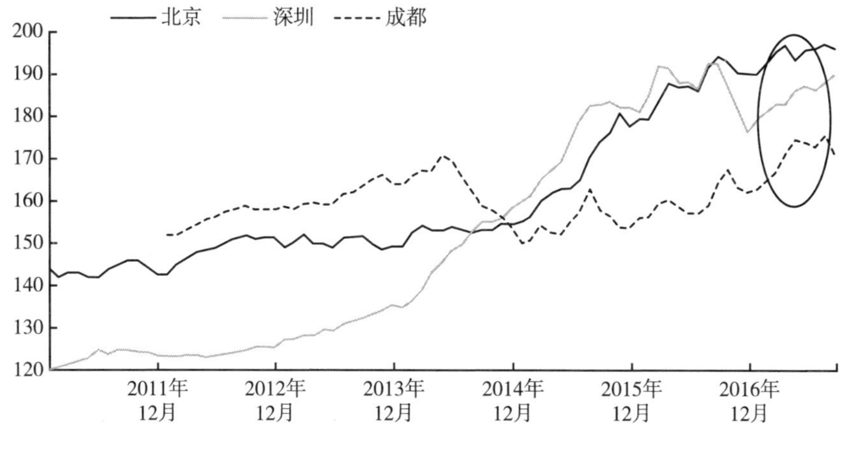

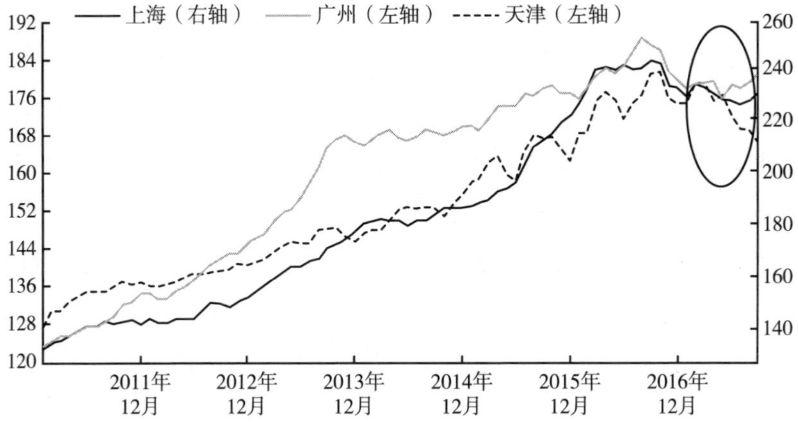

图2 中原二手住宅租金指数（定基）

注：2004 年 5 月 =100。

资料来源：中原地产、Wind 资讯。

图 3 反映了各线城市的租金资本化率走势。从一线城市的走势可以清晰地看出房价泡沫的发酵过程。深圳于 2015 年下半年开始房价泡沫急剧膨胀，北京、上海紧随其后，上涨起始点为 2016 年 6 月，广州于 2016 年 10 月开始上涨。从目前的形势来看，中央抑制房价泡沫的措施在一线城市取得了一定的效果。北京的租金资本化率都出现了回调；上海的租金资本化率在 2017 年上半年是下降的，但第三季度又有所回升，这主要是由于租金下降

a 一线城市租金资本化率

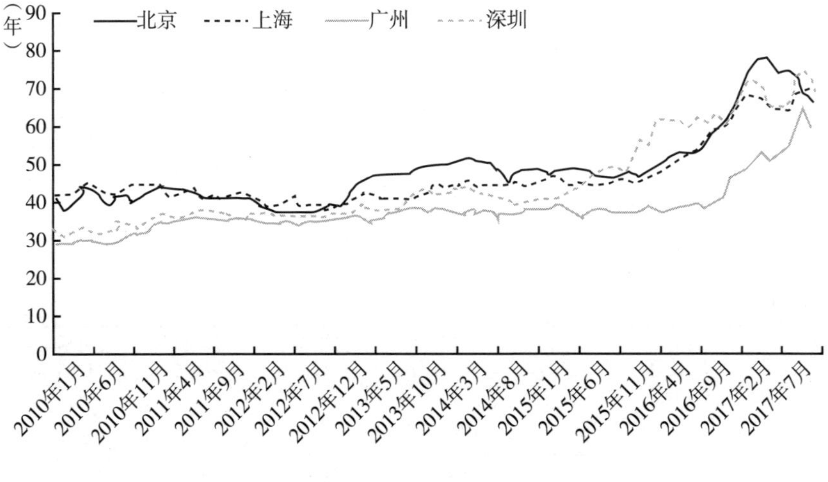

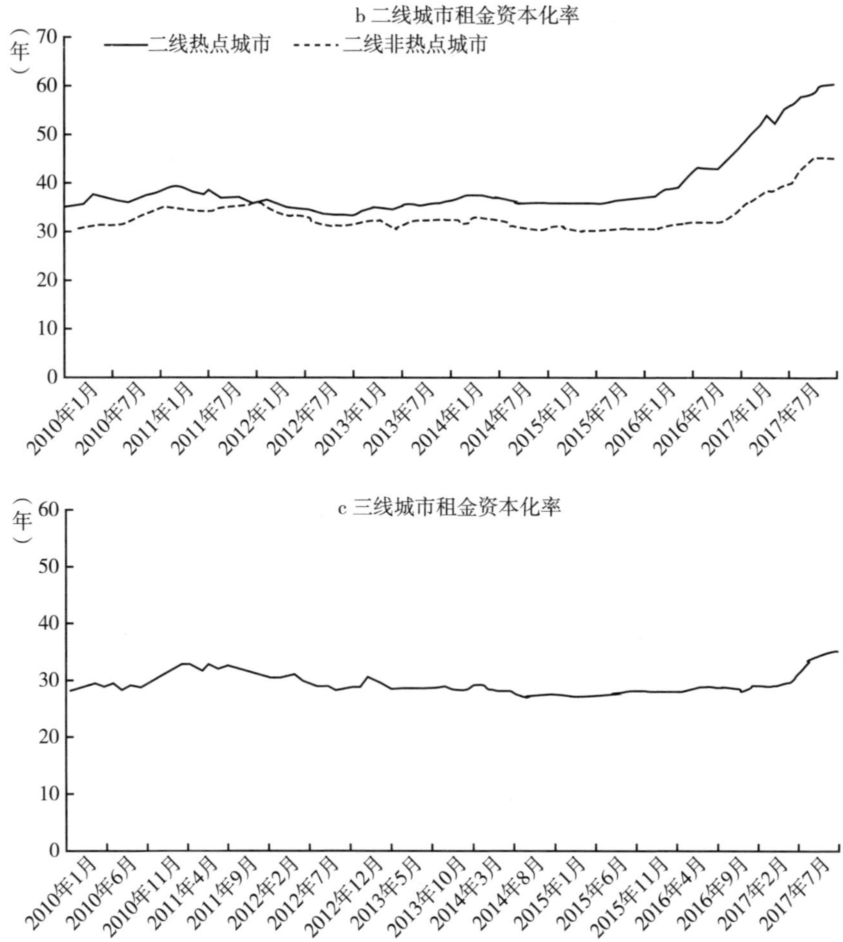

图3　租金资本化率走势

注：本报告监测的二线热点城市包括杭州、南京、苏州、武汉、成都、厦门、福州，二线非热点城市包括天津、青岛、郑州、长沙、重庆、南昌、南宁、宁波，三线城市包括西安、乌鲁木齐、昆明、太原、呼和浩特、莆田、泉州、常德、湖州、蚌埠。

资料来源：中国社会科学院金融研究所房地产金融研究中心监测数据。

更快造成的；深圳的租金资本化率在2017年第三季度迅速回调，广州的租金资本化率在2017年前三季度持续上升。

2017年前三季度，二线城市的租金资本化率指标呈快速上升趋势。截至2017年9月，二线热点城市的租金资本化率达到60.3年，二线非热点城市的租金资本化率为45.3年。究其原因，一方面，尽管调控使得房价涨幅大为缩减，但有些城市（如厦门、福州）出现了租金绝对水平的下降，这导致租金资本化率进一步上升；另一方面，与这些城市在2016年底出台的限贷、限购措施不够严有关，如武汉的限购只针对主城区，天津的限购不包括滨海新区，导致这些城市于2017年上半年又出台相关“打补丁”政策。此外，部分城市投资、投机气氛依然很浓，以厦门为例，截至2017年9月，厦门的租金资本化率高达100.6年。

三线城市的租金资本化率具有典型性，自有统计数据以来就保持在30年左右的水平。实际上，这一数值可以看作衡量房价租金关系的中国标准，因为这一数据是经历了6年半时间动态均衡的结果，换算成租售比，即1∶360。然而，从2017年5月开始，三线城市的租金资本化率出现了跳涨的趋势，这尤为值得警惕。

（二）数量走势分析

在供给侧结构性改革去库存战略的指引下，商品住宅销售呈迅速恢复态势。2017年前三季度，商品住宅销售面积累计达10亿平方米，同比增长7.5%；受环保政策等因素影响，2017年前三季度住宅竣工面积为4.1亿平方米，较上年同期有所下降；反映需求旺盛程度的住宅销售率为242.7%，这是由分子上升而分母下降造成的（见图4－a）。然而，去库存引领的需求并没有导致行业销售额的大幅增长，2017年前三季度住宅销售额同比增幅处于下降通道（见图4－b），这说明需求发挥的作用主要反映在数量方面，并没有传导到价格上。

从去库存的具体情况来看，我们统计了20个城市的房地产库存去化同期[①]，整体平均为10.1个月，其中一线城市为7.9个月，二线城市为8.0个月，三线城市为14.5个月（见图5）。尽管横向比较三线城市的房

① 库存去化周期，指的是待售商品房需要多长时间能够销售完。具体计算公式为：库存去化周期＝商品房可售套数/商品房成交套数。由于新建商品房市场波动较大，本报告采取3周移动平均的方式进行平滑处理。数据来源于Wind资讯，最终源头为各城市房地产管理局。

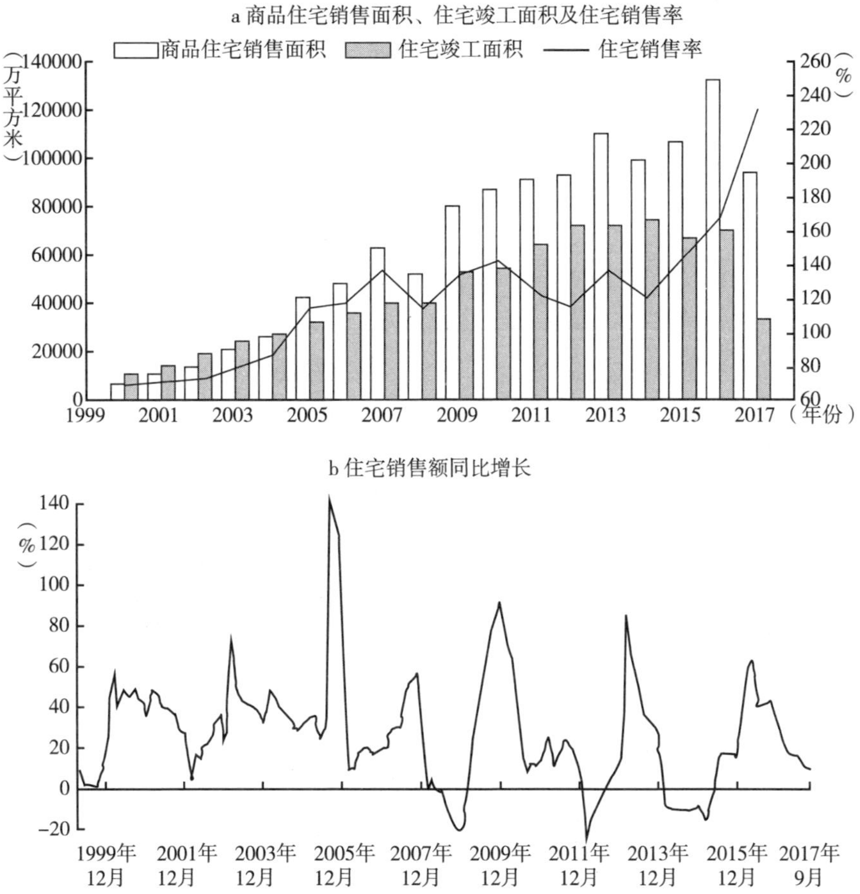

图 4　商品住宅销售面积、住宅竣工面积、住宅销售率及住宅销售额同比增长情况

资料来源：根据 Wind 资讯数据计算。

地产库存去化周期较高，但 2017 年 10 月相对于 2017 年 2 月 18.3 个月的高点还是降低不少。总体而言，受去库存战略以及棚改计划的影响，三线城市的库存问题得以明显改善，但我们应警惕市场上将三线城市重新看作投资热点的情绪，毕竟发展大城市依然是绝大多数国家城市化的经验，而且三线城市租金资本化率的翘尾走势已经表明，三线城市有过热的苗头。

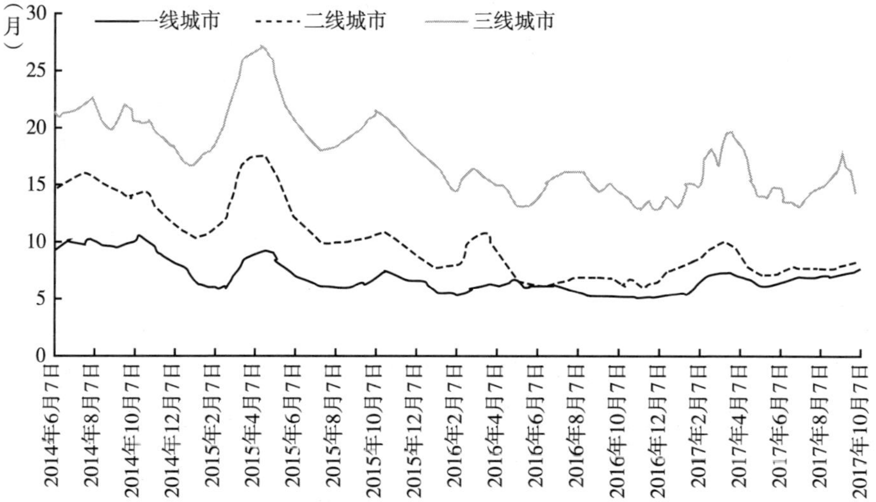

图 5　各城市房地产库存去化周期（3 周移动平均）

注：本图中的一线城市包括北京、上海、广州、深圳，二线城市包括杭州、厦门、南京、福州、苏州、南宁、青岛，三线城市包括泉州、莆田、常德、蚌埠、无锡、惠州、东莞、安庆、南充。

资料来源：根据 Wind 资讯数据计算。

二　房地产金融形势

（一）个人购房贷款情况

从图 6 - a 的个人购房贷款余额数据来看，2015 年下半年开始呈现快速上升走势，这一变化趋势与房价变动几乎完全一致。然而，2017 年第一季度开始个人购房贷款余额出现了绝对数的下降，2017 年第二、第三季度尽管绝对值又有所上升，但同比增速大幅下降，第二、第三季度增速分别为 30.8% 和 26.2%。从图 6 - b 的居民中长期贷款[①]月度增量数据来看，2017 年前三季度居民中长期贷款月度平均增量为 4677 亿元，明显低于 2016 年。这一方面是由于限购、限贷政策直接抑制了信贷需求，另一方面是银行出于风险考虑也控制了个人按揭的发放。

① 居民中长期贷款主要为购房抵押贷款。

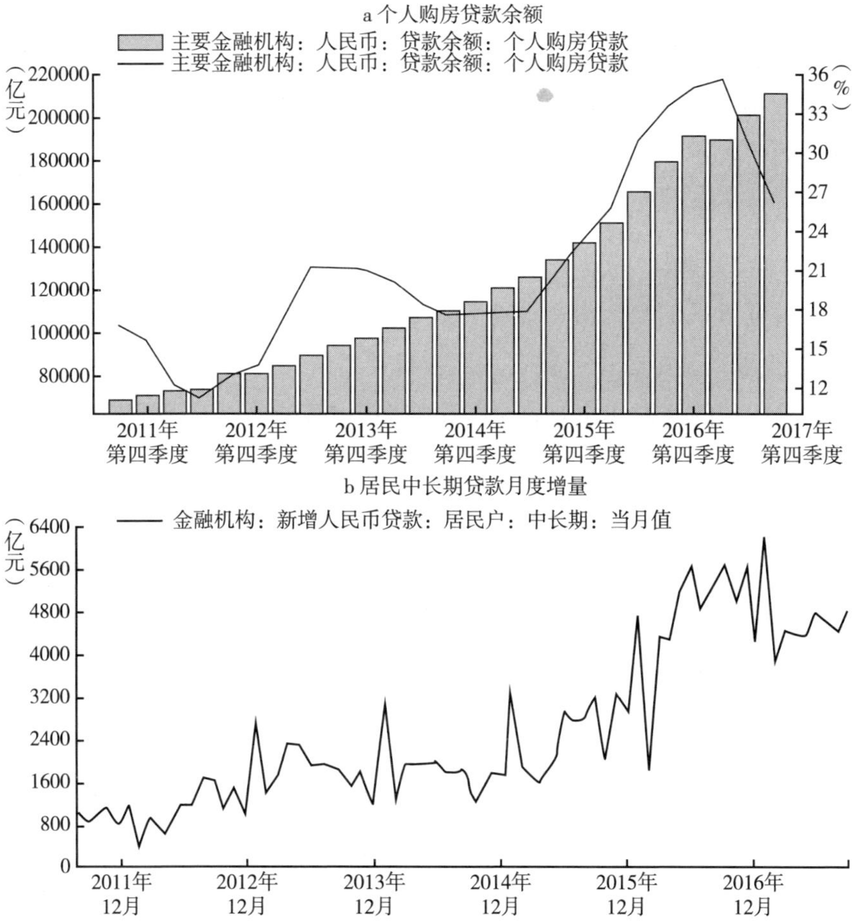

图6 个人购房贷款余额及居民中长期贷款月度增量

资料来源：中国人民银行、Wind资讯。

我们还估算了一线城市和部分二线城市的新增贷款价值比①（Loan to Value，LTV），这一指标可以反映房价下跌可能对银行产生的影响（见图

① 贷款价值比（Loan to Value，LTV）是指贷款占住宅价值的比重，反映了住房消费中使用杠杆的程度，具体计算公式为：贷款价值比 = 住宅贷款金额/住宅总价值。在本报告中，我们使用的是新增贷款价值比（流量数据），而不是贷款余额与住宅总价值之比这一存量数据，其原因是我们难以估计住宅存量数据。公式中分子部分——新增住宅贷款额根据月度余额之差求得，对于没有住户中长期贷款的情形，我们使用个人消费贷款数据近似代替，（转下页注）

7)。如果这一指标的值比较低，说明购房中使用自有资金的比例比较高，则风险不大。一线城市中，北京和深圳的新增 LTV 较高，2017 年前三季度平均分别为 84.8% 和 78.6%[①]；上海的风险不大，2017 年前三季度新增 LTV 平均维持在 40%；广州在 2017 年前三季度则经历了一轮加杠杆的过程。二线城市的房价尽管出现了小幅上涨，但信贷的推动作用并不强，我们测度的 6 个二线城市中 2017 年前三季度新增 LTV 平均值没有超过 50% 的。然而，不可忽视的是，由于非金融机构进行的出入监管边缘的融资活动（如借助互联网金融或中介垫资从而获得首付贷支持），我们并不清楚甚至不能估算所谓的“购房自有资金”中有多少杠杆成分。下一阶段，清理消费贷以及杜绝各类影子资金进入房地产市场依然是监管的重点。

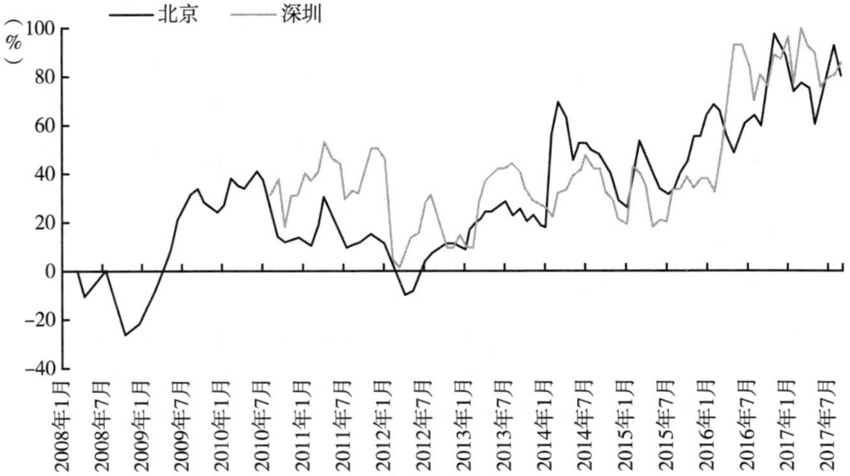

（接上页注①）或使用全国住户中长期贷款占全国贷款余额这一系数与当地城市的贷款余额相乘的方式求得近似值，分子数据来源于 Wind 资讯，最终源头为中国人民银行；分母部分——新成交住宅价值，由于存在阴阳合同这一问题，我们使用抓取的数据作为单价，再与各城市房地产管理局公布的住宅成交面积相乘，得到新成交住宅价值。

① 理论上讲，贷款价值比不应该超过 70%。导致计算结果存在差异的原因是：第一，我们使用月度余额之差表示新增量，两者之间存在差异；第二，由于不能直接得到个人贷款数据，我们使用总贷款数据或居民中长期贷款数据再乘以某一系数得到个人贷款数据。但是，我们保持单个城市在时间上的系数一致，以及不同城市在方法使用上的一致，因此数据依然具有参考意义。该指标出现负值的原因来自第一条。

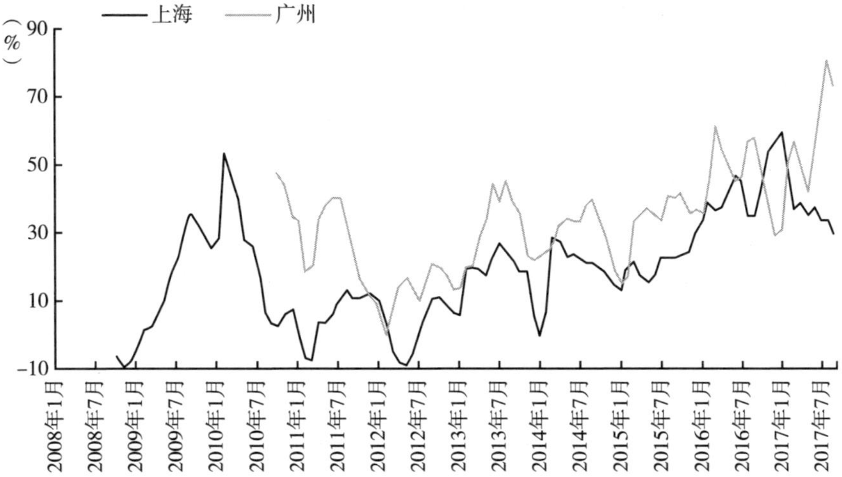
上海
广州
(%)
90
70
50
30
10
-10
2008年1月
2008年7月
2009年1月
2009年7月
2010年1月
2010年7月
2011年1月
2011年7月
2012年1月
2012年7月
2013年1月
2013年7月
2014年1月
2014年7月
2015年1月
2015年7月
2016年1月
2016年7月
2017年1月
2017年7月

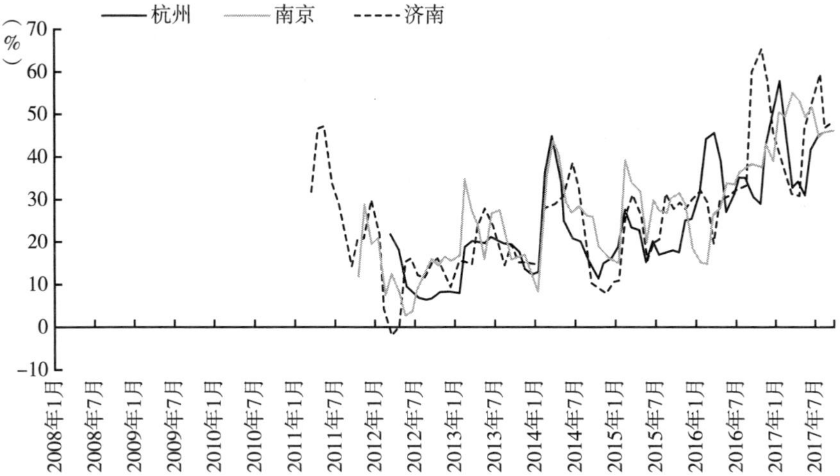
杭州
南京
济南
(%)
70
60
50
40
30
20
10
0
-10
2008年1月
2008年7月
2009年1月
2009年7月
2010年1月
2010年7月
2011年1月
2011年7月
2012年1月
2012年7月
2013年1月
2013年7月
2014年1月
2014年7月
2015年1月
2015年7月
2016年1月
2016年7月
2017年1月
2017年7月

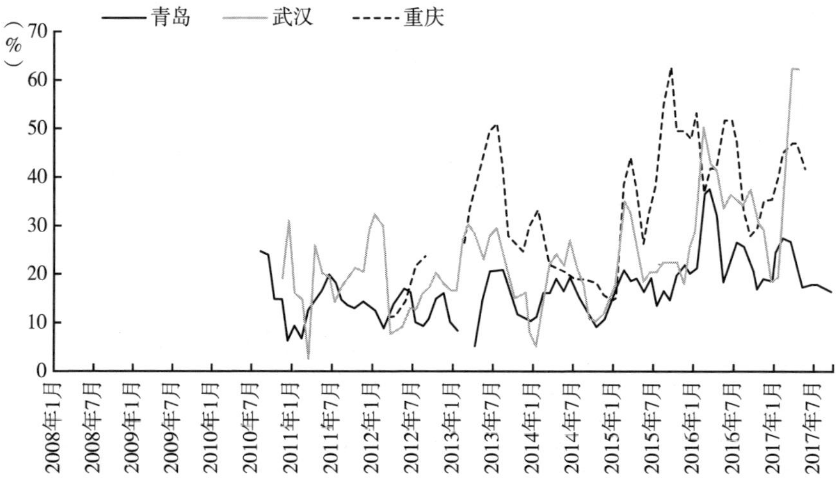

图7　一线城市和部分二线城市新增贷款价值比（3个月移动平均）

资料来源：中国社会科学院金融研究所房地产金融研究中心估算。

（二）房地产企业贷款情况

在抑制房价泡沫的调控背景下，房地产开发企业自然面临资金紧张的局面。截至2017年第三季度，地产开发贷余额为1.4万亿元，同比下降12.8%（见图8－a）。地产开发贷快速大幅下降的原因是，2016年财政部联合中国人民银行等多部委发布的《关于规范土地储备和资金管理等相关问题的通知》明确要求，土地储备机构不得再向金融机构举借贷款。

房产开发贷方面，自2016年第三季度以来出现了同比上升的势头，截至2017年第三季度，房产开发贷余额为6.7万亿元，同比增长22.7%（见图8－b）。这主要是由两方面原因造成的：一方面，在经济下行和不良率逐渐上升的形势下，银行资产配置并没有太多选择；另一方面，在金融去杠杆的大背景下，房企过去多样化的融资渠道受阻且成本上升，因而又回归传统的银行渠道。表1列出了自2016年下半年以来相关监管机构针对房地产企业推出的严监管政策，这导致房地产企业其他融资渠道受阻。以公司债为例，2017年前三季度，房地产企业公司债发行677.1亿元，仅为上年同期

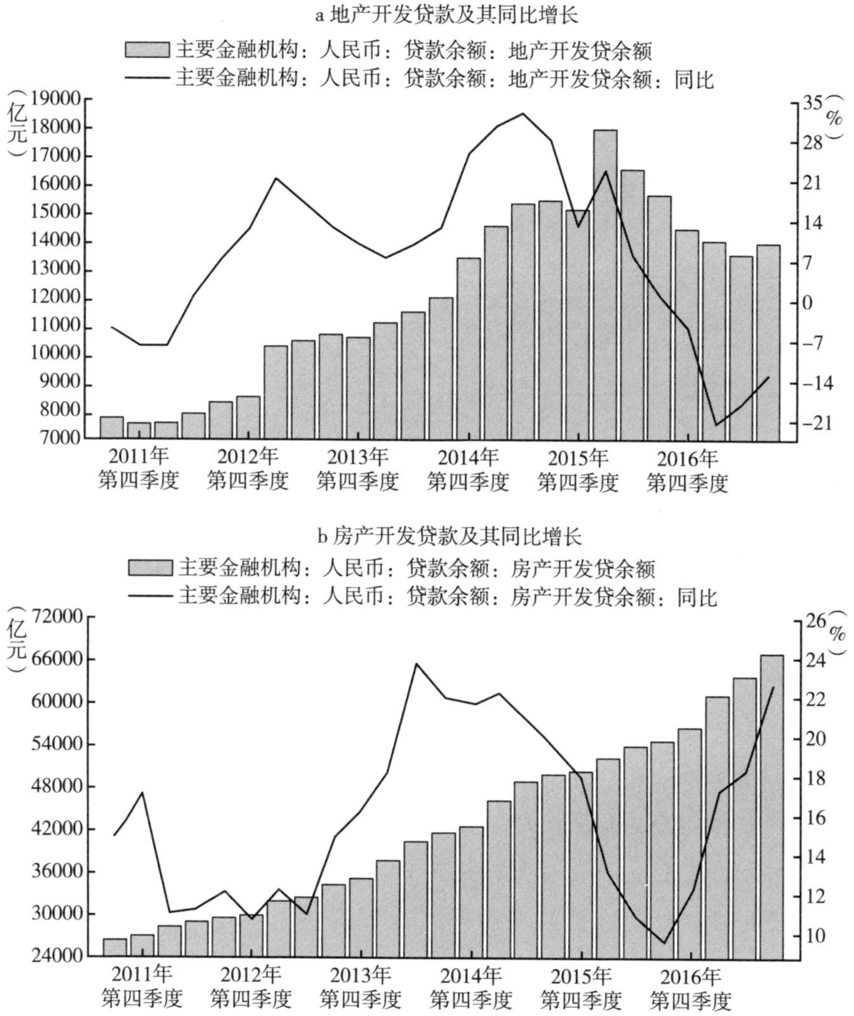

图8 地产开发贷和房产开发贷余额及其同比增长情况（季度）

资料来源：中国人民银行、Wind资讯。

的9.3%；房地产企业发行企业债281.7亿元，为上年同期的31.9%。总体而言，房地产企业在严监管的条件下面临资金紧张局面，与个人投资者不同，房地产企业的生产活动涉及上下游各类企业，在这样的背景下须关注房地产企业的流动性风险，尤其是中小房地产企业的资金链问题。

表1　2016年下半年以来影响房地产企业融资的政策

产品	主管机构	主要政策或措施	发布时间
贷款	银监会	《关于开展银行业金融机构房地产相关业务专项检查的紧急通知》	2016年11月
企业债	国家发改委	《关于企业债券审核落实房地产调控政策的意见》	2016年11月
海外债	国家发改委	发改委收紧房地产企业海外债审核	2017年第二季度
公司债	交易所	《关于房地产业公司债券的分类监管方案(试行)》	2016年9月
银行理财	银监会	《关于开展银行业金融机构房地产相关业务专项检查的紧急通知》	2016年11月
信托	银监会	《2017年信托公司现场检查要点》	2017年5月

（三）房地产金融创新

2017年10月23日，国内首单房地产企业租赁住房REITs——中联前海开源–保利地产租赁住房一号资产支持专项计划（以下简称保利租赁住房REITs），获得上海证券交易所审议通过。该产品的发行对促进“租售并举”的房地产市场长效机制具有重大意义，可谓金融供给侧结构性改革的创新之举。

住房租赁市场与住房买卖市场“一锤子买卖”的特点不同，租赁市场的链条太长、服务环节多，项目周期长、资金回笼慢，为解决房地产企业租赁住房投资回收周期过长的“后顾之忧”提供了现实样本，验证了“以REITs打通租赁住房企业退出渠道、构建租赁住房完整商业模式闭环”的可行性。保利租赁住房REITs的另一创新之处在于采用了储架式发行方式，即一次核准、多次发行的再融资模式。这一方面简化了发行审批程序，提高了融资灵活性，降低了融资成本；另一方面通过储架式发行机制间接实现了公募REITs的扩募功能，提高了REITs服务实体经济的效能，有利于促进房地产企业加大对租赁市场的投资，从而保障房源的充足供给。

尽管首单租赁住房REITs对推动市场发展具有重要意义，但REITs的发展还有许多亟待解决的问题，尤其是税收问题。第一，房地产企业由售转租后，以前预征的土地增值税、增值税、所得税如何清算？第二，设立REITs

后双重所有权导致的双重课税问题如何解决？第三，REITs 份额在二级市场转让是否征收所得税？目前股票在二级市场流通是不收所得税的。

三　当前高房价原因分析

经过 2017 年一年的努力，一线城市和二线城市的房价泡沫得到一定程度的抑制，但从国际比较来看，无论是房价绝对水平还是房价收入比这类相对指标，都依然处于高位。在此，我们对当前高房价的成因进行简要分析。

（一）城市化进程导致房价快速攀升

中国处于快速城市化的进程中，人口由农村向城市涌入为房价上涨提供了原生动力。根据纳瑟姆曲线，城市化进程分为三个阶段：第一阶段，当城市人口超过 10% 以后，进入城市化初期阶段，城市人口的增长以自然增长为主；第二阶段，当城市人口超过 30% 以后，进入城市化加速阶段，城市人口迅速增长，其中人口迁移占多数；第三阶段，当城市人口超过 70% 以后，进入城市化后期阶段，城市化进程放缓，以郊区化和形成城市带为主。根据国家统计局的统计，2008 ~ 2016 年中国城市化率由 46.99% 上升至 57.35%（见图 9）。中国的城市化正处于加速进程的第二阶段，人口向城市集聚导致对住宅的需求上升，这是导致房价上涨的合理因素。

（二）不合理的调控政策导致房价进一步趋高

在城市化快速发展的第二阶段，一个国家的人口首先向最中心城市集聚，在完成郊区化之后进而形成城市群。从国际经验来看，日本在城市化率达到 77% 时，最大城市人口在城市总人口中的占比达到峰值 34%，此后出现了最大城市人口占比的下降以及城市带人口的激增；巴西在城市化率达到 65% 时，最大城市人口在城市总人口中的占比达到峰值 15%，此后最大城市人口占比开始下降并伴随着城市带人口的增长；美国自 1960 年以来城市化率由 70% 一直呈上升趋势，最大城市人口在城市总人口中的占比由 11%

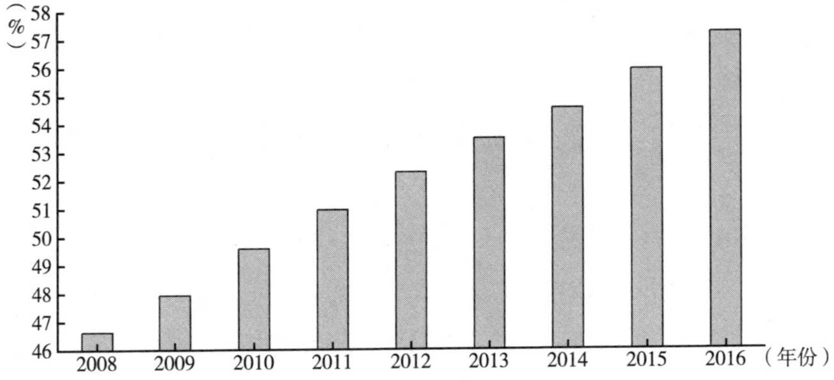

图 9　中国的城市化率

资料来源：国家统计局、Wind 资讯。

一直下降，但城市带人口占比一直呈上升趋势①。表 2 给出了 2012 年世界主要国家最大城市人口和城市带人口分布情况，从这一截面数据可以发现一个很有意思的现象，无论是从城市化比例还是从最大城市人口占比来看，都可以得出中国还未走完城市化第二阶段的结论。在这样的背景下，中国却出现了最大城市人口还不够集聚、城市带人口密度比较大的怪现象。这一方面与我国人口密度较高、国际上对大城市 100 万人口的标准定义过低有关；另一方面与我国特大城市的人口控制政策有关。北京和上海都有相应的人口规模计划，同时北京还实行了以房控人、以业控人等措施。这些措施不可避免地对房地产市场产生了影响。

2010 年 4 月，北京出台“国十条”实施细则，率先规定“每户家庭只能新购一套商品房”，随后共有 47 个城市实施限购政策。2014 年由于整个房地产市场面临去库存压力，除三亚外所有的二、三线城市都取消了限购政策。一线城市的限购政策犹如铜墙铁，逐利的金融资本在房地产市场上寻找新的上涨空间，二线城市限购放开后很快迎来了房价的快速上涨。我们应用

① 主要发达国家中，只有德国未遵循这种大城市的发展模式，其最大城市人口占城镇人口的比重一直较低。

表2　2012年世界主要国家最大城市人口和城市带人口分布情况

单位：万人，%

国家	城市化率	最大城市人口数量	最大城市人口占城市总人口的比例	人口超过100万人的城市群人口数量	人口超过100万人的城市群人口占总人口的比例
加拿大	80.8	562.13	19.9	1571.65	44.9
美　国	82.6	1976.68	7.5	15230.54	48.1
澳大利亚	89.3	452.87	22.1	1387.63	60.6
阿根廷	92.6	1328.81	34.6	1676.12	40.4
智　利	89.3	613.71	38.9	619.33	35.1
法　国	86.3	1068.28	18.7	1499.06	22.7
日　本	91.7	3696.93	31.7	6488.68	51.3
德　国	74.1	347.80	5.8	770.43	9.5
英　国	79.8	867.02	17.0	1651.65	25.9
韩　国	83.5	976.80	23.3	2364.59	47.2
俄罗斯	74.0	1061.52	10.1	2872.38	20.3
中　国	51.8	1731.51	2.4	30458.34	22.4
巴　西	84.9	2098.93	12.3	8159.21	40.7
印　度	31.7	2336.33	5.8	16126.16	12.9
南　非	62.4	380.57	11.6	1819.16	34.9

资料来源：CEIC。

格兰杰因果检验证实了一线城市的限购政策产生了外溢效应。然而，这种行政干预式的政策尽管在短期控制了重点城市的房价，但其有违城市化发展的一般规律，会产生不良后果。从短期看，可能会出现政策一放松，一线城市房价就反弹的局面；从长期看，这类限购政策不利于人口向大城市聚集，而聚集是服务业提高效率的必要条件，因此这些政策是阻碍经济动能由工业向服务业转化的。

（三）房价上涨存在外部冲击因素

在当前全球化背景下，资金的跨境流动日益频繁，房地产很容易成为投资、投机的对象。自美国次贷危机以来，美国利率一直在低位运行，资金涌向新兴市场国家；同期我国主推人民币国际化战略，人民币升值预期明显。

从相关统计数据来看，2010～2014年中美国债收益率之差为1.5～3.0个百分点，这说明从利差角度为跨境资金提供了套利空间。2009～2011年，远期汇率处于升水状态，这说明从套汇角度也为跨境资金提供了套利空间。尽管2011年后远期汇率由升水转为贴水，但利差远可以覆盖汇率损失。从状态条件看，房地产投资面临的风险相对较小。一方面，利差空间大为无风险套利套汇活动提供了较长的时间保障；另一方面，中国正处于城市化进程中，美国已经完成城市化，即以房地产为投资标的，两国的套利空间是明显的。

以上对跨境投资、投机房地产进行了背景分析，也即讨论了投资、投机的可能性，我们使用向量自回归模型（VAR）进行实证研究。将美联储资产购买计划作为量化宽松政策的代理变量，以此反映外部冲击的影响。百城房价指数较为真实地反映了中国房价的走势，我们以此作为房价的代理变量。在其他变量方面，我们考虑了汇率以及外汇占款的变动，未考虑利率变量。理由是：我国实行的是有管理的浮动汇率制度，针对外部均衡，一方面通过汇率调节资本流动，另一方面通过央行的冲销操作调节流动性；利率变量从长期实践来看主要是针对内部均衡。上述几个变量进行差分处理后满足平稳性条件，其他变量取对数后也满足平稳性条件，模型滞后阶数为2，特征根都在单位圆内。

在完成上述建模后，我们使用脉冲响应函数观察各变量对外部冲击的影响。图10－a反映了房价对各变量冲击的影响，美联储的资产购买政策对房价产生持续正向影响，且影响程度最大，这直观地说明美国的量化宽松政策对我国房价有冲击；汇率差分对房价的冲击是负向的，由于汇率采取的是直接标价法，这意味着汇率的加速升值导致房价快速上升，直到第8期才趋于平稳。美国量化宽松政策对汇率的影响是负向的，即美联储的资产购买政策导致市场流动性充裕并且流向新兴市场国家，导致其汇率加速升值（见图10－d）。美国量化宽松政策对中国外汇占款的影响起初为负，在第4期后转为正，这可能是由于美元的外溢流动性最初由汇率承担，然后再由冲销操作完成。从外汇占款对汇率冲击的反应来看，也验证了汇率加速升值将导致相应的冲销操作（见图10－c）。

a LN_HP对各变量冲击的反应

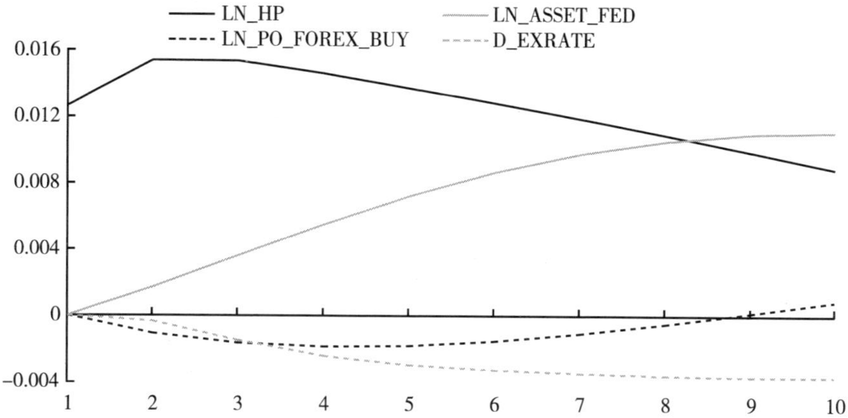

b LN_ASSET_FED对各变量冲击的反应

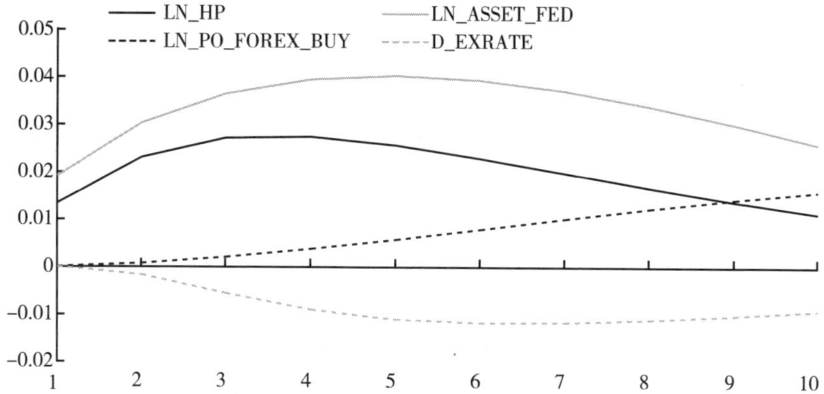

c LN_PO_FOREX_BUY对各变量冲击的反应

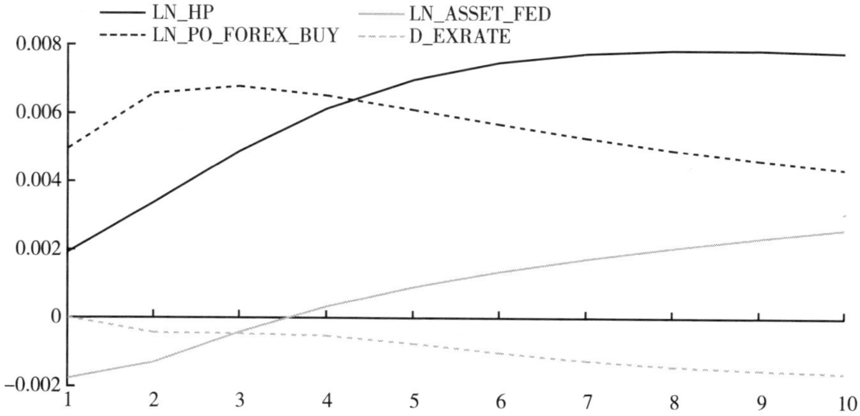

d D_EXRATE对各变量冲击的反应

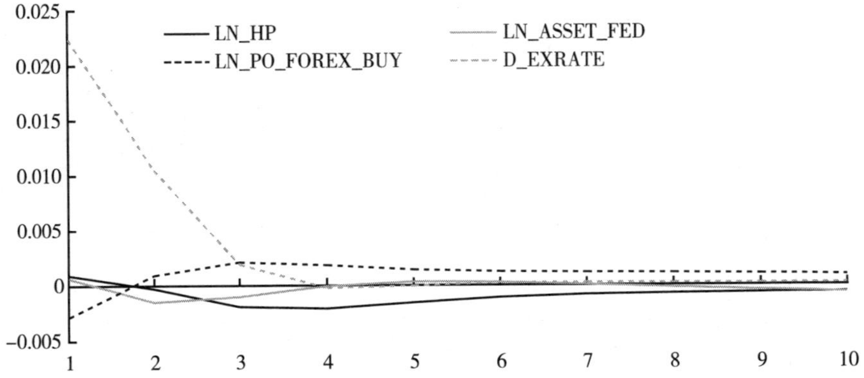

图 10　外部冲击对中国房价的影响

注：LN_HP 表示房价取对数，LN_ASSET_FED 表示美联储资产购买计划的数量取对数，LN_PO_FOREX_BUY 表示外汇占款购买数量取对数，D_EXRATE 表示汇率取差分，汇率采用直接标价法。

通过以上实证分析，我们可以勾勒出美国宽裕的流动性导致中国房价上涨的影响渠道：美国量化宽松政策导致流动性外溢，对中国汇率形成了升值压力；在有管理的浮动汇率制度下，部分升值压力由冲销操作承担；无论是价格渠道还是数量渠道，充裕的流动性都导致了房价的快速上涨。

四　房地产市场长效机制建设

由于我国处于快速城市化阶段，同时又处于住宅市场化过程中，这使得房价上涨有了实体面的支撑。在金融层面，金融深化、互联网金融以及外部流动性因素进一步助推了房价的上涨。然而，过高的房价会严重损害实体经济发展，影响创新能力，也蕴含着泡沫风险。2017 年的中央经济工作会议以及党的十九大报告把防范和化解风险放在了更重要的位置，并高度关注房地产领域的风险，提出了要坚持“房子是用来住的，不是用来炒的”的定位，建立符合国情、适应市场规律的基础性制度和长效机制。

就实体层面而言，住房市场长效机制重点应解决不平衡不充分的矛盾，因为我国目前人均居住面积已经达到37平方米，供给总量方面并不是大问题，主要矛盾是少部分人占有多套住宅（大部分人的居住面积被平均），住宅的金融属性过重。解决结构性失衡问题可从以下三个方面着手。第一，针对购买住房后既不住又不租、坐等房价上涨的投机者，通过开征遗产税这类资产税，增加其持有成本。第二，弱化土地资本化功能。一方面，通过开征房产税使地方财政逐渐过渡到可持续的发展模式，土地财政依赖路径改变后，住宅价格中的土地价格随之降低，从而使得“夹心层”能够买得起自有住房；另一方面，集体建设用地进入租赁市场，直接省去了住宅成本中的土地部分，从而使得底层的流动人口能够租得起房。第三，大力推进租赁市场建设，实施租售同权措施。鼓励个人和公寓运营商进入长期租赁领域，对其进行一定的税收减免，政策不仅要在需求面对租赁市场进行引导，也要在房源供给上给予适当支持。这里需要注意的是，租售同权的施政重点不是要解决中高收入阶层竞争优质学区的问题，而是要使得广大农民工和低收入群体也能享受基本公共服务的权利。此外，关于住房市场长效机制还有一些需要厘清的问题。我们认为共有产权房并不是推进长效机制建设的政策工具，甚至会起到反作用。政府要保障的是居民住的权利，而不是要保障居民获得稳定的资产价格。此外，政府过度参与住房市场有违弱化土地资本化的原则。

就金融层面而言，应从需求和供给两个方面做好长效机制的支撑工作。需求方面的指导思想是抑制投机需求，防范风险，可进一步提高房贷首付比例，严查消费贷以及杜绝各类互联网资金进入房地产领域，防止房价过高风险向银行体系和非正规金融体系传导。供给方面，由于住宅由售转租的转变，开发商的资金回笼变慢，这也需要金融支持模式相应转变，大力发展以租赁收益权为基础资产的REITs产品，有利于解决期限错配问题。此外，还可通过各种渠道增加租房者征信信息，为租房者提供租房信贷产品。

五　总结

在中央的“房子是用来住的，不是用来炒的”原则指导下，我国开启了主动释放房价泡沫的过程，我们认为这比市场化手段一次性释放风险的方式更具前瞻性。在限购、限贷等多种抑制需求措施的影响下，调控获得了一定的成效。一线城市调控效果显著，房价涨幅明显回落，反映泡沫程度的租金资本化率也大幅下降。二线城市尽管房价涨幅回落，但租金资本化率快速上升，以厦门最为明显，其背后反映出房价依然虚高，相关城市还需出台“打补丁”措施。在因城施策思想的指导下，三线城市的去库存政策也取得了一定效果，但我们应警惕市场上将去库存重新看作投资热点的想法，因为围绕大城市发展的城市化才是城市化的规律所在。

房地产金融方面，个人抵押贷款余额尽管较高，但同比增速已经放缓，房地产对银行体系形成负面影响的作用在降低。分地区观察，我们测算了部分城市的新增贷款价值比，该指标反映的结论与总体结论一致，即个人购房大部分使用的是自有资金，因此风险较小，但部分一线城市的个人贷款面临较高风险。房地产开发企业的资金整体偏紧，在各监管机构出台的新政策影响下，信用债、海外债、信托、银行理财等全面收紧，房地产企业融资又重回银行贷款渠道。风险方面，应关注中小房地产企业的流动性风险。

受城市化、住宅市场化、金融深化等因素影响，我国房价长期处于上升通道，房地产长效机制的建设有利于防范和化解房地产市场风险。我们认为，长效机制建设的重点在于弱化住房的金融属性，使其回归居住属性。具体对策包括：通过房产税、遗产税等税收措施增加投机者的持有成本，弱化土地资本化功能，大力推进住房租赁市场建设。金融层面也应配合长效机制的建设，需求层面应通过提高首付比例防范房价过高风险向银行体系传导，供给层面应大力发展 REITs 产品以支持房地产企业由售向租转型。

B.18
2017年的中国绿色金融

安国俊　王　文　郭沛源 等*

摘　要：　随着我国工业化的迅速发展，生态环境恶化、能源资源枯竭等问题也日益凸显，发展绿色产业成为当前我国经济转型升级的必然选择。近年来，我国积极顺应绿色低碳发展的国际潮流，统筹国内国际两个大局，提倡“创新、协调、绿色、开放、共享”五大发展理念，低碳发展和应对气候变化成为我国生态文明建设的重要途径。作为推动绿色经济发展不可或缺的金融制度安排，绿色金融通过创新性金融制度安排，引导和激励更多社会资金投资环保、节能、清洁能源、清洁交通等绿色产业，推动绿色发展，着力改善生态环境，已经成为各方共识。

党的十九大报告明确指出要“推进绿色发展。加快建立绿色生产和消费的法律制度和政策导向，建立健全绿色低碳循环发展的经济体系。构建市场导向的绿色技术创新体系，发展绿色金融，壮大节能环保产业、清洁生产产业、清洁能源产业。推进能源生产和消费革命，构建清洁低碳、安全高效的能源体系”。习近平总书记提出“要牢固树立保护生态环境就是保护生产力，改善生态环境就是发展生产力的理念”，如何通过绿色金融体系的构建推动绿色发展、循环发

---

* 安国俊，中国社会科学院金融研究所副研究员；王文，中国人民大学重阳金融研究院执行院长，中国金融学会绿色金融专业委员会秘书长；郭沛源，联合国环境署金融倡议中国顾问。
感谢中国金融学会绿色金融专业委员会主任、G20绿色金融研究小组共同主席马骏、上海研究院王钦方以及中央国债登记结算有限责任公司和气候债券倡议组织对本研究的支持。

展、低碳发展，有效实现金融支持生态文明建设和可持续发展的目标，值得我们深入探讨研究。本报告将对中国绿色金融的发展历程和发展现状进行简要回顾，并在分析绿色金融发展面临的问题和挑战的基础上，从创新绿色金融工具、完善市场配套基础设施、推动国际合作等不同层面对绿色金融的发展进行展望。

关键词： 绿色金融　国际合作　低碳环保　责任投资

一　绿色金融发展现状

（一）绿色金融发展的顶层设计更加明晰

近年来，我国大力推动绿色金融发展的顶层设计，制定和出台了一系列促进绿色金融发展的法律法规，逐步探索构建绿色金融体系。2015 年 4 月 25 日，中共中央、国务院印发《关于加快推进生态文明建设的意见》，首次提出要推广绿色信贷、排污权抵押等融资，开展环境污染责任保险试点。2015 年 9 月，中共中央、国务院印发《生态文明体制改革总体方案》，从信贷、绿色股票指数、绿色债券、绿色发展基金、上市公司披露信息、担保、环境强制责任保险、环境影响评估、国际合作等方面具体提出了建立绿色金融体系的方案。2015 年 10 月，党的十八届五中全会再次明确我国要发展绿色金融，设立绿色发展基金。2016 年 3 月，“建立绿色金融体系，发展绿色信贷、绿色债券，设立绿色发展基金”再次写入我国《“十三五”发展规划纲要》。2016 年 8 月 31 日，中国人民银行、财政部等七部委联合发布《关于构建绿色金融体系的指导意见》，定义了绿色金融、绿色金融体系，指出了构建绿色金融体系的重要意义，并提出从大力发展绿色信贷、推动证券市场支持绿色投资、设立绿色发展基金、发展绿色保险、完善环境权益交易市场、支持地方发展绿色金融、推动开展绿色金融国际合作等方面建立多层次的绿色金融市场体系，由此，构建起了较为完善的绿色金融政策体系。2016年是中国和全球的绿色金融元年。中国发布了全面构建绿色金融体系的指导意见，成为全球最大的绿色债券市场，并且各类绿色金融创新大量涌现。

（二）绿色金融发展概况

在中国的倡导下，在国际合作和共同应对气候变化方面，2016 年，G20 财长和央行行长会议正式将七项发展绿色金融的倡议写入公报。绿色金融首次写入杭州 G20 峰会议程。G20 会议对政府通过绿色金融带动民间资本进入绿色投资领域达成全球性的共识。许多国家面临财政资源的制约，中国为全球在绿色投资方面提供了有价值的战略框架和政策指引。在 2017 年 7 月举办的德国 G20 峰会上，绿色金融和普惠金融再次受到全球关注。

绿色金融是指为支持环境改善、应对气候变化和资源节约高效利用而开展的经济活动，即对环境保护、清洁能源、绿色交通、绿色建筑等领域的项目投融资、项目运营、风险管理等所提供的金融服务。未来要通过这种创新性的金融制度安排，引导和吸引更多的社会资本进入绿色产业，通过绿色信贷、绿色债券、绿色股票指数及相关产品、绿色发展基金、绿色保险和碳金融等金融工具，为绿色金融发展提供可持续的推动力。“十三五”期间，我国潜在的绿色债券市场规模将达5.4万亿元，而在可持续能源、环境基础设施建设、环境修复、工业污染治理、能源与资源节约五大领域，绿色融资需求为14.6万亿元。

截至2017年6月，21家主要银行业金融机构绿色信贷余额为8.22万亿元（此数据为目前各方所公布的可得数据），较年初增长9.45%，占各项贷款总额的比例为10%（见图1）。21家主要银行发布的《2016年社会责任报告》显示，五大国有银行的绿色信贷占比为55%，国开行和进出口银行两大政策性银行的占比为27.5%，股份制银行的占比为16.3%，邮储银行的占比为1.2%。总体来看，仅2017年上半年绿色信贷市场规模就超过了2016年全年，国有大型银行和政策性银行仍担任绿色信贷主力，股份制银行的绿色信贷业务仍有上升空间。

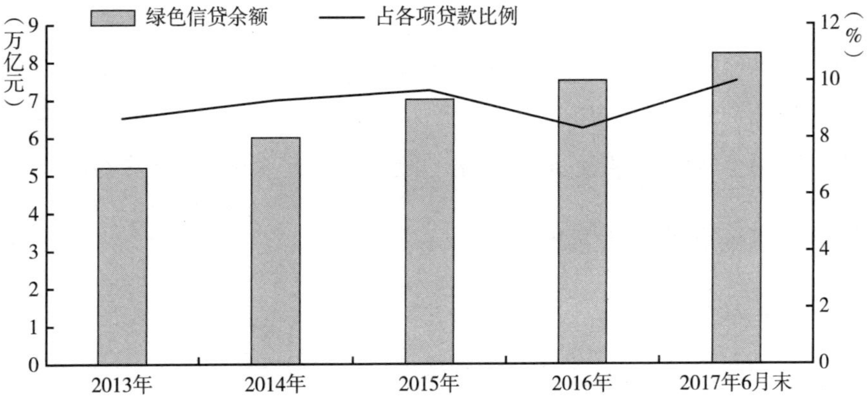

图1　21家主要银行绿色信贷余额及其占各项贷款比例

资料来源：Wind资讯、中国银监会。

1. 绿色债券呈爆发式增长

截至2016年底，我国仅用一年时间就成为世界最大的绿色债券市场。据中国金融信息网绿色金融频道绿色债券数据库统计，2016年中国大陆实际发行贴标绿色债券1985.3亿元（包括熊猫债，不包括境内主体在境外发行的绿色债券，也不包括绿色资产支持证券），共计52只。据Wind资讯统计，2016年中国债券市场上的贴标绿色债券发行规模达2052.31亿元，包括33个发行主体发行的金融债、企业债、公司债、中期票据、国际机构债和资产支持证券等各类债券共53只。据气候债券倡议组织统计，中国绿色债券规模在2016年迅速增长，符合国内和国际绿色定义的绿色债券从几乎为零增加到2380亿元（约合362亿美元），占全球发行规模的39%。

2017年中国依然是全球绿色债券市场上最大的发行来源之一，气候债券倡议组织和中央国债登记结算有限责任公司联合发布的《中国绿色债券市场现状报告（2017）》显示，中国境内外共发行绿色债券118只，其中在岸发行113只共计2045亿元，离岸发行5只共计441亿元，合计2486亿元（371亿美元），符合国际绿色定义的债券发行量达1543亿元（229亿美元），占全球发行量的15%。中国与全球绿色债券发行情况见图2。

从募集资金用途看，根据《绿色债券支持项目目录》中的六个领域进

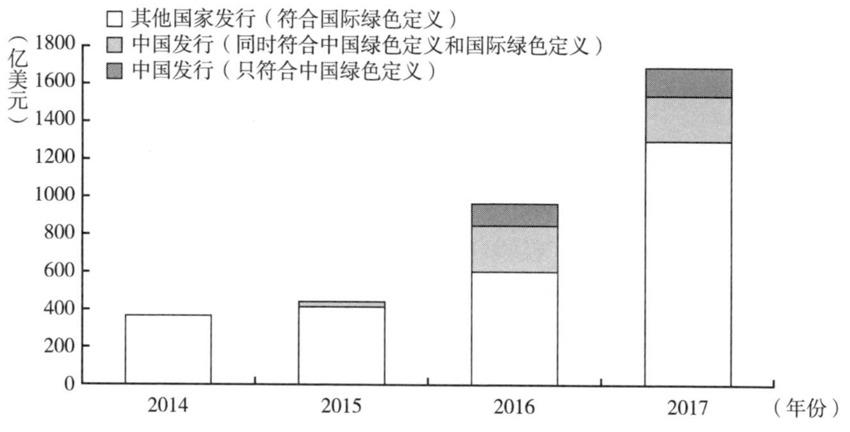

图2　中国与全球绿色债券发行情况

资料来源：气候债券倡议组织、中央国债登记结算有限责任公司：《中国绿色债券市场现状报告（2017）》，2017。

行划分，在中国所有的绿色债券中，清洁能源是发行绿色债券最多的领域，其次是清洁交通和能源节约领域，生态保护和气候变化适应是发行量最小的领域。同时，绿色金融债依然占据主要地位，但其占比有所下降，显示出非金融机构发行绿色债券的热情逐渐高涨。据气候债券倡议组织统计，截至2017 年 11 月 13 日，全球绿色债券的总发行量已经达到957 亿美元，全年有望达到 1300 亿美元，比 2016 年增长 60. 5%。

2017 年绿色债券市场也暴露出一些问题。2017 年 1 ~ 11 月，绿色项目资产证券化（ABS）产品共发行 107 亿元，比 2016 年同期增长近 50%。但是由于绿色信贷标准化程度低、信息披露不充分，不论是绿色项目 ABS 还是绿色信贷 ABS，换手率均几近于零，显示出市场流动性不足。不仅绿色ABS，绿色债券的二级市场流动性也非常有限（见图 3）。金融机构大多通过持有绿色债券，以较低的管理成本实践和彰显自身的社会责任，因此交易动机不足。

2. 绿色基金发展展现出巨大的市场爆发力

截至 2016 年底，全国已设立并在中国基金业协会备案的节能环保、绿色基金共 265 只。其中，59 只由地方政府及地方融资平台公司参与发起设

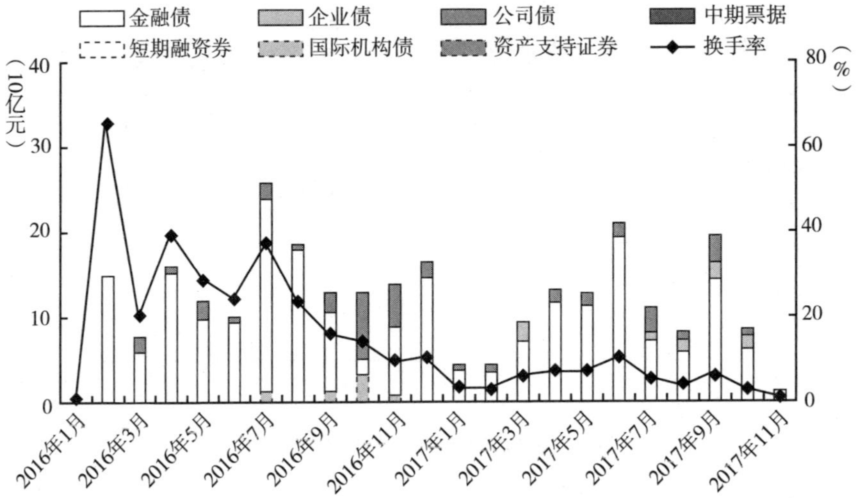

图3　各类绿色债券发行量及市场流动性

资料来源：Wind 资讯、兴业研究。

立，占比达到 22%；2012 年以前共成立 21 只，2013 年共成立 22 只，2014 年共成立 21 只，2015 年共成立 80 只，2016 年共成立 121 只，数量呈明显上升趋势。其中，股权投资基金 159 只，占比达到 60%，创业投资基金 33 只，证券投资基金 28 只，其他类型基金 45 只。据不完全统计，有 10 余个省份建立了至少有 50 个地方政府支持的绿色基金，还有很多民间资本、国际组织等也纷纷参与设立绿色发展基金。

截至 2017 年第三季度末，我国以环境（E）、社会（S）和公司治理（G）为核心的 ESG 社会责任投资基金共计 106 只。据基金业协会统计，截至 2017 年 6 月底，包括基金、信托等在内的各类资管产品规模达 97.81 万亿元，在基金业协会自律管理下的资产管理规模达 52.80 万亿元，占整个资产管理行业的 54%。从国际经验看，ESG 投资相较于一般投资而言具有较强的风险防控能力和稳定的长期回报等特点，因此 ESG 投资理念有助于资产管理行业实现价值增长的目标。在经济追求绿色、循环发展的背景下，我国资产管理行业践行责任投资和绿色投资正当时。

我国省级绿色基金和地市级绿色基金发展迅速。在省级绿色基金中，浙江产业基金、广东环保基金、新疆绿色产业基金、贵州大数据基金和绿色金融交易平台、山东省政府投资引导基金和节能投资引导基金、陕西省创业投资引导基金、重庆市环保产业股权投资基金、广西壮族自治区投资引导基金、江苏省环保产业基金、宁夏环保产业基金等发展比较迅速；在地市级绿色基金中，云南普洱市绿色经济发展基金、河北张家口市绿色发展产业基金、安徽新安江绿色发展基金等也积极开展绿色投融资工作。

另外，中保投京杭大运河建设发展基金、中国绿色能源发展基金、青云创投积极推动绿色发展股权投资机构、中美绿色基金、绿色能源（上海）创新中心投资基金、绿丝路基金、通用绿色发展基金、绿民投产业链基金、中关村并购母基金等运用市场化运作方式，在绿色投资中也取得了一定成果，有效地推动了绿色产业融资和绿色低碳城市发展。

（三）各地绿色金融发展进入试点阶段

2017 年 6 月 14 日，国务院常务会议决定在浙江、江西、广东、贵州、新疆五省区选择部分地区建设各有侧重、各具特色的绿色金融改革创新试验区，在体制机制上探索可复制可推广的经验，推动经济绿色转型升级。会议同时决定，支持金融机构设立绿色金融事业部或绿色支行，鼓励小额贷款公司、金融租赁公司参与绿色金融业务，支持创投、私募基金等境内外资本参与绿色投资。绿色金融和绿色基金再次引起各界关注。

就目前而言，绿色金融发展模式不能一刀切，应根据各地的资源条件和经济特点发挥本地优势，走出一条适合本地特点的绿色金融发展模式。首批试点的五省区是国家综合考虑经济发展阶段、空间布局、地区特色产业等因素选出的。浙江、江西、广东、贵州、新疆五省区实现了东部、中部和西部的空间全覆盖，五省区前期对绿色金融进行了探索和实践，并取得了一定成果。在前期的探索和实践中，五省区已建立或承诺了财政税收优惠等方面的激励机制，为绿色金融的试点营造了合适的发展环境，为更广泛地推进绿色金融政策和工具落地奠定了基础。

目前，地方政府参与发展绿色金融的积极性很高，其中浙江、贵州、广东、新疆、内蒙古、云南、河北、湖北、山东、陕西、江苏等地已开始了绿色金融的初步探索并积累了一定的经验。绿色金融体系的重要组成部分——绿色信贷、绿色债券市场、绿色基金、绿色保险在部分地区已开花结果，但由于缺乏统一的监管和法律标准以及评估口径，各地绿色金融发展也存在很多问题，亟待配套政策的落地。

（四）中外绿色金融国际合作互动成效显著

在国际合作和共同应对气候变化方面，中美成立了中美绿色基金，中英、中法开展财金对话，讨论了绿色金融合作等内容。中国和法国欢迎旨在实现《巴黎协定》全面和有效实施的国际推动力，并致力于尽最大努力在2018 年前完成关于《巴黎协定》实施的工作规划。双方认同低碳和气候适应性投资的重要性，特别是在基础设施领域，将采取措施鼓励资金流向资源集约、可持续、低碳和气候适应性项目。鼓励双方金融机构落实国际国内“绿色融资”相关倡议，支持中法绿色投资合作，并提升对气候变化和环境风险的评估与管理。

2017 年 9 月 5 日，中国金融学会绿色金融专业委员会、中国银行业协会等七个行业协会和机构共同发布了《中国对外投资环境风险管理倡议》。此倡议旨在鼓励和引导中国金融机构与企业在对外投资过程中加强环境风险管理，遵循责任投资原则，将生态文明和绿色发展理念融入“一带一路”建设。

二　绿色金融发展面临的问题及挑战

2017 年《G20 绿色金融综合报告》指出，缺乏清晰和持续的政策信号、方法论和相关数据缺失、金融机构能力不足、期限因素、投资条款和绩效激励不足等，是全球绿色金融体系面对的最大障碍。

建立健全绿色金融体系，需要金融、财政、环保等政策和相关法律法规的配套支持，通过建立适当的激励和约束机制解决项目环境外部性问题。同时，也需要金融机构和金融市场加大创新力度，通过发展新的金融工具和创新服务手段，解决绿色投融资所面临的期限错配、信息不对称、产品和分析工具缺失等问题。

兼顾经济效益与社会效益，推广责任投资理念也值得深入探讨。绿色金融投资周期长、回报率低是金融机构和普通投资者普遍存在的误区。相关研究表明，绿色投资的长期回报率高于普通投资。因此，引导投资者树立正确的投资观念，厘清绿色经济的投入产出模式，是协调经济效益与社会效益关系的关键。政府通过特许经营权、合理定价、财政补贴等公开透明方式，完善收益成本风险共担机制，实现政府低碳发展目标。投资者则按照市场化原则出资，分享低碳项目的投资收益。同时，如何协调中央政府和地方政府、政府和市场的关系，使绿色金融自上而下的推广方式与自下而上的落实方式有效结合，是发展绿色金融的主要挑战之一。如如何实现 GDP 考核与绿色生态效益的可替代性考核，帮助地方政府寻求新的经济增长点，实现绿色经济效益的长期可持续发展等问题。

目前我国绿色金融发展走在世界前列，但与国际绿色金融技术交流还存在一些障碍。中国的绿色定义和国际公认的绿色定义存在差异，国外资本对中国绿色债券市场的了解有限，国内市场准入、资本项目开放、风险对冲机制等亟待完善。

三　绿色金融发展趋势

中国作为最重要的新兴经济体，需要使绿色金融“中国标准”成为“世界标准”，以体现中国在绿色金融方面的领导力，提升中国在全球环境治理中的话语权。中国在担任 G20 主席国期间，在国际上充分展示了绿色金融方面的领导能力。同时，中国的“一带一路”建设致力于提升沿线国家和地区的基础设施水平，跨境绿色投融资的机遇处于巨大的风口之上。

中国正站在引领全球金融治理与区域金融治理的重大历史关口，要抓住这一机遇，制定标准、制定规则，引领潮流、引领世界，推动我国绿色信贷、绿色债券、绿色基金等金融产品和服务的国际化，拓展全球金融市场，畅通绿色资本的跨境流动渠道，拓展全球绿色金融市场和生态环境保护融合的广度和深度。

2017 年 6 月，中国人民银行、银监会、证监会、保监会、国家标准委员会联合发布了《金融业标准化体系建设发展规划（2016～2020 年）》，将“绿色金融标准化工程”列为五大重点工程之一，大力推进落实。

2017 年 11 月 11 日，中国金融学会绿色金融专业委员会和欧洲投资银行在第 23 届联合国气候大会举行地德国波恩联合发布《探寻绿色金融的共同语言》（*The Need for a Common Language in Green Finance*）白皮书，为提升中国与欧盟的绿色债券可比性和一致性提供了基础，也为推动绿色金融的定义和标准的一致化提供了重要参考。

中国已经成为全球绿色金融发展的风向标。一方面，通过 G20 峰会和“一带一路”建设，中国为全世界绿色金融的发展提供了可借鉴的经验，引领全球经济和金融向着绿色、可持续方向前进，推动绿色金融在广度上进一步发展。另一方面，通过在国内开展绿色金融改革创新试验区建设，探索不同地区发展绿色金融的可复制可推广的经验做法，更好地发挥绿色金融助推中国经济绿色转型的积极作用，推动绿色可持续发展。

同时，绿色金融工具积极引导社会资本投资将成为趋势。根据中国人民大学绿色金融改革与促进绿色转型课题组的测算，未来几年，全部绿色投资中政府财政出资进行绿色投资部分仅占 10%～15%，而绝大部分来自社会投资，社会绿色投资比重预计将达到 85%～90%。

近年来，中国绿色信贷、绿色债券、绿色基金等为绿色产业引入社会资本 8 万亿元左右。而中国金融学会绿色金融专业委员会 190 个成员单位中的中资金融机构所管理的金融资产，则为绿色投资提供了可持续的动力。通过绿色信贷、绿色债券、绿色基金等业务撬动民间资金投资于绿色项目，在财政资金不足甚至缺位的情况下，引导社会资本逐步进入新能源、绿色交通、绿色建筑等绿色产业或者环保低污染的服务型行业，将有效地支持环境治理和产业结构优化升级。此外，投资于节能技术和治理污染技术等绿色科技领域，能够形成新的经济增长点，有效推动金融支持实体经济，促进经济绿色低碳可持续发展。

四　绿色金融发展展望

目前资金瓶颈是绿色低碳发展的一大挑战。中国应推进政府与社会资本合作，加快建立统一规范的多层次绿色金融市场，包括银行绿色化转型以及绿色债券、绿色基金、绿色保险、绿色担保体系的构建，细化财政、金融支持政策，完善债券、股权、基金、保险市场建设，积极发展排污权交易，加快建立高效的绿色低碳交易市场，满足多元化、多层次的投融资需求，提高市场整体竞争力，让市场在资源配置中起决定性作用。而如何完善绿色金融服务体系，促进绿色金融工具创新，提供融资支持（包括融资租赁、资产证券化、担保支持）、财政税收支持、金融服务支持等，减免低碳行业的增值税、消费税，出台环境保护的“绿色税收”优惠政策，完善国内节能减排财政专项扶持资金，完善相应的法律法规，也值得政策制定者深入研究。要转变传统金融思维定式，以金融组织、融资模式、服务方式和管理制度为突破口，引导投资结构调整，推动经济转型升级，推动金融支持绿色产业政策落地。

（一）探索建立绿色信贷业务机制

截至2017年2月，21家主要金融机构绿色信贷余额为7.51万亿元，占全部信贷的比重为8.8%，其比重和增长速度正快速提升。探索通过再贷款和建立专业化担保机制等措施支持绿色信贷发展，建议逐步建立以绿色信贷理念为主导的信贷业务体系和风险管理框架，突出“绿色优先、一票否决”。同时，确定绿色信贷风险评估口径，进行动态评估与分类，相关结果作为其评级、信贷准入、贷款“三查”、贷款定价的重要依据。建立绿色信贷统计、报告制度及考核和问责机制，切实将绿色信贷落到实处。建议探索将绿色信贷纳入宏观审慎评估框架，并将绿色信贷实施情况关键指标评价结果、银行绿色评价结果作为重要参考，纳入相关指标体系，一方面完善支持绿色信贷等绿色业务的激励机制，另一方面建立抑制高污染、高能耗和产能过剩行业贷款的约束机制。

（二）大力支持地方绿色基金发展

绿色基金是绿色金融体系中资金来源最广的融资方式，包括但不限于绿色产业基金、担保基金、碳基金、气候基金等。鼓励各级政府以多种形式发起或参与发起 PPP 模式的绿色发展基金。支持社会资本和国际资本设立各类民间绿色投资基金，通过 PPP 模式动员社会资本参与绿色投资。推动完善绿色项目 PPP 相关法规，鼓励各地在总结现有 PPP 项目经验的基础上，出台具有可操作性的实施细则。支持绿色基金发展的财税金融政策在实践中还需要在不同层面予以推进落实。建议根据绿色发展基金的不同特点合理确定政府定位和参与方式。政府出资的绿色发展基金要在确保执行国家绿色发展战略及政策的前提下，按照市场化方式进行投资管理。地方政府可通过放宽市场准入、完善公共服务定价、实施特许经营模式、落实财税和土地政策等措施，完善收益和成本风险共担机制，支持绿色发展基金所投资的项目，保障社会资本进入的公平性；积极创立绿色私募股权和创业投资基金，加大对节能减排和生态环保产业的投资，为地区绿色产业的发展提供充足的融资手段支持。

同时，积极通过机制创新引导民间资本进行绿色投资。相关部门应陆续出台具体政策以解决民间资本融资难、融资贵等问题。例如，内蒙古、江苏、浙江、重庆等地应设立民营企业投资引导基金，在低碳环保、市政基础设施、先进装备制造、科技成果转化等领域扶持创新型企业发展。未来也可以考虑设立担保基金，包括绿色中小企业信用担保、绿色 PPP 项目担保等，并通过市场化与差别化的担保政策、补贴政策、税收优惠政策等进行综合调整。目前内蒙古、云南、河北、湖北等地已经纷纷建立起绿色发展基金和环保基金。也可以考虑运用担保基金有效解决环保企业尤其是中小企业融资难的问题。担保基金可以涵盖绿色中小企业信用担保、绿色 PPP 项目担保等，以担保的完善推进绿色产业融资的风险管理与激励机制创新。除此之外，地方政府也可考虑成立专业性的绿色担保机构，或委托专业机构提供担保服务，还可考虑多级政府（如省、市、县）共同出资，建立绿色项目风险补偿基金，有效保障投资人的利益，真正搭建民间资金与政府项目之间的普惠桥梁。

“十三五”期间，我国环保市场潜力巨大。建立公共财政和私人资本合作的 PPP 绿色发展基金，提高社会资本参与环保产业的积极性，是推动绿色基金发展的重要路径。绿色基金可以用于雾霾治理、水环境治理、土壤治理、污染防治、绿化和风沙治理、资源循环利用以及清洁能源、绿色交通、绿色建筑、生态保护和气候适应等领域。目前，我国已在内蒙古、山西、河北、山东、四川等地建立了绿色发展基金。考虑到国际市场的因素，产业基金的发展不仅可以寻求国内投资，而且可以引进外资，引进国外专业人员，建立绿色产业基金项目库，进一步获得国际资金在基金和技术上的支持。加快推进建立帮助环保企业上市的绿色证券政策。绿色产业基金的退出机制主要是通过扶持环保企业上市，应尽量降低上市门槛和交易费用，同时提高市场的透明度，加大监管力度，完善上市公司的环境信息披露制度。

另外，通过推广责任投资理念促进机构投资者参与绿色投资的进程。目前，节能减碳、生态环保已成为很多私募股权基金和创业投资基金关注的热门投资领域。2010 年以来，一些大型企业积极参与绿色基金的设立和运作，如中国节能环保集团公司联合银行、保险公司、工商企业等设立的绿色基金已超过 50 亿元；建银国际联合上海城市投资开发总公司共同设立建银环保基金；亿利资源集团、泛海集团、正泰集团、汇源集团、中国平安银行等联合发起设立了“绿丝路基金”，致力于丝绸之路经济带的生态改善和光伏能源发展；等等。借鉴国际经验，社会投资论坛（SIF）对欧美绿色投资基金的发展起到了关键性作用。建议进一步发挥社会投资论坛的力量，推广 PRI 可持续发展原则和 ESG 投资原则，以责任投资理念推动绿色投资基金的发展。

（三）适时推进绿色债券市场发展，创新债券市场绿色产品

鼓励各银行依据已有经验创新性地发行绿色金融债券，同时建立绿色信贷审批通道，增加绿色信贷资金来源，扫除绿色项目获得绿色信贷的障碍。支持绿色上市公司和非上市公司依据《关于支持绿色债券发展的指导意见》，利用政府增信、第三方增信等方式发行公司绿色债券。对绿色公司开辟绿色 IPO 通道，给予绿色企业上市政策优惠，增加股票市场中绿色企业的数量，推动大盘绿色化。

提高绿色债券市场发展能力。《绿色债券支持项目目录》规定，绿色债券募集资金主要投向节能、污染防治、资源节约循环利用、清洁交通、清洁能源、生态保护和适应气候变化等方面，为企业提供低成本资金，促进经济、社会、生态全面协调可持续发展。应发挥绿色债券工具的特色优势，从政策上引导绿色债券为中长期绿色项目提供融资便利，提升投资者对中长期绿色项目的信心。试点地方政府应出台支持绿色债券的专项财政激励政策，加强对绿色债券发行的市场教育，有效促进地方绿色债券市场的发展，鼓励潜在发行人进行绿色项目或绿色资产的再融资。建立发债公司和项目的绿色评级体系，将社会效益型产品纳入评级考核体系。降低外部认证成本，避免增加绿色债券发行者的负担。支持地方和市场机构通过专业化的担保和增信机制保证绿色债券的发行，降低绿色债券的融资成本。建立绿色项目库，完成本地区绿色资产的确认，将符合绿色标准的项目作为绿色债券发行的长期资本。

作为债券市场的创新品种，绿色债券市场发展亟待相关政策的出台。要完善绿色债券的相关规章制度，将各种有助于降低绿色债券融资成本的激励机制尽快通过制度框架予以明确。加强部门间的协调，完善并统一绿色债券界定标准，除了绿色债券和发行项目标准的界定，也需要在资金投向、信息披露、第三方认证、信用评级、绿色债券指数、担保、次级债券与再保险等信用增信工具、环境效益评价体系、项目评估和资金使用评价体系等多个方面加以完善。此外，我国已相继出台绿色金融债、绿色企业债、绿色公司债

发行指引等制度，从国际经验来看，市政债的发行可以很好地解决地方政府发展环保产业的投融资问题。美国很大一部分市政债用于环境工程和能源建设，而日本和英国的污水处理融资大多来自市政债。未来我国可以考虑出台相关制度，在有效防范风险的前提下，允许符合条件的地方通过发行绿色市政债，引导投资于绿色基础设施和环保等产业，创新推进低碳绿色城市化的发展。

在我国日益融入经济全球化的进程中，人民币离岸中心的全球化布局范围正从亚洲向欧洲、北美洲以及南美洲等地区拓展，德国法兰克福、英国伦敦等国际金融中心已成为亚洲以外全球最重要的人民币离岸中心。从企业跨境融资的角度来看，应积极推动境内环保类企业、金融机构在境外发行绿色债券的进程，助力绿色企业提高海外投融资的效率。同时，应逐步推进债券市场对外开放的进程，吸引国际投资者投资于中国绿色债券市场，加强各离岸市场、货币当局、监管部门、金融机构间的合作，以人民币国际化推进低碳节能环保产业的海外投融资进程。

（四）完善市场基础设施，丰富机构投资者的层次

从市场基础设施的建设角度看，可以考虑出台相关政策为绿色债券发行人或投资人提供税收优惠、优惠绿色贷款机制、风险权重优惠、增信、审批的快速通道、海外人民币离岸市场发行的相关配套支持等。同时，丰富多层次的绿色债券投资者体系，加强对养老金、社保基金、企业年金、社会公益基金、主权财富基金等机构投资者的培育对市场的发展至关重要。应积极构建绿色投资者网络，通过责任投资和可持续发展的原则促进各类资金参与绿色产业发展，更好地发挥债券市场服务实体经济的作用。

（五）鼓励加快绿色保险市场发展

据统计，2016 年我国环境责任保险收入约为 2. 8 亿元，风险保障为 260 亿元。当前我国环境责任保险主要存在环保人缺乏保险知识、保险人缺乏环保知识、条款设计苛刻、违约成本过低等问题，需进一步完善相关绿色保险

制度，降低未来环境成本。一方面，绿色保险可以作为绿色发展的资金来源，保险资金一般具有资本存量大、现金流稳定、存续期长的特点，对于建设资金需求量大的轨道交通工程、绿色建筑、公共建筑节能改造、新能源汽车产业基地、绿色产业园区等重点绿色项目来说是优质的资金选择。另一方面，可以利用保险的产品创新对绿色项目进行绿色发债，对绿色信贷进行再担保，提高市场投资者的信心。实施绿色责任保险制度，降低高污染、高环境风险企业的社会污染和金融风险，将企业是否投保环境污染责任保险情况作为获得绿色信贷等金融服务的重要参考指标，以绿色保险保障地区绿色产业体系安全发展。可尝试在部分省份、部分行业推行强制性的绿色保险，积累一定行业经验后，逐步推向全国，使其覆盖更多行业，形成环境风险有效防范和快速转移的机制。相关政府部门要主动作为，积极参与制定绿色保险相关法律，适时出台《环境污染责任强制保险条例》，对环境污染风险评估和损失赔偿标准进行明确和细化。

（六）进一步引导完善碳金融市场投融资体系

目前我国一部分碳金融产品已进入实际操作阶段，在摸索中逐步积累起发展碳市场和碳金融体系的经验，相较于其他国家完善的碳市场的丰富性和差异性，我国还应继续探索发展各类碳金融产品，促进建立全国统一的碳排放权交易市场和具有国际影响力的碳定价中心，逐步有序地发展碳金融产品和衍生工具。探索推动建立排污权、节能量（用能权）、水权等环境权益交易市场，搭建完善的碳市场交易平台，继续推进全国性碳产品交易建设，完善碳金融产品种类和市场设施。

另外，根据绿色金融市场的发育情况，适时建立绿色指数，鼓励金融机构进行指数金融产品创新，促进绿色金融市场体系日益完备，为社会绿色投资者提供良好的绿色投资信号引导。

（七）实施发展绿色金融的财政支持政策

政府应当出台对绿色金融的鼓励性政策，借助财政杠杆效用，推动绿色金融体系构建。第一，建立绿色信贷的贴息制度和担保制度，通过财政资金杠杆，放大银行的投入比例。与直接补贴相比，对绿色贷款的贴息可以大大提升财政资金调动社会资本的杠杆作用（20～30倍）。2016年8月31日，中国人民银行等七部委联合发布的《关于构建绿色金融体系的指导意见》明确提出财政贴息支持绿色信贷的举措是我国构建绿色金融体系的重要组成部分。建议我国进一步扩大财政贴息资金规模，提高其占财政支出的比重；提高财政贴息率；放松对贴息期限的限制；借鉴德国经验，尝试财政部门将绿色贷款的贴息管理权交给绿色银行或绿色金融事业部等做法，扩大绿色贴息的范围。根据绿色信贷市场需求出台财政保障措施，以财政贴息支持绿色信贷，运用再贷款和宏观审慎评估体系，降低社会融资成本，提升绿色政策的市场反应效率和效果。第二，成立区域性的绿色经济和绿色产业发展基金，引导更多社会资本投入绿色金融领域。第三，探索设立绿色金融风险补偿基金，由政府、金融机构和客户三方共担风险。第四，实施绿色保险保费全面补贴措施，财政每年安排一定数额资金，对已投保绿色保险的企业和项目，按照实际保费的50%或更高比例进行补助。

（八）积极推动绿色金融地方试点工作

2017年6月14日，国务院常务会议决定选择浙江、江西、广东、贵州和新疆的部分地区作为绿色金融改革创新试验区，从而推动中国的绿色转型。此次绿色金融改革创新试验区的落地，标志着我国地方绿色金融体系建设进入实践阶段。未来通过在五省区的体制机制探索，积累可复制可推广经验，从而更好地实现绿色金融助推经济和城市的绿色转型。

第一，鼓励试点区金融机构和银行业积极开展绿色金融业务，设立绿色金融事业部或绿色支行，引进专业人员开展业务。第二，在风险可控、设计合理的前提下，构建适用于试点区的绿色金融指标评价体系，定期进行绿色融资实施情况考核，设立相关绿色融资企业，构建绿色评级标准体系。第三，划出专项绿色发展区域，运用PPP模式实现区域基础建设，为该模式在本地区的推广积累经验。鼓励符合条件的民间资本设立绿色银行、绿色保险公司、绿色基金等，支持银行业开通绿色融资租赁项目，用于支撑地方绿色产业的发展和升级。

（九）建立强制性环境信息披露机制

通过强制性措施要求企业披露其生态环保信息，促使企业改善生产环境，增强其保护生态环境的社会使命感和责任感，引导资金更多投向环境友好型绿色企业。将企业环境违法违规等信息纳入金融信用信息基础数据库，建立企业环境信息共享机制，为金融机构的贷款和投资决策提供依据。完善上市公司环境信息披露制度。据统计，目前在沪深两市 3000 多家上市公司中，属于环境保护部确定的“国家重点监控企业”的上市公司有 160 多家，近九成披露了环境信息。2017 年 6 月 12 日，环境保护部与中国证监会签署《关于共同开展上市公司环境信息披露工作的合作协议》，以上市公司为起点，督促上市公司切实履行信息披露义务，引导上市公司在落实环境保护责任中发挥示范引领作用，逐步建立并完善上市公司和发债企业强制性环境信息披露制度，这将成为将绿色金融资金运用引入社会监督和第三方评估的突破口。建议进一步加强相关部门间的协调，提高上市公司信息披露的规范性、完整性，研究制定并严格执行对主要污染物达标排放情况、企业环保设施建设和运行情况以及重大环境事件的具体信息披露要求，以便投资者和公众准确判断上市公司的环境风险，同时加大对伪造环境信息的上市公司和发债企业的惩罚力度，并以此为契机提高环境绩效。此外，要发挥绿色金融中介服务机构的监督、引导、约束和激励作用。

（十）以绿色金融创新推动绿色低碳城市发展进程

我国明确提出加快推进绿色城市、智慧城市、人文城市建设的目标，加快财税体制和投融资机制改革，创新金融服务。绿色金融已成为我国国家战略的重要组成部分，为推动区域和城市绿色投融资提供了基础的政策框架。但是，我们也应清醒地认识到，在现有宏观金融形势和金融改革的背景下，我国的绿色发展仍面临诸多投融资方面的挑战，与国家的绿色低碳发展目标还存在一定差距。其中，最大的挑战是如何将绿色金融的重大顶层设计落地实施，尤其是在中国城市的绿色低碳转型过程中予以贯彻执行。

在具体金融工具方面，针对绿色投融资经常面临的期限错配、信息不对称、产品和分析工具缺失等问题，绿色信贷、绿色债券、绿色股票指数和相关衍生产品、绿色发展基金、绿色保险和碳金融等金融工具，在2017年及整个“十三五”期间，应逐步形成合力，满足城市中能源、环保、交通、市政、绿色建筑等绿色产业的投融资需求，形成可持续的金融推动力，服务好实体经济的绿色低碳转型升级。

2018年，我们应该对绿色金融助力城市绿色低碳发展的执行层面给予更多关注和研究，分析地方城市（包括绿色交通、绿色建筑等行业）的低碳融资障碍，探讨绿色债券、绿色发展基金、绿色保险等绿色金融工具在试点地区面临的机遇和挑战，并进行实施路径分析，以政府与社会资本合作模式推动绿色发展基金落地。同时，对于城市的绿色低碳发展，应加大力度以绿色债券市场推进城市绿色发展进程，以互联网+绿色金融创新为绿色化提供快捷的融资路径。

（十一）以绿色金融国际合作推动全球绿色发展进程

有效的国际合作是推动各国绿色发展进程的重要动力。中国发起倡议成立G20绿色金融研究小组，在全球范围内推动形成发展绿色金融的共识，推动银行和资本市场绿色化，进行环境风险分析，构建绿色金融指标体系；等等。当前G20面临的挑战主要包括倡议各国提供支持绿色投资的政策信号、推广绿色金融自愿原则、扩大能力建设网络、支持本币绿色债券市场发展、推动跨境绿色债券投资、推动环境风险问题的研讨以及完善绿色金融指标体系。此外，还需识别阻碍绿色金融发展的因素，主要包括外部性、期限错配、信息不对称（投资者与资金使用者之间）、缺乏绿色定义、分析能力不足等。

在经济全球化大背景下，加强绿色金融的国际合作，支持社会资本和国际资本设立各类民间绿色投资基金成为绿色发展合作的重点，因而绿色基金成为全球绿色金融合作的重要载体。值得一提的是，“一带一路”的绿色化投资已经受到广泛关注，发展绿色生态产业前景广阔，其中仅能源领域预计未来投资将超过5万亿美元，这给绿色产业基金发展带来了很多机遇。建议通过绿色基金的方式联合全球合作伙伴，运用PPP模式在丝绸之路经济带沿线地区进行绿色投资和绿色技术的落地，应对气候变化，推动改善生态环境，发展绿色经济。这种PPP模式的基金无疑将成为推动“一带一路”绿色化投资的新动力。未来应积极借鉴国外绿色金融发展经验和吸引绿色外资，利用亚投行、金砖银行、丝路基金等机构实现“一带一路”的绿色化发展。

（十二）构建绿色金融风险防范体系

绿色金融的发展仍处于探索阶段，必须建立绿色金融风险防范机制，健全问责制度，推动金融机构开展环境压力测试，完善上市公司强制性环境信息披露制度，制定投融资风险考核机制，引进第三方绿色评估机构，建立健全与绿色金融相关的监管机制，加强对绿色金融业务和产品的综合监管，实现宏观审慎评估和微观运营监管的协调，统一和完善有关监管规则与标准，特别是形成监管层和金融机构关于“绿色”定义的共识，搭建公共环境数据平台，完善绿色金融产品标准体系，健全绿色评级和认证制度，构建环境压力测试体系，打破信息不对称导致的绿色投融资瓶颈，有效防范“洗绿”和“漂绿”的行为。

构建专门的绿色融资审查体系，从绿色项目的备案到绿色投融资资金的使用都要建立考核体系，严格监督资金的使用方向和影响结果，培育专业的第三方绿色评估机构，确保绿色融资资金投向真正的绿色项目。将绿色金融业务开展成效、环境风险管理情况纳入金融机构绩效考核体系，依法建立绿色项目投资风险补偿制度，通过担保和保险体系分散金融风险。搭建绿色金融信息交流交易平台，解决绿色金融市场中的信息不对称问题，有效防范信用风险和流动性风险，增强绿色金融体系本身的抗风险能力，加快绿色金融助力绿色低碳发展的进程。

党的十九大报告进一步明确，我国要坚持环境友好，合作应对气候变化，保护好人类赖以生存的地球家园。绿色金融关乎我国乃至全球的永续发展，而我国在相关领域已经走在了全球前列，并逐渐显现出对全球的引领作用。展望2018年，随着改革的不断深入，以及绿色金融等工具的创新，我国将在全球市场上进一步展示其在绿色低碳发展和绿色金融创新方面的领导力，绿色金融在我国的实践与探索方兴未艾，也必将成为绿色可持续发展的重要引擎，推动实现“建设美丽中国、实现生态文明”的共同愿景。

从政策层面看，绿色金融涉及财政和金融政策对绿色金融产品（如绿色贷款、绿色债券和绿色基金）的支持，需要政府部门、金融机构和监管部门的配合与推动。总之，绿色化的实现要有法制做基础，需要政府和市场的双轮驱动，需要监管与市场的统筹沟通、环保理念的推广、责任投资者的培育以及绿色金融体系的构建等，需要各方共同推动绿色化发展的进程。

附录　中国绿色金融发展大事记

2015年4月　“中国金融学会绿色金融专业委员会”成立，成员单位达140家，所管理的金融资产余额占中国全部金融资产的65%左右。

2015年9月　中共中央、国务院印发《生态文明体制改革总体方案》，首次明确了构建中国绿色金融体系的顶层设计。

2015年10月　党的十八届五中全会突破性地提出了“创新、协调、绿色、开放、共享”五大发展理念。在五大发展理念中，绿色发展是“十三五”时期社会经济发展的底色，而绿色发展无疑要有绿色金融的支持。

2015年11月　国务院印发《关于积极发挥新消费引领作用加快培育形成新供给新动力的指导意见》，强调要构建绿色金融体系，发展绿色信贷、绿色债券和绿色基金。

2015年12月　中国倡议、推动并成立了G20绿色金融研究小组，由中国人民银行和英格兰央行担任共同主席，研究各国发展绿色金融的经验，探讨构建全球绿色金融体系、推动全球经济绿色转型、加强绿色金融国际合作等问题。

2016 年 3 月 “发展绿色金融，设立绿色发展基金”被写入“十三五”规划，成为中国可持续发展的新引擎。绿色发展和绿色金融必将在“十三五”期间成为中国经济持续健康发展的新动能。

2016 年 8 月 中国人民银行、财政部等七部委联合印发《关于构建绿色金融体系的指导意见》，引起了各方关注。

2016 年 9 月 G20 杭州峰会召开，对绿色金融国际合作达成共识。

2016 年 9 月 在国际合作和共同应对气候变化方面，G20 财长和央行行长会议正式将七项发展绿色金融的倡议写入公报。G20 会议对政府通过绿色金融带动民间资本进入绿色投资领域达成全球性的共识。许多国家面临财政资源的制约，中国为全球在绿色投资方面提供了有价值的战略框架和政策指引。

2017 年 7 月 国务院会议推出浙江、新疆、贵州、广东、江西五个绿色金融改革创新试验区试点。

2017 年 7 月 《G20 绿色金融综合报告》指出，缺乏清晰和持续的政策信号、方法论和相关数据缺失、金融机构能力不足、期限因素、投资条款和绩效激励不足等，是全球绿色金融体系面对的最大障碍。

B.19
2017年的中国供应链金融

宣晓影*

摘　要： 在党的十九大报告中，习近平总书记强调贯彻新发展理念，建设现代化经济体系。其中，首次提出“现代供应链”的概念，“在中高端消费、创新引领、绿色低碳、共享经济、现代供应链、人力资本服务等领域培育新增长点、形成新动能”。金融资源是现代化经济的核心资源，然而，我国的金融体系具有“外植性”特征，各种资源的整体关系碎片化，导致实体经济部门的运作效率和市场竞争力低下，也造成实体经济部门和金融部门之间出现严重的资金错配，给金融体系带来了本不该有的风险。因此，为推动我国金融的内生性转型，从而更好地服务实体经济，在培育现代供应链的同时，必须构建和完善供应链金融机制。

关键词： 供应链金融　核心企业　电子票据　资产证券化　风控体系

一　引言

供应链金融是面向供应链所有成员企业的一种系统性融资安排，是将供应链上的相关企业作为一个整体，根据交易中构成的链条关系和行业特性设

* 宣晓影，2008年3月毕业于日本同志社大学，获得政策科学博士学位。中国社会科学院金融研究所国际金融与国际经济研究室助理研究员，主要从事亚洲经济与金融领域的比较研究。

计融资模式，为各成员企业提供灵活的金融产品和服务的一种融资创新解决方案。其特点主要体现在系统整合（“四流合一”）和自偿性（“闭环交易”）两方面。从国内外的实践经验来看，由于供应链金融能够有效缓解信息不对称问题，因而在解决中小企业融资问题上发挥着重要作用。

近年来我国密集出台了一系列有关供应链金融的政策。2016 年 1 月 27 日国务院常务会议提出“大力发展应收账款融资”，之后出台的《关于金融支持工业稳增长调结构增效益的若干意见》和《关于金融支持制造强国建设的指导意见》均提出“推动大企业和政府采购主体积极确认应收账款，帮助中小企业供应商融资”等内容。为推进政策的进一步落实，2017 年 5 月，中国人民银行等七部委联合印发《小微企业应收账款融资专项行动工作方案（2017 ~2019 年）》，旨在在全国开展为期三年的小微企业应收账款融资专项行动，通过推进地方政府、金融机构、中小企业对应收账款融资的认识，拓展应收账款融资市场，并帮助解决实践层面的问题。特别是 2017 年 10 月 13 日国务院办公厅正式发布了《关于积极推进供应链创新与应用的指导意见》（以下简称《意见》），明确指出“加快供应链创新与应用是推进供给侧结构性改革的重要抓手”，并提出了明确目标：“到 2020 年形成一批适合我国国情的供应链发展新技术和新模式，基本形成覆盖我国重点产业的智慧供应链体系，培育 100 家左右的全球供应链领先企业，使中国成为全球供应链创新与应用的重要中心。”《意见》还提出了六项重点任务，其中第四项就是“推动供应链金融服务实体经济，有效防范供应链金融风险，积极稳妥发展供应链金融”。为此，《意见》提出了六方面的保障措施。可见，在培育现代供应链的同时，构建和完善供应链金融机制迫在眉睫。

二　我国供应链金融发展现状

（一）商业银行重启供应链金融业务趋势明显

我国银行业的供应链融资模式主要有三种（见表 1）。实际上，在资产交易市场尚不发达、信用制度尚未完善的情况下，质押担保、不动产抵押担保仍是我国银行常用的授信方式，而动产融资（ABL）尽管有一定发展，但其规模相对较小，且主要集中在经济较为发达的地区。然而，自2017年下半年开始，各商业银行重启供应链金融业务的趋势明显。招商银行将近年来组建的交易银行升级为“平台银行”，布局供应链金融的场景化解决方案，包括基建、消费、物流、医疗、B2B垂直电商等行业。同时，浦发、中信、民生、平安、广发、浙商等股份制商业银行也在对供应链金融布局。另外，贵阳银行、武汉众邦银行等中小民营银行也将供应链金融作为重要业务，深耕当地市场。

表1　我国银行业的供应链融资模式

模式	主要内容
应收账款融资	以中小企业对供应链上核心大企业的应收账款单据凭证为质押担保物，向商业银行申请期限不超过应收账款账龄的短期贷款，银行为处于供应链上游的中小企业提供融资
保兑仓融资	基于上下游和商品提货权的一种供应链金融业务，主要是通过生产商、经销商、仓库和银行四方签署合作协议而开展的特定业务模式，银行承兑汇票是该模式下的主要产品和金融工具
融通仓融资	商业银行以借款人的自有货物为质押物，向借款人发放授信贷款的业务，主要是以动产质押贷款的方式，将中小企业的存货、仓单、商品合格证等动产质押给银行取得贷款

资料来源：笔者总结。

据此，目前我国主要银行的供应链金融产品主要分为三大类：存货类产品、预付款类产品、应收账款类产品。主要银行的供应链金融产品见表2。

表2　主要银行的供应链金融产品

银行	主要产品
中国工商银行	国内信用证等七类
中国建设银行	金银仓融资等十类
中国农业银行	存货融资业务等八类
中国银行	预付/应付类、货押类、应收账款类三大类10多种产品
交通银行	预付款融资等五类产业链金融服务产品+汽车供应链金融服务方案
中国民生银行	资产管理、风险参与、境内外联动、结构性短期四大类贸易融资产品
平安银行	国内贸易、国际贸易、离岸金融等几十种产品

资料来源：笔者总结。

（二）应收账款融资增长空间巨大

2013 年底，中国人民银行征信中心应收账款融资服务平台正式上线，截至 2017 年 3 月末，该平台累计促成小微企业融资 1.6 万亿元，占融资总额的 35%。可见，在小微企业动产融资中，应收账款融资既有法律保障，也具备基础设施优势，实施条件最为成熟。然而，据统计，2016 年我国规模以上工业企业应收账款净额为 12.8 万亿元，中小企业应收账款占总资产的比重约为 30%。而据推算，我国信贷市场支持融资的应收账款仅占全社会应收账款存量的 18% 左右，可见其增长空间巨大。

我国应收账款融资主要有两种方式：银行的应收账款质押融资及保理公司的应收账款转让融资。目前，风险增大等因素导致银行保理业务趋于收缩，企业的应收账款融资需求正顺势加快转向商业保理市场。特别是在国家提出大力发展应收账款融资的利好政策推动下，2017 年我国商业保理融资规模达到 8000 亿元，预计 2018 年有望突破万亿元。未来，商业保理将迎来快速发展的新机遇①。

另外，在银行进行资产结构调整、利率有可能持续上行的背景下，银行在配置资产时更需要考虑资产的流动性及减少对资本充足率的冲击，以缓解再融资压力。为此，应收账款证券化有望成为 2018 年的一片蓝海。2017 年 11 月，“一行三会”和国家外汇管理局发布的《关于规范金融机构资产管理业务的指导意见（征求意见稿）》特别提到，“依据金融监督管理部门颁布规则开展的资产证券化业务不适用本意见”。这或许可以理解为监管部门有意通过资产证券化市场推动“非标转标”，在实现非标总量控制的同时满足实体经济的融资需求。供应链金融的资产证券化业务主要分为两种模式：一种是代理模式，即代理人为各供应商代理出售应收账款，通过证券化无须支付应收账款购买对价，节省代理环节的资金占用；

① 保理的本质就是应收账款的融资，融资、管理、担保是其三大核心业务。商业保理区别于程序复杂的银行保理，在国际上，商业保理被称为最适合成长型中小企业的融资方式，主要针对供应链金融。

另一种是保理模式，即保理商或基金或结构化产品先支付对价，构建存量基础资产，且供应商可在资产组织期提前变现应收账款。需要说明的是，为保证供应商的融资动力，这种保理模式多为“反向保理”，且无追索权。至于交易场所，除了上交所和深交所外，还有北交所。北交所推出“应收账款债权融资计划”（证券化分级结构）已有两三年，但挂牌数量并不多，预计 2018 年其规模将有所扩大。

（三）票据电子化发展前景广阔

票据融资包括承兑汇票保贴、承兑汇票保证、商业汇票赎回、商业汇票贴现等形式，堪称供应链融资中使用最频繁的金融工具。近年来，与银行汇票、银行本票和支票呈平稳发展或下行趋势不同，我国的商业汇票伴随着供应链金融的快速发展呈明显上升态势。随着商业银行信息技术水平的日益提高，电子支付、网络支付逐渐取代了传统的支付形式，票据的电子化也就成为世界范围内票据业务发展的大趋势。实际上，电子商业汇票（以下简称电票）也可以进行贴现、质押，其业务流程与纸质票据无异，只是每个环节都加载了电子化手段。尽管央行已于 2009 年 10 月 28 日开始上线运行电票系统 ECDS，但在电票方面的发展仍较为缓慢。央行数据显示，2013 年电票规模在整个商业汇票出票量中的占比为 8.3%，2014 年达到 16.2%，2015 年上半年达到 28.4%，2016 年央行大力整肃票据市场，并酝酿大力推行电票，预计 2018 年将达到 80% 的占比。2016 年 12 月 8 日，上海票据交易所成立。目前，已经开始启动数字票据实验性生产系统的研发，未来有望通过数字票据实现跨境票据交易包括供需撮合、信用评级、分布式监管、数据存证和智能交易等功能。2017 年 7 月 3 日，央行重磅推出“债券通”（北向通）业务，首日成交量即突破 70 亿元。未来“票据通”业务也可尝试采用“债券通”模式，其发展前景广阔①。

① 张艳宁、吴思行：《“债券通”对跨境票据业务的借鉴意义》，《银行家》2017 年第 11 期。

（四）供应链金融服务主体多样化

我国供应链金融服务主体多样化，主要由核心企业、金融机构及供应链服务商构成，由谁主导不是关键，系统整合（物流、现金流、商流、信息流“四流合一”）才是关键，“连接、高效、收益”明确的资金借贷是关键。为此，大量服务企业全方位地探索数据，通过模型进行风控，通过物流推进管理，形成了资金借贷的桥梁。根据万联供应链金融研究院的统计，目前，数量占比最大的是供应链公司或外贸综合服务平台（27%），其次是B2B平台（18%）、金融科技公司（16%）、非银金融机构（12%），其他还有金融信息服务平台（9%）、物流公司（8%）、行业龙头（6%）、银行（4%）（见图1）。各类型供应链金融服务主体都囊括了一批有代表性的优良企业和一些提供基础服务的机构，从而形成了我国经营主体多样化的供应链金融发展现状，体现出互联网时代我国服务方式的根本性改变。

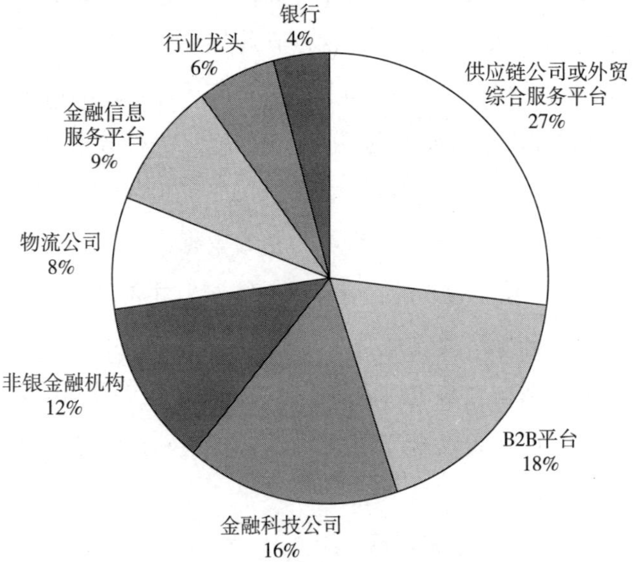

图1　我国供应链金融服务主体构成

资料来源：万联供应链金融研究院。

三　现阶段的突出问题

我国的金融体系具有“外植性”特征，其缺陷体现在部门间的活动缺乏内在关联性，各种资源的整体关系碎片化，导致实体经济部门的运作效率和市场竞争力低下，也造成实体经济部门和金融部门之间出现严重的资金错配，给金融体系带来了本不该有的风险。这种金融体制的根本性问题在现实的供应链金融领域中集中体现在以下几个方面。

（一）产业链管理松散

目前，除少数重点行业外，我国大多数核心企业和银行都缺乏对链上中小企业的管理和调查，增大了银行的授信风险。特别是在“N+1”模式下，银行更容易对核心企业的上游供应商提供金融服务，而由于权利不稳定、风险评估所需信息不足等原因，难以凭借核心企业的信用对下游销售企业提供供应链金融服务（见图2）。

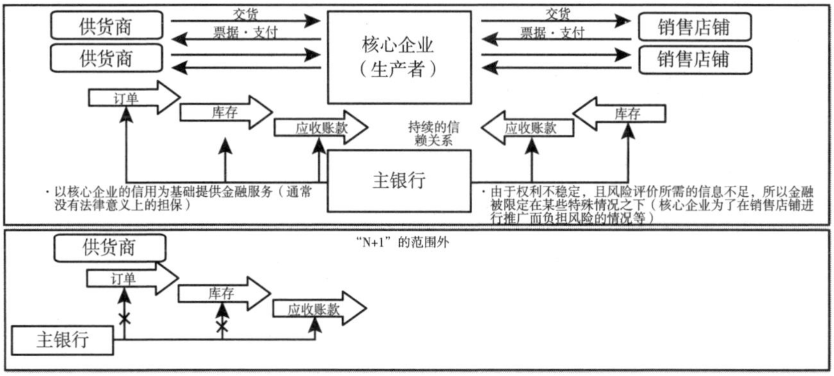

图2　“N+1”模式的问题

资料来源：王国刚、曾刚主编《中外供应链金融比较研究》，人民出版社，2015。

（二）中介机构参差不齐

以银行信用为基础的金融发展模式决定了我国以商业银行为中心的经营

主体多样化的供应链金融发展现状。特别是互联网时代服务方式的根本性改变，使我国供应链金融经营主体成为一个极具包容性的概念，它可以是金融机构，也可以是互联网企业或移动运营商等。这一方面可以看作我国对“金融权”的突破，可以有效倒逼传统金融机构不断创新，进而推动制度不断创新；另一方面必然会存在各种中介机构参差不齐、监管混乱的问题。

（三）商业银行风控体系不健全

与银行传统信贷模式不同，供应链金融要求更加关注交易背后的真实性，要求银行批量化、线上化、高效化、及时化地处理业务，是一种整体性、高技术含量的融资模式。这对商业银行的风控水平提出了更高的要求，也意味着放款的合规监管更加严格。而我国商业银行发展供应链金融的最大障碍在于操作风险及相关的系统支持。目前，我国大部分商业银行尚未形成独立的供应链金融业务运营机构，没有构建专门的债项信用评级体系，没有设立特别的审批通道，没有搭建专业化的操作平台，也缺乏对核心企业和物流监管合作方的有效管理办法①。

（四）法律法规不够完善

我国供应链金融的参与主体相对复杂，业务模式也较为多样化，这些都决定了法律适用的复杂性和不确定性，也导致现有法律很难完全覆盖。另外，我国电子票据基础法律制度尚不完善，容易因各类电子信息安全问题而带来较大的法律风险和较高的诉讼成本。尽管央行早在 2009 年就发布了《电子商业汇票业务管理办法》，但对电票行为的各项规定仍不够充分和完备，其法律效力也不及《票据法》。总之，电票在立法形式和内容上均有待完善。

① 供应链里有很琐碎的合同发票，还涉及登记、转让等，对合同管理的要求比较高。美国和日本的动产融资（ABL）都有一套完整的监控系统，需要有人上传账款信息，剔除不合格项，核算可用额度，匹配借款余额和可用额度，核算提款限额，等等。

（五）技术相对薄弱

技术支持对发展供应链金融起着至关重要的作用，而我国在该领域的信息技术应用水平与国际相比仍有一定差距。无论是从技术层面，还是从风控模式、模型层面，抑或是从评估、增信层面，我国的供应链金融必须围绕互联网化的真实信息交互，创造出合理的模式，才能进行系统整合，真正接通银行业务，获得低成本资金，对链上企业提供有效的一体化融资方案。

四　发展瓶颈及解决方案

长期来看，我国供应链金融发展的关键在于如何突破“N + 1”模式，形成“N + N”模式。换句话说，就是不拘泥于“核心企业与供应商”的紧密关系，通过优化供应链金融整体的生态环境，提高供应链上企业间交易的商业信用，而不是一味地依靠银行信用。从上述分析来看，未来推动我国供应链金融进一步发展存在四大瓶颈，需要进行以下机制改革（见表3）。

表3　我国供应链金融的发展瓶颈及解决方案

瓶颈	种类	可参考的海外情况	解决方案
到期付款风险大	商业习惯	①票据拒付制度（票据交换制度） ②分包法	①遵守和制裁票据、应收债权支付期限的措施等制度化，从引进电子票据开始 ②从地方政府层面制定公平的合同执行与到期支付的 KPI
可靠的企业信用信息的欠缺	基础设施	①企业调查机构 ②全面的信用信息数据	①培育可信及便利的企业信用调查机构 ②扩充企业信用数据（应收账款结算、票据结算、保证人等），扩大阅览用户范围
法律权利不稳定	法律制度	①集合债权转让担保和登记制度 ②集合动产转让担保和登记制度	①应收债权转让的第三者对抗条件、应收债权抵押的债务人对抗条件法治化 ②强化物权法的浮动抵押权（消除分别抵押和浮动抵押的区别等）

续表

瓶颈	种类	可参考的海外情况	解决方案
证券化、流动化的手法未确立	资本市场	①完善商业习惯、基础设施、法律制度 ②完善相关手法 ③服务商制度	①通过证券化、流动化来获取低利率资金 ②积极促进证券化、流动化 ※银行承兑汇票背书转让的规制缓和 ③明确债权回收业务相关法规

资料来源：王国刚、曾刚主编《中外供应链金融比较研究》，人民出版社，2015。

（一）推动到期付款

到期付款从本质上来讲属于商业习惯或信用问题，然而阻碍我国供应链金融发展的首要问题正是这种结算的不确定性。为此，首先，要推进票据和应收账款等债权到期支付的商业惯例，培养商业信用。具体来说，可将电子票据平台作为基础设施，鼓励企业在该平台上筹措资金，借此促进企业严守到期付款的商业惯例。其次，为防备和应对付款延迟，可尝试在特定地区的电子票据平台中引入“处罚规则”和“自动兑付机制”，并通过对处于优势地位的买方设定义务和禁止行为来提高票据变现的可预测性。地方政府和国有企业可尝试规范合同文本，力求在交易初始就签订包含付款条件的合同，并对合同的执行及付款期限的实施制定目标值，更重要的是要依法强制遵守。最后，可尝试建立针对票据诉讼的“迅速裁决制度”，以保证高度电子化的供应链融资体系的顺畅运行。

（二）完善征信体系建设

目前我国征信体系尚缺乏企业结算的相关信息，且公开信息的可靠性和包罗性也难以确定。因此，急需培育和发展有规模、有品牌的优质民营征信机构，进一步完善征信数据。另外，必须通过全程控制的闭环交易体系，构建“四流合一”的风控体系模型。尽管不同模式对应的风控手段不尽相同，但总体都要遵循大数据分析、资产抵押、供应链控制和企业信息洞察四维度分析。在信用体系建设中，大数据固然发挥着重要作用，推动供应链管理向

“高精尖”方向发展，但也要重视信息技术应用的安全性和有效性。特别是在中国的软环境存在缺陷的现实情况下，不能完全依赖核心企业提供的数据，而是要熟悉产业链的情况，特别是要整合链外数据甚至非交易数据进行综合考量。

（三）提高流动资产的法律有效性

目前我国的应收账款质押融资及应收账款保理业务存在诸多法律问题，需要通过完善立法，明确应收账款债权转让的第三者对抗条件和债权质押的债务人对抗条件，并梳理与其他法令及机制的关系。另外，虽然我国的《物权法》对动产抵押做了规定，实施了动产抵押登记制度，工商管理局也在持续推进网上公开制度，但我国的《物权法》具有分别抵押和浮动抵押的二元结构，像库存这样的浮动抵押权处于劣势。因此，要想在供应链中提高库存作为抵押品的有效性，就需要消除这种法律上的优劣差异，或通过制度变更承认库存（进行了一定公示后）的优势地位。总之，库存也要与应收账款债权一样，确保合理的公示制度及运行管理体制。

（四）推进资产证券化机制改革

资产证券化是供应链金融的重要环节。2017 年 3 月 5 日，李克强总理在政府工作报告中提出要积极稳妥去杠杆，具体措施包括“促进企业盘活存量资产，推进资产证券化”等。2017 年 4 月 18 日，国务院批转同意《关于 2017 年深化经济体制改革重点工作的意见》。其中，深化多层次资本市场改革的任务包括，“在严格控制试点规模和审慎稳妥前提下，稳步扩大银行不良资产证券化试点参与机构范围”。据此，共 12 家股份制商业银行和城市商业银行入围第二批试点名单，发起机构类型更加多元，但总发行额度仅为 500 亿元。受政策的支持和推动，未来资产证券化业务将迎来更加广阔的发展空间。然而，根据我国的现实情况，进一步推进资产证券化需进行一系列制度改革，具体方案见表 4。

表 4　推进资产证券化的方案

参与各方	具体方案
政　　府	• 完善资产支持证券交易制度及做市商制度 • 制定政策支持融资性质押，完善信息披露和交易信息统一登记制度
发行主体	• 增加产品设计，满足市场需求。目前，产品的基础资产有所增加，但结构简单，风险等级划分不明显，期限选择有限 • 不良资产证券化成本低，利于盘活信贷存款，优化信贷资源配置。低风险证券既能满足发行方的风险转移需求，又能满足对冲基金的高收益、高风险需求
监管机构	• 调整监管结构，解决基础资产相同但由不同发行主体发行的资产证券化产品面临不同监管部门管理的问题，推动市场统合，增强产品的流通性，调动投资者的积极性

资料来源：笔者总结。

实际上，供应链的证券化、流动化机制就是将多个买方债权汇集到一个组合中销售给投资者。为此，需要设置特别目的公司（SPC），并将其作为交易的主体。然而，这种组合往往存在诸多风险，如销售对象不履行债务的坏账风险、销售对象结算应收账款的风险以及法律不完善导致的在 SPC 的债权销售、转让中产生对抗条件的风险等。因此，为了发挥证券化、流动化市场的作用，首先，要降低应收账款的结算风险，据此计算销售对象的坏账风险，最终用于证券化的评级。其次，可利用电子票据平台的积累数据进行信用风险的评估。最后，应收账款即使转让给了投资人，也需要代替投资人回收债权，尤其是附带高风险部分所引发的不良债权的管理、回收、销售等业务。因此，可适当放开，允许非银机构等从事债权（包括不良债权）回收业务，并制定相关规则。

总之，“到 2020 年基本形成覆盖我国重点产业的智慧供应链体系”意味着未来的智慧供应链金融既要做好“物联网”的基础建设，依靠资源驱动，获得信息的连同，也要靠技术和金融整合长尾市场，完善企业信息，提升供应链价值。但无论是模式创新还是技术创新，作为服务实体的供应链金融都必须依托产业进行创新，为打造适合我国国情的供应链发展新技术和新模式提供支持。

皮书起源

“皮书”起源于十七、十八世纪的英国，主要指官方或社会组织正式发表的重要文件或报告，多以“白皮书”命名。在中国，“皮书”这一概念被社会广泛接受，并被成功运作、发展成为一种全新的出版形态，则源于中国社会科学院社会科学文献出版社。

皮书定义

皮书是对中国与世界发展状况和热点问题进行年度监测，以专业的角度、专家的视野和实证研究方法，针对某一领域或区域现状与发展态势展开分析和预测，具备原创性、实证性、专业性、连续性、前沿性、时效性等特点的公开出版物，由一系列权威研究报告组成。

皮书作者

皮书系列的作者以中国社会科学院、著名高校、地方社会科学院的研究人员为主，多为国内一流研究机构的权威专家学者，他们的看法和观点代表了学界对中国与世界的现实和未来最高水平的解读与分析。

皮书荣誉

皮书系列已成为社会科学文献出版社的著名图书品牌和中国社会科学院的知名学术品牌。2016 年，皮书系列正式列入“十三五”国家重点出版规划项目；2013~2018 年，重点皮书列入中国社会科学院承担的国家哲学社会科学创新工程项目；2018 年，59 种院外皮书使用“中国社会科学院创新工程学术出版项目”标识。

中国皮书网

（网址：www.pishu.cn）

发布皮书研创资讯，传播皮书精彩内容

引领皮书出版潮流，打造皮书服务平台

栏目设置

关于皮书：何谓皮书、皮书分类、皮书大事记、皮书荣誉、

皮书出版第一人、皮书编辑部

最新资讯：通知公告、新闻动态、媒体聚焦、网站专题、视频直播、下载专区

皮书研创：皮书规范、皮书选题、皮书出版、皮书研究、研创团队

皮书评奖评价：指标体系、皮书评价、皮书评奖

互动专区：皮书说、社科数托邦、皮书微博、留言板

所获荣誉

2008 年、2011 年，中国皮书网均在全国新闻出版业网站荣誉评选中获得“最具商业价值网站”称号；

2012 年,获得“出版业网站百强”称号。

网库合一

2014 年，中国皮书网与皮书数据库端口合一，实现资源共享。

权威报告·一手数据·特色资源

皮书数据库

ANNUAL REPORT(YEARBOOK) DATABASE

当代中国经济与社会发展高端智库平台

所获荣誉

- 2016年，入选“‘十三五’国家重点电子出版物出版规划骨干工程”
- 2015年，荣获“搜索中国正能量 点赞2015”“创新中国科技创新奖”
- 2013年，荣获“中国出版政府奖·网络出版物奖”提名奖
- 连续多年荣获中国数字出版博览会“数字出版·优秀品牌”奖

成为会员

通过网址www.pishu.com.cn访问皮书数据库网站或下载皮书数据库APP，进行手机号码验证或邮箱验证即可成为皮书数据库会员。

会员福利

- 使用手机号码首次注册的会员，账号自动充值100元体验金，可直接购买和查看数据库内容（仅限PC端）。
- 已注册用户购书后可免费获赠100元皮书数据库充值卡。刮开充值卡涂层获取充值密码，登录并进入“会员中心”—“在线充值”—“充值卡充值”，充值成功后即可购买和查看数据库内容（仅限PC端）。
- 会员福利最终解释权归社会科学文献出版社所有。

数据库服务热线：400-008-6695
数据库服务QQ：2475522410
数据库服务邮箱：database@ssap.cn
图书销售热线：010-59367070/7028
图书服务QQ：1265056568
图书服务邮箱：duzhe@ssap.cn

社会科学文献出版社 SOCIAL SCIENCES ACADEMIC PRESS (CHINA) 皮书系列
卡号：897177732634
密码：

S 基本子库
UB DATABASE

中国社会发展数据库（下设 12 个子库）

全面整合国内外中国社会发展研究成果，汇聚独家统计数据、深度分析报告，涉及社会、人口、政治、教育、法律等 12 个领域，为了解中国社会发展动态、跟踪社会核心热点、分析社会发展趋势提供一站式资源搜索和数据分析与挖掘服务。

中国经济发展数据库（下设 12 个子库）

基于“皮书系列”中涉及中国经济发展的研究资料构建，内容涵盖宏观经济、农业经济、工业经济、产业经济等 12 个重点经济领域，为实时掌控经济运行态势、把握经济发展规律、洞察经济形势、进行经济决策提供参考和依据。

中国行业发展数据库（下设 17 个子库）

以中国国民经济行业分类为依据，覆盖金融业、旅游、医疗卫生、交通运输、能源矿产等 100 多个行业，跟踪分析国民经济相关行业市场运行状况和政策导向，汇集行业发展前沿资讯，为投资、从业及各种经济决策提供理论基础和实践指导。

中国区域发展数据库（下设 6 个子库）

对中国特定区域内的经济、社会、文化等领域现状与发展情况进行深度分析和预测，研究层级至县及县以下行政区，涉及地区、区域经济体、城市、农村等不同维度。为地方经济社会宏观态势研究、发展经验研究、案例分析提供数据服务。

中国文化传媒数据库（下设 18 个子库）

汇聚文化传媒领域专家观点、热点资讯，梳理国内外中国文化发展相关学术研究成果、一手统计数据，涵盖文化产业、新闻传播、电影娱乐、文学艺术、群众文化等 18 个重点研究领域。为文化传媒研究提供相关数据、研究报告和综合分析服务。

世界经济与国际关系数据库（下设 6 个子库）

立足“皮书系列”世界经济、国际关系相关学术资源，整合世界经济、国际政治、世界文化与科技、全球性问题、国际组织与国际法、区域研究 6 大领域研究成果，为世界经济与国际关系研究提供全方位数据分析，为决策和形势研判提供参考。

法律声明

“皮书系列”（含蓝皮书、绿皮书、黄皮书）之品牌由社会科学文献出版社最早使用并持续至今，现已被中国图书市场所熟知。“皮书系列”的相关商标已在中华人民共和国国家工商行政管理总局商标局注册，如LOGO（ ）、皮书、Pishu、经济蓝皮书、社会蓝皮书等。“皮书系列”图书的注册商标专用权及封面设计、版式设计的著作权均为社会科学文献出版社所有。未经社会科学文献出版社书面授权许可，任何使用与“皮书系列”图书注册商标、封面设计、版式设计相同或者近似的文字、图形或其组合的行为均系侵权行为。

经作者授权，本书的专有出版权及信息网络传播权等为社会科学文献出版社享有。未经社会科学文献出版社书面授权许可，任何就本书内容的复制、发行或以数字形式进行网络传播的行为均系侵权行为。

社会科学文献出版社将通过法律途径追究上述侵权行为的法律责任，维护自身合法权益。

欢迎社会各界人士对侵犯社会科学文献出版社上述权利的侵权行为进行举报。电话：010-59367121，电子邮箱：fawubu@ssap.cn。

社会科学文献出版社